永遠的青鳥

蓉子詩作評論集

蕭蕭主編

國立中央圖書館出版品預行編目資料

永遠的青鳥：蓉子詩作評論 / 蕭蕭主編. -- 初版. -- 臺北市 : 文史哲, 民84
面 ; 公分. -- (文學叢刊 ; 53)
ISBN 957-547-940-8(平裝)

851.486　　84002954

文學叢刊 ⑤③

永遠的青鳥

主編者：蕭蕭
出版者：文史哲出版社
登記證字號：行政院新聞局局版臺業字五三三七號
發行人：彭正雄
發行所：文史哲出版社
印刷者：文史哲出版社
台北市羅斯福路一段七十二巷四號
郵撥〇五一二八八一二彭正雄帳戶
電話：三五一一〇二八

實價新台幣五四〇元

中華民國八十四年四月十四日初版

ISBN 957-547-940-8

編者導言

蕭蕭

詩是纖細的、敏銳的心靈產物，就性別而言，宜於女性。但自古以來，出頭者大多爲男性詩人，即如閨怨之作，該由女性親自發聲吧！卻也是李白等北方血性漢子，擊劍任俠之輩爲之不平而鳴！

不平則鳴，五四以後，民智漸啓，冰心、冰瑩等女作家崛起，迅即在文壇上據有一席之地，其格局遠勝於蔡文姬、李清照、朱淑貞等人。至乎一九四九之後，臺灣現代詩壇蓬勃而興，蓉子女士以溫婉詩風贏得詩壇贊譽，歷四十年而不衰，允爲詩壇上長青之樹，不凋之青蓮，多少詩人、評論者稱她爲「永遠的青鳥」，樹立了女性詩人的新典範，其格局之寬厚廣遠，較諸冰心等人爲大。雖有詩人夫婿羅門與之吟詠、琢磨，然不待羅門而聲名已顯。

蓉子不待羅門而聲名已顯！豈僅如此，相反地，臺灣詩壇如果沒有蓉子，說不定就沒有鋒銳的羅門；沒有了羅門，藍星的亮光就少了那可以引長的芒；沒有了「藍星」的亮麗、耀眼，「現代詩」與「創世紀」說不定就不會勃勃而跳。不會勃勃而跳的詩壇，了無生機，寫詩也就沒有什麼意義了！蓉子，曠野裡的一記激越之音，那聲音在空氣中迴繞，波盪，不知不覺中引動一圈又一圈類同的音色而不自覺——男詩人因爲她而銳意轉換跑道，女詩人因爲她而走出脂粉、香閨和廚房——所有的詩人都不自覺因爲蓉子而作了改變！

蓉子改變了詩壇對女詩人的刻板印象，柔媚、閨怨、抒情、感性，蓉子自此跳脫而出，保留了詩經的溫柔敦厚，擴充了詩人的視域，幸福以青鳥爲喻，粧鏡可以是一隻弓背的貓，使女詩人在現代詩肇建之初，就可以跟男詩人並駕齊驅，令人刮目相看，自此之後，林泠、敻虹、朵思、羅英、馮青、夏宇，無一不以奇思異想啓創新的世代，而蓉子歷經各個不同的世代，與時推移。

與時推移，聲價不墜，四十年來，蓉子一有創作，即有評論隨之而起，從早期覃子豪、紀弦之印象批評，到近期書院規格的學術論文，或作贊嘆，或爲評析，都成一集，皆有可觀。一來可以鑑知蓉子四十年來創作之路徑，後人循轍可由，登軾可瞻；二來亦能見證詩評詩論應時而新，後出轉精之功力，彷彿江河一出陸塊，瞬成大海。爲蓉子喜，亦爲詩史而賀！

一九九五年三月·臺北

永遠的青鳥 目次

卷二　詩集評鑑

《青鳥集》

《七月的南方》

《蓉子自選集》

《這一站不到神話》

《青少年詩國之旅》

《歐遊手記》（散文）

《千泉之聲》（散文）

卷三　詩篇賞析

卷四　詩人印象

附　錄

卷一　詩作總論

女詩人—蓉子

余光中

我是一棵獨立的樹不是藤蘿

女詩人蓉子這兩行自白式的詩句，令讀者想起的不是在萊斯沃司島上彈琴的沙浮，也不是寫如排列得很整齊的巧克力糖之十四行詩的白朗寧夫人，而是具有清教徒意志的狄瑾蓀和非常斯托伊克的艾蜜麗·布朗黛（Emily Bronte）在英國文學史上亦以詩見稱，國人但知她的小說）。

蓉子是現代的，也是古典的。現代的是她的作品，古典的是她的爲人；對於一位女詩人，這兩種精神的如此調和，是再理想不過了。如果反過來，爲人「現代」而作品「古典」，那就不堪想像，也不敢領教了。在《文藝生活》第二期中，我曾經如此形容過蓉子：「中國古典女子的嫻靜含蓄，職業婦女的繁忙，家庭主婦的責任感，加上日趨尖銳的現代詩的敏感，此四者加起來，形成了女詩人蓉子。」我們可以想像，此四者不容易取得和諧的，而蓉子居然能加以某種程度的安排，實在難得。

蓉子本名王蓉芷，她出身於基督教的家庭，父親是一位扶助貧病的牧師，母親是一位教師，她是江蘇人，在江陰和上海讀過中學，並曾肄業於一家農家院。後來她曾做過小學教師，教堂風琴手，家庭教師，來臺灣後一直在交通部國際電台工作，以迄於今。四十四年，她和羅門先生結婚，詩人璧合，成爲詩壇最富人情味的新聞。現在她除了不斷創作外，並與羅門先生主編已有三年歷史而從未脫期的《藍星詩頁》。

當前的詩壇已經充滿悅耳的女高音——蓉子，夐虹，張秀亞，鄭林，王渝，劉延湘等女詩人，把詩壇裝得非常生動。可是在十年前，台灣的詩壇雖乏「萬綠」，卻已冒起了「一點紅」來，那便是我們這位女詩人蓉子了。我應該如何稱呼她呢？「女詩壇的元老」嗎？那未免有點不倫不類。「開得最久的菊花」似乎比較恰當。如果我們可以把新詩的論戰譬喩爲秋天，則這朵可貴的白菊眞從秋天的那邊一直開到秋天的這邊，而且還可以開到明年第一季的園遊會。

早在民國四十年，蓉子的作品，如〈爲什麼向我索取形象〉及〈青鳥〉等，即已出現在當時自立晚報的《新詩週刊》上。其後她作品發表甚多，終於在四十二年，由「中興文學出版社」出版了她的（名符其實的）處女詩集《青鳥》。顧名思義，這本詩集給讀者的正是一位女孩對理想的追求，幻滅與自慰。一般說來，這些作品玲瓏而天眞，在清淡中見出韻味，現在讀來當然比較舊些。有些詩太淡了，太稀了，如〈納涼〉諸作便是。由於出身宗教氣氛甚濃的家庭，她早期的作品頗受舊約中重疊句法的影響，轉而推陳出一種簡短，樸素，略帶歌謠風的小詩。其中比較傑出的，都以結構取勝，例如〈爲尋找一顆星〉、〈青春〉、〈休說〉諸首都屬此類。由此可見格律對初寫詩的作者未始沒有「訓練」之功。許多青年，一開始便寫所謂「自由詩」，結果在結構上永遠沒有把握。蓉子早期的佳作頗能把握感覺的強度，例如她的〈寂寞的歌〉：

走進無垠的沙漠了——
濛濛的黃沙打濕我衣袂，
駝的腳步是那樣緩慢啊！
我的心因悽涼而戰慄。

但我催不快跨下的牲口，
須耐牠一步步走盡！

那麼——
讓我點起一支寂寞的歌，
將無垠的沙漠劃破。

我不能忘記，這是民國四十一年的作品，在那時，能說黃沙「打濕」衣袂，以及「點起一支」寂寞的歌，實在很夠「感覺」了。至於鍾鼎文先生所欣賞的〈爲什麼向我索取形象〉和〈青鳥〉，紀弦先生所稱道的〈晨的戀歌〉等，都是台灣詩壇最早的好詩。

可是蓉子的作品並非永遠是「閨秀」的，往往她的筆下竟聞風雷之聲，這是許多女詩人做不到的，舉幾個小例子：

我寧願擁抱大理石的柱石；
它冷冷的嚴峻的光輝使我心折！
——〈我寧願擁抱大理石的柱石〉

旗——你，自由與完美的象徵。
爲你而戰，
義無反顧，
縱使踏過死底界碑！
——〈旗〉

不願做你綠蔭下的池水一泓，
寧願化身爲一片雨雲，
加入海洋洪濤！
——〈不願〉

出版《青鳥集》後，女詩人漸漸沉默了。婚後她的作品更少，似乎她的潛力都灌溉了羅門先生的詩集《曙光》了。家庭主婦的繁忙，婚後心情的調整，美學信仰的轉變，以及整個詩壇的蛻變，都使她不能下筆，而有「欲說還休」之感。近一年多以來，忽然，如一隻自焚而復活的鳳凰，一個更成熟的蓉子出現了。她的新作不再是理想國度內飛來的青鳥，而是現實風雨中的一隻風信雞。她的題材具體而複雜起來，她的表現手法也逐漸現代了。有時她能做到透過具體的高度抽象，例如她的〈白色的睡〉中首二段和末一段：

這是失去預言的日子
在憂鬱藍的穹蒼下
我們採摘不到一束金黃
很多很淡的顏色湧升
很多虛白　很多灰雲　很多迷離
很多季節和收割分離

像滿園蘭蕾
你禁錮的靈魂
正翕合著一種微睡

一群白色音符之靜寂
——我的憂鬱在其中
在紫色花蕊

五月是火底眼眸
在喧呶的季節裡
她睫毛的陰影猶濃
有深深的期待

最近她的產量頗富，作品經常發表在《藍星詩頁》、《中外文藝》、《現代知識》、《聯副》、《文壇》、《藍星季刊》等刊物。她的詩曾被選入彭邦楨、墨人合編的《中國詩選》，鍾鼎文、余光中等合編的《詩創作集》，上官予編的《十年詩選》，第二十三期《藍星》的女詩人專輯，以及余光中譯的New Chinese poetry 等。今年元月，美國駐華大使莊萊德夫婦曾以茶會招待自由中國的新詩人，蓉子是赴會的唯一女詩人。

蓉子蛻變後的新作，在感受的本質上是現代的，但因它太複雜，太尖銳，太緊迫，太強烈，遂使她的技巧似乎一時尚無法表現到無憾的程度。在十字架和水仙花之間，她徬徨著。在「羅門夫大」與「王蓉芷」之間，她迷惘著，在完整和破碎，虹和陰溝，青鳥和汽笛之間，她分割著自我。而這些矛盾，這些不欲擁抱而又無法躲避的現實的車禍，便是所以構成她近作中悲劇性之因素。她的表現手法是在進步中，她頗能把握紛繁的意象，使之突出而觸目，但在節奏上她尚在零碎的階段，似尚不能配合詩之建築的其他部份。我認爲，如果蓉子能恢復她早期作品中那種結構感而錘鍊之使之支撐她今日豐富的意象，則她的現代將逐漸完成，而達到自給自足的金黃色的季節。讓我們預祝這朵「開得最久的菊花」終於成爲一個完整的輻射體。

——原載《婦友》月刊八十三期　一九六一年

由聖經自然與存在觀造成的三角塔

——女詩人蓉子評介

衣凡

「蓉子爲自由中國詩壇最先出現的女詩人，也是目前最富盛名的一位女詩人」，這是報章雜誌介紹女詩人蓉子時，經常可看到的兩句話，由此可見她在詩壇上之被重視了。故詩人覃子豪贊揚蓉子爲「中國詩壇的白朗寧夫人」；詩人余光中稱譽蓉子爲「具有清教徒意志的狄謹蓀與非常斯托伊克的艾蜜麗．布朗黛……是中國詩壇上一朵開得最久的菊花……」C. A. T.雙月刊上有一段話說「蓉子是中國當代著名的女詩人；他的精神是近乎寧靜的、虔敬的，對於上帝與大自然所擁有的永恆世界，充滿信心與企慕，對於聖潔的事物與崇高的靈境至爲神往與癡情，因而導致她的作品，流露著一種令人沉醉的哲思與智慧的光輝，她早期的詩，頗受印度詩人泰戈爾的影響，曾有閨秀詩人之稱，比擬英國清教徒女詩人狄瑾蓀……近年來她的藝術生命因接受現代美學的洗禮，已使昔日單純明澈雋永的意象呈露出交錯繁美與奧秘之態，獲致作品更良好的深度與密度……

出生於江北而長大於江南的女詩人蓉子，生有一副雍容秀雅與嫻靜的面貌，《文藝生活》曾如此形容她：「中國古典女子的嫻靜含蓄，職業婦女的繁忙，家庭主婦的責任感，加上日漸尖銳的現代詩人的敏感，此四者加起來，形成了女詩人蓉子。以一個女作家而言，蓉子予人的印象是安祥而謙遜的，她靜靜地工作，靜靜地思索，靜靜地創造……」。蓉子出身於基督教的家庭，父親是當地著名的傳教士，在自己的教堂傳道。她從小便接受嚴格的宗教洗禮，直至現在她仍早晚忘不了讀聖經與跪在床前禱告，風雨也阻不了她星期日到教堂去作禮拜。這一股聖流一直伏藏在她生命的過程中，自童時便開始，使她早期的作品所表現的情感與精神界，很自然地流露著一種聖潔莊嚴與虔誠的感覺，如她四十四年與詩人羅門結婚時所寫的那首〈夢裡的四月〉便是那麼的典麗華美與流露著宗教徒的誠摯的情思：

〈夢裡的四月〉

翠茂的園子
圍繞著這座肅穆的教堂
如海水簇擁著燈柱。

我靜靜地來到裡面，
盞盞乳白色的燈
像我的夢在發光；
還有那彩色的玻璃窗

直窺天國的奧秘

啊！每當我來到這裡；
童年的回憶一再升起
——多麼親切而滲著和著憂情的
愉快記憶啊！
那是我父親的教堂
我們在其中長大。

如今是四月花開的日子
濃蔭中有陽光瀰漫，
樹叢中有鳥聲啼唱，
空氣裡洋溢著芳香，
於是我作了一次抉擇——
等復活節過後
我將在這兒獻上我的盟誓
和愛者去趕一個新的程途！

蓉子不但是上帝的信徒；同時也非常酷愛大自然，透過大自然沉靜的眼睛，她寫〈七月的南方〉一詩，正是抨擊都市的混亂面，而對華美壯麗的大自然特別加以贊揚。縱使這樣，蓉子仍終究是生活在廿世紀的現代詩人，終究逃不出現代人存在的悲劇性，因而影響她後來的作品，也難免蒙上一些現代精神的灰暗與迷亂之感，同其在「青鳥」時期的創作心境，顯然不同，正如詩人余光中在《婦友》介紹蓉子時說：「在十字架與水仙花之間，她徬徨著；在「羅門夫人」與「王蓉芷」之間，她迷惘著；在完整與破碎、虹與陰溝、青鳥與汽笛之間，她分割著自我，而這些矛盾，這些不欲擁抱而又無法躲避的現實的車禍，便是所以構成她近作中悲劇的因素……」但我們確信蓉子往昔寧靜的夢境爲不安的現代所搗亂，是暫時性的，因爲她生命的內在，自童年開始，便被上帝與自然以深造的「寧靜力量」所完成，故從其她那些帶有現代破碎感覺的近作中，我們仍能窺見她的精神對完整性的極度渴求。

像其她大多數的女作家一樣，女詩人蓉子也必須每天到辦公室去面對基本的生存問題，然後像小說家霍桑那樣將自己隱藏在孤寂的寒林，她也把自己隱藏在安東街寧靜的家裡，在燈下去守望遼遠的詩境。此刻，任何一個有經驗的作家都將體認到「冷酷的現實」與「光輝的詩境」之間，是隔著一條多麼闊的河溝。在來回的跳換位置時，眞不知有多少作家的創作生命沉溺於此，結束於此；而女詩人蓉子卻能在這精神換位的極度堅苦情形下，一直維持與詩交往了十八個整年，實在是件不容易的事。回顧十多年來的臺灣詩壇，有些女詩人結婚後，便只記得丈夫而把詩神忘了；有些女詩人曾像流星般引人注目，但也消失得太快；有些女詩人雖仍繼續在寫，但從整個創作面的幅度與遼闊性看來，都遠不如蓉子，蓉子好像是中國詩壇上一顆穩定地放光的星朵，而且那柔美的光將緩緩地照入歷史，照入人們的思憶與夢境，所以現代詩人白萩說：「蓉子是自由中國詩壇祖母輩的明星詩人」對她創作的成就與創造力的歷年不衰，此語是意味深長的。

自民國四十二年《青鳥集》出版到五十四年《蓉子詩抄》問世，（這中間蓉子尚出版了一本《七月的南方》），十二年來，蓉子在「現實」與「夢境」的不斷換軌中，渡過了一段夠漫長的藝術生涯：「青鳥」時期，她本人蓄著可愛的短髮，她的作品，也蓄著可愛的短髮！活潑玲瓏的句法，音樂輕快的節奏，單純明澈的意象，嚴整穩妥的結構，以及傾向於含蓄的華滋華斯的抒情風貌……形成這時期作品特殊的風格；同時在對上帝、自然、與愛的永恆希望中，她情感的表現是寧靜、穩定與深入的，默默地感悟「上帝嘉納靈魂的深處而非靈魂之喧囂」的精神境界，從其《青鳥》詩集中的作品〈青鳥〉、〈三光〉、〈鐘聲〉、〈五月〉、〈愛神〉、〈水的影子〉等詩篇，均不難窺見其作品具備了上述的優點，茲在下面舉一首她早期作品的代表作：

〈晨的戀歌〉

不知道夜鶯何事收斂起牠的歌聲，

晨星何時退隱——
你輕捷的腳步爲何不繫帶銅鈴？
好將我早早從沉睡中喚醒！

讓朝風吹去我濃濃的睡意，
用我生命的玉杯
祝飲盡早晨的甜美。

早晨的空間是寬闊而無阻滯
緊隨著它歡欣與驕傲的步履，
我要挽起篋筐
將大地的彩虹收集！

啊！你輕捷的腳步爲何不繫帶銅鈴，
直等我自己從沉睡中醒來，
晨光已掃盡山嶺！

猛記起你有千百種美麗，
想仔細看一看你的容顏，
日已近午
何處再追尋你的蹤影？

這首詩在當時被認爲是一首佳作，那種的感染性，幾乎將作者與讀者的心靈溶化於透明與純然的詩境之中，單憑這一首詩，蓉子的創作才能，已足以去媲美十九世紀英美的姊妹詩人狄瑾蓀與羅賽蒂了。當蓉子在〈我寧願擁抱大理石的柱石〉一詩中寫出「我寧願擁抱大理石的柱石，它冷冷的嚴峻的光輝，使我心折！頂立著拱形的大廈而直立著，久久地支撐那偉麗的穹隆，不使傾斜……」等相當剛性的詩句，與在〈樹〉一詩中寫出「我是一棵獨立的樹——不是藤蘿」等頗具有男性威嚴感的詩句，以及她後來在〈七月的南方〉將近百行的的長詩中所展佈的一連串有如畫家克利流星雨般的色彩的揮灑，與其繽紛的華美的意象像無數的列車般開出……那種魄力，確創造出了我們預想不到的女性藝術世界的奇蹟，也確使英美姊妹詩人望而不可及了。因而我們覺得蓉子創作精神的形態，它不是嬌嫩的花枝，而是一種具有覆蓋面的花果樹，從花的部份看，它纖細而柔美，從樹與葉蔭看，它則含著建築上的某種穩定性與力量——正如現代畫家席德進替她描繪的那幅畫像那樣，在一種嫻靜溫和的柔性感覺中，默默地流溢著一種女性難得的剛性美——

當《七月的南方》與《蓉子詩抄》的相繼出版，蓉子她也逐漸更換了「自我」的坐姿，逐漸遠離了她「青鳥」時期那單純與可愛的想像與抒情的創作世界，在接受現代藝術與現代存在精神的洗禮與影響之後，運用她深入的思考力與知性，不斷向繁複奧秘與深遠的內在世界探索，追求精神的交感，把握事物的純性與眞性，這時期，她確也完成了不少現代詩的佳作，如〈白色的睡〉、〈色蕾們都醒了〉、〈碎鏡〉、〈亂夢〉、〈水上詩展〉、〈我的妝鏡是一隻弓背的貓〉、〈我們踏過一煙朦朧〉、〈三月〉、〈看你名字的繁奔〉、〈紫色裙影〉、〈飲的聯想〉、〈一種存在〉、〈夏在雨中〉、〈夢的荒原〉：等詩篇都是精采的，都多是採取繁複的意象以及半抽象與半超現實的手法表現的，不但富於藝術性，作品精神也極具深度。詩人余光中評介蓉子時說：「近年來，她忽然如一隻自焚而復活的鳳凰，一個更成熟的蓉子出現了，她的新作不再是以往理想國度飛來的青鳥，而是現實風雨中的一隻風信雞，她的題材具體而複雜起來了，她的手法也現代了，且能做到透過具體的高度抽象……」；她本人在《七月的南方》後記中忠實地表明出她一己對藝術的誠懇態度：「……我寧願更多地顯露出自己的面貌，這必須先有靈魂的實質爲後盾……生命不盡是浮面的光與影，而是深刻口雕刻家的刀鋒對準靈魂的方向，畢竟此刻我們的創作是較前格外艱辛了，我們所欲克服的是這樣多——我們要克服告白式的情感表現，未冷凝的創作衝動，也要克服現代人過份緊張忙碌的生活所加諸我們的種種限制與不利於詩的因素……當現代將我推入一紊亂不安與破碎的世界裡，一種屬於精神存在的狀態——爲要由紊亂恢復秩序，由不安回歸寧靜與由破碎回到完整的渴念，遂再引動我去與永恆寧靜的大自然發生連繫……………」由她這段自白式的話，引起我們進一步的興趣，去追問究竟在詩的創作世界裡，何者是蓉子眞實的面貌與靈魂的實質？這疑問是不難得到解答的，從她的〈碎鏡〉、〈亂夢〉、〈都市組曲〉與〈夢的荒原〉等一系列的作品對現代人的空無感與幻滅感，採取默默地反擊的精神表現中，我們可相對地窺見那一直留在她心底的對於〈夢裡的四月〉以及〈七月的南方〉等詩中所流露的和諧與寧靜的歡樂世界的醉心與神往，而因此認明蓉子內在生命的基本世界是安定與寧靜的，同上帝與自然的永恆世界一直是芳鄰。只是當它受到動亂不定的外界襲擊時，才顯出某些迷亂與不安來，但也只是一時的，終於又要回到它安定的位置，像是旋渦中的塔影，塔本身是穩定的，塔的影子投在旋渦中，當旋渦過去，動亂不定的塔影，便也自然的恢復安定與完整。

譬如在〈亂夢〉一詩中的「驚見一株水仙／返照於投過石子水面的破碎」、「現實是風雪掩蓋的冬天／嘆息寓居在你金色的羨慕裡」、「我乃一無聲的空白／一孤立在曠野裏的橋／一擱淺了的小舟／有迷失在水天間的那種沮喪」……等這些以現代詩的意象與抽象感覺所揉合成的詩句，確像利刃一般連續地擲中了現代人感到迷失與漠然的空無世界；在「我們踏過一煙朦朧／但不是瑩月躍地的花間路／偶然翹首／那光浮在蛛網的層樓／繫所有重量於一絲懸盪……」等這些詩句所形成的都市與自然的對立的張力間，幾乎是一下子將我們從昔日「瑩月耀地的花間路」的境界拉開，而被推入現代文明的危機中！這種抽象表現是非常發生藝術效果的，這種感受是非常銳敏與深入的，它總是把現代精神活動的焦點世界擊中；在〈

碎鏡〉一詩中的「誰知道我們能登陸明天——明天與明天／是叢生在我們航線上的一些不知名的島羣！」「從滿罈雜色的雞尾酒／我如何能一掬醇芬」等詩句，都充份地迫現了這代人存在的孤寂徬徨與混亂，而和永恆未來與寧靜的心靈已失去聯繫。像這類詩，讀者必須靠知性，心智與靈視的力量，方能把握得住的，不像昔日明快的抒情那樣一目了然，缺乏含蘊。

此外，在另一個方向上，就藝術手法有更高的表現（精神意識未必對現代生活嚴加批判）的這方面，蓉子也有她傑出的表現：如〈白色的睡〉一詩中的「像滿園蘭蕊／你禁錮的靈魂／正翕合著一種微睡／一群白色音符之寂靜——我憂鬱在其中／在紫色花蕊」「冷冷的靜睡／不再記起陽光的顏彩／鳥聲滴滴如雨／濾過密葉／密葉灑落很多影子……」等詩句抽象地描繪靈魂的一種幽美睡態，多麼細膩的情緒，美得令人沉醉，幾乎是一幅精緻的現代抽象畫與一首明麗的現代鋼琴樂章；又如〈夏在雨中〉一詩：

縱我心中有雨滴　夏卻茂密，在雨中
每一次雨後更清冷　枝條潤澤而清翠
夏就如此地伸茁枝葉　鋪展籐蔓　垂下濃陰
等待著花季來臨　縱我心中有雨滴
如此茂密的夏的翠枝

一天天迅快地伸展　我多渴望晴朗
但每一次雨打紗窗，我心發出預知的回響
就感知青青的繁茂又添加

心形的葉子闊如手掌
鬚籐繾綣　百花垂庇，在我南窗
啊、他們說：夏眞該有光耀的晴朗
我也曾如此渴望

但我常有雨滴　在子夜　在心中
那被踩響了的寂寞
係一種純淨的雨的音響——
哦、我的夏在雨中　豐美而悽涼！

這首詩，被音樂敲響，被畫面交織，表現一顆銳敏的心靈淋在夏雨中，進入一個夢般的幻覺世界，引起舒暢迷醉冷澈的微妙感覺，其運思與抒情手法，給那纏得太久與絞得太緊的現代詩創作世界帶來新的舒暢力。

的結論與評語：

綜觀以上所述的關於蓉子的創作世界與內在精神，我們大致可得到以下較爲接近眞實性

1.蓉子的藝術精神在某一個角度上看來，它是屬於古典的。但它並非英國十八世紀亞歷山大鮑蒲那類詩人完全放逐情感的一種僵硬與冷漠的古典；而是接近英國湖畔詩人華滋華斯，在對自然、宇宙人類所產生的高度熱愛與眞摯情感上，給予一種含蓄力與典雅的感覺所形成的那種有光也有熱的古典；同時從另一個角度上看，蓉子的藝術精神，卻又是浪漫的，但它絕非拜倫那種狂熱式的（像是站在燃燒的火燄中的）浪漫，而仍是屬於華滋華斯那種寧靜式的（像是站在溫和的光中的）浪漫，所以我們認爲蓉子的詩，永遠是知性與感性的交響，在穩定與均衡的精神狀態下，完成內在一項完美的抒情工作。

2.像蓉子那樣擁有一個極富於展佈性與大幅度的創作面，在中外的女詩人當中，確是罕見的，這大多由於她生活的體歷與她銳敏的心靈同一切發生聯想性的範圍較廣——無論是上帝、自然、時空、生存、死亡、天國、都市、永恆、戰爭、幻滅、空無……等重大標題，乃至細微的事物，如一片落葉、一扇窗、一盞燈、一聲鐘響、一朵雲、一陣風以及家庭的瑣事，都是她創作的對象，都可匯入她的詩境，都可置在她顯微鏡般的靈視中，去進行透視，去產生出奇妙的聯想與美感，而形成優良的作品。同時，蓉子能越出她柔性的創作世界，而適度地掌握住那個是女性詩人所不易掌握住的剛性

創作世界，表現的那種想像與心智的壯闊性與延展性是傑出的。

3.在藝術生命的展望中，她對詩的創作極爲忠實，同時她虛心的學習已能把握住現代藝術的抽象表現與控制住文字在運用時的機動性：如「鳥聲滴落如雨」「牠深淵的藍眼睛有貓的多變的瞳」「在弦索上滑行如滑行在水上的天鵝」「睜圓驚異的眼是一鏡不醒的夢」「絢爛的繁繪是未開的孔雀屏」「三月是未嫁的小女／一羣素約小腰身的雨」「誰的手指觸鍵時／有七色音響的雨／在虹彩的五月」……等這些詩句，都充分說有蓉子有頗佳的聯想力與深遠的想像力以及她對意象的捕捉是站在現代藝術的管區裡；縱然如此，對於蓉子的作品，最好仍是將注意力放在她整首詩的交互作用上，因爲她給於我們的，往往不是詩中的某部份，而是一首詩的全部——一個心靈眞實活動的全部情緒的流露，一種均衡與融和的心象狀態的展覽，一種使精神密度均勻地遍佈詩中的表現。蓉子是屬於平靜與含蓄的智慧型的，而非凸出與奔放的才華型的，因故她的作品眞實而華美，但不浮誇或虛飾。

4.在通入法蘭茲卡夫的「我同什麼都不發生關聯」的孤獨世界與艾略特精神的「荒原」，這一段同上帝與神已離得很遠的空漠的路途上，蓉子不是被虛無年打垮下來的札拉（TZARA此人是韃韃主義的發起人）也不是往日退隱鄉居的的狄瑾蓀與羅賽蒂；她是海德格（HEIDEGGER）那邊的人，仍堅持著生命的昇力活下去，仍以默默的期待，眺望著自然天國與永恆的遠景，她的基本精神表現是現代的大安理索斯（DIONYSIAN）；

是聖經自然與存在觀造起的一座典麗的三角塔，因其頂端有十字架裝成的避雷針，故一種永恆穩定與富於安全感的精神狀態便在其中確立與完成，使世界與事物終歸呈現它們的完美性。

5.無論是對於上帝、人類、藝術與詩，乃至環繞在她四周圍的一切事物，蓉子都永遠是懷著誠摯與謙和的態度，因而導致她不但在詩的創作方面，始終流露著一己眞實的詩想與非常自然的情緒美，使作品因有眞情與實境而獲得存在的持久性與耐度；就是在待人接物方面，也表現著她善意渾厚與高雅的風度，如果我們有讚美別人的習慣，則蓉子她確已逐漸接近做爲一個人與一個詩人的美好的造型。她生命所表現的一切，嚴肅而虔敬，謙和而虛心——爲了家庭，她必須每天與冷酷的現實接觸；爲了上帝與詩，她必須讓精神在心靈的深處長期勞作與服著苦役。

詩人余光中說蓉子是一朵在詩壇上開得最久的菊花，我認爲蓉子是一座由聖經、自然與存在觀造成的三角塔，將在詩壇上，在時空裡，永遠保持它幽美不朽的形象。

——原載《星座季刊》第十二期一九六七年七月

淺論蓉子的詩

周伯乃

我常常覺得，女詩人蓉子的本身，就是一首詩，一首典雅的詩。她那幽幽的情懷，和那長期深受宗教氣氛薰陶的一種肅穆，就像她幼年站在教堂裡，作爲一位唱詩班的風琴手時的情緻——溫靜、典雅，而又帶有幾分寧謐。

宗教意識使詩人的創作動向，趨近於一種寧謐與莊嚴的情調，她早期的作品（《青鳥集》）就像她的風琴聲所奏出的樂章，清新、簡潔，而又有一種柔柔的節奏感。她不重視格律，但她的詩有一種自然的旋律，有一種內在的音樂性。當我們細心地玩味她的詩句時，我們猶如在晨間進入一座肅穆的教堂，我們像在那空闊的大廳裡，聽著遙遠的天使之歌，我們會毫不自覺地被那悠揚的歌聲所迷醉。而她的早期的詩，也正是給我們這種優美而諧和的效果，使我們置身於她那似眞實而又似虛幻的境界。

她的詩大部份是建立在整體性的善美上，她不會刻意鋪呈意象，也不至於故意打破我國原有的完美的語言結構，去築造晦澀。從她最早在新詩週刊上發表的〈青鳥〉到最近的〈一朵青蓮〉她始終是守住那屬於東方古典美的特有的含蓄的氣質，也是形成她一貫創作詩的高尚情操。

她是具明古典美而又有現代精神的詩人。

她的蛻變，是屬於技巧的，並非她的本質。

她早期的作品，有浪漫主義和象徵主義的傾向，而後期的作品，就逐漸向現實主義的世界探索。她不像時下某些現代詩人，急於超越自己，她是始終企國把握自己，創造自己，然後呈現自己面貌的詩人。她的詩大都是自己內心與自然的觀照，她的世界是華美而帶有幾分超越性，是亮麗而又帶有一點淡淡的悽迷感。她和諸多的男性詩人一樣，她必須按時上班下班，承受現代機械噪音的煩擾，承受那些爲生存而博鬥的某種壓力，但在她的靈魂深處卻植滿了聖潔的綠林。因此，在她的詩中所流露的情懷，是絲毫不含功利的庸俗氣，誠如她說的：「淘取金粒，不是爲著指環，是爲了它珍貴的光輝！」

現代工業所造就的詩人，大都已喪失了原始的那種自然流露的嫻靜，而蓉子卻是唯一能守住那份嫻靜的詩人。她運用明快的節奏，清澈的意象，展示她那女性特有的矜持與含蓄，展示她那均衡而又和諧的柔美，她的詩成爲一種半透明體的內在世界之展露。

現在我們分別來看一她各個階段的詩，我們也許就更能體認出詩人的創作過程，和她的思想與情緒的演變。我們前面已經說過，她是自幼就生長在一個宗教的家庭裡，而她自己也是一位極虔誠的基督教徒，那「聖經」中的「詩篇」和「雅歌」，都深刻地影響著她。她說：「從小耽溺在翻譯小說的閱讀裡，我有過多的遐想與夢：書中理想的人物，高貴的靈魂使我欣羨而神往，我曾希望自己能代替他（她）們；山川的壯麗激起我對生命無窮的歡悅，我曾渴望以旅行作終身的職業；而每當聽到從熟練的手指間，黑白的琴鍵上流出震撼靈魂的樂音時，我也曾憧憬蕭邦和貝多芬的生涯。雖然幼年也曾學過一點鋼琴；然而作爲一個苦難的中國老百姓，一個平常公務員的我，朝夕爲了生活而工作，這些夢想的花朵已一瓣瓣凋落在冷硬的現實石板路上了！」然而，現實並沒有折斷詩人創作的思維，現實並沒有使她放棄詩的追求，相反的，現實使她的心靈有更澎湃的衝激，她說：「現實所給予我的是人海的無休止的浪濤衝擊，善美人性的淪喪，物慾的囂張，我爲此而感到窒息的痛苦與孤寂，腳底下又是不停的戰爭，驪別與流亡——這些流動的生活——感情與思想。這一份憧憬，一份抑鬱及憂憤，使我不自禁的要寫詩。」她又說：「我開始摸索詩的道路與門徑，記得童年最先接觸的詩歌，不是古詩，不是律絕；至於歌德、雪萊、拜倫的詩也都是後來的事了！而是很自然的接觸到的古希伯來民族的詩歌：那些莊嚴的頌歌，那些迎接勇士歸來的凱歌，那些靜默的祈禱如大衛王的詩篇，那些歌頌神聖愛情的如雅歌，它們沒有嚴整的句法，卻有眞摯的情感，活潑的旋律，我雖未有心去模倣，它們卻多少影響了我」（見四十二年十一月初版的《青鳥集》後記）

現在我先介紹她的〈青鳥〉，這不是她最早的詩，但是她早期的詩，寫於民國三十九年十二月十二日。發表在次年創刊的《新詩周刊》上。

從久遠的年代裡！

人類就追尋青鳥
青鳥，你在那裡？
青年人說：
青鳥在邱比特的箭簇上。
中年人說：
青鳥伴隨著「瑪門」。
老年人說：
別忘了，青鳥是有著一對
會飛的翅膀啊……

青鳥原是近代比利時詩人、劇作家梅特林克（Maurice Maeterlinck, 1862-1949）的一部象徵劇：《青鳥》（The Blue Bird），寫兩個小孩，在夢中要找尋找青鳥，在記憶中，在未來的國土、在月宮中、在森林裡，到處找，卻沒有找到。後來，他從夢中醒來，發現一個鄰居的孩子生病了，他就把他們所飼養的小鳥送給他玩。而這隻突然變成了青色的鳥，但當他們放出來玩的時候，那隻青鳥卻飛跑了，再也找不著了。在這裡，青鳥是幸福的象徵，但必須在自我的犧牲中才能求得。可是，幸福也並非人們永久所能把握的，所以當人們沉酣於幸福中，也許會像青鳥一樣突然飛去。

而蓉子這首詩中的青鳥，不僅是幸福的象徵，同時也是愛情、人生的理想的象徵，所以她說，從久遠的年代裡，人類就追尋著青鳥。然而青鳥到底在那裡呢？誰也不能肯定，因爲牠會以各人的年齡而有所不同，年輕人是在愛情上，中年人是伴隨著「瑪門」，「瑪門」象徵著財利，典出於《聖經》的新約。而老年人卻嘆牠終於會展翅飛去的。

自四十二年出版《青鳥集》以後，蓉子的風格有很大的轉變，這轉變是多方向的，如生活的方式，工作的環境、社會的動力，都足以使詩人在創作上有所不同的反映。蓉子於四十四年四月十日在臺北與詩人羅門締結良緣，夫婦詩人，無疑的在創作上都有了相互的感染。她說：「不容否認的是自四十五年以還，無論就整個詩壇或我個人的生活來說均遭逢莫大的變動。」然而她不是一個急欲跳水的泳者，她雖然眼看著詩壇的劇變，她並沒有立即躍入那激流中，她說：「我願意更多地把握自己一些，而並不急於做一時的跳水英雄，去贏得片時的喝采，我願意更多顯露出自己的面貌，此必須先有靈魂和實質爲後盾。」

自「青鳥集」後，蓉子有過二、三年間的沉默，可能是她所謂的生活方式和工作環境的轉變，使沉默、觀望、思考；也可能是愛情使她忙碌，而抽不出更多的時間來寫詩；也許是詩人體驗到過去的「告白」式的抒情已不足以傳出其內在更豐繁、更眞實的心境。於是，她沈思、反省，然後再出發。

民國五十年十二月出版她的第二本詩集《七月的南方》，與四十二年出版《青鳥集》相距八年之久，在這八年間，她的詩風的確有了極大的轉變。現在我們來看看她的〈水上詩展〉中的「眼睛」：

這是冷冷的眼睛、冷冷無定的
這是冷冷陌生之睛　美麗或醜惡
你不能躲避！

看陰森的林、密翳的睫
緊蹙的眉影憂抑
這是殘酷的眞實

來自水
歸於水
一朵雲
輕快時會染上紅粉的笑
鬱悶時它涕淚滂沱
不住地它輪迴、它環遊

我們也有搖籃似的神話在水上、藏於蘆葦
神奇的生命發源在水，竟然長大

如許不同的聲音和笑貌、都是親密的弟兄
一個更廣的生命源於高山長河
長長地流，雖混濁；且不住改轍
長長地流、永不乾涸，永不離斷

也有陰鬱無告的眼光來自四方
也有兇猛赤裸的眼眄來自四角
在夜深，燐的鬼祟眼神閃爍著，閃爍著……

很明顯的，這首詩已擺脫了她早期的單純的抒情，而「像其他的現代詩人，強調深入的思考與知性，向內把握住事物的眞實性，追求精神活動的交感作用，使作品在現代藝術的新領域裡塑造交錯繁美與帶有奧秘的意象，獲致其更純的深度與密度。」（引自《七十年代詩選》對她的評語）作者是透過眼睛去呈現一個繁雜的世界。

第一段寫詩人所處的世界，是多變的，是不定的，無論美、是醜，他都必須置身其中，無法躲避，也根本不能躲避。誠如我們置身於我們的世界，我們就必須赤裸裸地面對著這個眞實的世界。

第二段，詩人透過緊蹙的眉尖，而反映出人們在殘酷的現實中的苦悶、煩惱。當然這種苦悶，並不僅僅指我們物質的生活條件而言，也許還有物質生活條件以外的，如精神上苦悶等等。

第三段的形象非常美，尤其是「來自水，將歸於水的一朵雲。」這是多麼鮮活的形象，詩人以它作爲對眼睛的比喻，是從來沒有人這樣表現的。所以，也現示出詩人的獨特創造。當「它輕快時會染上紅粉的美，鬱悶時它涕淚滂沱，不住地它輪迴、它環遊。」任誰的喜怒哀樂都是循環性的，沒有人能長樂，也沒有人能永遠憂悲的，而作者從眼睛中顯示人類的喜怒哀樂的循環性。

第四段是強調生命的歡樂和它的源遠流長永恆性，「一個更廣的生命源於高山長河」，這更廣的生命乃是指人類的整體的生命，所以，它才能「長長地流，永不乾涸，永不離斷。」

最後一段感慨於詩人所處的現實社會，充滿著各種眼光，有陰鬱無告的眼光，也有兇猛赤裸的眼光。誠如她在《七月的南方》後記中說的：「生命不盡是浮面的光和影，而是深刻像彫刻家的刀鋒對準靈魂的方向。」所以，我們要克服許許多多的困難，她說：「社會不會因爲你是詩人而給你特殊的優渥，無論是社會或家庭要求一個詩人對它付出的責任和注意，絕不較常人爲少；而他們較重要方面的貢獻，人們反而不予重視（試想一個完全沒有詩的世界，該是多麼貧瘠），因而我們對社會便有了超額的負荷——雙重的責職：一份屬於普通人的；另一份屬於詩人的。」

作爲一個現代詩人的確是不容易的，一方面要接受生活的挑戰，一方面要承受社會上各種眼光的注視（瞭解與不瞭解、誤解與曲解），另一方面還要承納外來（西洋的、東洋的）移植。在這種種的繁複的環境中，追求自我的表現，這是何等艱難。

蓉子自《七月的南方》以後，詩風又有了轉變，不過這時的轉變不像由《青鳥集》轉變到《七月的南方》那樣劇烈。這一時期的轉變，只是沿著她原有的創作路線，在技巧上有了更純粹的表現而已。她說：「今日新詩追求純粹與凝鍊，需要嚴密地思考和冷靜的觀照，詩是靈魂在清醒、透明、豐盈的時刻所完成的。」

民國五十四年五月四日她推出了《蓉子詩抄》，共有四十九首詩，大部份是她自五十一年到五十三年間的作品。而她自己認爲這本詩集，是較代表她的風格的詩集，所以取名爲《蓉子詩抄》。現在我選一首，在她認爲是一種嘗試的詩，而我認爲是風格稍異的詩：〈我們的城不再飛花〉，這是彙集在第四輯〈憂鬱的都市組曲〉中的第一首。

我們的城不再飛花　在三月
到處蹲踞著那龐然建築物的獸——
沙漠中的司芬克斯　以嘲諷的眼神窺你

而市虎成群地呼嘯
自晨迄暮
自晨迄暮
煤煙的雨　市聲的雷
齒輪與齒輪的齟齬
機器與機器的傾軋
時間片片裂碎　生命刻刻消褪……
入夜，我們的城像一枚有毒的大蜘蛛
張開它閃漾的誘惑的網子
網行人的腳步
網心的寂寞
夜的空無
我常在無夢的夜原上寂坐
看夜底的都市　像

一枚碩大無朋的水鑽扣花
正陳列在委托行的玻璃櫥窗裡
高價待估。

對都市的愛惡，是每個人都不相同的，有些人喜歡生活在匆忙的都市裡，而有些人卻喜歡寧靜的鄉村，就一般而言，在都市裡生活久了的人，都會對都市產生厭倦的情緒。尤其是一個女詩人，她原本就不喜歡城市，而爲了工作，爲了生活，她又不得不依附在匆忙繁雜的都市裡。她說：「不知爲何，雖然從少年時代起就一直生活在都市中，而我卻一直和它（都市）建立不起感情來。我總覺得都市是侷促不寧，擾攘而喧囂，冷酷復虛浮……人性的至美往往被湮沒無存。」

從這首詩中，我們可以看出詩人對城市的厭倦。第一段寫都市的高大建築物，使那原是花開季節的三月，都不再飛花了，而飛馳的汽車成群地呼嘯而過，自晨迄春，不停地飛馳。

第二段寫都市裡的機械的噪音，氤氳的氣氛的彌漫，都使人生無限厭倦。

第三段是城市人夜後的醜惡，她認爲夜晚的城市是充滿著罪惡的，這是女詩人憑某些印象或想像，所下的結論，事實上，夜晚的城市也並沒有我們所想像的那樣糟，它並不「像一枚有毒的大蜘蛛。」

第四段仍然是寫夜的景色，她以「一枚碩大無朋的水鑽扣花」來比喻都市之夜，這是很恰切的比喻，而且使詩的形象燦然呈現出來。

以整首詩來看，都是極其明朗的，作者很少用典，也沒有那些故意舖張的意象，但詩意深濃，這是蓉子的獨特表現，也足以代表她的一種風格。

現在我們再看看她的近期作品〈一朵青蓮〉：

有一種低低的迴響也成過往　仰瞻
祇有沉寒的星光　照亮天邊
有一朵青蓮　在水之田
在星月之下獨自思吟
可觀賞的是本體
可傳誦的是芬美　一朵青蓮
有一種月色的朦朧　有一種星沉荷池的古典
越過這兒那兒的潮濕和泥濘而如此馨美！
幽思遼闊　面紗面紗

陌生而不能相望
影中有形　水中有影
一朵靜觀天宇而不事喧嚷的蓮。
紫色向晚　向夕陽的長窗
儘管荷蓋上承滿了水珠　但你從不哭泣
仍舊有蓊鬱的青翠　仍舊有妍婉的紅燄
從澹澹的寒波　擎起。

「青蓮」根據中華書局出版的「辭海」中註釋，是一種色名，以花青加胭脂而成。另一種解釋，是指現今的四川省綿陽縣境內，唐代李白出生之地，故李白自稱青蓮居士或李青蓮等。而王琦著的《李白年譜》中說：「青蓮花，出西竺，梵語謂之優缽羅花，清淨香潔，不染織塵，太白自號疑取此義。『眉公秘笈』謂其生於彰明之青蓮鄉，故號青蓮。按青蓮鄉，原作清廉鄉；疑後人因太白生於此，故易其字作青蓮。」而佛家以青蓮花比作佛眼。我想這些都象徵青蓮的超凡脫俗的孤高氣質。不過，以蓉子這首詩所表現的內蘊來看，作者可能是在透視，或者展示其人格。因此，這詩中的青蓮，並非某種色名，亦非李白所獨鍾的青蓮之謂，而是蓉子本身的那種獨有的氣質之形象化，也就是詩人把青蓮人格化了。

第一段是運用一座空茫而遼闊的天空和水田相映，而襯托出那朵青蓮的超凡絕俗的風貌，「在水之田，在星月之下獨自思吟。」這是詩人的孤絕的世界，也是現代詩人所攀越的一座自我存有的境界。她漠視那些庸碌，漠視那些喧囂，她所要的就是那座既空闊而又精緻的境界，既華美而又秀麗的世界。

第二段作者對形象的創造，可以說已到了一種超然的境界。「有一種月色的朦朧，有一種星沉荷池的古典。」也許有人會指摘「古典」兩字用得過份抽象，但現代詩所呈現的境界，就是一種渾然的、朦朧的。它不是呈現一個貌，而是一座整體的存有。「古典」固然不是盡善盡美的形象，但詩人把「星沉荷池」的具體形象去形容那個「古典」，就顯示出整個意境的渾然美。

第三段的意境是更爲深邃、更爲渾濛，就如她詩中說的「面紗面紗，陌生而不能相望。」這種意境已完全達到了物我兩忘的境界，已昇華到一種靈性的特殊意義，詩人已將自我的世界和外觀的物象世界相溶化，而成爲「影中有形，水中有影」的整一而超昇之境，也正是詩人的「靜觀天宇而不事喧嚷」之境。現代詩人慣於把他原有的直觀印象擊碎，而攪亂自己的直覺思維，然後再重新組織、重新創造，最後塑造出一個嶄新的形貌，讓讀者靜觀、讓讀者凝思、讓讀者產生豐繁的聯想。而蓉子在這首詩裡，就是把她原有對青蓮的直覺印象吸入自己的心室，然後把自己對青蓮的最原始印象搗碎，然後再重新組織，重新構築起一個新的形貌，形成一種使內在成爲深入的透明世界。

最後一段是表現詩人的堅強的性格，「儘管荷蓋上承滿了水珠，但你從不哭泣。」縱使「紫色向晚，向夕陽的長窗，」而她「仍舊有蓊鬱的青翠，仍舊有妍婉的紅燄，從澹澹的寒波」擎起。這也是她作爲詩人的獨特氣質，不輕易受困於環境，不輕易向環境低頭。

從整首詩來看，這是一首很完美的表現，無論在語言的創造，意象的呈現，都能極婉約而諧和地表現出來。尤其是作者在透過青蓮的具體形象所呈現的個人人格的完美，是作過一番苦修的。這首詩的創造，我相信決不是隨手拈來，而是詩人長久對物象的靜觀，所激發的一種內在情感的昇華。所以，我們也可以說這首「一朵青蓮」是蓉子最能表現其詩人特質的一首詩，她把青蓮擬人化，賦予它生命，賦予它高尚的靈性和情操。我們讀這首詩，就如靜觀一顆孤潔的靈魂在那空茫的天空中閃爍著璀麗的光芒照耀寰宇，我們既可感知它的存在的眞實，又似感知它與我們之間，有著遙遠的距離，就在這渾濛的境界中，我們感知詩人的眞摯情感和潛藏的內在生命力。

——原載《自由青年》五〇七期 一九七一年十一月

永遠的青鳥

林 野

詩與藝術使生命產生耐度，在時間裡不朽。

這兩句話是題在《蓉子詩抄》扉頁上的金句，當時我僅僅是個對詩仍然懵懂生澀的大學青年，我在武昌街周夢蝶書攤買到這本藍星版的詩集，那是民國六十五年的五四文藝節，整個下午我在「明星」咖啡室思索著這句發人深省的告白，忖想著一個溫柔、嫻淑的女詩人，何以懷存如此堅執不移的藝術觀，足令人驚異不置。直到我擔任北醫北極星詩社社長那學年，有幸延請到女詩人蒞校講演現代詩，以迄多次造訪泰順街詩的輝煌座標——燈屋，益發令我感動這對珠連璧合的詩壇伉儷所經營的小千世界，正奉祀著詩和藝術的長明燈光，尤其他們那種對詩專業和敬業的誠摯態度，不僅教人崇羨，也教人心儀和心折。

蓉子出身在教會的家庭，宗教的博愛和慈善，賦予了她日後悲憫仁厚的胸襟，這種高貴的情操、和嫻靜的雍容同時塑造了日後作品中特有的風格，以及詩如其人的型像。從早年戀慕徐志摩和冰心的新詩，在初一嘗試以詩句表達自己的感情遐想，以及在民國四十年首次在自立晚報《新詩週刊》上發表處女作，三十多年來，她鍥而不捨地在衆多豐繁的作品裡提昇自己的精神境界，像一隻翩翩的青鳥展翅翱翔不懈地追逐詩和美的綺夢，或像一朵出水青蓮，自奸婉中擎起，久久自芬芳，這些或捕捉靈思幻美、或歌詠生命、或追記雲遊旅次，無不自成佳構佳篇，以亮麗的緞帶串連成《青鳥集》（中興文學社，爾雅版）、《七月的南方》（藍星版）、《蓉子詩抄》（藍星版）、《日月集》（英譯，美亞版）、《維納麗沙組曲》（純文學）、《橫笛與豎琴的晌午》（三民書局）、《天堂鳥》（道聲版）、《雪是我的童年》（乾隆版）、《童話城》（童詩集，台灣書店版）、《蓉子自選集》（黎明版）等十本詩集。她從情韻有緻的款款腳步中走來，這些清麗素雅的作品，一直深得人心，且激起了詩壇的迴響和矚目，因之歷年來國內出版的重要文學選集，顯見的如《十年詩選》、《七十年代詩選》《一九七〇詩選》、《中國現代文學大系》、《八十年代詩選》、《中國現代文學年選》、《現代詩導讀》、《當代中國新文學大系》、《中學生白話詩選》、《寫給青少年的新詩評析一百首》、《中國新詩選》、《剪成碧玉葉層層》（第一本女詩人選集）、《七十一年度詩選》，皆有她清脆綽約的跫音，由於她的詩婉約而不晦澀，溫煦而不悲愁，兼有吾國婦女的含蓄淑靜，以及民族傳統的溫文敦厚，不少作品被中外人士翻譯成英、日、韓、法等國文字，因此蜚譽國際，榮獲桂冠。彌近愛國詩作〈只要我們有根〉，亦被選入國中國文教科書，足見她的詩具有普及性和可讀性，無愧乎爲自由中國第一女詩人和詩壇長青樹。

蓉子早期的詩頗受「新月派」的影響，明淨簡潔的形式，輕歌低吟的詩韻，有點像泰戈爾的小詩，流露出眞摯、純樸的愉悅，儘管那個時期的詩並不太講究意象，但依然有動人可人之處：

「如果你有那份眞／我已經鐫刻在你心上／若沒有／我恥於裝飾你的衣裳」〈爲什麼向我索取形象〉

「走進無垠的沙漠了／濛濛的黃沙打濕我衣袂」〈寂寞的歌〉

《青鳥集》出版之時，詩人正値綺麗年華，儘管自嘲「最早的星光最寂寞」，但這國內第一本女詩人詩集，曾令詩壇人士窺見她豐盈的內在美。民國四十四年，羅門蓉子伉儷步向紅氈的彼端，喜筵之日舉行了別出心裁的婚禮朗誦會，一時傳爲「中國白朗寧夫婦」之美譚。婚後的女詩人仍供職台北國際電信局，職業婦女和家庭主婦的雙重身份，內外世界的劇變曾一度困擾著詩的明淨心靈，然而經過長久的緘默和內省，她終於涉過沉寂的深潭，益加執著那份對詩不渝的忠貞，鼓翼飛向《七月的南方》。

在《七月的南方》的後記裡，她如是說：「生命不盡是浮面的光和影，而是深刻像雕刻家的刀鋒對準靈魂的方向……我們要克服氾濫的告白式情感，未冷凝的創作衝動，也要克服現代人過份緊張忙碌的生活加諸我們的種種限制和不利於詩的因素。」此一時期的蓉子，似乎是靜極思動了，而這種決不妄動的再出發，不但風格殊異，而且自我期許很高，似乎絲毫不被當時波瀾洶湧的「現代化」或「超現實主義」所眩惑。相反地並不晦澀的隱喻和象徵手法，屢次洗鍊地出現在一些閃爍的佳句中，而且她的詩逐漸摻入生活實質的無奈，和淡淡的霧靄，此與鮮活跳躍，輕靈愉快的「青鳥時期」迥然不同，以下便是一些語言上的蛻變：

「這是失去預言的日子／在憂鬱藍的穹蒼下／我們採摘不到一束金黃」〈白色的睡〉

「七月是出戰的蟻群／被攪動過的蜂窩」〈夏天的感覺〉

「我乃一無聲的空白／一孤立在曠野裡的橋／一擱淺了的小舟／有迷失在水天間的那種沮喪」〈亂夢〉

民國五十年的前後，蓉子的衝刺力驚人，佳作如源頭活水，泉湧不絕，余光中形容她爲自焚新生的「火鳳凰」，如果借用八年後出版的《維納麗沙組曲》中的詩句——「日午是壯闊的分界嶺／倘你繼續奔赴／有無數待砍伐的荊棘」來引證，此時的蓉子剛剛過了三十歲，無論對生命、藝術的感悟臻於成熟，熾熱旺盛的創作力如日正中天，而這些奔馳不歇的腳步逐漸擴展了詩的領域，於是在第三本詩集《蓉子詩抄》，也在一系列《憂鬱的都市組曲》裡，超越了純情唯美的既往窠臼，鑄造了兼有社會性和現代感的詩篇，那些自侷促不寧、喧囂擾攘的多元次生活層面所得到的冷靜觀照，並不遜於擅長處理都市文明題材的夫婿羅門，從以下灼眼的詩句，可見一斑：

「到處蹲踞著那龐然建築物的獸／沙漠中的司芬克斯／以嘲諷的眼神窺你……入夜／我們的城像一枚有毒的大蜘蛛／張開它閃漾的誘惑的網子／……看夜底的都市／像一枚碩大無朋的水鑽扣花／正陳列在委托行的玻璃櫥窗裡」〈我們的城不再飛花〉。

「都市已長大／單純的美已式微／在吞食了智慧之果後／枝條與密葉的負荷遂加重」〈白日在騷動〉

「獸獰獰的形像與重重的跫音／把我們青石板長街的寧靜／踢得不見蹤影」〈裂帛樣的

市街〉。

《蓉子詩抄》這本集子，並未根據任何一首詩之詩題而命名，可能是觸角的延伸，向度的調整，包容了更多可以成形爲詩的精神內涵，在「一種存在」的專輯裡，她那以細膩深刻的筆觸，寫出主觀的內心感受，此時瀕近中年的女詩人，相對於歲月的流轉，她曾耽憂春花逝去，夢凋落在心頭，偶爾顯露出從未有過的懊惱：

「我的妝鏡是一隻弓背的貓／不住地變換它底眼瞳／致令我的形象變異如水流……我的妝鏡是一隻命運的貓／如限制的臉容／鎖我的豐美於它的單調……我的妝鏡是一隻蹲居的貓／我的貓是一迷離的夢／無光／無影／也從未正確的反映我形像」〈我的妝鏡是一隻弓背的貓〉。

然而在詩的創作上，蓉子仍是篤定和步伐不亂的，也許詩正好成爲她精神上依托和慰藉，可以給予她勇氣和毅力推倒橫亙在面前的無數明天，因此在夢的荒原裡，她肯定了詩的不朽生命，甘於爲詩而殉美：

「世人每羨我蓮座／不悉我常行走於荊叢／以沒有鞋子托住的跣足」〈夢的荒原〉。

四十歲以後的蓉子，不斷實現了她幼年時旅行雲遊的夢，四度出席詩人大會，應邀赴菲韓講學訪問，並先後榮獲英國和巴西頒授的榮譽學位，繁卉的名字像不凋的奇葩，垂實成穗，叮嚀的繁響被優柔的詩風傳送。這時第四本詩集《維納麗沙組曲》出版，她在個人的寫照裡，充滿了對詩創作的樂觀，不移的自我肯定和不務虛華。

「若我是翼我就是飛翔／是漣漪就是湖水／是波瀾就是海洋／是連續的蹄痕就是路徑」〈詩〉

「維納麗沙／你不是一株喧嘩的樹／不需用彩帶裝飾自己……因你不需在炫耀和烘托裡完成／你完成自己於無邊的寂靜之中」〈維納麗沙〉

「你在雛菊與檀香木之間打著鞦韆／在過往與未來間緩緩地形成自己」〈肖像〉

在這本風格蛻變的詩集裡，我驚喜地發現女詩人對景物拍攝的角度，或對生活的剪影都有了更深邃、更突出的技巧：

「而夏之流光如多層面的晶體／複視／這世界／有生之沉重光影落下……當生之沉重落下／夢就爲歲月的急流所稀釋」〈早夏之歌〉

「倘交纏的紛煩爬滿高牆／現實的門鈴又不斷被按響／時間和你都瘦削」〈重量〉

「我去那兒等待／一架待修護的機械／白菊花在病懨懨的長廊上／天使般地展鬙／在如睡眠的空氣之上……我在此／像等待簷滴般等待／無聊地嚼著魷魚的腳／當高跟鞋擠痛我的腳／擁擠的人群擠迫著我的心」〈公保門診之下午〉

我極喜歡最後的一首生活詩，因爲凝鍊而淺易的字裡行間，即將病容愁鬱的醫院氣氛，發揮得淋灕盡緻，尤其候診室的擁擠雜沓，在冗長枯悶的下午，反襯出都市人的疲竭心態，相當值得今下高倡詩「生活化」、「口語化」，但詩味全失的泛泛作品之借鏡和檢討。

溯自處女作「青鳥集」伊始，蓉子始終熱切擁抱著大自然的胸膛，然而身爲案牘勞形的公務員，常爲職務所囿，抽身不得，無法儘情於山光水色，與天地化合。原與《維納麗沙組曲》一胎孿生的《橫笛與豎琴的晌午》，因印刷成本暴漲，延遲了四年才告誕生，可喜的是這本集子裡完整地收載了十四首摭拾自山巔水湄的〈寶島風光組曲〉，而完成這一系列的風景素描，所用的不是濃妝粘稠的油彩，而是輕淡淺透的水彩，讀來清新明麗，不減顏色：

「笑聲嘩啦啦地成千波萬浪／飽風的帆孕整個海歸來／使落日潛泳成次日的晨曦」〈金山·金山〉

「以成行成叢成片的井然／一齊指向天空／爲這眾多意象協力的高舉／天空遂壯闊起來」〈衆樹歌唱〉

《橫笛與豎琴的晌午》這本袖珍式的詩集裡，夾插著一首蓉子從未嘗試過的長詩——〈歡樂年年〉，結構上十二章分別代表每一個農曆的月份，係從現代人的繁忙，折返〈十二月令圖〉，去反省古人的從容與安詳，形式和內涵都饒有盎然趣味。此外，如果執意要摘取此一時期的代表作，〈一朵青蓮〉不僅象徵了詩人本身的端莊性情，而且出色地被許多刊物譯介和轉載。試看「一朵靜觀天宇而不事喧嚷的蓮……儘管荷蓋上承滿了水珠／但你從不哭泣／仍舊有蓊鬱的青翠／仍舊有妍婉的紅燄／從澹澹寒波／擎起」。如今蓉子在詩的背景所擎起的不正是端莊嫻靜的形象嗎？

身爲職業婦女的蓉子長久渴盼的是一間安靜、孤絕，可供自由思想的工作坊，然而周遭環境的紛紜動盪，總是使夢和現實的雙轡背馳，處於此種情況之下，一位女性作家似較男詩人們要付出更多的忍耐和毅力。六十四年《秋水詩刊》第六期上，刊登了她生活寫照的〈忙如奔蝗〉：

「忙如奔蝗／吃盡了閒暇／雲／只有輕盈時才亮麗／一沉重便都墜落成惱人的雨……因爲綳緊的琵琶會斷／綳斷的弦索上那兒有歌？」〈忙如奔蝗〉。

這首只有短短十行的小詩，把現代人的忙碌形像，生活壓力下的枯竭無奈，表露無遺，尤其以蝗蟲的穿梭蹦跳形容現代人爲現實生活的奔波不息，從而教人聯想蝗蟲的猥瑣口器的如何吃掉閒暇時間，可謂意象新奇，文字造詣高妙。終於久盼的日子來臨了，六十四年七月，蓉子申請提早退休獲准，離開了工作二十七年的服務機構，好整以暇地專心做「燈屋」的女主人和專業詩人。此後，她經常應邀赴各大專院校演講，和愛好現代詩的年青朋友，平起平坐地親切討論，深深樹立了平易近人的風範和氣度。

經過兩年愜意而悠遊的歲月，蓉子再以嶄新燦亮的心情推出那充滿禮讚聲音的詩集《天堂鳥》，此時的作品仍維持多樣性的試驗，不知是心境的豁然，抑是創作態度的從容，我似乎覺得《天堂鳥》是一個光彩的世界，閃動著愛與美的微笑。其中令人注意的，是集子的開頭連續併排了四首有關傘的詠物詩：「傘」、〈雖說傘是一庭花樹〉、〈傘的變奏〉、〈傘之逸〉，連同收輯在《橫笛與豎琴的晌午》的另一首〈傘〉，合計有五首之多，而其中第一首〈傘〉最受人好評，羅青評之爲一個開闔自如的世界，辛鬱則引申爲對自己的寫照。畢竟這柄〈傘〉也是蓉子最匠心的手工藝，它的材料很輕盈、很典雅：

「鳥翅初撲／蝠蝠相連／以蝙蝠弧形的雙翼／連成一個無懈可擊的圓……各種顏色的傘是載花的樹……開則爲花爲亭／亭中藏一個寧靜的我」〈傘〉。

這首精緻的短詩以鳥翼的展開、蝙蝠的弧形，撐起一個線條圓渾的意象，然後又把充滿羅曼蒂克情調的情人的花雨傘，造設成爲一個有情的世界，最後把傘比擬成爲一個寧謐安恬的庇蔭所，生動活潑的情趣躍然可感。蓉子退休後，爲了充實閒適的生活，曾經去學插花《天堂鳥》裡只收入了〈水陸生〉、〈夏日異端〉等十首有關花藝的詩，雖然粗俗如我，不懂得欣賞花道，但那些詩作都招展著華美的豐姿。

除了由黎明出版公司印行的《蓉子自選集》（國內第一本規模完備的女詩人選集）外，《天堂鳥》是近年來蓉子的最後一本結集，從《七月的南方》開始，她不斷嘗試抒寫都市生活的時空感覺，然而首次接觸到眞正高碩無匹的大都會，則是民國六十五年與羅門一同赴美，出席在馬利蘭州召開的第三屆世界詩人大會順道遊覽紐約市。當女詩人站在摩天大樓聳立入雲的街道，迷困在異國鋼鐵的大森林，內心的激盪幾不能自己，回國後她寫下了當時心中的吶喊：

「紐約因擁有過多的鋼鐵而寒冷／因承載了過重的負荷而痲痺了心臟……身影就隨摩天樓不斷的升高而沉降／困居深谷／前後左右都是陡削的絕壁……當人性的呼喊在機器的喧聲裡沉沒／唯那獸的鼾聲和鼻息高過一切……有拒絕一切的冷漠／你是異地飄浮的塵芥／孤獨而無依傍／當陌生的霜降」〈紐約．紐約〉。

當蓉子來到被稱爲「天空的大教堂」著名的帝國大廈，她發現這象徵智慧科技的結晶，睥睨寰宇的峰頂，竟提昇不起日趨沒落萎頓的人類精神，而文明的斜坡正加速使人心墮落，於是她對支撐都市骨架的鋼鐵感到心寒，對「現代」的沉重感不勝負荷，瀕於心臟衰竭，隔著異地的霜雪，忽然悲冷從中來。這首詩是她類似題材掌握得最好最立體的一首，畢竟百聞不如一見，提昇了詩境的層面和視野。據聞這首詩，甚爲前輩詩人艾青所激賞。

蓉子不僅在現代詩展現了燦爛奪目的才華，同時對兒童詩也付出了相當的關愛，遠在民國五十六年，曾經應台灣省教育廳「兒童讀物編輯小組」之請，爲國內的小讀者寫過一本兒童詩集《童話城》（台灣書店發行），也許是宗教修養的薰陶，雖然她結婚以來膝下並無兒女的圍繞，但幼吾幼以及人之幼的晶瑩愛心，促使她寫作之餘，重拾未泯的赤子之心，發表了不少兒童詩歌（見《秋水詩刊》。及林煥彰主編的《童詩百首》）。如果十年窮年皓首，苦心經營的詩集，屬於重工業的型式，那麼附錄在《天堂鳥》詩集卷末的精緻小詩，應該是簡易的輕工業。這些流麗而精簡的小品，吟讀之餘，往往可品味出哲思和愛心，例如：「所有樹木都站定在自己腳跟上／人啊／爲什麼要匍匐呢」；「大海熱情的／擁抱河水／不去嘲笑／它們的浮淺」；「詩是痛苦的熱淚／不是裝飾的珠鍊」；「皺紋是歲月築成的河床／那兒的河水潺緩／閃耀著智慧與堅韌的光」，有點像泰戈爾的《漂鳥集》，翎羽光潔。

目前蓉子是國軍散文隊的隊員，由她數目不多的散文裡，依然可以看見經盈細緻的筆調，宛如穿著一襲寬適、飄逸的衣袍，著上淡雅的薄妝，別有一番嫵媚韻味，民國六十六年，蓉子隨一藝術訪問團赴歐洲旅遊，暢覽各地的名勝古蹟，廣泛收集各地的風土文物，歸國即著手撰寫《歐遊手記》（德華出版社），歷時近五年甫完成，圖文並茂，極爲壯觀。

寫詩長達三十年的蓉子，她認爲一首詩總得先掌握住那急於「成形」的精神內涵，然後才能賦予這份內涵應有的形式，因此她創作的意圖是要先孤住事物的眞精神（核心部分），再考慮如何塑造它的外殼（形式部分）。又說：「詩是人自體的變形，是人類對生命意義的探索」，她頗推崇里爾克，激賞他那經由長期忍耐，百鍊成鋼，含蘊著艱深美學的純粹又豐盈的詩篇，儘管詩人和從事別種創作形式的人相較之下比較寂寞，但蓉子認爲適度的寂寞毋寧是必須的，祇有當他獨處之際，才能擁有他完全的宇宙，眞實地把握到自己。恆久、嫻靜溫和一直是她秉持的詩風，辛鬱讚揚她的作品，從未直接地、激烈地對現實浮華加以排斥，卻一直對事物美好的一面予以肯定，並加歌頌。因之，我個人以爲蓉子的詩是趨光性的，總是趨向人生的光明面，雖然對某些人生的負面亦間有微辭，畢竟是出於愛深責切，語氣亦十分委婉平和。

關於蓉子的爲人，簡易言之即人如其詩，親切和藹，從不昂首闊步，裝腔作勢，絕佳的人緣一直爲詩壇和文藝界稱道。她覺得不該自視甚高地把「詩人」當成什麼了不起的「行業」，詩人必須首先做成了「人」，然後才能作「詩人」。十多年前，她接受《暴風雨詩刊》的訪問，她謙和有度地回答：一個詩人既非「超人」，也非「神仙族類」，祇有當他（她）從事創作的時候才是「詩人」。這番言簡意賅的答話，發人深省。

去年年底，她應新加坡共和國「國際華文文藝營」之邀，前往參加文藝座談，豐沛的文學素養和高雅的氣質，贏得了與會文藝作家的深刻印象，星洲日報的記者曾以「柔和的聲調／像溫泉似的湧出／世界忽然平靜下來／飄忽著夢境的愛」來報導介紹她的人和作品，此外尚有「菊花未凋詩未老」、「走進蓉子詩的世界」、「詩壇長青樹」、「一片山水一片柔」（以上爲星洲日報）、「菊香」（南洋商報青年版）等數篇報導文字的評介，以詩會友，可謂收獲豐碩，載譽歸國。

「月光流來河的溫柔／溫柔是一張海棉椅子。眼睛坐下來／靜靜的看吧……妳是不著聲音的那面鏡……叫得最響的是凝眸……坐在凝眸中／你是自光流出的透明／也是在透明中流動的那面鏡」，這些抒情的詩句，是夫婿羅門在「日月湖歌之歌」中對愛妻的頌讚。結褵二十八年，這段詩壇的金石盟，隨著不朽的記憶，堅貞地圈轉成爲一個渾然愛與美的同心圓。羅門的詩風陽剛硬朗，而蓉子的詩陰柔纖細，剛好形成了燈屋迴照的兩個稜面，可貴的是他們各執所長，獨立思考經營，自給自足地發皇了愛與美，在詩壇上並駕齊驅，花開並蒂。

「記憶是木香／當窗垂掛／記憶是流雲／像遠海」，這是從蓉子〈雪是我的童年〉裡摘出的句子，詩的成就恰好成爲她一生記憶中瀰漫的木香，憑窗遠眺過往煙雲，應該有一種欣慰落實的心情。在我寫詩的歷程裡，曾經受到羅門蓉子伉儷的教益和提攜，以我的淺薄本不敢輕易爲文，僅是箚記與她交往的情形及讀詩的心得，表達我對她的印象而已。

——原載《陽光小集》十一期 一九八三年

我讀蓉子

林燿德

一、詩的信仰

民國四十年十一月，蓉子在《新詩週刊》發表了〈爲什麼向我索取形象〉，她溫柔地傾訴出女詩人的曠達胸襟——

「爲什麼向我索取形象／歡笑是我的容貌／寂寞是我的影子／白雲是我的蹤跡／更不必留下別的形象！」

然而我們還是要向她索取形象，她對於生命中眞善美的昂揚，對於文學創作的執著，她對於名利淡泊不泥的率眞，在在於詩中顯影出一個溫婉純潔的形象。蓉子之所以被形容「永遠的青鳥」、更成爲中國詩壇一朵不凋的青蓮，並不僅止於她是「自由中國第一位女詩人」這種記錄上的意義，更在於她數十年毫無間斷而且高潮迭起的創作生涯已帶給我們一種典範。

在一篇自剖性質的短文〈我寫我〉（載於《文學時代》第九期），蓉子提及自己出身江蘇的教會家庭，雖然幼年喪母，以致於「養成小時候寡言、怕羞、孤獨第性格」，但仰賴著父親成功的人格教育與宗教經典的陶冶，使她的童年「不流於怪僻」，而能夠逐漸培養出一顆至誠無僞的詩心。

蓉子從小接受良好的教育，一直就讀於江蘇省內各著名教會學校，高中畢業後進入建村農學院森林系就讀。蓉子曾擔任教會學校音樂教師及家庭教師。後考入南京國際電臺，民國卅八年二月奉調台北，開始在亞熱帶氣候的臺灣工作、定居；翌年是蓉子開筆的關鍵時期，〈爲什麼向我索取形象〉、〈青鳥〉等名作的初稿都完成於這一年。四十年十一月份，蓉子正式躋身詩壇，〈爲什麼向我索取形象〉在自立晚報《新詩週刊》第四期推出，她於是不斷向「詩的國度」拓展版圖。

自四十二年出版《青鳥集》開始，蓉子出版的單冊詩集包括《七月的南方》（五十年）、《蓉子詩抄》（五十四年）、《維納麗沙組曲》（五十八年）、《橫笛與豎琴的晌午》（六十三年）、《天堂鳥》（六十六年）、《蓉子自選集》（六十七年）、《這一站不到神話》（七十五年）。

蓉子早期的作品受到宗教的影響既深且遠，古希伯來詩歌莊嚴與端正的氣質，一直迴繞於她詩中的字裡行間；更重要的，是她自信仰中萃取出一種向上的、高昂的情緒，她的詩魂一再掙脫出現實的磨難，向浪漫的理想昇華、飛翔、趨近，就像〈鐘聲〉（四十一年）中的說辭：

「今日的鐘聲／如同我的思潮／起伏在多風雨的海上／我仰望——教堂的尖頂上／有我昔日凝聚的愛，信仰與希望／今夜的鐘聲復使它們飛翔／飛翔在這黑暗的海面。」

信、望、愛匯聚在教堂——這是信仰最直接而明顯的具體投射——的尖頂，當鐘聲敲響，一切都已超越，超越了「多風雨的海」，在「黑暗的海面」上柔和而無怨的滑翔。如聖詩般疏朗乾淨的語調，莊嚴而虔誠的語法，在《青鳥集》裡，蓉子濾去了希伯來民族與生俱來的宿命意識，更濾去了聖經中具有陰森的威力感的部分，而在讀者面前展佈出愛琴海一般蔚藍無邪的神性空間。書寫的筆姿決定書法的結體，依於書寫的氣勢來完成宣紙上墨的神韻；詩的道理亦同，蓉子形上的身姿決定了詩的結構，她情韻與理趣兼重的詩想，肇造了詩中晶瑩剔透的語言魅力。這一切，又有歷劫不壞的信仰支撐在後。信仰正是一根歷劫不壞的大理石柱石，蓉子曾經如此率真的坦誠——

「我寧願擁抱大理石的柱石／它冷冷的嚴峻的光輝／使我心折」（〈我寧願擁抱大理石的柱石〉，四十二年。）

詩的信仰結合了神的信仰，匯鑄成柱石，心折的蓉子用溫暖的人間之愛，調合了那「冷冷的嚴峻的光輝」，進而提示了生命的眞實，推廓至無限。在思考上，杜潘芳格和蓉子恰成一對互補的女詩人，兩者都擁有強烈的宗教意識。跨越語言（從日文到中文）的客家女詩人杜潘芳格強調：「在死的明理上，明理生」，以持「死觀」、超脫「死線」的意象做爲詩觀，她無疑擷取了聖經中陰森而具威力感的部分，並結合東方宗教的輪迴觀，面對死而欲超越死。相對於杜，蓉子所抱持的則偏重於「生觀」吧（雖然在《維納麗沙組曲》中蓉子也讚美了死亡，但那讚美中更有「生」的理直氣壯），自現象界中提煉出生命的意義，昇華出統一而精純的意象群。

簡單的說，杜潘芳格是自悲觀的立場進行性靈的超越，而蓉子是自樂觀的角度開拓精神的視野，這令我們聯想到中世紀士林哲學的兩大宗師——教父學派的聖奧古斯丁和經院學派的聖湯瑪斯·亞奎那斯，兩者的天主教神學都是保守主義和理想主義結的合體，但前者以悲觀的心態來悲憫不可救贖的世界，後者則是樂觀的哲學家，認爲「神的恩寵並不廢棄自然，而是完成自然」。蓉子之所以能夠調合情感、理性與信仰三者於詩中，成爲一顆容雀鳥歌舞、容人們憩息的「獨立的樹」（參見〈樹〉，四十二年）而非一株仆伏的藤蘿，正緣由於她對宇宙和生命有一種樂觀的擁抱。

蓉子是一個樂觀的探索者，在生命情調上，多年來一直保持著進取的姿態。許多詩人一過中年便無端自傷，不停「回首」、「再回頭」，或是將心智停留在遙遠的故鄉及母親的懷抱裡，悲不可抑。蓉子卻不曾退縮到「甜蜜的黃金時代裡」，她固然有許多作品著眼於光陰的流轉，但卻是非濫情的自傷，如〈時間的旋律〉（七十三年），她以貞靜睿智的口吻道出對於時間的感悟——

「在時間中有一種獨奏／在時間中有一種旋律／——它會重複地出現／太陽升起太陽落下／冬天走過　春天又來……」

「『已有的事　後必再有／已行的事　後必再行／日光之下並無新事』／啊　數千年前的哲人／便曾如此說過」

字裡行間出現的盡是智慧語而非自傷的輓歌。彷彿事不關己的敘述，本質上卻是一種高度的超越，其實自「青鳥集」始，她即已展開對於時空與意義的探索，企圖以去玄鈎沉的詩筆，點破人生的眞相，早於民國四十二年寫下〈生命〉一詩時，她即已寫下：

「生命如手搖紡紗車的輪子／不停地旋轉於日子底輪軸／有朝這輪子不再旋轉／人們將丈量你織就的布幅」

亮麗的聲口，精巧的意象，一種開豁、達觀，透視歷史而不流於尖銳的觀照，蓉子以輪轉看生命，末了遽爾一翻，「人們將丈量你織就的布幅」，短短四句，具體而強烈地點描出個體生命的實景，這種無私無我的全知觀點，在一般女性詩人的抒情作品中是極爲難得的。在《天堂鳥》一書中收錄的〈小詩選〉一輯，和〈生命〉相同，也是蓉子完成於民國四十年代的早期作品，有短至僅兩三行的作品，如〈之一〉：

「所有樹木都站定在自己腳跟上／人啊、爲什麼要匍匐呢？」

〈之廿七〉

「皺紋是歲月築成的河床，那兒的河水潺緩，閃耀著智慧與堅韌的光」

這些作品顯然與民國一、二〇年代的小詩運動」有密切的血緣關係，可惜卻未繼續發展。蓉子早年的「小詩選」在形式、詩質等方面皆有一種粗樸的理趣之美，雖然有些作品過份直接地暴露企圖，反而接近概念化的警句體文學，但是也有若干精緻玲瓏，情景交匯、意象驚人的傑作，如前引〈之廿七〉，從「皺紋」引帶出「歲月築成的河床」，在第二句，直喻「

皺紋」的「河床」化幻爲眞，又引帶出流動的活水出來，第三句總綰全局，以河面上「閃耀著智慧與堅韌的光」，回拍首句「皺紋」，二十七字能夠擁有如此完整自足的小宇宙，不禁令人讚嘆。

二、向她索取形象

早期蓉子的世界，基本上仍屬於田園與自然的模式，對於現代文明懷抱著批判與拒絕的態度，在收入《七月的南方》一集的〈都市生活〉（五十年）一詩，她首度控訴都市種種的光怪陸離──

「我的陽光是七月的／有很多囓人的牙齒／聽巨大震驚的音爆／一堆破碎的幻在烈日下焚化／而摩托車擦腿而過／使人心驚……」

都市被形容爲一串破碎的幻影，埋葬了田園時期人文景觀的和諧醇厚。到了《蓉子詩抄》時期（五十至五十四），她的〈憂鬱的都市組曲〉，更強化了這種傾向，只須看這輯詩的七個子題已可了然於胸：〈我們的城不再飛花〉、〈室窗閉塞〉、〈廟堂破碎〉、〈選事〉、〈黑貓的五月〉、〈白日在騷動〉、〈裂帛樣的市街〉，除〈選事〉係中性的立題，難以直接把握詩人的褒貶，其餘皆出現陰冷詭異的色彩，如「不再飛花」、「閉塞」、「破碎」、「黑貓」、「騷動」、「裂帛」，無不令人驚心動魄，一向執著於溫婉抒情而夾帶著清明理性的蓉子，一旦面臨在高速中變異的都市生活和景觀，不免採用了嚴厲的詞句：「無中心信

仰 無筆直方向」（〈廟堂破碎〉）、「……永不死滅的煩惱／煩惱 是陰霾，擾攘，殘闕和虛空」（〈室窗閉塞〉）、「當熔燙的鐵已冷凝成形／——一座是否經得風雨的鑄像!?」（「選事」）、「假貴族的衣裙拖曳在鳳凰廳中」（「黑貓的五月」）、「白日在騷動 在騷動 漲溢 驟起／又一次像鞭炮怒放／震盪著精神岌岌的危樓……」（〈白日在騷動〉）、「獸穿文明的衣衫／招搖過市街」（〈裂帛樣的市街〉），這些無疑是都市成長階段混亂、無秩序的浮世繪，成長於舊社會的蓉子自然對於蔓延而無章法的建築、騷動而欠紀律的人群產生排斥的心態。

有的學者認爲在民國五十年代左右，彼時詩人對於現代人在大都市裡的孤絕和失落的感嘆仍嫌早熟，因爲當年臺灣的都市仍未十分工業化，生活節奏仍然悠閒，專業化現象與機器對人性的壓力也不沉重；其實以詩人特有的敏感度，往往能夠深入地探索出事物深層的結構，也能夠嗅出當下生存空間的潛在問題，因之，民國五十年代出現的都市詩，包括羅門、曹介直，甚至以抒情聞世的蓉子等詩人作品，間或夸飾了都市的敗德，但是，與其說這些作品「早熟」，不如說它們是「預言」；更不如說它們是詩人眞誠踏實的「反省」，這些「反省」是臺灣社會人文結構重組過程中的寶貴記錄，也是詩人們自農業文明過渡到工業社會的「精神成長史」。其實，儘管仍然埋藏著歸向自然的田園情結，到了民國七十年代，蓉子也產生了擁抱都市的情懷，像是前世的冤家，叫人氣惱又叫人不捨，完成於七十三年的〈回去台北〉一詩告訴讀者，僅僅是暫別，詩人久居的台北竟成了第二故鄉，惹人相思——

「回去台北 回去／那曾經使我喜 令我悲／讓我勞累 甚至／叫我氣惱的城。台北——／曾經那兒的陽光是／萬里晴朗的海 於少年時光／爲它 我捉住了幾許／美妙 在『七月的南方』

啊！雨點打落在芭蕉葉上 此刻／我聞見一片悠揚芬芳／喚起了我底懷念 我要／回去了

意識的手便迅速推開此間／人雜市鬧的旺角 和／維多利亞海峽不安的月光／回我卅多年的居地。」

一種擁抱、一種親愛，在既質樸無華又眞誠無僞的抒懷中畢現無缺。雖然蓉子處身在陌生的異國都市中時，依舊擁有一份對機械文明的抗拒，自香港歸來後，有關東方之珠的巡禮，蓉子在〈鹽竈下〉（七十四年）一詩提出感觸：

「啊！在世界各處／機械文明的霸業總是不止息地擴張／且一步一趨地直逼田園的心臟／——人類已無處逃避。」

不過那是香港。民國七十年代對於蓉子而言，並沒有成爲一種更恐怖的夢魇，一切自混亂走向秩序，自紛擾步向多元與專精，噪音、交通問題以及環境權的困擾依舊在，但也似乎不再是無可挽救、一路步向幻滅的絕症，都市終於喚回蓉子溫暖的母性的回音，當然，依舊有著幾分無奈和原諒的成份，都市實在是個壞得很的寶寶，直到今天，還有很多人的思考會停滯在蓉子二十年間的忿憤中吧！「我與都市爲鄰 鄰室常喧鬧／欲淹沒我 以其喧騷／我

與都市爲伍　都市常凶暴／……」。

蓉子不但擁抱了民國七十年代的台北，她也擁抱了一九八〇年代的世界。早在《蓉子詩抄》時期，蓉子已完成了若干取材於時事的感懷詩，如〈在水上〉一詩悼夢露之死，第三段以簡潔的三句點破了夢露一世的淒絕迷離——

「『眞不知道我是誰／我是誰？』你問著／卻找不到回答」

夢露的自我問答必然是詩人虛擬的，但是「無中生有」在此卻成爲最眞實的寫照，浮華幻夢，明星在名利中喪失自我的悲劇，被蓉子以極其制約的悲憫燭照無遺。類似題材續有發展，到了民國七十年尤其佳作迭出，如收入《這一站不到神話》一書中〈愛情已成古老神話〉（七十五年）一詩，致力詮釋溫莎公爵夫婦的愛情，藉情聖的高潔情操反諷現代人遊戲人間的情愛觀，蓉子的結論是「愛情已成一則古老神話」，這個結論取代了溫莎公爵的愛情傳奇，而成爲全詩題旨所繫。同書中另詩〈太空葬禮〉（七十五年），取材於一九八六年元月廿八日，美國太空梭「挑戰者」號爆炸事件，蓉子能夠將寫作的範疇推展至此，和現代情勢同步，正證明她歷久不衰的探究心和原創力，仍不斷在「詩的國度」開疆闢土。

兼容理趣的抒情詩一直是蓉子飲譽多年的創作導向，在她八部詩集中佔有相當大的比例。筆者認爲其中以〈水上詩展〉四首（五十年）、〈維納麗沙組曲〉十二首（五十六年）、〈傘〉四首（六十五—六十六年）、〈秋詩六篇〉（七十二年）等四組詩最爲傑出，也正是足以統攝蓉子幾個重要階段性成果的代表作。

〈水上詩展〉發展出一套精緻的暗喻系統，四個子題依序為「眼睛」、「清柔的眸影」、「混濁的眼神」、「冷漠的睛光」，以不同情緒的眼神和不同形態的水勢交相映照、投射，在當時而言，其意象擷取之新穎出奇，結構經營之嚴謹龐大，音韻安排之綿密妥切，這組各方面均異常成熟的作品，在民國五十年代初期出現，可說是現代詩在臺灣發展的重要事件，但是卻一直未受此間評論家注意。試讀〈水上詩展〉的首篇〈眼睛〉。

「這是冷冷的眼睛、冷冷無定的／這是冷冷陌生之睛 美麗或醜惡／你不能躲避！
看陰森的林、密翳的睫／緊蹙的眉影憂抑／這是殘酷的眞實／來自水／將歸於水的／
一朵雲／它輕快時會染上紅粉的笑／鬱悶時它涕淚滂沱／不住地它輪迴、它環遊
我們也有搖籃似的神話在水上、藏於蘆葦／神奇的生命發源在水 竟然長大／如許不
同的聲音和笑貌、都是親密的弟兄／一個更廣的生命源於高山長河／長長地流、雖混
濁；且不住改轍／長長地流、永不乾涸，永不離斷
也有陰鬱無告的眼光來自四方／也有兇猛赤裸的眼眄來自四角／在夜深，燐的鬼祟眼
神閃爍著，閃爍著……」

整首詩意象儘管變化多端，幾經轉折，但是情韻綿邈，流暢自然，有瑣碎的精緻感，也有專純的統一性，水被賦與了人性，第三段中又被賦與了水性，兩者疊溶，生命與水的安謐祥和與飛騰陰險面面俱到，而以象徵死亡的閃爍的水上夜光做結，通體澄澈，陰陽互濟，誠屬佳構。

《維納麗沙組曲》十二首，其中尤以〈維納麗沙之超越〉、〈關於維納麗沙〉幾首至堪傳頌。「維納麗沙」是一個超現實的唯美形象，或者說，也正是蓉子精神面的自我塑形，詩人的孤寂與超越，詩人的青春與夢想，許多難以把握的抽象概念，在蓉子的筆端一一顯現出璀燦的意象來，《組曲》中〈肖像〉一首的結尾，維納麗沙在雛菊與檀香木之間打著鞦韆，在過往與未來間緩緩地形成了自己，那擺盪的鞦韆的動感，多麼生動地徘徊在時空之中，帶著生命的喜悅，蓉子最好的抒情詩都能夠讓各種造形充滿了這樣閃爍流離的動感，不曾因爲時空的遞嬗，文壇的潮流而停滯了「維納麗沙」永恆的悲喜、永恆的韻律舞姿。

〈水上詩展〉的語言已臻至完全圓熟的階段，《維納麗沙組曲》達到蓉子唯美與浪漫風格的極緻，後期的〈傘〉四首完成了蓉子作品中理趣的定位，近數年的代表作〈秋詩六題〉則在境界的開拓上有所突破，這些傑作仍待究者細加品味與探索。

蓉子，自由中國最重要的女詩人之一，創作的質量皆佔女性詩人的首席位置，但她從未斤斤於一時一地的令譽，默默地創作不綴，提攜後進尤其不遺餘力，不僅是詩，就是人也是一個可敬的典範。向她索取形象，或者我們應該回到《維納麗沙組曲》中的〈維納麗沙〉，在這首詩中，蓉子已經爲「維納麗沙」提供了恰如其份的歌讚，如同我們在獻給蓉子的桂冠上必定要鐫刻的細字：

「因你不需在炫耀和烘托裡完成／——你完成自己於無邊的寂靜之中。」

——原載《大華晚報》一九八七年一月八日、九日
復以〈向她索取形象〉發表於《藍星詩刊》十一號 一九八七年四月出版

走向真實人生的詩人

——論〈蓉子〉和她的詩

丁平

・前言

這是我第二次講〈蓉子〉了。

第一次是一九八七年十月，我詮釋了她初期的詩作《青鳥》等四首，並很概念性地敍述了她的爲人，以及在中國現代女詩人中的成就和文壇地位。

當然，對蓉子來說是十分不夠的。因此，也引起了隨我練習寫詩的學生在堂上問道：

「蓉子的形象是怎樣的？」

我記得當時是這樣答這個似是問什麼「電影明星」，或「歌星」之類問題的：「〈蓉子〉是中國現代詩壇上已有三十餘年『詩齡』的女詩人，出版的詩集已有十一本，其中不少詩作譯成了英文、法文、韓文和日文等在各國流傳。」

至於她的形象，曾有不少文學批評家和詩人爲她彫塑了：

『開得最久的菊花』

──余光中。

『詩壇上一座由聖經、自然與存在觀造成的三角塔』

──〈衣凡〉

『永遠的青鳥』

──〈鍾麗慧〉·〈林野〉·〈向明〉等

『一座華美的永恆』

──〈莊秀美〉

『現代中國祖母輩的明星詩人』

──〈白萩〉

『一朵不凋的青蓮』

──〈蕭蕭〉

『因你不需在炫耀和烘托裡完成

──你完成自己於無邊的寂靜之中』

──〈林燿德〉

『蓉子是中國當代著名的女詩人，他的精神近乎寧靜的、虔敬的，對於上帝與大自然所擁有的永恆世界，充滿信心與企慕，對於聖潔的事物與崇高的靈境至爲神往與癡情，因而導致她的作品，流露著一種令人沈醉的哲思與智慧的光輝，她早期的詩，頗受印度詩人泰戈爾的影響，曾有閨秀詩人之稱，比譽英國清教徒女詩人狄瑾蓀……近年來她的藝術生命因接受現代美學的洗禮，已使昔日單純明澈雋永的意象呈露出交錯繁美與奧秘之態，獲致作品更良好的深度與密度……她曾主編藍星詩刊，出版有「青鳥集」「七月的南方」與「蓉子詩抄」等詩集；部份作品曾被譯成英文、法文、韓文、與日文……」

——《C·A·T·》雙月刊。

「爲什麼向我索取形象？
歡笑是我的容貌，
寂寞是我的影子，
白雲是我的蹤跡，
更不必留下別的形象！」（節錄）

——一九五一年十一月，〈蓉子〉在她的詩作《爲什麼向我索取形象》中早就自我塑造了。

綜合上面引述的各個樣相，也包括她自己塑造的，混成一個是：

「她對於生命中眞善美的昂揚，對於文學創作的執著，她對於名利淡泊不泥的率眞，在在於詩中顯影出一個溫婉純潔的形象。」——〈林燿德〉語。

這個形象的〈蓉子〉，我看已有八成了；其餘的二成，讓我在下面替她補刻幾刀好了。

●蓉子簡介

● 〈蓉子〉，本名〈王蓉芷〉，一九二八年五月生於江蘇省江都（非本籍）。一九四九年二月到台灣，國立政治大學公共行政現代企業管理中心結業。並獲英國〈赫爾國際學院〉榮譽人文碩士、〈世界文化藝術學院〉榮譽文學博士。一九五五年在台灣與詩人〈羅門〉結婚，〈藍星詩社〉詩人。

● 先後曾任：〈文復會〉臺北市分會，文藝研究促進委員會委員，〈文化建設委員會〉與〈東海大學〉合辦的文藝創作班詩組主任，應邀赴菲講學，代表R.O.C.女作家訪韓，獲一九七五年國際婦女年國際婦女文學獎，獲菲總統馬可仕金牌獎，以及出席在美國舉辦的第三屆世界詩人大會與羅門接受大會加冕。曾擔任中國新詩學會常務理事，中國青年寫作協會常務理事兼詩研究委員會主任委員。

● 現任：中國文藝協會監事，中國婦女寫作協會常務理事等。

● 著有詩集：《青鳥集》（一九五三）、《七月的南方》（一九六一）、《蓉子詩抄》（一九六五）、《橫笛與豎琴的晌午》（一九七四）、《維納麗沙組曲》（一九六九）、《日月集》（英文版．一九六八）、《天堂鳥》（一九七七）、《蓉子自選集》（一九七八）、《雪是我的童年》（一九七八）、《這一站不到神話》（一九八六）。（註：此外尚出版有：兒童詩集《童話城》（一九六七）、童話翻譯《四個旅行音樂家》（一九六五）。另有遊記《歐遊手記》等。）

● 一九八八年四月，以《這一站不到神話》詩集中的九輯詩，榮獲「第十三屆國家文藝獎」

（詩歌類）。

●甲編

●蓉子對詩的看法

●出生於江北而長大在江南；青年時就踏進詩國的第一道拱門；進入中年，已昂首登上殿堂一個適當位置（一九八八年獲得第十三屆國家文藝獎的詩歌獎）的女詩人〈蓉子〉，出身於一個基督教家庭，而且父親是當地著名的牧師，因此，從小就是個虔誠的基督徒，直到現在，她仍在早晚忘不了默讀聖經，並跪在床前禱告，風雨炎寒；也不能阻止她禮拜天到教堂去做禮拜。這股聖流長期地潛存在她生命的長途中，使她的詩作所表現的情愫和精神境界，就自然地流瀉出一種聖潔莊嚴的感覺，充滿了溫醇、謙恭、體諒，而對人性與生命的禮讚。

這樣的一位中國當代女詩人，難怪詩人〈覃子豪〉讚揚她是：

「中國詩壇的〈白朗寧夫人〉」；

詩人〈余光中〉稱譽她爲：

「具有清教徒意志的〈狄瑾蓀〉與非常斯托伊克的〈艾蜜麗·布朗黛〉……是中國詩壇上一朵開得最久的菊花……」；（按：十九世紀英、美的姊妹詩人）

《文藝生活》雜誌也曾這樣地描繪她：

「中國古典女子的嫻靜含蓄，職業婦女的繁忙，家庭主婦的責任感，加上日漸尖銳的現代詩的敏感，此四者加起來，形成了女詩人蓉子。以一個女作家而言，蓉子予人的印象是安詳而謙遜的，她靜靜地工作，靜靜地思索，靜靜地創造……」；

文學評論家〈林燿德〉說：

「蓉子早期的作品受到宗教的影響既深且鉅，古希伯來詩歌莊嚴與端正的氣質，一直迴繞於她詩中的字裡行間；更重要的，是她自信仰中萃取出一種向上的、高昂的情緒，她的詩一再掙脫出現實的磨難，向浪漫的理想昇華、飛翔、趨近……」；

文學批評家〈周伯乃〉也說：

「宗教意識使詩人的創作動向，趨近於一種寧謐與莊嚴的情調……，使我們置身於她那似眞實而又似虛幻的境界。」

「她的詩大部份是建立在整體性的完美上，她不會刻意鋪呈意象，也不至於故意打破我國原有的完美的語言結構，去築造晦澀……，從《青鳥集》開始，她都是守住她那屬於東方古典美的特有氣質，也是形成她一貫創作詩的高尚情操。」；

「她早期的作品，有浪漫主義和象徵主義的傾向，而後期的作品，就逐漸向超現實主義的世界探索。她不像時下某些現代詩人，急於超越自己，她是始終企圖把握自己，創造自己，然後呈現自己面貌的詩人。她的詩大都是自己內心與自然的觀照，她的世界是華美而帶有幾分超越性，是亮麗而帶有一點淡淡的悽迷感。」；

「她蛻變，是屬於技巧的，並非她的本質。」；

詩人〈羅門〉也說出了他的心底話，他說：

蓉子她好像時刻都在企望透過上帝，自然、與詩的感通性，而觸及永恆與穩定；因此她與我相處，便經常成爲我悲多芬型的激動的生命的平衡力，使我在內心中感知永恆與穩定的具體意義」。

●通過上面所引述的許多名家對這位有強度宗教意識的女詩人〈蓉子〉的評論後，我們也許還要問：

「蓉子對詩的看法是怎樣的？」

㈠蓉子對「詩」曾概念性地這麼說：

「詩是一種對生活現象的探索，對生命本質的體驗。」

又說：

「詩與藝術使生命產生耐度，在時間裡不朽」。

是的，「詩」是有權利，也有義務去探索宇宙萬物的生活現象，更要進一步去體驗一切生命的本質究竟是怎樣存在，又怎麼演變的，唯有「詩」才能給生命產生一種與時間互存的耐度。

蓉子悟出「詩」在生命中的本位來了。

㈡蓉子對「詩」的內容形式是這樣看的：

「我以爲一首詩總得先掌握了那急於『成形』的精神內涵，然後才能賦予這份內涵以應有的形式。詩決不是先準備好一些長頸子的空瓶子或圓形的空罐頭再一一去塡滿它們的。

其實「形式」和「內涵」是一枚不可以二等分的球，它圓滿自足。是一株具有活力和生命的樹，內涵與形式已然密切地配合在一起，無法分離。一首表現成功的詩也當有渾然天成的美。」；

「任何偉大不凡的心靈，任何美好的情思都必須藉形體來顯示——要藉具象的物體來表現，方能稱爲藝術品（詩）；因此，就論詩時，表現能力也屬非常重要的因素，是因詩不僅是『人類心力的精華』；也是『心智活動最高度的組織形式』。是心智和技藝的結晶。」

在過去長遠的年月裡，曾有過不少藝術理論家，甚至哲學家提出了這個問題：「一件藝術作品（當然包括『詩』了）是『形式』決定『內容』，還是『內容』決定『形式』的？」

經過幾個世紀了，藝壇上所出現的答案，仍是見仁見智的。也就是說藝術範疇中的各種主義（或流派）的說法都不同，當然也是各持各的「見」在說各的「理」了。對這個十分重要的藝術營造的基本問題，直到今天仍沒有一個大家都首肯的答案。也許這就是「藝術」這種東西的生命本身存在著一道外界不能仰及，更不可觸及的無限層次吧。

蓉子在「詩」的「內容」（她說的「內涵」）與「形式」上的看法是：「內容」決定「

形式」的。理由是：「『詩』是心智活動最高度的組織形式」。

這種詩觀沒有什麼不對，我早在一九四一年七月間的桂林，在一次「全國詩歌研討會」中，在〈胡風〉先生的引導下，與詩人〈李若川〉共同作出了這個結論：

「一首有藝術價值的詩底成長過程是『內容決定形式的』，其他藝術作品也如是。」

㈢蓉子認爲「詩」必須有其多樣性。他說：

「如果說：『詩是人自體的變形』，或『人類對生命意義的探索』，詩總是和生命認同的。生命的層次有高有低；生命的形貌千變萬化，我們的詩也就含蘊著諸多樣相和各種不同豐采。你儘可以不喜歡我的詩；卻不能否定它存在的價值！每一位作者有其不同的性分、氣質、感受和經驗；而這些決定了詩人的自我以及他（她）那不同於別人的風格。」；

「詩必須有其多樣性——這是最重要的」。

「詩必須有其多樣性」這個論點，過去已經有不少名詩人說過也認同了。蓉子這番話，當然是具有一種『共性』的；如果『藝術大神』下令不容許『詩』自己可塑造多種容顏，那麼，『詩』還存在幹什麼？」

㈣蓉子對「詩人」的看法是這樣的：

「詩是透過了『人』的經驗去表現一切的，因此，詩人絕不是游離於現實人生之外的人，詩人必須首先有其眞實的人生，然後才能談到『創造』，換句話說，詩人必須首先是一個充滿了『人間性』的人，然後才能寫出涵蓋人生的詩篇。特別在二十世紀的今天，『詩人』既非有閒階級，又無法專業化。這樣，儘管詩人們有著不同於常人的才華和抱負，可是在每天的現實生活裡，幾乎每一位詩人都像隔壁的鄰居那樣平常，沒有甚麼顯赫之處——詩人應當『顯赫』的是他們的作品而非行動。因此我說：當人家稱呼我爲『詩人』的時候，我一點也不覺得有甚麼特別之處，而我滿意於這種『平凡』——我喜歡做一個『隔鄰的繆斯』。

蓉子認爲「詩人」首先要是一個生活中的人，而絕非游離於現實人生之外的那種人。是的，詩人在人類社會中並未享有一種異于常人的什麼階級。既無特殊階級可恃，你又何苦要遠離人群，自封什麼自以爲是的「異人」呢？

(五)蓉子認爲「詩非飾物」。她說：

「艾略特認爲寫詩有『將血化爲墨水的那種苦處』。令人不敢相信的是當我們這兒有人對詩的認識還停留在表皮的階段，就十分地沾沾自喜了，於是不放棄任何機會去炫耀『詩人』的頭銜，去獵取社會聲譽，徒然地欺人復自欺！試問以如此沾滿塵俗的心性，如何能醞釀出淨化人類心靈的詩篇！」

「詩是痛苦的熱淚，不是裝飾的珠鍊。」

蓉子這番話當然是有感而發的。〈艾略特〉說出了寫詩的痛苦；蓉子更說出了她寫詩時的感受——詩是痛苦的熱淚的結晶，它絕不是一串用來裝飾的珠鍊。

我曾說過無數次了：

「詩中沒有汗、淚和血的成份，詩人還寫詩幹什麼？」

這句話〈徐志摩〉說過，〈覃子豪〉說過，還有不少當年在「抗戰陣地」上的詩人說過；我和蓉子仍在這麼地說著的，只是「中國現代詩隊伍」中的後死者仍要說下去而已。

㈥蓉子對「宗教」和「藝術」關係的看法是：

「就宗教和藝術本質上來說：宗教追求的是善，而藝術家追求是美。然而『藝術』和『宗教』卻是最好的芳鄰，相互間常常產生很大的影響力。諸如：我們都知道，情感在藝術和詩中均佔有重要的地位；但那不是一般生活中粗雜的情感；乃是經過轉化和提昇了的感情。而宗教信仰，每每在無形中提昇吾人的性靈，使人擁有一份高潔的情操，令詩有更美好的內涵和境界。」

「我十分欣賞愛略特在『傳統和個人的才能』中所說的那句話，那就是：『當詩人面臨某種比自己更有價值的東西時，他必然會不斷地獻出自己。』我想這就是把有限的小我融化在大我中的意思。也就是一人與他身外一切的人們合而爲一的境界，而這便是宇宙同根，萬物一體，天人合一的境界，既是哲學的、也是宗教的境界，更是東方詩人們所追尋的境界。不過有一點需要注意的，那就是一個具有宗教信仰的人從事藝術工作的話，他應該記得把信仰融化在生活中，而不是直接說明他的信仰或觀念。」

蓉子認爲「藝術」和「宗教」是芳鄰，相互間是互有影響的，而且作爲一個具有宗教信仰的詩人，應記得把信仰先溶化在生活中，而不是直接說明他的信仰或觀念。也就是要在宗教生活中提升吾人的性靈，使詩中有更美好的內涵和境界。

這種境界蓉子說是「天人合一」的，既是哲學，也是宗教，更是我們東方人幾千年來所追求的一個接近儒家思想的最高境界。

●乙編

●蓉子詩風的演變

〈蓉子〉自一九五一年十一月下旬，在台北《自立晚報》副刊《新詩週刊》發表第一首詩〈形象〉（註：後來改回原來的詩題〈爲甚麼向我索取形像〉。而且她說這首詩並不是她眞正的第一首詩。她說：

「『形象』即『爲什麼向我索取形像』乃我正式發表的第一首詩（發表於民國四十年十一月下旬），實非眞正的第一首詩作，這首詩創作完成於卅九年十一月卅日，雖早於發表日期有一年之久；但記得遠在卅八年六月我已寫過一首「海的女神」——現已收入爾雅出版社重新排印的新版『青鳥集』中，它應該是我手邊有記錄可查的第一首詩作吧！」

之後，就一直寫下了數以百計的詩作。到現在爲止，她已出版了十一本詩集（包括一本「兒童詩」集），「詩齡」也長達三十七餘年了，當然，她還頑強地、自信地繼續寫下去。

而她今後的創作方向是多樣性的，不單是寫詩。我們就聽聽她自己說的無計劃中的計劃吧。

她在答覆記者時說：

「我不能爲我未來的創作預定程途，創作必需根源於內心的需要。何況身居十丈紅塵的台北市，成日實被數不清的煩瑣牽來扯去，時間早就被割成碎片，無法有整體的長程的計劃。計劃需要時間精力去完成，環境卻不容許我擁有安靜不被攪擾的時空。稿債、信債還不完，自己最想做的卻不一定有時間去做。演講、座談、朗誦、評審、參觀訪問，人情應酬也得加上……週而復始，時間差不多填滿，精神也用得差不多了，要做、想做、待做的還有一大堆哩！」

「如能假以時間，當可以分門別類：一本抒情散文；一本談理論；另外再寫一本「非歐洲的遊記」。如再假以時日，譬如說我可以住到較僻靜的鄉間去；那麼養花蒔草打毛衣之餘，我可以寫一本小說來試試看，如此而已。總之，能做一些自己想做的工作而不完全是被動的就十分好了。」

蓉子，她是在什麼時候開始寫詩的？她說：

「小時候，我就喜歡讀詩，寫詩，經常一個人深夜裡把心中的感覺寫出來，最初並沒有什麼特殊的詩的語言，也從來不講究任何詩的技巧，祇一味憑感受去寫，用心去體會；那時候也沒有指點的啓蒙師，純粹在摸索，但那一段自我磨練的過程，確實在我青少年的時代裡，變成一則美麗的神話，雖然夢幻多於寫實，唯美佔絕大部份，然而那確實是我生命過程中最初的夢！」

至於長長的三十七年底詩創作過程又是怎樣的？她的詩風有改變過嗎？這幾個問題，我要在這裡作一次簡要的敍述了。

(一)《青鳥集》和《七月的南方》時期

〈蓉子〉詩風的分期，在我看來是並不十分明顯的，甚至從她的第一本詩集《青鳥集》，直至最近的《這一站不到神話》，其間相隔了三十三年，而在這兩本詩集中的詩作，不少仍有血緣相連的風格存在的；也就是說，在《青》集中，有些詩作的風格，仍可在《這》集中尋出痕跡。但，經過三十餘年的創作經驗，詩人的生活體驗也豐富了，自然在思想意識的演進中，必然也直接帶動了詩作內容的轉變、思想層次的加深，以及技巧的漸趨圓熟。這些改變，在她不等量的各個時期中，就產生了各個時期作的不太相同的風格。因此，她長達三十七年的創作歷程，詩風的演變，在「大同」中仍可找出若干「小異」的。

《青鳥集》是女詩人〈蓉子〉於一九五三年十一月，在台北出版的第一本詩集。是她以一束短髮，一顆純眞的心，一團圓面孔所塑成的「青鳥」姿態，飛舞出她自已所創造的藍天白雲世界。

在這個集子中的詩作，如〈青鳥〉、〈爲什麼向我索取形象〉、〈水的影子〉，以及〈五月〉等多章，正可以代表詩人的年輕。在這個年輕期，當然不能給天眞和浪漫悄悄地溜走；而青春，也必然會在雲彩散佈下展現璀璨的容顏；因爲她早就決定以一生奉獻給詩神了。因此，她以「青鳥」之姿，在詩的國度裡，開始她的豐饒之旅——埋首在寒夜中，作詩、寫故事。

《青鳥》集中充滿著一種寧靜的寂寞，以及一份淡淡的憂悒。這種唯美純情的氣質與剔透的有點早熟的少女智慧，使人會聯想起宋代女詩人〈李清照〉的早期詩風。

集中很多詩作，染上了一抹濃濃的「新月派」早期詩風的韻味。例如《爲尋找一顆星》，在結構上，語言的重疊上，都有〈徐志摩〉的影子。這首詩〈余光中〉當年就曾特別提起過，譽爲一首傑出之作。《晨的戀歌》中「猛記起你有千百種美麗／想仔細看一看你的容顏／日已近午／何處再追尋你的蹤影」。這些語言之美之悒、之無奈，已非〈徐志摩〉當年所可吟誦的了。難怪〈紀弦〉讀了曾一度擊桌三讚了。至於《爲什麼向我索取形象》一詩，〈鍾鼎文〉對該詩的技巧、韻味和意境所表現的高度才情，就特別欣賞。而〈覃子豪〉卻對這個詩集就中肯地下過一個評價：

「作者將她的嘆息、哀愁、希望和理想，眞摯地表現在詩裡，而成爲極感人的詩篇。」

綜合來說，蓉子在集中諸詩裡出現的眞摯的情感，虔誠而具有智慧的語言，樸實的形式，以及細緻的結構，替人類舖出了一道輕歌低吟的青春、詠嘆與理想的追尋，以構成詩作第一期中前半期的詩風：

「晶瑩剔透的眞摯企望中，帶有一份淡淡的哀愁。」

●〈蓉子〉的《青鳥集》出版之後，長長的隔了八年，她的第二本詩集《七月的南方》

才面世。

在這段不短的生命流程中，她的人生際遇，主持家務，以及投入工作，構成了她必然的一種重大轉變；而這種轉變最使她特別重視的是有了一位詩人丈夫〈羅門〉。

她說：

「這一時期，我身兼許多任務，寫詩、工作，以及做一個妻子！我想：女人一旦結婚，不論在生理上、心理上，都會有極大的改變！所以詩的風格一定會產生變化。在『七月的南方』，我嚮往的是靈魂成熟的季節——智慧、繁茂與陽光照耀下的豐美。」

蓉子在《青鳥集》時期，很都人都說她是一位「閨秀詩人」，其實她並不全屬於這一類詩人的。她在該詩集的《後記》中曾有以下的自白：

「然而作爲一個苦難的中國老百姓，一個平常公務員的我，朝夕爲了生活而工作，這些夢想的花朵已一瓣瓣凋落在冷硬的現實石板路上了！」。

「現實所給予我的是人海的無休止的浪濤衝激，善美人性的淪喪，物慾的囂張，我爲此而感到窒息的痛苦與孤寂，腳底下又是不停的戰爭，驪歌與流亡——這些流動的生活——感情與思想。這一份憧憬，一份抑鬱及憂憤，使我不自禁的要寫詩」。

《七月的南方》的出版，是蓉子自己在詩的國土上劃下了一條可說是無法再連接的分界線——她開步走上現實人生的第一段途程。

這本充滿光與影的，彩色繽紛中更有響亮聲音的詩集，的確洋溢著一股新鮮的韻味，一種生命本能的感覺時時流動在其間。集中的主題詩《七月的南方》，正是詩人正面抨擊都市混亂的一面，欲替「城市生活」（也是她另一首詩的詩題）的迷亂，尋覓一條新的道路——大自然的和諧、完整、壯闊與永恆。因此，她在近百行的這首長詩裡，以渾厚的氣度，壯闊的心智，明快的節奏，以及丰盈的想像，對華美的大自然加以頌揚。

畢竟蓉子仍是生活在二十世紀中的現代詩人，無法逃出現代人的悲劇世界，因而影響著她以後的詩作，也在一種自覺與不自覺之間，蒙上了層現代精神的灰暗與迷亂的色感，與她在《青鳥集》時期的創作心境，有著明顯的不同。

這段時期的蓉子，詩人〈余光中〉曾說：

「在十字架和水仙花之間，她徬徨著。在『羅門夫人』與『王蓉芷』之間，她迷惘著。在完整和破碎，虹和陰溝，青鳥和汽笛之間，她分割著自我。而這些矛盾，這些不欲擁抱而又無法躲避的現實的車禍，便是所以構成她近作中悲劇性之因素……」

余光中的話，已把《七月的南方》期的蓉子，整個剖解得剔透玲瓏了。

蓉子在這個時期被不安的現代所攪亂，我們有理由相信是暫時性的，因爲她生命的內在，早已被一種強烈的宗教意識的注入，以及對自然無限神往與痴情的凝聚，完成了「寧靜力量」的定位；所以從她別的詩作中，我們仍可窺見她潛在的精神，對詩的完整性底高度的渴求——她默默地、眞摯地在內在精神的特殊活動中，塑造自己認同的生命和藝術的形象。

這個集子中詩作所呈現的，已顯示著蓉子逐漸遠離了她「青鳥」時期那種單純與可愛的想像以及抒情的創作世界，在現代藝術與現代存在精神的影響下，她開始運用較沈潛的思考力與知性的心靈敏感，一步步地向繁複奧秘與深遠的內在世界探索，企求掌握事物的純性與眞性，以達到一種精神的交感。

蓉子在這段時間中所遭遇的現實與心靈的交集所產生的「自我變位」，已呈現在她的《碎鏡》、《亂夢》、《水上詩展》、《夏在雨中》，以及《夢的荒原》等詩作之中。因此，詩人余光中忍不住又再對蓉子作出評價了。他說：

「近年來，她忽然，如一隻自焚而復活的鳳凰，一個更成熟的蓉子出現了。她的新作不再是理想國度內飛來的青鳥，而是現實的風雨中的一隻風信雞。她的題材具體而複雜起來，她的表現手法也逐漸現代了。有時她能做到透過具體的高度抽象……」

余光中看得很透澈，蓉子的確是「忽然如一隻自焚而復活的鳳凰」了，她在上述諸詩作中所表現的藝術性與精神深度，是採取了繁複的意象，以及半抽象、半超現實的手法所造成的。

蓉子在詩的國土上的「變位」是「自我」的，她已面對繁亂的現實作出了抉擇。

因此，我說蓉子詩風在第一期的後半期是：

「在空無破碎的現代不安中，沉實地接待心靈所遭遇的悲感，並以一柄審判的智慧之劍，擲向現代人存在的迷失與漠然的虛無。」

蓉子這一期（第一期）的詩作，如果說《青鳥集》是一個少女的心靈對宇宙和未知的最初的觸及、最早的悸動與夢想；那麼，她的精神投影，是投在上帝和自然的充滿愛情與歡樂的永恆世界之中，有英國「湖畔詩人」〈華滋華斯〉對自然和人類所產生的熱愛與眞情而形成的那種有熱有光的古典，同時也兼有這位詩人那種「寧靜式」的浪漫，是平靜的；而《七月的南方》，就是一個成熟的少婦對現實的一切作一種漸進式的省察與評估、了解與掌握；她的精神投影，卻投在〈沙特〉、〈艾略特〉和〈海明威〉等詩人所逃亡的空無破碎的現代世界上，而她就難免顯得有點波動和不安了。

就在這種心靈的波動和不安中，具有堅強宗教意識的少婦詩人，正爲中國現代詩開挖一個新的遼望窗口——撐開這個龐雜的現代詩的創作面。

(二)從《蓉子詩抄》到《維納麗沙組曲》時期

〈蓉子〉在《七月的南方》出版之後，收集了她自一九六二至一九六四年之間所發表的詩作共四十九首，定名爲：

● 《蓉子詩抄》，在一九六五年「五．四文藝節」在台北出版。這個集子的出版，很明顯地展示了〈蓉子〉已進入了一個「花開果熟的季節」。

詩集的內容分爲五輯：〈我從季節走過〉、〈亭塔．層樓〉、〈海語〉、〈憂鬱的都市組曲〉以及〈一種存在〉等。

這個集中有兩輯詩顯然與她過去的詩作有很大的不同。如：

〈海語〉一輯是她於一九六二年隨〈中國文協〉的「外島訪問團」到馬祖訪問前線地區

時，對「海」和「戰鬥」這些很男性化的物象所寫出來的，呈現了一種新的神秘與嫵媚。

《憂鬱的都市組曲》一輯，卻是她第一次以一種整體和較深入的觀察力與心態，寫出了她「從少年時代就無法建立起情感」的，現代人生活中重要場景：現代都市。

她已在詩中出現了：

「我們的城不再飛花／在三月／到處蹲踞著那龐然建築物的獸／沙漠中的司芬克斯／以嘲諷的眼神窺你」。

「我常在無夢的夜原上寂坐／看夜底的都市／像／一枚碩大無朋的水鑽扣花／正陳列在委托行的玻璃櫥窗裡／高價待估。

從這些感受，這些質疑中，我們都會異口同聲的說：

「到這裡，蓉子已自我地征服了女性詩人的疆域，也衝破了自我心靈的碑界，寫下了具有社會性和時代感的詩篇。」

再看看她在《看你名字的繁卉》一詩中的：

「假如你偶然地閒步來此

你就聽見溫柔的風中正充滿

你名字的回音……」

很明顯，蓉子這些眞情實境的透視，我們可以說：

「蓉子已走近果實累垂的時刻了，她正在自我蛻變中」。

她在這個階段中詩風的蛻變，不但對眼前景物描劃的角度已超越了主觀的感受，更在這種客觀的攝取演化過程中，溶入了一種突出的塑造技巧；而在現實生活的剪裁上，也更比前細膩、純熟，很難找到一些目視可見的痕跡。

到這裡，蓉子的詩風已演變爲：「作品已注入現代文明所產生的多樣性經驗，形成在一種純美溫柔的風味中，顯現出一點點苦澀和西化的傾向。」

我說，這是蓉子詩作進入第二期的前半期的風格。

● 〈蓉子〉在她的《維納麗沙組曲》的詩作中，再進一步呈現出她已不只是一位「閨秀型」的女詩人，她更是一個掌握有自己的世界觀、宇宙觀和以智慧去探索生命哲學的藝術工作者。

這個集子中的前半部，幾乎全是她自己生活中周圍的寫照；而後半部卻是「透過生活中深淺巨細不同的感受」所表現的不同形式和內容的呈現。

對這個集子，蓉子自己表示：

「收集在此的三十四首詩共分上、下兩集：上集十二首小詩就像十二顆小小的珠璣，也許琢磨得尚不夠渾圓，但它們形成的過程確如蚌中之珠，是一個人的性靈在感受外界砂粒侵入的痛苦後於悠長的歲月中逐漸形成的，那是一個孤困的生命向完美作無盡的掙扎！

至於下集二十二首各別的詩篇，有內心世界的描繪、也有現實世界的場景……我期望透過生活中深淺巨細不同的感受來表現不同的形式和內容。」

〈蓉子〉在生活、工作和現實的牽累，理想的追求中；在職務與家務的重壓下；她不斷地在證明自己的心靈仍在波動；在碎裂的時間流逝中，仍可鑄造與時代脈動連接的詩篇。這段時間的蓉子，不但生命的泉源未見枯竭，而且心神深處的泉流正在緩緩湧出。這是她詩作演變中，第二期的後半期，詩風是：

「在一個艱困的生命掙扎中，她以詩心與詩眼去擁抱自己所經驗的現實世界，並以不同的形式和內容表現生活中深淺不同的感受。」

(三)《這一站不到神話》時期

在未窺探〈蓉子〉的近著《這一站不到神話》的內容和風格之前，我們先看看她在這本詩集的序文中的兩段自語。她說：

「詩是一種對生活現象的探索，對生命本質的體驗。一個人生命成長的過程是漫長而艱辛的，就像一部奔馳在時間軌道上的列車一樣，在未抵終點前是永遠不會停下腳步的。」

又說：

「我詩中所抒發的題材、人或事已不再侷限於小我的個人悲歡。它們不僅早已揮別了我『青鳥』時期的青春神話，同時也不像『維納麗沙』那樣訴諸內心世界的孤獨和省思——它們表現了我前此未嘗有過的與現實生活的親和力。』

〈鄭明娳〉教授在她的評論〈這一站，到那裡？〉一文中，曾對蓉子和她這本詩集說過一些中肯而深切的話：

「一個以詩爲一生職志的詩人，自然永遠不會停輟她創作的耕耘和努力。早在一九五一年發表「爲什麼向我索取形象」於「新詩週刊」開始，蓉子的一生便投入了繆思的氛圍，她不斷用詩來展現自己優美的心事，展現一片璀燦的精神牧場，她永遠對人間保持著一份深厚的熱情，在「維納麗沙組曲」（一九六九年出版）時期，她曾經寫道：

我是未改其性的孩童
時欲窺看門內秘奧
就這像傾聽且耐心守候
於那門開闔之際……

蓉子以喜悅的態度來看世界，這個「未改其性的孩童」在新作「這一站不到神話」裡，也是以無限的關懷來視察世界。相對蓉子歷年來出版的十本詩集，「這一站不到神話」確實在題材上有強烈的變動，蓉子把心神轉而投注在現實世界上。」

上引這段文字，已指出蓉子這本詩集在題材上、觀察上，都已走進另一個詩生命的站頭了——「這一站不到神話，是走向更廣大眞實的人生。」（蓉子自己說）

「以無限的關懷來視察世界。」鄭明娳一語已揭開了蓉子在這個詩集中要展示的內心世界。

本集共分九輯。鄭明娳的簡述是這樣的：

書中收詩九輯，其中「茶與同情」一輯環繞著蓉子身邊的人事物，也涉及了她對新聞事件的感觸；「香江海色」、「倦旅」兩輯都是她海天遊蹤所留下屐痕，前者尤其以香港爲客體，除了旅次的感興抒情，也包容了對於中國近代歷史的省思和感懷。「當我們走過煙雲」、「揮別長長的夏天」二輯，都與詩人所經驗的自然景觀與節氣時令有關，可以說是對大自然的神交紀錄。「時間列車」、「紫葡萄的死」二輯則有強烈的哲思色彩，對於時間和生命深層的體悟和玄想縱橫全局。「只要我們有根」透露了詩人對國際與鄉土深切的情感，全書最後一輯「愛情是美麗的詠歌」，延續了「茶與同情」一輯中部分新聞詩的風格，以客觀超然的態度來看愛情。

這位臺北「師大」出身的文學博士，文評工夫做得眞好，簡明而客觀，對蓉子的看法，她比我深入得多了。

這本詩集，在蓉子的創作長途上，不論是題材突破，或者層面的擴張，以及客觀的描劃，都使我們有一種新鮮的感覺。她是試用一種壓縮結晶的方法，來提鍊詩的元素，企圖把原本複雜的語言結構，化爲簡易的句型。這一點她是相當成功的；不但一般句子中沒有任何曲澀的痕跡，更充份表現一份從容不迫，舒緩智慧，渾然天成的氣度來，把中國人固有的悲憫情懷傳達得清澈淋漓。

蓉子這一期的詩風變得更明朗了，她「以一份平和清麗的心境，向客觀的現實進行探索省思，帶領讀者進入一顆純美的心靈，已非神話的虛幻世界。」

這是蓉子詩風的第三期。以後還會變嗎？我看仍要變的；因爲她自知這一站不是終點，她還有無數個夢，而且夢要根植於遙遠的未來。

一九八八年五月四日於「港大」

——摘自《中國現代作家論》

都市女性與大地之母

——論蓉子的詩歌

鍾玲

蓉子（一九二八—），原名王蓉芷，江蘇人。臺灣女詩人中，以她作品最豐，詩齡也緜延長達近四十年。她在渡海來臺第二年，即一九五〇年，就開始發表詩作。一九五三年出第一本詩集。至一九八六年共出十本詩集：《青鳥集》（一九五三）、《七月的南方》（一九六一）、《蓉子詩抄》（一九六五）、《童話城》（一九六七）、《維納麗沙組曲》（一九六九）、《橫笛與豎琴的晌午》（一九七四）、《天堂鳥》（一九七七）、《蓉子自選集》（一九七八）《雪是我的童年》（一九七八）、《這一站不到神話》（一九八六）。

她的作品從一九五〇年代起，即引起許多詩家評家的觸目。評論過她詩的作家包括覃子豪、紀弦、余光中、張健、瘂弦、菩提、琦君、高歌（即高信疆）①。她也是海外最負盛名的臺灣女詩人，曾多次到國外參加國際詩人會議。榮之穎（Angela C.Y.Jung Palandri）英譯過蓉子及羅門的詩，出《日月集》；朱麗亞·林（Julia Lin）曾以英文作專論，探討蓉子的詩歌②。

在體材與風格上，蓉子的詩有多面化的特色。包括描寫現代女性的內心世界、抨擊都市文明、歌頌大自然，還有旅遊詩、詠物詩、對時事或新聞人物之感懷等等。在體材上，她最突出的成就在以下兩方面：㈠她的詩塑造了中國現代婦女的新形象，㈡她表現了充滿生命力的大自然及豐盈的人生觀。

她的組詩《維納麗沙組曲》③描繪處於現代工商業社會中的女性，一位獨立自主，不假外求的女性。這多少與現代女性在經濟上可以不需要依賴男性有關。蓉子描繪她的成長、堅強、自重、能堅守孤寂。她最大的特色是獨立性，〈維納麗沙的星光〉中，她說：「你自給自足，自我訓練，自我塑造」（《維納麗沙組曲》，頁二四—二六）。蓉子的組詩反映出二十世紀中葉，中國女性的新形象。

《維納麗沙組曲》深刻而廣泛地探索一位現代女性精神上的成長和發展。維納麗沙這位蓉子心目中的理想女性有以下特色：堅強的、個人主義的、靠自己的、獨立的、有主見的。而根據李美枝在『社會變遷中中國女性角色及性格的改變』④一文中的分類，這些個性上的特色應屬於男性所有。然而維納麗沙追求獨立的過程並非一帆風順，她必須克服重重障礙，這首〈維納麗沙之超越〉（《自選集》，頁三〇—三一）就描寫她的奮鬥：

美麗的維納麗沙
你有難以止息的憂傷

當「現實」的槍彈一陣掃蕩
哀哉 我們的同伴有多人中彈
多人受傷多人死亡。

在大批的被「俘虜」之前
死啊，死是可讚美的！
——我底維納麗沙就這般地祈求
孤絕中的勇氣 絕望中的意志

讓我也能這樣伸出筆直的腿
如在夢中行走的維納麗沙
走出狹谷 躲過現實洶湧的浪濤
逃過機器咬人的利齒
滑過物慾文明傾斜的坡度
——奇蹟似地走向前
走向遙遠的地平線！

蓉子這首「維納麗沙之超越」不能算是西方激進的女性主義作品，詩中的維納麗沙雖爲姊妹們的犧牲而憂傷，但她沒有爲她們奮鬥，只追求一己之自由與解脫。但是《維納麗沙組曲》著於一九六七—六九，美國的女性主義當時尚未盛行，蓉子能塑造出一個有男性特色的獨立女性形象，在臺灣來說的確是走在時代的先端。

「維納麗沙之超越」一詩中，女主角經歷的考驗，正巧符合「搜求神話」（quest-myth）基型的四個階段⑤，即衝突本身（槍戰的場面），死亡（中彈死亡的同伴），英雄之失蹤（維納麗沙祈求勇氣），以及英雄地位之被認可（維納麗沙奇蹟般地克服一切障礙）。因爲維納麗沙的形象暗合中世紀搜求神話中的英雄形象。不同的是，這是一位中國現代的都市女英雄，她擊倒的不是毒龍，而是現實世界及工商界物慾文明。

一九五〇年代末期及一九六〇年代初期，女詩人如林泠、敻虹多寫婉約風格的抒情詩。朵思、羅英等寫受存在主義、現代主義影響的西化詩體。唯有蓉子著眼現實問題，審視都市文明的缺陷。蓉子早在一九六二年左右，即已批評都市空氣的污染：「煤煙的雨，市聲的雷」。她這首「我們的城不再飛花」（《自選集》，頁二〇二—二〇三）全面抨擊現代都市的工商業文明，其腐化、污染、孤寂、虛無：

我們的城不再飛花　在三月
到處蹲踞著那龐然建築物的獸——

沙漠中的司芬克斯　以嘲諷的眼神窺你
而市虎成群地呼嘯
自晨迄暮

自晨迄暮
煤煙的雨　市聲的雷
齒輪與齒輪的齟齬
機器與機器的傾軋
時間片片裂碎　生命刻刻消褪……

入夜，我們的城像一枚有毒的大蜘蛛
張開它閃漾的誘惑的網子
網行人的腳步
網心的寂寞
夜的空無
我常在無夢的夜原上寂坐

看夜底都市　像
一枚碩大無朋的水鑽扣花，
正陳列在委托行的玻璃櫥窗裡
高價待估

這首詩不但在題材上是女詩人的一種突破，其詩藝技巧亦可圈可點。詩分四段，每段呈現都市文明的一個片面。第一段的「獸」「司芬克斯」「市虎」象徵都市的冷漠與機械的橫行。第二段中對仗的文法及重覆的詞語仿做都市生活的單調，及其機械化的基調。第三段的蜘蛛比喻，象徵都市中個人心靈必然墮入的陷阱——孤寂。第四段較有女性口味的「水鑽扣花」意象，暗示商業文明的腐蝕力。因此，蓉子用明喻、暗喻、文法結構各種技巧，成功地呈現她的主題——對現代文明相當全面的抨擊。

蓉子筆下的女性也顯示女性天賦的敏感，及她對自己外形的自覺。這首『紫色裙影』（《自選集》頁二二五）的結尾，寫出女性自覺其衣著與女性風貌之間，有密切的關係：

穿上了紫色裙
長的端淑　短的窈窕
當晚風的裙褶愈益擴大

我遂等比例的瘦削
從此僅能穿窄窄的裙裾
裙角凝重　不再飄揚

蓉子筆下的女性，有一共同的特色，即相當矜持，神態大多「端淑」及「凝重」。最明顯的例子是〈夢的荒原〉（《自選集》頁一九〇—一九七）中，愛神的造形。這位「阿富羅底」應該是希臘的Aphrodite，因爲蓉子描寫她「愛琴海上從泡沫誕生……」。希臘的愛神是愛慾的象徵，令男人神魂顛倒的對象。而蓉子筆下的愛神，不但周圍沒有男性，常守孤獨，而且亦非千嬌百媚。她很「莊穆」，是「端淑的神」。而詩中更描寫她在「蓮座」上，因此她的愛神形象，毋寧說是更接近中國觀音菩薩。蓉子的理想女性有現代女性獨立性，但在個性上卻很保守，有傳統中國婦女端淑、自制、自重、矜持這些特點。故可說是一種過渡時期的女性形象。

縱觀蓉子的詩，可說是十本詩集中找不到一首所謂「情詩」，即找不到一首個人色彩濃厚，深刻描寫愛情體驗的詩，而其他臺灣女詩人幾乎個個都寫過不少以愛情經驗爲主題的詩。蓉子這方面的緘默可說是個奇特的現象。蓉子也有以第一人稱寫的詩，詩中的「我」向「你」說話，但這類詩中的「我」，態度大多冷凝。她以母親爲傾訴對象的詩，則爲少數的例外，可說是感情澎湃，如這首〈雪是我的童年〉⑥：

母親，因你世界隕落在明麗初夏
那沉重和悲苦如此壓抑著我底成長
孤寂啊！海洋。

〈爲什麼向我索取形象〉（《自選集》，頁二四五）應該是一首處理個人情感的詩。詩中的「你」，對女主角「我」有仰慕之意，但女主角對這位仰慕者的態度，不但冷靜，而且拒人，更甚者，她懷疑他的動機，認爲他之接近她只不過要「在生命的新頁上，又寫上幾行」，他的目的是爲了裝飾自己，錦上添花。此詩流露出女主角對情感抱自衛、保守的態度，很符合前文所論傳統淑女的形象。

蓉子的冷凝態度不僅用於觀照別人，也用於觀照自己。因此她詩中常出現反省及自覺意識。她在一九八六年的作品〈時間列車〉⑦中，把宇宙比作一個水晶球，透過此球，她觀察世界，也觀察自己：

整個宇宙：花鳥　月亮　星辰……
都突然停住　靜止於一點
如一座龐大透明的水晶球

我們便能更清楚地透視這世界
甚至也包括了自己

她在著稱的詩〈我的妝鏡是一隻弓背的貓〉（《自選集》，頁一七九—一八〇）中，巧妙地運用了鏡子意象，而貓又是最常被比作女性的動物。蓉子把這兩個限制自我發展，製造幻象的象徵，扭轉爲反省自覺的象徵，反映出女性的困境，最後觸及反省過程中，尋求自我的問題。無論在主題的處理，或表現的技巧上，這首詩都屬佳作。

………
我的妝鏡是一隻命運的貓
如限制的臉容　鎖我的豐美於
它底單調　我的靜淑
於它底粗糙　步態遂倦慵了
慵困如長夏！
捨棄它有韻律的步履　在此困居
我的妝鏡是一隻蹲踞的貓

我的貓是一迷離的夢　無光　無影
也從未正確的反映我形象

此詩正如《維納麗沙組曲》，也是中國女性在女性自覺此一主題上的突破之作。

而蓉子的另一大成就是在詩中呈現了澎湃的生命力及豐饒的大自然。這一點可見於下列作品中：〈七月的南方〉（《自選集》，頁二〇九—二一六）、〈十月〉（頁二一七—二一九）、〈到南方澳去〉（頁八七—八八），〈阿里山有鳥鳴〉（頁一〇四—一〇七），〈墾丁公園〉（頁一一〇—一一二），〈夏·在雨中〉（頁一五三—一五四）等，皆為詠臺灣山水的詩。

〈七月的南方〉這首長詩顯出蓉子的魄力與氣度。女詩人長詩寫得好的可說非常之少。高歌讚美這首詩說：它「印證了蓉子風度的渾厚、心智的壯闊、節奏處理的明快和想像的豐盈」，並歌頌了「大自然的和諧及完整、壯麗與永恆」（《自選集》，頁一九四）。

詩人及評論家張健（一九三九—）評蓉子此詩說：「這首詩的舖展，已有達至飽和及至盈溢之感，以一位女詩人而能有如是渾厚的魄力，可謂鮮見。」⑧在西方現代主義流行的一九五〇年代末期及一九六〇年代，蓉子與方思一樣，在精神上屬古典主義（Classicism），追求平衡與和諧。

蓉子歌頌的自然，不是狂野危險的蠻荒，而是常見遊客蹤跡的風景區，或豐饒的田園。

在詩集《七月的南方》、《蓉子詩抄》、《橫笛與豎琴的晌午》中呈現的自然，大多充滿生機，燦爛奪目的色彩躍然紙上：

到光艷的南方去
看顏色們朗笑著　繁英將美呈現：
爲淺紅的桃金孃　深紅的太陽花
似軟鐲的牽牛黃　丁香紫　石竹白
綠微紫色的風信子　七彩的剪絨

（〈七月的南方〉，《自選集》，頁一一三）

而豐饒的收成更突出了大地女神（地母，mother earth）生生不息的形象：

這是宇宙不熄之火
是成熟的豐饒姊妹
使空氣裡溢滿了成熟的香氣——

（〈七月的南方〉，頁一一五）

沒有一位臺灣詩人能如此有力地呈現大地的母性與豐饒。蓉子更賦大地以神性，〈看你名字的繁奔〉中的「你」即爲一顯靈的大自然之神：

假如你偶然閒步來此
你就聽見溫柔的風中正充滿
你名字的回音……

從春到夏每一夢靨
都有你名字靜美的回馨
從二月的水仙到川流的六月蓮菱

（《自選集》，頁一七四—一七五）

因此蓉子筆下的大自然已有豐富的神話色彩，呈現了地母的基型。比喻的技巧是詩藝重要的環節之一。蓉子運用比喻的技巧非常高超；例如她〈肖像〉中這兩句：

你在雛菊與檀香木之間打著鞦韆
在過往與未來間緩緩形成自己

（《自選集》，頁三五）

第一行寫一個小女孩在花園中打鞦韆的形象，雛菊與檀香木可以是園中花樹，因此單是第一行，本無特別的含義。但第二行一出現，由於兩行的對仗手法，潛藏的含義則呼之欲出。雛菊暗示「過往」的她，稚氣而可愛，檀香木則暗示「未來」的她，典雅而成熟。打鞦韆的搖擺動作更暗示人成長的過程，是由自己過去與現在的經驗交織而成。因此，蓉子以高明的對仗手法，以短短的兩行，顯示極豐富的內容。

在她最近出的詩集《這一站不到神話》中，她仍展示這方面的特長，如〈忙如奔蝗〉（頁一六三）中這兩行就比得很技巧：

雲，只有輕盈時才亮麗
一沉重便都墮落成惱人的雨

蓉子一九八二年的作品〈當衆生走過〉是她的最佳作品之一，其長處也在其複雜而統一的比喻手法：

大地褐觀音般躺著
只有遠天透露出朦朧的光
風是琴弦
沙痕是誰人走過的腳印無數？

聽，突然間琴音變奏
你熟稔的痕轍已換
於是風又轉調　同樣地
將前代的履痕都抹掉
——當眾生走過。

（《這一站不到神話》，頁二二一—二二三）

此詩分爲三小節，詩中出現三組比喩：㈠大地比作觀音的明喩，㈡風比作琴弦的暗喩，㈢沙痕比作人跡的暗喩。而三個比喩的設想都很妥貼，例如第二個比喩中，風是觸覺，琴是聽覺，表面上似乎不能並比，但以琴弦的音樂來比擬沙漠的風聲，又非常妥貼。第一小節展現第一個比喩，第二小節展現第二、三個比喩。而第二、三個比喩至此已合成一個複雜的比喩了，因爲沙痕是風吹出來的，因此琴弦與人的腳印也相應地產生聯想。即人生之旅似乎受命運琴弦的控制。到了第三小節，更進一步發展第二、三個比喩，並把時空無限地擴充，「前代」二字點出此詩主題是寫一代代人類的生生死死，後浪推前浪。最後一行「衆生」與第一個比喩的「觀音」首尾呼應，全詩頻添一層佛教悲天憫人的情懷。這首詩呈現了廣闊的視野，複雜的內涵，全仗蓉子能巧用比喩之功。

蓉子有時也相當注意節奏。早在一九五二年，她的〈爲尋找一顆星〉（《自選集》，頁二五〇—二五一）就以重複整行的手法，製造歌謠的效果。

跑遍了荒涼的曠野
爲尋找一顆星。
爲尋找一顆星，
跑遍了荒涼的曠野。
找不到那顆星，
找不到那顆星，
痴痴地坐著在河岸邊，
看青螢繞膝飛。
看青螢繞膝飛，
痴痴地坐著在河岸邊。

這首短詩有五四時代格律詩的痕跡，但排行與重覆安排得很巧妙，層層推出追尋的過程與失望的情緒，重覆之處又方好強調了尋求的渴念，長途之跋涉及失望與痴迷的心態。再加上以意象爲中心，「曠野」、「星」、「河岸」、「青螢」一連串意象襯托出孤獨而蒼涼的內心世界。這是一首傑出的以意象喻心境的詩。

蓉子對於音律有時也下很深的工夫。如〈維納麗沙的世界〉（《自選集》，頁四六）中的結尾兩行：

維納麗沙，你就這樣的單騎走向

通過崎嶇 通過自己，通過大寂寞

由「單騎走向」起一連排三個「四字辭」，就增加了典重的意味。最後一行以「通過」爲排比，平仄相問：「××平平，××仄仄，××仄平仄」，極富音律起伏之美。可見在音律方面，蓉子是可以做到極考究的。

蓉子又常借用臺灣當代詩人的辭語入詩，尤其是鄭愁予的句子。她的〈從海上歸來〉（《自選集》，頁一六二）有這樣兩行：

從海上歸來

我有太多的珍貝欲數……

與鄭愁予的〈如霧起時〉⑨之中：「我從海上來，你有海上的珍奇太多了……」非常相類。鄭詩作於一九五四年，蓉子詩作於一九六二年。

一九八五年蓉子在香港大學演講時，她盛讚鄭愁予的詩〈當西風走過〉（《鄭愁予詩集》，頁一四九）。大概蓉子對此詩深深喜愛，所以此句變成她下意識的一個句型，當她處理時間意識之時，常會用此句型來表現。此句型她用過十句以上：「每當風聲走過」（《碎鏡》，

《自選集》，頁二三四）；「每回西風走過／總踩痛我思鄉的弦」（〈晚秋的鄉愁〉，《自選集》，頁一五九）；「每回我走過……惜我只倥傯走過」（〈每回我走過〉，《這一站不到神話》，頁一六五─一六六）；「我從季節走過……如此筆直地走過……」（〈我從季節走過〉，《自選集》，頁一四七─一四八）；「很多的面容走過」（〈三角形的窗〉，《自選集》，頁一八三；「死神打後窗走過……她的棺木將從我門旁走過」（〈死神打後窗走過〉，《自選集》，頁一九九─二〇〇）；〈當眾生走過〉，《這一站不到神話》，頁二二一─二二三）。她還常以此句型爲詩的題目，甚至爲一輯之名，如『當我們走過煙雲』（《這一站不到神話》，第三輯）。用得既多，就有幾處不夠精確，例如說，「煙雲」就不能走過，比較適宜的動詞應是「踏過」、「穿過」或曰「走過煙雲的邊緣」。

蓉子有些詩句有散文化的傾向，太過直說，沒有借重意象、比喻，故沒有含蓄之美，如前面引用過的〈時間列車〉中：

> 我們便能更清楚地透視這世界
> 甚至也包括了自己

這兩行簡直就是散文了。但蓉子有時也進行文字的試驗，一反以上的大白話散文方式。如在〈紫色裙影〉（《自選集》，頁二二三）中如此描寫紫色的裙子：

這深深淺淺不同希望與失望的靜靜動動
以燈暈搖漾著夜色至於七彩

第一行共十七字，非常之長，其中用了八個疊字，以及「希望」與「失望」的對仗，不但太過堆砌，且與全詩之風格不符，而第二行的兩個虛字：「以」及「至於」，用意不夠明確。「以」可能指「映射」大概指「幻化爲」。詩中用虛字如不愼重，易導致涵意的含混。

在蓉子的〈未竟之門〉（《自選集》，頁九）中，用了文言語法，且多排比：

我曾嘆息於
那門一啓一閉之際　偶爾哭泣於
那門一開一闔之間　往往驚心於
那門一旬一訇之時

「我」的動作，用了「嘆息」等三種不同的動詞。門的動作，用了「啓」等六種不同的動詞。詞彙上變化多姿。在整齊的排列上，有類似門一開一閉的視覺效果，而且用文言的文法，句子比較簡鍊，尤適合門一開一閉的快速動作。這幾行在文字形式的試驗上，非常成功。總的來說，在文字方面，蓉子的詩寫各種風格的文體，且富試驗性，但水準不一。

在臺灣諸女詩人中，以蓉子處理題材最多面，視野最廣。她處理的主題包括哲思、親情、大自然的讚頌、女性的形象。旅遊、詠物、以詩論詩（ars poetica），社會現實素材，都市文明之批判、環境保護主義、名人事跡有感等等。但是她以名人事跡爲主題的詩，卻大多流於片面、流於膚淺。名人周圍，一定有尖銳的名利貪求與權力鬥爭。在蓉子詩中，各種私隱和陰謀好像統統不存在，她的人物都深情而單純。〈甘迺迪夫人的船〉（《雪是我的童年》，頁八三—八五）把甘迺迪夫人寫成甘迺迪總統死後，沉痛憂傷，但因與希臘船王結合而重獲幸福：

甘迺迪夫人的船
像一艘霧舟　正逡巡於暴風雨中的愛奧麗亞海上
等待著地中海的陽光

⋯⋯⋯

千樹中最嬌的她
曾曳華衣登臨　於幸福時光
然後她復登臨　暫避北美洲的驚風駭浪

因她突然變成悲劇旋風的中心！

現在她不再以貴賓之姿登臨
那豪華精緻的海舟
因原屬歐納西斯的船
此刻也屬於她。

但願那是永久的棲息於
芳郁燦美的幸福　願
七海的艷陽洗淨她憂愁的裙衣
彌補她曾哭泣的沉痛！

蓉子在此詩中把甘迺迪夫人刻畫爲遭難的童話公主，完全沒有觸及一些衆所週知的新聞材料；如船王與她的結合，多少也是財富與名位的結合。而甘迺迪總統生前風流成性，夫人過得未必是幸福時光。另外一首詩〈愛情已成古老神話〉（《這一站不到神話》，頁二〇九—二一三）中，把溫莎公爵夫婦的愛情寫成「他倆的愛情始終如一　應驗了／我東方人『海枯石爛』的誓言」。

而溫莎公爵於一九八六年方過世，公爵夫人即發表了他在放棄王位後給她的情書。這些情書顯示他們兩人關係之微妙複雜，也流露了公爵個性的軟弱及依賴性。蓉子沒有挖掘這些豐富的一手資料，把複雜的政治歷史事件，微妙的兩性關係，處理得太單純化了。

自一九五〇迄今年，蓉子發表詩作已近四十年。她創作的取向有一特色，即幾乎不受什麼當時流行文體的影響。五十、六十年代流行意象密集的晦澀文體，存在主義思想及自我內在的挖掘，蓉子則不受影響，寫自己古典均衡風格的詩。七十年代鄉土文學盛行，蓉子也沒有跟風。她優勝的詩作有高歌所說的這些特點：「晶瑩明澈的詩風，虔誠智慧的語句，樸素的形式，眞摯的情感，精緻的結構」（《自選集》，頁二八七）。早期的詩能開風氣之先，尤以在六十年代即已塑造一獨立、自主、自覺的現代都市女子形象，在女性文學史上，應有其突出之地位。後期的詩亦不乏比喻精美之作。但總體而言，文字與音律有水準不一的現象。題材方面，政治時事一環處理得最弱，但在其它題材方面，在哲思，以詩論詩，都市文明之批判等，都有可圈可點的佳作。在大自然及女性形象兩方面的主題，則有劃時代的突破之作。

【注　釋】

① 《蓉子自選集》（臺北：黎明文化事業，一九七八），「作品評論引得」。

② 《日月集》（臺北：美亞出版社，一九六八）：Julia Lin, "A Woman's Voice: the Poetry of Yungtzu," Women Writers of 20th Century China, ed. Angela Jung Palandri (Eugene, Oregon:

University of Oregon), pp. 136-62。

③ 蓉子，《維納麗沙組曲》（臺北：藍星詩社，一九六九）。

④ 李美枝〈社會變遷中中國女性角色及個性的改變〉，《婦女在國家發展過程中的角色研究會論文集》（臺北：國立臺灣大學人口研究中心編，一九八五），頁四六一。

⑤ Northrop Frye, Anatomy of Criticism : Four Essays (Princeton : Princeton University Press, 1957), p.192。

⑥ 蓉子，《雪是我的童年》（臺北：乾隆，一九七八）頁三三—三四。

⑦ 蓉子，《這一站不到神話》（臺北：大地，一九八六），頁八—九。

⑧ 張健，『評七月的南方』，《現代文學》，十二期（一九六二年一月），頁八九。

⑨ 《鄭愁予詩集，一九五一—一九六八》（臺北：洪範，一九七九），頁九九—一〇〇。

——原載《中外文學》第十七卷第三期 一九八八年八月一日

女性意識與女性自覺

——論蓉子的詩

林綠

女性意識（women's consciousness）與女性自覺（women's self-awareness）可以說是二而一的事，或又可稱之爲女性意識提昇（consciousness-raising），朱麗葉．米雪兒（Juliet Mitchell）的定義：「把女性隱藏的憂慮轉化成社會問題的共覺意義的過程，把憤怒、渴望、宣洩痛苦的掙扎解放出來，使之成爲政治的一環」①。

稍後蕭華特（Showalter）在她著名的論文〈女性主義詩學的建立〉中一方面提倡女性評論，一方面強調女性作家應以女性的經驗書寫文本的意義，不要依賴男性的模式或理論②。

蓉子被譽爲「自由中國最先出現的女詩人」③，一九五〇年正式發表作品迄今，詩齡已逾四十年，可謂詩壇的長青樹，她與詩人羅門結婚後，有「中國白朗寧夫婦」之美譽，傳爲佳話。一九六七年《星座詩刊》登了一篇署名衣凡評介蓉子作品的論文，約一萬多字，題目很長，有點拗口：〈詩壇上一座由聖經自然與存在觀造成的三角塔〉④。這篇文章大體上屬於傳統式的詮釋性批評，其中有一段話，可引用爲我論文的開場白：

像蓉子那樣擁有一個極富於展佈性與擴張力的龐大的創作面，在世界古今中外的女詩人當中，確是罕見的……無論是上帝、自然、時空、生存、死亡、天國、都市、永恆、戰爭、幻滅、空無……等重大標題，乃至細微的事物，如一片落葉、一扇窗、一盞燈、一聲鐘響、一朵雲、一陣風以及家庭的一切瑣事、都是她創作的對象……。同時蓉子能越出她柔性的創作世界，而適度地掌握住那個是女性詩人所不易掌握住的剛性創作世界，也是一項傑出的表現（頁三十二）。

這段話其實是延伸了余光中更早時寫的一篇詩評〈女詩人王蓉子〉中的觀點。余光中說：「蓉子的作品並非永遠是『閨秀』的，往往她的筆下竟聞風雷之聲，這是許多女詩人做不到的。」⑤這「風雷」之聲，就是衣凡所謂「剛性」世界，是屬於男性作家的題材與內容，「女」作家少見。基於這個「男／女」的觀念，美國的榮之穎翻譯羅門蓉子作品出版專書時冠予《日月集》之名，顯示了男性中心（androcetric）的意識型態（榮之穎是位女教授，這本書出版於一九六八年）⑥。而兩年前海南大學的周偉民唐玲玲夫婦，合評了羅門蓉子的詩，周論羅門唐評蓉子，一九九一年書出版時用的也是《日月的雙軌》這含有男生爲尊女性爲卑的意識型態的記號⑦。故「女」詩人蓉子題材的非「閨秀」、「婉約」風格，三十多年前就已讓余光中大吃一驚，故曰「竟聞風雷之聲」，隨後亦引來衣凡的「剛性創作世界」之讚。

事實上蓉子早在第一本詩集《青鳥集》（一九五三）時代，就已宣告世人，她不要做男人的附屬品，她要獨立、要尋找、建立「自我」（Selfhood）——一個完整的女性自我。這在女性主義尚未流行之際，當眞是頗爲「前衛」。《青鳥集》中有這麼一首詩，名之爲〈樹〉，乃一九五三年三月所作，時蓉子尚未婚（《青鳥集》同年十一月出版），前面幾行如下：

> 我是一棵獨立的樹——
> 不是藤蘿。
> 從日光吸收能力，
> 從大地吸取養料，
> 伸展無盡的枝葉，
> 在無邊的空氣之海。
> 我的根幹支持著我，
> 成爲一個彩色的華蓋。⑧

「不是藤蘿」，是很清楚的訊息。藤蘿依附樹此原型，中西文學中常見，此種男強女弱，女附屬男的男性中心思想，正是男性稱「詩人」，女性得稱「女」詩人的父權社會的產品。蓋「詩人」或「作家」，原是男性的稱呼，女性若從事同樣的活動，乃是特殊例子，得冠予「女」字形容之，以示分別。而「女」詩人或「女」作家，出自男性之口，又隱隱含有讚美之意，因乃十分難得之故。另外，英詩中的「婚讚」傳統（Epithalamy），榆樹與藤蘿（

elm and vine）的套語，在在都明示了丈夫是強壯的榆，妻子是柔弱的藤蘿，後者依賴前者是天經地義的事⑨。

蓉子要做獨立的樹，要擁有自己的「根幹」，建造自己「彩色的華蓋」，此種強烈的尋求獨立自主，不假外求的女性意識，用「日月」來形容她與羅門，對她而言，當是心有戚戚焉。值得注意的是，蓉子寫〈樹〉時是結婚之前，亦即在年輕時就立志做完整的我，做「詩人」，不做「女」詩人。此時蓉子二十五歲，寫詩已四年，作品甚多，據她自己說是兩百多首⑩，而羅門的第一首詩〈加力布露斯〉發表於一九五四年⑪，比《青鳥集》的出版還晚了一年，可見蓉子「女性意識」的形成，並非因結婚的「妻子」角色所影響。「妻子」是「藤蘿」，是不完整的，蓉子追求完整的自我，遠在變成「妻子」之前，這一點在研究她的詩時是很重要的，因爲結婚後的女性，扮演「妻子」乃至「母親」的角色之後，如果產生女性意識的話，多因此角色之衝擊所引起的省思及行爲。蓉子顯然不是。

鍾玲曾肯定蓉子兩個突出的成就，一是她的詩塑造了中國現代婦女的新形象，二是她表現了充滿生命力的大自然及豐盈的人生觀⑫。同時鍾玲又很納悶：「縱觀蓉子的詩，可說是十本詩集中找不到一首所謂『情詩』，即找不到一首個人色彩濃厚的，深刻描寫愛情體驗的詩……蓉子這方面的緘默可說是個奇特的現象」⑬。事實上一點也不奇特，蓉子既有那麼強烈的完整自我性及獨立精神，傳統的「愛情是女人的全部」自非她所喜，何況「情詩」易令人聯想到「女」詩人這個記號，以及「閨秀」、「婉約」等等加諸女性的二元對立指涉：如剛陽／閨秀，豪邁／婉約，立志做獨立的樹的她，自是多方避免，甚至心理抗拒之（「樹」這象徵，在佛洛依德的心理學中是「陽」，衆所周知，此處略過）。蓉子在《這一站不到神話》的自序中曾如此表白：

> ……人總不能永遠在戀愛中，不食人間煙火的……除了兩個人的小世界外，我們有更多的人、更多的事要關懷……雖然從來我就不是一個長於寫情詩的人，但經粗略的統計，情詩在我十本詩集中，還是以第一本詩集《青鳥集》所佔百分比較高，約佔全書五分之一強，其後就愈來愈少了⑭。

《青鳥集》共四十一首，五分之一強，只得八、九首，其後幾乎很少，可見愛情、結婚對蓉子而言，只是女人的過程之一，是生活的一部份，重心擺在自我、自主的蓉子，做「詩人」比做「女」人（譬如男女愛情）重要而有意義得多，故情詩少其他題材多，在豐富而多樣性的題材中，我們看到蓉子反映了女性困境、女性自覺、尋求自我等問題，例如《七月的南方》（一九六一）⑮中的一些詩——

> 櫻花謝落
> 多彩的康乃馨不絕如縷
> 杜鵑如血　榴花似火
> 更有深夢一般的茉莉……

但是——我底夢呢？
我的乃一束馨美的小白花朵
未在夏日繁花如星的枝頭開放！

（〈序詩〉頁一）

這是失去預言的日子：
在憂鬱藍的穹蒼下
……………………
一群白色音符之寂靜
——我的憂悒在其中
在紫色花蕊。
……………
很多影子　很多萎謝　很多喧嚷
我柔和的心難以承當！

（〈白色的睡〉，頁十五）

我乃一無聲的空白
一孤立在曠野裡的橋
一擱淺了的小舟

有迷失在水天間的那種沮喪

（〈亂夢〉，頁五十一）

總是零　總是負數
總是逆風而行
且不住地死亡
這種持續的死、使我衰弱

（〈碎鏡〉，頁五十五）

婚後的蓉子，生活在都市裡的蓉子，有憂悒、空白、無法突破困境（「擱淺了的小舟」）、日子是負數……等等找不到自我的女性自覺。「女性」是什麼？顯然在蓉子的腦裡反覆出現。西蒙．波娃的一篇文章〈布魯東或詩歌〉（一九四九），特別批評了詩人把女人當作一切，是眞、善、美的化身，是靈感、是謎、是救星。波娃評曰：女人對男人而言什麼都是，就是不是她自己⑯。這使我們想起徐志摩。徐志摩是理想主義者，追求美好，把「美好」投射在陸小曼身上，視她爲「愛、自由、美」的化身，以致爲她忙碌爲她犧牲，而我們知道，偏偏陸小曼並不是「男人」徐志摩所想像的樣子，堪謂可悲⑰。

話說蓉子察覺到了女性所受到的諸多限制，時時思索反省，於是寫下了〈我的妝鏡是一隻弓背的貓〉此類女性自覺意識強烈的詩，收入《七月的南方》後出版的《蓉子詩抄》（一九六五年）裡⑱。這首頗具代表性的作品，美國一位女學者朱麗亞、林（Julia C. Lin中文名林明暉）竟視爲冷漠的幽默（dry humor）[19]，眞是大大錯過了瞭解蓉子的良機！倒是鍾玲特別提道，這首詩「巧妙地運用子鏡子意象，而貓又是常被比作女性的動物。蓉子把這兩個限制自我發展，製造幻象的象徵，扭轉爲反省自覺的象徵，反映出女性的困境，最後觸及反省過程中，尋求自我的問題」[20]。下面是結尾的兩節：

我的妝鏡是一隻命運的貓
如限制的臉容　鎖我的豐美於
它底單調　我的靜寂
於它底粗糙　步態遂倦慵了
慵困如長夏

捨棄它有韻律的步履　在此困居
我的妝鏡是一隻蹲居的貓
我的貓是一迷離的夢　無光　無影
也從未正確的反映我形象。

蓉子在《蓉子詩抄》序文中坦認：「作爲一個生活在現代的婦女，生活面是多元而且匆迫的。生活與現實上的一切往往用千手來牽妳扯妳，要求妳的注意……在家務與職業的雙重壓力之餘，試問我們能有多少『閒暇』來從事於創作？我所說的『閒暇』，並不單指時間；更包含了不爲紛紜世事所擾亂了的澄明如水的心」。可見「女」詩人蓉子尋找正確的自我形象之心路歷程之艱辛，除了家務、職業之外，都市文明也是一種壓力，她說「我與都市爲鄰／鄰室常喧鬧，欲淹沒我／以其喧騷，我與都市爲伍／都市常凶暴」㉑。但是，這並非意味突破遙不可及，三年後，蓉子寫出〈一朵青蓮〉來象徵她終於突破了重重阻礙，建立了自我，一朵完整的青蓮，不再是前所提過的尚未開放的無名小白花——

有一種低低的迴響也成過往　仰瞻
祇有沉寒的星光　照亮天邊
有一朵青蓮　在水之田
在星月之下獨自思吟

可觀賞的是本體
可傳誦的芬美　一朵青蓮
有一種月色的朦朧　有一種星沉荷池的古典
越過這兒那兒的潮濕和泥濘而如此馨美！

（一九六八年）㉒

以「青蓮」象徵自己，很是符合蓉子的名字。蓉者，出水芙蓉也，與蓮是一樣的，清淨香潔，不染塵埃，超凡脫俗而有孤高之氣質，這正是女性自我的展現，不依附別物，而且可以「傳誦」，就像詩歌一樣可以流傳千古。「女」詩人蓉子至此終成了「詩人」成爲「自己」，這也是蓉子特別重視這首詩的原因。蓉子在《蓉子自選集》（一九七八）中，選了這首詩抄下前面兩段做爲手跡，「傳誦」之意不言而喻㉓。

不過談到「正確的自我形象」，就必須談談〈維納麗沙〉，這是一組詩的名字，稱爲組曲，共十二首，表現的正是女性從少女到婦女追求獨立的過程，可以說是一首很完整的組詩。此書原由《純文學》出版社出版，列爲《藍星叢書之七》，時爲一九六九年。數年後再版時，發行三千冊，書名改爲《雪是我的童年》㉔，蓋《維納麗沙組曲》收錄了兩輯，除此十二首主題詩一輯外，尚有另外一輯二十二首別類的詩，〈雪是我的童年〉爲其中一首，改名稱是爲了其它原因，與詩無關。且說「維納麗沙」這洋味十足的名字很易引起誤會，故蓉子在〈後記〉中說明「維納麗沙」與「夢娜麗沙」無關。她說：「我詩中的維納麗沙……生活在一個擾攘喧囂的年代，在不停地跋涉充滿風沙的長途，但不忘自我塑造。這是一組自我世界的描繪，自我靈魂的畫像，一組孤獨堅定的徐徐跫音，當她走過山嶺平原所發出的一些眞實的回音」㉕。

名字只是符號，倒也不必斤斤計較。只是這「維納麗沙」在我看來，卻有其特殊的象徵。就似「青蓮」被「傳誦」一樣，達文西的「夢娜麗沙」以藝術而永恆，「維納麗沙」極可能是蓉子潛意識中的美與愛的女神「維納斯」（Venus），兩者結合，遂成「維納麗沙」，一個完美的婦女形象，一個可以「傳誦」的不朽的形象（蓉子這組詩的創作時間是一九六五至一九六八年左右，客廳擺著一大石膏像，正是維納斯！而英文版《日月集》所刊的蓉子照片，背景亦是此石膏像）。

〈維納麗沙組曲〉含有自傳性質應該是可以確信的，這從前面所引〈後記〉中的暗示可推敲出來，至少朱麗亞·林是持這個看法的㉖。這組詩的第一首重複了作者早期《青鳥集》中「樹」的志願——

維納麗沙
你不是一株喧嘩的樹
不需用彩帶裝飾自己

你靜靜地走著
讓浮動的眼神將你遺落
因你不需在炫耀和烘托裡完成
——你完成自己於無邊的寂靜之中。

（〈維納麗沙〉，頁三）

這棵追求獨立的樹，在人生的過程中，免不了會遭遇阻礙，譬如第一首〈親愛的維納麗沙〉描述年少已逝，已進入中年（「已經是正午了」），尚不能企求得「澄明如水的心」（見前引《蓉子詩抄》序文），所以她說：

維納麗沙
此刻竟長伴擾攘、喧囂
任歡悅和光華在煩瑣裡剝落！

但維納麗沙是堅強的、奮鬥的、有主見的，在〈維納麗沙的超越〉裡，蓉子認同了維納麗沙，她寫道：

美麗的維納麗沙
你有難以止息的憂傷
當「現實」的槍彈一陣掃蕩
衰哉　我們的同伴有多人中彈
多人受傷多人死亡。

讓我也能這樣伸出筆直的腿
如在夢中行走的維納麗沙
走出狹谷　躲過現實洶湧的浪濤
逃過機器咬人的利齒
滑過物慾文明傾斜的坡度
——奇蹟似地走向前
走向遙遠的地平線！

（頁六—七）

很多「同伴」在現實中犧牲了，蓉子希望能與維納麗沙一樣，很女鬥士似的，能夠到達理想的境界——「遙遠的地平線」。這條路當然是崎嶇的，除了時間、現實、都市喧亂等重量之外，還有「孤寂」的重量，故在建立自主的路上，維納麗沙得層層超越，不斷受壓練，接受挑戰，個中滋味——

且無人知那寂寞的高度　獨目的深度
以及河流永不出海的困慵
維納麗沙　你就這樣的單騎走向

通過崎嶇　通過自己　通過大寂寞……　（〈維納麗沙的世界〉，頁二十三）

我們當然知道蓉子這詩句所欲傳達的訊息，這在第一首〈維納麗沙〉中已表露出來了：「你不需要在炫耀和烘托裡完成，你完成自己於無邊的寂靜之中」。在男性中心的社會架構中，女性尋求獨立精神，本就是寂寞的大業，但卻也是不朽的盛事，是故蓉子一再強調：

沒有人爲你添加什麼　維納麗沙

……

你自給自足　自我訓練　自我塑造　（〈維納麗沙的星光〉，頁二十四）

這是〈維納麗沙組曲〉的最後一首，我們討論至此，用這些句子來當結尾也是很恰當的。維納麗沙在自我塑造中完成了自己，蓉子寫完「維納麗沙」，當也已建立女性自我，是一棵獨立的樹，不是藤蘿了！

【附註】

① 參閱K.K. Ruthven. Feminist Literary Studies: an Introduction （London: Cambridge UP, 1984），71.原文出處爲：Juliet Mitchell. Woman's Estate（Harmonsworth, 1971）,61.

② Elaine Showalter. "Toward A Feminist Poetics", Elaine Showalter ed. The New Feminist Criticism（New York: Pantheon, 1985），125-143.

③ 張默等編·《八十年代詩選》·臺北，濂美出版社，一九七六，頁三八三。

④ 衣凡·〈詩壇上一座由聖經自然與存在觀造成的三角塔〉·《星座季刊》第十二期（臺北：一九六七年七月）頁二十三至三十三。

⑤ 余光中·〈女詩人蓉子〉·《婦友月刊》第八十三期，月份不詳，一九六一年出版。

⑥ 榮之穎Angela Jung Palandri. Sun Moon Collection（Taipei: Mei-Ya,1968）。本書印有中文《日月集》字樣。

⑦ 周偉民、唐玲玲·《日月的雙軌：羅門蓉子創作世界評介》·臺北：文史哲，一九九一。

⑧ 蓉子·《青鳥集》·臺北：中興文學出版社，一九五三，頁一〇〇。

⑨ 參K.K. Ruthven，頁七十七。

⑩ 見〈後記〉·《青鳥集》，頁一〇四。

⑪ 羅門·《羅門自選集》·臺北：黎明文化，一九七五，頁一。

⑫ 鍾玲·〈都市女性與大地之母：論蓉子的詩歌〉、《中外文學》月刊，十七卷三期（臺北：一九八八），頁四至二十一·引文見頁五。

⑬ 同前，頁九。

⑭ 蓉子·《這一站不到神話》·臺北：大地，一九八六，頁十至十一。

⑮ 蓉子·《七月的南方》·臺北：藍星詩社，一九六一。

⑯ 西蒙·波娃Simone De Beauvoir "Breton or Roetry," Robert Con Davis ed. Comtemporary Literary Criticism（New York: Longman, 1986）182-187.

⑰ 林綠·〈徐志摩與哈代〉·《文學評論集》·臺北：國家，一九七七。頁一至二十二。

⑱ 蓉子·《蓉子詩抄》·臺北：藍星詩社，一九六五，頁一一〇。

⑲ Julia C. Lin（林明暉）Essays on Contemporary Chinese Poetry（Ohio: Ohio UP, 1985）, 80.

⑳ 鍾玲·〈都市女性與大地之母〉，頁十至十一。

㉑ 蓉子·〈白日在騷動〉·《蓉子詩抄》，頁九十二。

㉒ 蓉子·《橫笛與豎琴的晌午》·臺北：三民書局，一九七四，頁四十。

㉓ 蓉子·《蓉子自選集》·臺北：黎明文化，一九七八，見〈手跡〉頁。

㉔ 蓉子·《維納麗沙組曲》·臺北：純文學，一九六九·此書後更名《雪是我的童年》。收入林綠主編之《女作家叢書》，臺北：乾隆圖書無限公司，一九七八年。

㉕ 《維納麗沙組曲》，頁九十五。

㉖ Julia Lin，頁八十。

——選自《羅門、蓉子文學世界學術研討會論文集》

愛神、情聖與愛情象徵

——蓉子的愛情詩分析

馮瑞龍

一、導論：蓉子與「愛情詩」

蓉子是當代中國重要的女詩人，這是毫無疑問的。① 但假若讀者遍讀她的作品，就會發現一個有趣而奇怪的現象，就是這位「自由中國第一位女詩人」、「永遠的青鳥」比較少愛情詩傳世。

衆所週知，蓉子既是感性詩人、女性詩人、又長期受基督教的薰陶。② 照常理而論，一般比較感性的詩人，都多寫愛情題材，《聖經》中提及基督教與信徒的關係，也多用愛情作比喻，舊約《雅歌》（Song of Solomon）就是典例。③ 她在〈鐘聲〉（一九五二）一詩中曾示現個人信仰：

今日的鐘聲，／如同我的思潮，／起伏在多風雨的海上。／我仰望：教堂的尖頂上，

／有我昔日凝聚的愛，信仰與希望，／今夜的鐘聲復使它們飛翔，／飛翔在這黑暗的海面。（〈鐘聲〉，一九五二）④

在這首詩中，新約基督教會的三大理想：信心（Faith）、希望（Hope）、與愛心（Love）不但並列，而且蓉子更標舉出愛心來。以西方的「接受理論」（reception theory）和「期待水平」（horizon of expectation）看來，讀者是有理由預期看見大量愛情詩的。⑤

然而，與常理相違，蓉子這類詩竟然甚少。身兼詩人與評論家等職的鍾玲大概是第一位指出這個問題的學者，她說：

> 縱觀蓉子的詩，可說是十本詩集中找不到一首所謂「情詩」，即找不到一首個人色彩濃厚，深刻描寫愛情體驗的詩，而其他臺灣女詩人幾乎個個都寫不少以愛情經驗爲主題的詩。蓉子這方面的緘默，可說是個奇特的現象。⑥

正因爲這個現象與常理相違，就很值得學術界注意和加以探討了。本論文就是源於上述這個問題，對蓉子的「愛情詩」作出了一些研究，現在將一些初步的意見就正於方家，以求集思廣益，共同努力繁榮中國文學研究。

基本上，蓉子少寫愛情詩，很可能有三個原因（幸好原作者也可以參加討論）：⑴婚姻美滿；⑵作者不擅長；⑶喜歡寫原型多於寫個人。婚姻美滿當然是生活上的好事，但對創作來說，卻很可能限制了寫作愛情詩的原動力。⑦

對於第二點，蓉子自己有所解釋：「從來我就不是一個長於寫情詩的人。」⑧ 事實上，研究發現蓉子的情詩絕不遜色，不過，與一般的愛情詩不一樣。相異之處，就在於蓉子的「愛情詩」主要是寫集體的、民族的、原型的愛情而非個人的愛情。正如作者在自序《這一站不到神話》中解釋一組情詩時所說，他們是作者對愛情生命的詮釋：普遍化的、原型意味的愛情。⑨

本研究的取材範圍，包括蓉子第一本詩集《青鳥集》和較近期的《這一站不到神話》，再輔以《蓉子自選集》。取材雖不算全面，但已經集中了蓉子所說的重要愛情詩篇：

> 但經粗略的統計，情詩在我十本詩集中，還是以第一本詩集《青鳥集》所佔百分比較高，約佔全書五分之一強，其後就愈來愈少了。⑩

至於本研究採用的分析方法，是對作品的符號（signifer）和意旨（signified），大概相當於中國文學理論家所說的「言」和「意」以至「語言」和「境界」，進行雙重探索：先分析各種愛情符號，如愛神、情聖和其他的動植物等的愛情象徵，然後再探討其間透露的愛情觀照的一些訊息。⑪

二、意象分析

詩的分析，可以採用衆多不同的方法。但離不開針對作品的三項重要問題：⑴意境／氣氛（what）；⑵技巧／方法（how）；⑶寫作動機／原因（why）。在本節中，會集中分析第二項，尤其是詩中的愛情意象和象徵。至於第一項及第三項問題，將會在下一節合併探討，並且以作品表面現象底層的愛情觀照爲重心。

意象和象徵，都是西方文學批評的術語，所謂「意象」（image, imagery）本是心理學名詞，原意是指「心靈的圖畫」（mental picture）。至於文學上的意象，是很廣義的，指藉著文字符號的傳達，使物象的各種特性清晰而具體地呈現人前，使讀者有感同身受的效果。所謂「象徵」（symbol），也可以是意象，但通常被賦予較深廣的意義。[12]

蓉子的「愛情詩」（以原型爲主的愛情詩）中出現了各式各樣的意象，但其中以三類意象最爲突出：就是「愛神」、「情聖」和花鳥等的「愛情象徵」，分佈情況參見附錄圖表。現分析如下。

2·1 愛神

一般愛情詩不一定會有愛神的角色。原因是多數的詩歌乃是詩人個人經歷和心理反應的反映／折射，所以通常不必出現形而上的神明。唯有以民族和集團整體著眼的詩，例如蓉子的詩，才會較多地出見愛神，來作愛情的具體象徵。

在蓉子的「愛情詩」中，高高在上的神明而保佑墜入愛河的戀人的愛神，甚或自己也不能倖免情慾的愛情，祂的形象來源，有兩種可能性：(1)源自西方的；(2)源自中國的。

形像源自西方的愛神，主要例子見於：〈夢的荒原〉、〈海的女神〉和〈愛神〉幾首詩。〈愛神〉中的西方女愛神是一位聖潔的、柔美的愛神：

愛神不是盲目的。／她的眸子清冷如秋水，／
她的心腸如鍊鑄精金的火，／踏著柔美的步子，／
不喧鬧，也不爭噪。

（〈愛神〉#四六，《青鳥集》，頁一〇〇。）

至於〈夢的荒原〉中的女愛神，也是聖潔的、柔和的，但卻帶上幾分憂愁：

愛與美的女神以及妳永恆的憂悒／
就用寬闊的絲帶束我風信子的長髮／在初夏鬱悶的愛琴海上 從泡沫誕生時／

（〈夢的荒原〉一九六五，《蓉子詩抄》，收入《蓉子自選集》卷二，頁一九〇。）

不但如此，她的形象也滲入了中國的觀音所代表的端莊和苦難，可以用以下兩段詩為例：

她坐著在此／永恆的靜姿在此　永恆的寧謐留此／
當她坐於寂靜的深邃／以莊穆企求和諧／
（〈夢的荒原〉一九六五，《蓉子自選集》，卷三，頁一九一）
世人每羨我蓮座／不悉我常行走於荆叢／以沒有鞋子托住的跣足／
我是跣足的跣足的阿富羅底／我的額上沒有珠翠／我的耳葉沒有珍飾／
——我僅白衣一襲以及／沒有鞋子托住的跣足／
（〈夢的荒原〉一九六五，《蓉子詩抄》，收入《蓉子自選集》，卷三，頁一九四）

當代著名詩人及評論家鍾玲的分析頗有慧見，她也指出詩中的女神其實是中西合璧的：

〈夢的荒原〉中，對愛神的造型有所描繪。這位「阿富羅底」應該是希臘的Aphrodite，因爲蓉子描寫她「愛琴海上／從泡沫誕生……。」希臘的愛神，是愛慾的象徵，令男人神魂顚倒的對象。而蓉子筆下的愛神，不但周圍沒有男性，常守孤獨，而且亦非千嬌百媚。她很「莊穆」，是「端莊的神」。而詩中更描寫她在「蓮座」上，因此她的愛神形象，無寧說是更接近中國的觀音菩薩。⑬

〈海的女神〉一詩中的女神，則具有「相反相成」（ambivalence）的性格：一方面勢力大、破壞力強，但另一方面在愛情滿足時也現出柔和之面相：

我是海的女神，／我翱翔在海上，／雲霞是我的長髮，／星月是我髮際的裝飾。／
我揮淚成雨／步履生風／每當我來臨時／海水們便羣起歡躍。／

（〈海的女神〉＃一二，《青鳥集》，頁二〇。）

在另一方面，男愛神則不多見，中國傳統的「月下老人」和「赤絲繫足」等的傳說也欠奉。唯有〈海的女神〉中由女神口中交待了太陽王子的角色：

宇宙的王子太陽，／是我的諍友，／他普愛眾生，／
有偉大的力與心魂。／每當他衣衫的影子，／飄拂過海面時，／
水族們都引頸期望。／

（〈海的女神〉＃一二，《青鳥集》，頁二一。）

此外，還有一些功用較次要的愛神，只作爲典故運用。例如〈爲什麼向我索取形像〉一詩，作者詩中的「代言人」（persona）很有些自比爲上帝的意味，她重複地說：

爲什麼向我索取形像？

（〈爲什麼向我索取形像〉＃三九，《青鳥集》，頁八五—八六。）

從讀者的角度看來，實則這首詩反映了現今男孩崇拜女明星的實況，雖然詩人寫作的年代以至寫作動機絕非如此。還有西方神話中那位到處向男女射出愛之箭的頑皮小孩邱比特也多次出現，例如以下兩首詩：

青年人說：／青鳥在邱比特的箭簇上。／（〈青鳥〉#一，《青鳥集》，頁一。）

他是本世紀初最後一位／被那盲童的金箭射中的人物／邱比特一箭射中了天潢貴胄的他／他一眼看中了身爲平民的她／——一生的傳奇與悲歡於焉開始／（〈愛情已成古老神話〉，《這一站不到神話》，頁二〇—二一。）

相對來說，中國本地的愛神則不多見。只有在〈明珠〉一詩中的鮫人，或許帶有中國神話與愛情的色彩：

我有一顆明珠／是久遠的日子前，／一個黑暗的風雨夜，／鮫人所贈予。／（〈明珠〉#七，《青鳥集》，頁一〇—一一。）

由此可見，在男女愛神的「出場率」方面，以女性佔優；而在中西愛神的「出場率」方面，又以西方的形像佔優。然而，必須說明的就是蓉子筆下的西方愛神，也有中國化的傾向。

2·2 情聖

在蓉子的「愛情詩」中，比神明更感人的乃是情聖。雖然詩例不多，但都眞摯感人。〈愛情已成古老神話〉一詩中，作者直接嘉許溫莎公爵的男情聖地位，認爲他比范倫鐵諾（Valentine）有過之而無不及：

> 誰說范倫鐵諾是情聖？／啊，不，除了愛德華溫莎公爵／
>
> （〈愛情已成古老神話〉一九八六，《這一站不到神話》，頁二一〇—二一一。）

女性則較爲委屈，並無特出的代表，只有〈意樓怨〉中的無名的古典美人差可問鼎女情聖的寶座：

> 一位古典美人面　纖纖的手指／綽約的丰姿　匹配得好夫婿／
>
> （〈意樓怨〉一九八六，《這一站不到神話》，頁二一五。）

不過她既無名無姓，形像也不能突破中國傳統《詩經》、古詩十九首等一脈相承的「怨婦思遠人」的框架。

概言之，蓉子筆下的情聖並不太多，面目也較模糊。考究原因，大概因爲作者重視的乃是基督教教義中的弟兄姊妹原爲平等，男女之間應該是非奴非神的平等地位。正如在〈平凡的願望〉詩中所自白：

啊！我們的願望，／不過是做你們弟兄似的姊妹。／

（〈平凡的願望〉#三五，《青鳥集》，頁七六。）

一個高高在上、受人崇拜的情聖，其實並不等於生活中的理想配偶。然而，詩人也不無傷感地說出「愛情已成古老神話」，來哀悼現代人的疏離的、蒼白的愛情。

2．3 **愛情象徵**

除了以上所述的愛神、情聖角色，作爲原型的「愛情詩」，愛情象徵的使用也頗重要，其功用有三：⑴提示背景和作爲場景；⑵作爲詠述的題材（如詠物詩）；⑶用作比喻情感，如中國古代詩詞中的梅柳有離別之意，鴛鴦是美好的愛情象徵等等。⑭

縱觀蓉子的「愛情詩」中的愛情象徵其中以花鳥出現的頻率較高。植物出現於：〈愛情已成古老神話〉、〈意樓怨〉、〈貧瘠〉、〈五月〉各詩。〈愛情已成古老神話〉中出現了典型的愛情象徵——「玫瑰」：

有些品種的玫瑰　僅以／玫瑰的樣相存在著／
有些愛情　只在／春天開那麼一季的花／一到秋天便凋殘了！

（〈愛情已成古老神話〉一九八六，《這一站不到神話》，頁二〇九—二一〇。）

〈意樓怨〉中的楊桃樹，更是長詩中的堅貞愛情的化身：

只有這棵楊桃樹　依舊／以不凋的堅持　守護著小小的意樓／
覆庇著古昔的花窗／向每位駐足的旅人　細雨／
低訴著那悽苦的愛情故事／

（〈意樓怨〉一九八六，《這一站不到神話》，頁二一四。）

楊桃樹在詩中多次出現，其地位舉足輕重，已經超越了場景或襯托的作用，而成爲全詩的中心和主題。〈五月〉一詩有受西方影響的玫瑰、百合運用，但僅爲情節的象徵：

雖五月的玫瑰無限好，／夏盡秋來時仍將枯焦。／
啊！別跨起你重濁的腳步，／驚落那枝頭純美的百合！

（〈五月〉＃一一，《青鳥集》，頁一八—一九。）

〈貧瘠〉一詩則比較有趣，以蔥綠隱喻薄情男子的愛情：

> 我將化身為一把火／焚盡你僅有的蔥綠？／（〈貧瘠〉#八，《青鳥集》，頁一四。）

在鳥類方面，分別有夜鶯和青鳥出現。〈晨的戀歌〉中的夜鶯，與莎士比亞戲劇《羅蜜歐與茱麗葉》（Romeo and Juliet）中的夜鶯有異曲同工之妙：

> 不知道夜鶯何事收斂起牠的歌聲，／
> 晨星何時退隱／
> （〈晨的戀歌〉#一三，《青鳥集》，頁一四—一五。）

〈青鳥〉中的青鳥，其實是理想的隱喻。青年人的理想是愛情，中年人則可能是「瑪門」，即基督教所說的金錢之神⑮：

> 青年人說：／青鳥在邱比特的箭簇上。／
> （〈青鳥〉#一，《青鳥集》，頁一—二。）

此外，也有受中國傳統影響的愛情象徵，例如〈明珠〉中的鮫人和明珠：〈意樓怨〉中的浮雲與明月：

> 我有一顆明珠／是久遠的日子前，／一個黑暗的風雨夜，／鮫人所贈予。／
> （〈明珠〉#七，《青鳥集》，頁一〇—一一。）

因爲愛和美的極致常不能見容於人間今世／
利祿的浮雲啊　終將掩蔽皎潔的月明／

（〈意樓怨〉一九八六，《這一站不到神話》，頁二一七。）

但他們的使用與意旨並無突破性。

較具特色的要算個人的、受西方影響較深的象徵。例如〈青鳥〉中說青年人的理想是邱比特的箭簇上的青鳥。〈五月〉詩中的火和酒似乎暗示戀愛：

爲什麼向我舉爐火？／在五月多星的夜空！／

（〈五月〉＃一一，《青鳥集》，頁一八—一九。）

〈晨的戀歌〉中把早晨人格化了（personification）：

啊！你輕捷的腳步爲何不繫帶銅鈴，／
直等我自己從沈睡中醒來，／
晨光已掃盡山嶺！／

（〈晨的戀歌〉＃一三，《青鳥集》，頁二四—二五。）

〈虹〉詩中的虹和雨也被詩人賦予了新的愛情象徵：

把虹放在天空／作爲你立約的記號／——我將忘記雨的悽楚／

（〈虹〉#一五，《青鳥集》，頁二八—二九。）

〈三月〉也經過擬人化，打扮成未嫁少女模樣走到前臺來：

三月是未嫁的小女／一羣素約小腰身的雨／

偶然——／從屏風後偷窺這世界／

（〈三月〉一九六一，《蓉子自選集》，卷四，頁二〇七。）

〈圖騰的回音〉一詩中開宗明義是愛情與生命的禮讚：

愛情是美麗的詠歎／……

圖騰是愛斯基摩人的詠歎／

（〈圖騰的回音〉一九八六，《這一站不到神話》，頁二〇八。）

事實上，蓉子每首愛情詩都有各自的精采，不可能全數列出，其餘的遺珠，便留待讀者親自體會好了。

三、愛情觀照

從以上對蓉子的「愛情詩」的意象分析，已可略見出竟然有兩種不同的愛情觀照。其一是較前期的「樂觀的愛情觀照」，其二是中期至後期的「悲觀的愛情觀照」。

前期主要見於五、六十年代寫成的詩篇，特色是以快樂、純眞、熱情、追求爲主調；而女性角色則強調弟兄與姊妹平等。（見：〈平凡的願望〉）又可以用〈虹〉一詩中的虹和雨的意象來概括：

明天，我將不再爲這／沒有太陽的白日和／
沒有星星的夜而沈鬱。

（〈虹〉＃一五，《青鳥集》，頁二八—二九。）

因爲詩人有明艷的天虹在心中，所以無論外在的環境如何惡劣，也無所恐懼了。

然而，中期及後期悲觀色調較濃；特色是憂愁的主調、負心薄倖的主題的出現、古老神話的自傷等等。女性角色也變爲弱者。例如〈夢的荒原〉中說：

在此靜坐／欲坐孵一室寧悅／愛卻回我以喧鬧，以猛厲　以荒謬／
我將回他以掩飾抑不住的深憂／如此、這一切將爲誰？／

爲誰而絢爛？／爲誰而絢麗？／……

因久久乾旱而風化／或在一次猛烈的震撼中傾跌／

如裂帛之驚心——／妳動人微笑遂隱熄於／夢的荒原。

（〈夢的荒原〉一九六五，《蓉子詩抄》，收入《蓉子自選集》，卷三，頁一九〇。）

正如作者在自序《這一站不到神話》中解釋一組情詩時所說，〈愛情已成古老神話〉是寫英國遜王溫莎公爵不平凡的愛情故事，但作者不無傷感地表示這種愛情因年代的逝去已成神話。⑯

話說回來，假如我們統觀所有詩而非僅以愛情詩爲限，則會發現女性的角色並不可悲。正如鍾玲所指出：

蓉子的理想女性，有現代女性的獨立性，但在個性上卻很保守，有傳統中國婦女端莊自制、自重、矜持這些特點。可以說是一種過度時期的女性形象。⑰

四、結　語

本文分析蓉子的「愛情詩」，特別指出詩中的愛情意象如愛神、情聖以至各種愛情象徵，都以西方的影響爲主，也較爲出色。傳統中國的影響雖然也有，但比較次要。⑱ 有趣的是竟然出現了相反的愛情觀，作者似乎也並不強求統一。

蓉子的成就是多方面的，絕對不只愛情詩，⑲ 因爲愛情非人生的唯一大事。我們同意詩人的說法：

> 愛情是古今中外詩人吟詠不絕的題材，尤其在起步的青少年時代，多半是從情詩開始的。因爲眞純的愛情會讓世界美好起來，生命活躍起來……不過，人總不能永遠在戀愛中、不食人間煙火的。當情感慢慢成熟，責任加諸肩頭，除了兩個人的小世界外，我們有更多的人、更多的事要關懷。」⑳

然而，假若我們偶一疏忽，例如只讀蓉子的自選集而不看其他詩集，就會忽略了她的三大思想（即信、望、愛）中排名首位的「愛情」詩篇。

【附　註】

① 不少評論家都指出蓉子的重要性，例如：(a)林燿德：〈向她索取形象：論蓉子的詩〉，《藍星詩刊》（臺北），第十一號（一九八七年四月），頁八八—九九。(b)張道藩：〈《青鳥集》序〉，收入《青鳥集》（臺北：爾雅出版社，一九八二增訂版；一九八五三版），頁七—八。(c)陶本一、王宇鴻

主編：《臺灣新詩鑒賞辭典》（太原：北岳文藝出版社，一九九一），頁三一八。

② 蓉子出生於基督教家庭，小學與中學就讀教會學校，而且正如張道藩所指出，她是基督徒，受古希伯來詩歌的影響很深。當然，這並不是說她的思想沒有其他方面的輸入。見(a)張道藩，同註①(b)，頁九。(b)〈作者小傳〉，收入《蓉子自選集》（臺北：黎明文化事業有限公司，一九七八），頁一。

③《聖經》中提及基督與信徒的關係，也多用愛情作比喻，參見：《舊約聖經》，《雅歌》（Song of Solomon）；《新約聖經》，〈啓示錄〉（Revelation），第十九章中的基督與教會的婚宴。另可參：曹利羣等編：《基督教文化大辭典》（濟南：濟南出版社，一九九一），第八卷，「聖經精義便覽」，頁四四〇，「婚姻」條。

④ 轉引自林燿德：〈向她索取形象：論蓉子的詩〉，《藍星詩刊》（臺北），第十一號（一九八七年四月），頁八八－九九。

⑤「現今尚存的有信、有望、有愛，這三樣，其中最大的是愛。」見《新約聖經》（香港：香港聖經公會，一九四六），〈哥林多前書〉，第十三章，第十三節，頁五〇〇。

⑥ 鍾玲：《現代中國繆司：臺灣女詩人作品析論》（臺北：聯經，一九八九），頁一四三－一四四。作者對蓉子的詩有深入的分析和獨到的見解。

⑦ 蓉子與羅門在一九五五年結婚，夫婦唱和直到如今。見〈作者小傳〉，收入《蓉子自選集》，頁二。

⑧ 蓉子：《這一站不到神話》（臺北：大地出版社，一九八六），序言，頁一〇。

⑨ 同註⑧。

⑩ 同註⑧。本研究採用的詩集版本如下：(1)蓉子：《青鳥集》（一九五三，臺北：中興文學出版社；臺北爾雅出版社，一九八二增訂版；一九八五三版）。(2)蓉子：《這一站不到神話》（臺北：大地出版社，一九八六）。(3)蓉子：《蓉子自選集》（臺北：黎明文化事業有限公司（一九七八）。以下引詩，均在正文說明詩集名稱及頁數，不另作註。

⑪ 「文學作品是作者對語言和境界的雙重探索」的說法，最先由劉若愚提倡。見：James J.Y. Liu, The Art of Chinese Poetry,（London & Chicago: Chicago UP,1962）, pp.91-100。關於這個理論的具體運用，可參考拙文：馮瑞龍：〈語言和境界的雙重探索：以白樸《梧桐雨》一劇爲例〉，《香港大學中文系成立六十週年紀念特刊》（香港：香港大學，一九八七年），頁二八一－二九二。

⑫ 拙文引言中曾對分析詩的方法提出個人的看法，見：(a)馮瑞龍：〈以新批評法分析李白詩兩首〉，《友文》（香港大學中文系），第二五期（一九八六年九月），頁二三－二五。關於意象和象徵的定義問題，參見：(b)徐進夫譯：《文學欣賞與批評》（臺北：幼獅，一九八五），頁二五三，二六〇。(c)劉若愚：《中國詩學》（臺北：幼獅，一九八五），頁一五三，二〇二－二〇三。(d)黃永武：《中國詩學設計篇》（臺北：巨流，一九七四），頁三。

⑬ 見鍾玲：《現代中國繆司：臺灣女詩人作品析論》，頁一四三。蓉子詩中確有觀音一角，僅爲典故而已。例如：〈當衆生走過〉（一九八六）一詩中有這樣的句子：「大地褐觀音般躺著／只有遠天透露出朦朧的光」（見《這一站不到神話》，頁一二一。）

⑭ 馮瑞龍：〈溫庭筠詞分析：意象象徵批評法〉，《香港時報》，一九八九年十月三十一－十一月六

日。

⑮ 瑪門（mammon），《新約》當中對物質財富的一種說法，或專指金錢，有人將它當作神來敬拜。參：《基督教文化大辭典》，第一卷，「教義與術語」，頁一四。

⑯ 蓉子：《這一站不到神話》，序言，頁一〇。

⑰ 鍾玲：《現代中國繆司：臺灣女詩人作品析論》，頁一四三。

⑱ 不少臺灣現代詩人都受西方影響，使用源自西方的意象和象徵，但表現各有不同。例如蓉子詩中反映出來的西方思想頗爲明顯，但周夢蝶的詩就依然很「中國」，很有「禪味」。參見拙文：馮瑞龍：〈周夢蝶作品中的禪意〉，《藍星詩刊》（臺北），第十一號（一九八七年四月），頁五一一四。

⑲ 蓉子的新詩有多方面的成就，正如鍾玲所說：「在題材與風格上，蓉子的詩有多面化的特色。包括描寫現代女性的內心世界、抨擊都市文明、歌頌大自然，還有旅遊詩、詠物詩、對時事或新聞人物之感懷等等。在題材上，她最突出的成就在以下兩方面：⑴她的詩塑造了中國現代婦女的新形象；⑵表現了充滿生命力的大自然及豐盈的人生觀。」見鍾玲：《現代中國繆司：臺灣女詩人作品析論》，頁一四二。關於中國現代婦女的新形象，可參：Julia Lin（林明暉），"Women's Voices in Modern China," Woman and Literature in China,ed.by Anna Gerstlacher et. al.,（Bochum: Herausgeber Chinathemen,1985）,pp.429-453.

⑳ 蓉子：《這一站不到神話》，序言，頁一〇。

圖表一：愛情意象運用概況表

	神	人	象徵物	其他
(一)《青鳥集》（一九五三）				
〈青鳥〉＃一	邱比特		青鳥	
〈明珠〉＃七	鮫人		明珠	
〈貧瘠〉＃八			煤	火、蔥綠
〈五月〉＃一一			玫瑰、百合	火、酒
〈海的女神〉＃一二	海的女神 太陽王子			
〈晨的戀歌〉＃一三			早晨	夜鶯
〈虹〉＃一五			虹	雨
〈平凡的願望〉＃三五		姊妹		（非奴非神）
〈為什麼向我索取形象〉＃三九				（我）
〈變化〉＃四三				
〈愛神〉＃四六	（聖潔愛神）			
(二)《七月的南方》（一九六一）				
〈三月〉（一九六一）				（未嫁少女）
(三)《蓉子詩抄》：（一九六五）				
〈夢的荒原〉	（觀音 憂愁愛神）			
(四)《這一站不到神話》（一九八六）				
〈圖騰的回音〉（一九七六）			圖騰	
〈愛情已成古老神話〉（一九八六）	邱比特	范倫鐵諾	玫瑰	
〈意樓怨〉（一九八五）		溫莎公爵（古典美人）	楊桃樹	浮雲、明月

——原載《羅門、蓉子文學世界學術研討會論文集》一九九四年四月 文史哲出版社

飄泊者的歌哭

——試論蓉子詩的鄉愁意識

王振科、姜龍飛

一

如果家園一片青蔥
而颱風季節已過
我將從此終止我流浪的腳蹤

——蓉子《倦旅》

鄉愁，事實上是我們每一個與鄉土田園有著天然血緣關係的現代都市人的生存困惑和文化氛圍；而鄉愁意識則是一種因現實的種種失落而夢縈魂牽尋求解脫卻終不可得的心理情結。一個根繫故土時時處處爲親情的溫暖所呵護，爲幸福的人倫所融洽的人或許不會有回歸的渴求，因此也就無所謂鄉愁，只有在失去故土或遠離故土的時候，孑然孤立的心靈感應彌漫爲一種生存壓力，鄉愁才變得凸突強烈；只有當這種凸突而又強烈的情感久難平復，揮之不去的時候，才會糾結成扣，累積爲相對穩定的鄉愁意識。

因了空間的關係，鄉愁表現爲對於距離的無奈；而時間的更迭演替，非但不能使之澆薄淡漠，相反愈益執著強化，這是由鄉愁積澱而成的鄉愁意識與一般隨遇而安的人類愁緒最顯著的差異所在。中國文學史上有那麼多鄉愁意識濃鬱得化不開的作品，無疑都是時空交織的二維產物，同時也有對每個時代龐雜繁複的社會現實的觀照與折射。在「悲歌當泣，遠望當歸」、「羈鳥思歸，池魚思故」和「歸去來兮」的反覆嗟嘆中，我們感受到了或充滿希望、或遍布危機的生存遷徙和個體生命中尋求寄托與歸宿的精神焦慮。

中國歷史上，儘管「士志於道」的傳統說教可以令遊子輕去他鄉，「任重而道遠」的知行觀和「以天下爲己任」的聖賢抱負甚至淡化了歷代知識階層的宗國觀念，然而，對於故土的牽念仍然是他們抒緬情懷時最深沉綿韌、也最具感染力的一章。屈子遠游，尚且「思故舊以想像兮，長太息而掩涕」，遑論自其以降的歷代布衣。理智於傳道而宿命於故土，是中國文人心態中最不好將息的兩難選擇，因此會有「父母在，不遠遊」的觀念對疊與之相悖。於是，鄉愁便成爲永恆的母題，纏繞在他們欹欹震顫的筆端。

「士志於道」的人生追求固然鋪墊了鄉愁和鄉愁意識的濫觴，然而他畢竟不是促發這一情懷的唯一的感性誘因。反觀一部文學史，那些由於戰亂頻仍、身世飄零而造成的人爲阻隔，似乎更易於激盪起宗國、宗族、宗土的思鄉愁緒，更易於營造出淒測與纏綿互織、鬱憤與悲享交融的氛圍，亦即更適合於作爲詩的抒指對象，更相宜於詩的連構詩的意境。當歷史終於步出秦漢以降的超穩定社會結構，進入現代；當急驟變化，動盪不安的社會現實把中國迅速地推向一九四九那道歲月的關卡，一種特異而扎眼的文學現象伴隨著分而治之的社會格局出現在我們眼前。尤其在海峽彼端，那座漂離母體的海島上，整飭的靈魂隨著故園的撕裂而被撕裂，鄉愁和鄉愁意識積澱成一枚不好化解的堅硬的內核，任憑綺麗的辭藻，豐腴的情思將其層層纏裹，其內涵的複雜多義，實非以往的任何一個文學時期可與比照。

正是在這樣一種背景下，蓉子開始了她的詩壇之旅。

二

啊，鄉愁就是童年是記憶也是歷史　　——蓉子《鄉愁》

一九四九年二月，一個來自江南水鄉的二十一的歲姑娘，在未可知的命運的支配下，孤身一人來到千里之外的臺灣。汪洋覆被的地理環境孤獨著海島，也孤獨著她那顆舉目無親，人地兩生的心：「歡笑是我的容貌／寂寞是我的影子。」一個年華芳菲的姑娘，一個剛剛走向自立的現代女性，生活的長卷正在她的腳下展開，爲什麼竟有如此凄清的哀怨？詩人並沒有正面作答，筆下只有詩的隱喻：「白雲是我的蹤跡」（《爲什麼向我索取形象》）。這當然不止是唯美的自我雕縷。從「白雲」的意象特徵中，我們不難捕捉到詩人有感於身世飄零的象徵性模擬——飄泊無定，隨風遊移——同樣也是詩人自我生態的眞實寫照。這便使蓉子的早期詩作帶有較多感傷的成份，對生活常常表現出某種迷惘和嘆息。「我曾嘆息於／那門一啓一閉之際　偶然哭泣／那門一開一闔之間　往往驚心於／那門一年一旬之時」（《未言之門》）；「季末有冷雨／冷雨在山裡　在清明／花季花殘」（《冷雨冷雨》）。門的象徵無疑是一個暗示，門裡門外儼然兩種不同的人生境界，要不要由此入彼，詩人的反映是「嘆息」、「哭泣」和「驚心」，自信心的匱乏由此可見一斑；而「花季花殘」的內心體驗，讀來簡直令人心驚肉跳。

我們無法逆料倘若詩人沒有這樣一程隔海而居的羈旅生涯會有怎樣的人生取向和情感取向，現實沒有提供這種可能。我們只知道一個孤身遠行的靈魂不能不在生命如朝霞般噴薄的同時，也會有青春期難以排遣的落寞與惆悵。然而由正常的生理騷動所導致的心理嬗變原本是可以修復的，只不過需要一點點時間、一點點寬容、一點點親情的滋潤而已，可惜，現實同樣沒有爲詩人提供這種可能。她所面臨的始終是離鄉的寂寥、背井的苦悶，始終無法從環境中獲得生長性的情感補償，這便使她失去了修復自我的物質供給，終於沒能走出鄉愁的時間隧道，甚至有可能終生踟躕於其中。這不能不誘發出詩人有別於少年情懷的更爲執著的鄉愁意識，且層層遞進，步步深入。

鄉愁的情感表達並不僅限於憂戚這一種方式，面對殘損的審美，甚至也可以是溫馨乃至歡快的；生命流程的起跑線上早已天然地伏設下供人鉤沉留連的遐想時空。蓉子的抒情長詩《歡樂年年——「十二月令圖」觀後》，就是以熱誠純樸的筆調來傾訴她的思鄉之情的：「

雪覆山崗 卻又／霜一樣地鋪陳在庭院樓廊與屋瓦／冬日的爐火別樣溫馨 就像謎樣的叮嚀／緩緩的節奏 孕育著童年」。全詩按時序的先後，分別寫出故鄉的春、夏、秋、冬各個季節的不同景致，以及相關的民俗風情，富有鮮明的江南地方色彩和生活氣息；同時熔回憶和想像於一爐，以一片誠摯的愛心對以往的故鄉生活進行高濃度的藝術提純，讀來令人如沐春風、如臨煦陽，陣陣溫馨的回流貼近肌膚，直抵肺腑。

然而，難以釋懷的溫馨終究是建築在無以復歸的缺憾之上。失落是活生生的現實，曾經擁有的歡樂屬於歷史，坐擁愁城時的回顧更能反襯出命運的無常。這種追憶性的撫慰宛若綻放在遙遠的地平線上的生命的禮花，光焰灼灼，稍縱即逝，被它照亮的依然是無家可歸的一臉悵容。

蓉子的無家可歸主要是精神上的感覺，在生活中，蓉子不僅有家，而且溫馨可人，不然婚後的「青鳥」一別詩壇就是千餘個日暮晨昏便缺乏理由。忘情的投入是生命的華采，它可以使人暫時忘卻除個體生態以外的現實種種，凝聚成對小天地中一脈溫情的補償性自享。然而它畢竟不是人生的全部。

三

傍湖水的明鏡
幾棟紅磚屋半掩在樹叢

蘆葦搖曳著它風裡的白頭
紅花默默傳香
就讓我把住處安頓在此吧

——蓉子《回歸田園》

婚後復出的蓉子，經過長達三年之久的封筆，似乎終於明白小鳥依人的自享遠不足以哺乳人生命的情感需求，完整的生命需要社會這樽巨大的盛器方能容納。撇開其他不談，從她復出後的第一本詩集《七月的南方》中，已經非常清晰地顯露出對於現代都市生活的批判鋒芒，亮出了她充分獨立的人格棱角。「城市是擁擠而孤寂／我的陽光是七月的／有很多噬人的牙齒／聽巨大震驚的音爆。一堆破碎的幻在烈日下焚化／而摩托車擦腿而過／使人心驚……」（《城市生活》）。有噬齒有音爆的城市陽光，在七月的上空擁擠，「一堆破碎的幻」因此而被焚化。我們不清楚詩人所說的「幻」的具體所指，但是我們完全有理由以詩人的其他篇什對此作出塡空：「每一個日子都是晴朗／每一個日子都是假期／……日光下都是花朵／日光下盡是奇蹟／——當一連串歡美的音符洋溢／這世界就是天國，就是天國」（《今昔》）。如此純淨的烏托邦世界當然沒有理由不淪爲「一堆破碎」而遭致毀滅性的「焚化」。站在現代都市傾斜的危樓上，詩人感受著「齒輪與齒輪的齟齬／機器與機器傾軋／時間片片裂碎生命／刻刻消褪……」（《我們的城不再飛花》），眼底滿是物欲的上升和人性的扭曲，詩人因此而黯然神傷：「現實所給予我的，是人海無休止的浪濤的衝擊，眞善美人生的淪喪，物欲的囂張，我爲此而感到窒息的痛苦與孤寂」（《青鳥集·後記》）。對美的追逐因爲美的幻滅而失卻支撐，希望與失望在詩人的筆下對舉成文。環睹周遭的現實，「綠色甜美的流水不再／澄潔的藍色變得凋穢／紫色的時刻是如此沉暗」（《城市生活》），環境的惡變不能不歸咎於人性的貪婪。於是，詩人的視野情不能已地落向身後，向世風尙純的故土尋求寄托：「牛車緩緩地向村外駛去／小舟載天光水色歸來。炊煙　雲一樣升起／家的意義就確定了」（《回歸田園》）。儘管現代詩壇上迄未見「回歸田園」的眞正實踐者，然而僅僅精神上的「歸隱」渴念，也不能不說是十分悲涼的輪迴。這種面向農墾社會的視點後移和鄉愁的復熾，顯然不再以重現一片山的青葱水的明淨爲滿足，不止於個人思鄉之情的抒發，而是希望從人與自然的原始關係中，抽象出和諧融洽的生態規範，爲缺乏安全感的規代人建構靈魂的庇護之所，完成有關「家」的意義索解。它是兩種文化人格對峙的結果，詩人必須在現代文明與傳統美德的兩難選擇中確立自己的精神支點。「三月無詩／九繆司都沉寂　我欲渡河／去叢林街打獵去／因我的家庭餓著／我的老年有飢饉之虞」（《三月無詩》）。這似乎已不僅僅是蓉子一個人所感受到的精神飢饉，凡處於物質文明飛速躍進的歷史衍變期的文人墨客，幾乎無人能夠擺脫生存困惑的騷擾。處於困惑中的他（她）們所代爲思索、代爲尋覓、代爲獵取的，其實是人類共有的精神取向和價值取向。作爲社會的精英階層，他（她）們除了餵養自我擺渡自我外，還必須在歧路紛紜的道口樹立起重返伊甸園的精神覘標，爲後繼的衰衰之衆指點迷津：「每條路都引向東方／掩映在密林中／神秘的東方／一片艷美的霞光」

（《牡丹花園》）。且不論如此重任究竟是否爲蓉子們所能荷載，貧困的東方究竟蘊有幾多神秘的人類眞諦，思想的壯大終究還是拓展了蓉子的生命流程，「待轉身　水已汩汩／在鐘聲與蘆荻中　成爲／曲折壯美的江河」（《一種季節的推移》）。伴隨著人生的季節性推移，詩人已趟過「時間淸淺的池沼」（同前），進入另一種開闊淵博的生命境界，「在過往與未來間緩緩地形成自己」（《肖像》）。

四

——每一張布滿風霜的臉　都是
一部感人的故事書
鐫刻下他們歲月中的悲歡

——蓉子《黃昏》

一九八四年歲末，蓉子偕余光中，范我存伉儷，來到香港與大陸僅僅一水之隔的勒馬州山崗，登高遠眺，面北而望，不禁心潮滾滾，驚濤撫胸，一首《勒馬州山崗》，記錄了她即時情感：

車行到此　車已無軌
馬馳到此　騎士

你當急速勒馬　雖然
前面是故鄉　不是天涯
你豈能故作瀟灑？
任風無端地掀起你的大氅
你豈能任意飲馬？
在此血淚的深圳河水……

怨筆者不能再往下引。應當說，在蓉子諸多的思鄉之作中，像這樣亢奮激昂，且與政治如此迫近的詩並不多見。她的詩，大多以婉約、清麗，含蓄見長，而這一首，則一反常態地變得雄渾衝動，胸臆直抒。可見歲月的煎迫，足以改變每一個人，對於距離的無奈，也會演變爲憤怒，而憤怒則是造就詩與詩人的溫床。然而，不知詩人有否想過，不也正是這種憤怒、偏激和意識形態上的互不相容，才形成了她在勒馬州山崗上銘心刻骨的感受：「風裡正盤旋著那噩夢的兇禽／衆多的觀光客衆中，它專撿脆弱的／遊子下手：啄心，啄肝，啄肺和肘。」令人費解的是，一向冰潔獨立的詩人，竟爲何也陷入了自相矛盾的邏輯怪圈？

挑剔臺灣詩壇這位「祖母輩的明星詩人」（《蓉子自選集》二八六），細心察看「一顆種子從泥土出生的路徑與變化」（《詩》）——蓉子，原不是這樣的一副筆墨，這樣的一種人格品味。

當江河般曲折壯美的生命底蘊，汩汩流出蓉子的筆端，僅僅對鄉土的懷戀，已不足以概括她的全部；自憐自哀的個人抒懷，漸漸讓位於蒼勁而沈鬱的生命發射：「也擬看燈去；但不著石榴裙／也去逛燈市；也不曾慵梳頭／——這是現代，這是異鄉」（《燈節》），艾略特曾道：「一個詩人，假如二十五歲以後仍然打算寫詩，他就不能忽略歷史的眼光。所謂歷史的眼光者，乃指透視時間的能力，那就是說：對於過去的影響至今猶存。」一首《燈節》，分明能讓我們領略到這種「至今猶存」的「影響」。生活中哪怕細微到一次遊戲性的休閒，也能牽引著她的目光，穿透歷史與現代的重重屏障，看到歲月的錯位與擦痕。這是民族文化意識長期浸潤的必然，也是一個愛國詩人的宿命。蓉子的人生，就這樣全被漬透：「突然有一種奇異的感覺　就好像頭一次才發現／那許多地理教科書上的名字／從機械上升起　一字排開肩並肩地站著在比／使天涯變爲咫尺：／漢城／漢堡／就疑似漢家城闕」（《城的聯想》）。這樣的聯想當然不具有絲毫「侵略性」。幻也似的痴迷，只會顯象於忘我的執著之後。誰道囈語般滾燙的字眼裡，不是漢家女兒心淚的盈沸！站在隔海而觀的彼岸，蓉子的哀容是對於破碎的歷史的憑弔：

啊！誰說秋天月圓
佳節中儘是殘缺

——每回西風走過
總踩痛我思鄉的弦！
——《晚秋的鄉愁》

這幾句詩堪稱中國現代詩壇中難得的絕唱，筆者多年前初次讀它時那種驀然顫栗的感覺，至今記憶猶新。

生命終將老去，縱使「青鳥」，也會在黃葉飄零的秋天裡，衰落幾箭斑爛的翎羽。疲憊的人生體驗，終於滲透於蓉子近期的部分詩作。在遙遙無期的等待中，詩人太累啦。「欲渡無渡四十載／——是怎樣苦澀的等待／一些親情的青翠 就這樣／在等待的枝頭憔悴」（《親情》）。

詩情也許是最容不得粉飾與造作的人類敏感，有時簡直就是一幀全息攝影，只要輕輕一按快門，就能留住一個酷肖的瞬間，感光一片生命的眞實。詩情的眞實，來源於存在的眞實。以己生之短衡歲月之長的努力，因爲星星白髮縷縷皺紋，因爲遲暮的不可抗拒，而被籠上了一層陰影。從蓉子蹣跚而行的足音裡，我們聽到了已經十分孱弱的叩擊聲：「當時間隔久縱使／再回到土親水親的家園 又有誰／能伴我追尋 啊！因風因雨而／全然流失的年光裡／那逝水的身影！怎生回憶／如何捕捉 那雁行晴空的美好圖像」（《當時間隔久》）。

對於時間的不可逆轉不可回流的一維性感知，使詩人對以往熱切嚮往的回歸也產生了疏離之感，歸根的假設甚至比無根的痛楚還要令詩人絕望，回歸母體的衝動在歲月的減損下日趨式微。這種絕望與式微是個體爲免遭傷害而採取的保護性的情感逃避，是對現實生態的否定之否定。它的負面效應將可能導致對人生的意義懷疑，誘發「遊子」對自身行爲價値的悲涼反思。並非危言聳聽，這可能是一個不祥的信號，但對接收這個信號的不僅僅是海峽兩岸的布衣文人，普通受衆。

蓉子的詩創作和故國的分裂同步共時，她的心路歷程凝聚了海峽彼岸整整一代知識分子的喜怒悲歡，自有其獨特的審美價値和認識價値。尤其難能可貴的是，她曾經這樣剖白自己：「倘若我無眞實的創作意欲，我就不勉強自己來發出聲響……我願意更多地把握自己一些，而並不急於做一時的跳水英雄，去贏得片時的喝彩；我願意更多地顯露自己的面貌，但必須先有靈魂和實質爲後盾」（《七月的南方．後記》）。這段話既道出了她從事藝術活動的目標和追求，也是她對社會做出的承諾，爲我們窺視蓉子及其蓉子們的內心世界開啓了一扇窗戶。不趨附，不媚俗，不矯造，不虛浮的人格建構是他們不移的風骨；魂繫故土，骨殖青山的追求是他們永遠的情操。只有這種生命姿態的健在、健全與健頎，兩岸的統一才能建立在充分的論證之上，最終從夢境走向現實。

畢於一九九三．七．一一

看你名字的繁卉

——蓉子論札

劉登翰

蓉子（一九二八～　）在她一九八六年出版的第十部詩集《這一站不到神話》的序言中，深刻感受到時間對生命的摧毀。她說，沒有什麼能把時間留住，包含被稱爲「文學之華」的詩。然而她卻確信：只有一樣東西可以「不受時間和自然的摧毀」，它也就是詩。抱有這樣的信念，這位從少女時代就把自己全部的愛像獻給主一樣，奉獻給她心中的另一個上帝——詩的「祖母輩明星詩人」（白萩語），四十年來創作不衰，便不使人奇怪。在台灣當代女詩人中，她不是年事最長的一位，較她年長的還有張秀亞（一九一四年生）、彭捷（一九一九年生）、陳秀喜（一九二一年生）等；但卻是詩齡最長、著作最豐、影響最大的一位。她幾乎與台灣現代詩同時起步，經歷了婉轉，踏過了坎坷，在詩壇走馬燈般換過一代又一代的新人之後，仍保有深長的影響力。八十年代以來最活躍的青年詩人之一林燿德曾虔誠地表示：「我們還是要向她索取形象。……蓉子之所以被形容爲『永遠的青鳥』，更成爲台灣詩壇『一朵不凋的青蓮』並不僅止於她是『今之台灣第一位女詩人』這種記錄上的意義，更在於她數十年毫無間斷的且高潮迭起的創作生涯已給我們一種典範。

蓉子本名王蓉芷，一九二八年出生於江蘇省一個教會家庭。幼年喪母，在父愛的蔭護下受到完善的人格教育。雖在戰亂中隨家不斷遷徙於江陰、揚州、上海、南京，卻都就讀於當地最好的教會學校。中學畢業後考入農學院森林系就讀一年，便輟學到教會學校擔任音樂教師和家庭教師。一九四九年考入南京國際電台，同年二月調台北電台工作，至一九七六年退休。這份簡歷可以讓我們尋索出蓉子詩歌抒情性格的某些人生依據。余光中曾說：「中國古典女子的嫻靜含蓄，職業婦女的繁忙，家庭主婦的責任感，加上日趨尖銳的現代詩的敏感，此四者加起來，形成了女詩人蓉子。」

蓉子一九五〇年開始發表詩作，一九五三年出版詩集《青鳥集》，此爲台灣第一部女詩人的詩集。基督教家庭的環境影響，宗教文學和宗教音樂的長期薰陶，開啓著她最初的美感世界，並使她從中學時代開始就從泰戈爾和冰心睿智的小詩中找到心靈共鳴。這不僅賦予了蓉子溫婉嫻靜的個性，也形成了她詩歌中靜美少女的抒情形象。她這樣描述過自己：「歡笑是我的容貌，／寂寞是我的影子，／白雲是我的蹤跡，／更不必留下別的形象！」（〈爲什麼向我索取形像〉）台灣詩評界曾經十分強調和推崇蓉子詩歌抒情形象的古典女性意蘊。這種推崇是有其特定的文化背景的。因爲相對於五十年代初期「不屬於陳腔濫調、標語口號，便屬於模仿西洋詩壇純粹歐化」（覃子豪語）的台灣詩壇，這樣清純晶瑩的詩風實不多見。因此當她的〈青鳥〉、〈爲尋找一顆星〉、〈晨的戀歌〉、〈爲什麼向我索取形像〉等，相繼在當時唯一能發表純正詩歌的《自立晚報》的《新詩周刊》上出現時，便不斷受到紀弦、覃子豪、鐘鼎文等的擊節讚賞。覃子豪認爲《青鳥集》裡「最成熟的，最完美的詩，都是表現作者自己的人格、希望和理想。」「她尋覓人性的完美，她讚美嬰兒甜睡的酒窩，初戀女子深深的眼眸，老人淨潔的白髮，她認爲這是至眞、至善、至美的境界」。這種靜淑的女性的審美意蘊，當然有著中國傳統女性的性格基因，但在蓉子人格形成所受的文化影響中，更多的還是基督教文化的人生觀和古希伯來詩歌的莊嚴與端淑的氣質。在《青鳥集》的「後記」裡，蓉子坦率地承認，她童年所接觸的作品，不是古詩，不是律絕，而是古希伯來民族的詩歌，那些莊嚴的頌歌，勇士們的凱歌，大衛王的詩篇和歌頌神聖愛情的雅歌，「我雖然未有心去模仿，它們卻多少影響了我。」她從這些納入基督教典籍的民歌中，吸取一種掙脫現實磨難的昂揚向上的情緒和佈愛於世的神聖感情。這不僅是蓉子所追求的把人性和神聖凝合起來的眞善美理想，還成爲漫入她情感世界的人格力量和審美情操。早期表現理想追求和人格情操的《青鳥集》，便體現出作者透過自己內心來折射外部世界的抒情方式。比起描寫外在的客觀世界，她更善於抒寫自己的內心奧秘。覃子豪解釋說，這是「因爲作者的內心生活，比現實生活要豐富得多。」

其實，作爲一個現代的職業女性，蓉子也時時感受到現實社會的沖蕩：「現實所給予我的、是人海無休的浪濤衝擊，善美人性的淪喪，物慾的囂張，我爲此而感到窒息的痛苦與孤寂。腳底下又是不斷的戰爭，離別與流亡——這些流動的生活——感情或思想。這一份憧憬，一份抑鬱及憂憤，使我不自禁的要寫詩。」（《青鳥集》後記）這是和作者多少有一點神聖化了的靜美人生相對峙的另一個囂亂的世俗人生。它構成了蓉子此後詩歌中始終存在的一組矛盾。只不過在「青鳥」時期，涉世並不太深的蓉子對於這個世俗世界的譴責和摒棄，主要表現爲一種超凡脫俗的自我肯認與自尊——在許多時候呈現爲一種女性特有的矜持。她譴責人性的虛僞：

爲什麼向我索取形像？
如果你有那份眞，
我已經鐫刻在你心上；
若沒有——
我恥於裝飾你的衣裳。

——〈爲什麼向我索取形像〉

爲了反對這種「諂媚」和「虛謊」，她甚至「寧願擁抱大理石的柱石」，爲它「冷冷的嚴峻的光輝」心折（〈我寧願擁抱大理石的柱石〉）。這種自持，使她堅認：「我是一棵獨立的樹——不是藤蘿。」（〈樹〉）這就使蓉子詩歌靜美的矜持，不同於傳統女性依附於男性世界的纖細柔順，而透出具有現代女性素質的剛強英氣。

一九五四年蓉子加入藍星詩社，翌年與曾是「現代派」的詩人羅門結婚。這正是台灣現代詩最初發難，西方文化激烈沖蕩的詩觀嬗變的時期。從「青鳥」起飛的蓉子，就其作品傾向和藝術把握方式看，並未超出古典浪漫主義範疇。在這個意義上說，蓉子是相當「傳統」的。因此當《青鳥集》爲她贏來聲譽，她卻突然緘默下來。這情況與大陸當代女詩人舒婷有些相似。究其原因，可能有二：一方面，從心理上說，由一個少女到初爲人婦，是人生一次重大轉折。它不僅需要心理適應，還需經歷一次審察世界的視角調整：由純情少女的視角，轉入更切近人生的成熟女性（母性）的視角。另一方面，從藝術實踐上看，面對激烈的動蕩的現代風潮，由「傳統」出發的蓉子需要改變自己的感覺方式和藝術方式。直到三年以後，曾被認爲「已經貢獻過了」的蓉子，復出詩壇，以一批全新的作品表明她還未貢獻完了的重新出發的藝術嬗變。

這是蓉子詩歌創作最輝煌的一個時期。包括一九六一年結集的《七月的南方》和以後的《蓉子詩抄》（一九六五）、〈維納麗沙組曲〉（一九六九）、《橫笛與豎琴的下午》（一九七四）、《天堂鳥》（一九七七）以及兒童詩集《童話城》（一九六七）等。在這些作品中，蓉子已經完全走出作爲一個純情少女返視自己內心的狹窄天地，而把視野擴大到社會的各方面，她關懷社會人生、抨擊都市文明、詠讚大自然，表現出一個現代女性繁富的內心世界。在〈城市生活〉和〈憂鬱的都市組曲〉等詩中，詩人滿懷憂傷地寫道：

我們的城不再飛花　在三月

到處蹲踞著那龐然建築物的獸
沙漠中的司克芬斯　以嘲諷的眼神窺你
而市虎成羣地呼嘯
自晨迄暮
自晨迄暮
煤煙的雨　市聲的雷
齒輪與齒輪的齟齬
機器與機器的傾軋
時間片片裂碎　生命刻刻消褪……

——〈我們的城不再飛花〉

這意象，使我們憶起羅門的某些都市詩。顯然，蓉子可能受到當時已把創作重心轉向都市的羅門的某些影響。但她不同於羅門以呈示都市罪惡的方式來揭露都市的迷惘和墮落，而主要是從對傳統和自然的緬懷與對比上，來表達她對都市生活的失望和譴責。這是詩人「青鳥」時代那組傳統與現代對峙的矛盾複雜的發展。一方面，現代都市社會改變了傳統鄉村社會的凝定結構，帶給了詩人敏銳的現代感興，使她的藝術品格從沈靜的審美走向喧動的繁富；但另一方面，都市的躁動和喧囂又使她失去了靜美的溫馨，從而喚起她對傳統和自然的緬懷。

蓉子正是在這複雜的交錯中，來展開她的都市圖畫的：

車燈急速逼射你的眼睛
黯淡了天上的雙子星座
而在夜晚螢光燈的照明下
固有的美麗都殘敗：
綠色甜美的流水不再
澄潔的藍色變得凋穢
紫色的時刻是如此沉暗
消融了白色晴朗積雪的記憶
……

這裡，作爲與都市的污濁相對照的是大自然的澄潔；而澄潔的自然卻爲污濁的都市所否定。意象對比的特徵，體現出作者審美評價的尺度：對自然的緬懷和堅持。她一再惋惜「不再有那樣的日子：一片藍天／一撮繁紅／一彎裊繞的清冽——那半睡眠中的村鎮」。

正是以這種對都市人生的失望爲背景，蓉子另一個重要的主題是對大自然的歌頌。她寫過許多山水景物詩。雖然她所詠讚的山水景物，許多是經過人改造過的名勝，而非原始的野性的自然。但她所發掘的是融入在豐饒自然中的澎湃的生命力。正如她所說：「這是宇宙不熄之火／是成熟的豐饒姐妹／使空氣裡溢滿了成熟的香氣——」（《七月的南方》）這是她心靈中最接近上帝的另一個神，她詠讚它，守護它，深怕「倘把塵俗帶進天國／未免污衊了繆斯光燦的裙衣／而美麗的天鵝也呈垂死之姿……」（〈哀天鵝〉）十五首「寶島風光組曲」是她這種掙脫濁世的超然追求最集中的表現。即使「十二月令圖觀後」的〈歡樂年年〉，所神往的也是一種未經污染的傳統世俗人生的圖畫。大自然在蓉子的筆下，常常呈現出一種溫婉可親的人性，幾乎是詩人自己心靈和性情的投影：

那些山、水、雲、樹
每以永恆的殊貌或行或止
特別是樹
總是無限寧靜地立著
笑聲嘩啦啦地成千波萬浪
飽風的帆孕整個海歸來
使落日潛泳成次日的晨曦
使夜晚有螢火的繁花開放

——〈那些山水雲樹〉

更升起和星光比美

——〈金山·金山〉

此刻這兒沙沙著都是杉檜的名字
眾多如流水的名字——
它們舉起了煥然的光華
鋪陳著深沉與寧靜
形成無邊的仰望

——〈眾樹歌唱〉

對大自然特別是樹木花卉的傾愛和細心體味，這或許與蓉子曾經就讀過一年農學院的森林系不無關係。

理想與現實，自然與都市，傳統與現代，在這一系列無法擺脫的現實困惑中，詩人尋求著一種精神的超越。在「維納麗沙組曲」（十二首）中，詩人重新回到對自我的描繪上來。不過這不是「青鳥」時代的自我抒寫。它是現實的，也是超越的，是自我的，也是超我的。維納麗沙像被放逐在聖海倫島的拿破侖，「迢遙地隔著」現實，只在「無邊的寂靜之中」完成自己；但她又無法躲開「現實」的槍彈的掃蕩，像「多人受傷多人死亡」的同伴一樣，有「難以止息的憂傷」。她只能在「過往與未來間緩緩地形成自己」。這個「過往與未來間」就是「現實」。因此，詩人只能這樣祈求：

讓我也能這樣伸出筆直的腿
如在夢中行走的維納麗沙
走出峽谷 躲過現實洶湧的波濤
逃過機器咬人的利齒
——奇跡似地走向前
走向遙遠的地平線

這是對於無法超越的現實的一種精神的超越。這是詩人從古典跨向現代，從自然走進都市，從自我面對現實，而又企求回歸古典、自然和自我的一個感情內涵極其複雜的過程，體現了都市文學中「物質進入」而「精神逃離」的一種典型的心態。「逃離」，在某種程度上也使蓉子的詩未能更深入現代都市的核心，雖清純卻又難免輕淺。未曾變化並且日趨繁富和成熟的是詩人這一全新感知內容的獨特方式，依然是一種富於東方古典美的嫻靜的藝術風格。

七十年代後以後，蓉子的詩作從內容到形式都有明顯的向東方回歸的趨勢。無論是抒寫自我的〈一朵青蓮〉那傳統的古典意象，還是托十二月令圖表現華夏民俗風情的〈歡樂年年〉，抑或借山水花藝傳達自己鄉土情懷的那些風物詩，都體現出這種趨向。即使一組訪問韓國的域外詩作，也是借東方民族的傳統風情，澆自己胸中文化鄉愁的塊壘。強烈的現代意識，融聚在民族生活的內涵抒寫中，使現代詩歌藝術呈現出一定的東方化的民族色彩。

「假如你偶然地閑步來此／你就聽見溫柔的風中正充滿／你名字的回音……」蓉子或許不會料到，二十多年前的這首名作會成爲她自己的讖言。在台灣女性詩歌的發展上，蓉子是最初一級台階，奠定了上升的基礎；是續承傳統、開拓現代的一個代表，提供給了我們一代女性詩人審察自我和審察社會的獨特視角和感情形態。

——摘自〈日月的行蹤〉《羅門・蓉子文學世界學術研討會論文集》

從蓉子詩看其詩觀

王一桃

■何謂詩

臺灣詩人大都爲詩評家，女詩人蓉子也不例外，唯她較少談論自己的詩，她曾引美國詩人瑞德·惠特摩（Reed Whittomore）的話：「詩是一種藝術，其素材有賴表現……而難以談論」藉以說明創作比評論給人帶來更多的快感。但她並非沒有個人的詩觀，儘管她自謙地說那是「片斷不成系統的」。①

蓉子的詩觀，除了以邏輯思維形式表達出來的以外，還有鮮爲人道的，那就是以形象思維形式來表現的。「以詩說詩」，可說是蓉子詩觀表達的一種特殊方式。

那奇妙的詩　世人對它
僅具浮雲般的概念　以爲
詩只是美詞麗句　以及潑濕了的感情

——《廟街和玉》

詩被人稱譽爲「文學之華」，但往往又被誤解，以爲只是玄之又玄的意念加上華麗的詞藻和造作的感情。其實，詩來自現實生活宇宙自然和詩人主觀的體驗和感受。正如蓉子在《這一站不到神話》自序所指出的「詩是一種對生活現象的探索，對生命本質的體驗」，從「人情世態」到「自然景物」②，都可以成爲詩人擷取的素材：

我們的繆斯有陽光的顏色
水的豐神　花的芬芳以及
鐘的無際回響
——《詩》

此外，「人海無休的浪濤衝擊，善美人性的淪喪，物慾的囂張」，「不停的戰爭，驪別與流亡」，等等，這些「時代感覺，生活感覺，與現實的感覺」，都會使詩人產生抑鬱、憂憤或憧憬，使他「不自禁的要寫詩」。③

若我是翼我就是飛翔　是漣漪就是湖水
是波瀾就是海洋
是連續的蹄痕就是路徑
從一點引發作永不中止的跋涉

涉千山萬水　向你展示
無邊的視域與諸多的光影
——《詩》

詩人將他在宇宙人生中的種種「體驗、感受、思考和認知，其中也包含了歡樂與憂傷，「信仰和懷疑」寫成詩，並賦以具體感人的意象，使之具有「渾然天成的美」。也就是說，「任何偉大不凡的心靈，任何美好的情思都必須借形體來顯示——要借具象的物體來表現，方能稱爲藝術品（詩）」，因詩不僅是「人類心力的精華」，也是「心智活動最高度的組織形式」。一首詩是「心智和技藝的結晶」。④

■詩之緣

既然詩是詩人「心智和技藝的結晶」，詩的構思對一首詩來說就非常重要了。蓉子在她的《未言之門》一詩中引了桑德堡的話：「詩是一扇門……」，而她就「曾歎息於／那門一啓一閉之際」，「偶而哭泣於／那門一開一闔之間」，「往往驚心於／那門一匋一訇之時」，目的無非是窺看門內「那永恆的奧秘」，於是「就這樣傾聽且耐心地守候／於那門開闔之際……」等到詩人所見到的事物或現象，一撞擊到她心中的「情弦」，就成了她等待的「機緣」，創作的「靈感」：

從鳥翼到鳥

從風到樹　從影至形

——一顆種子從泥土出生的路徑與變化　——《詩》

而想像和聯想對詩創作又是必不可少的，沒有了它，「音符的鴿群」就無法「捕捉」，「永恆的鏈環」就無從連接，詩人無法透過門的「一縫一隙」所見到的「一飄動的窗帷／一含糊的低語」「展佈爲寬廣的園林」；也不會因眼前簇立「在鏤刻著福與壽字的古老花甕」的那「紫色雛菊」勾起一陣陣「晚秋的鄉愁」；「看青青的潭水有多冷／十月的寒意有多深」「幽鬱奔冽的光／有一種可觸及的悲涼」。末了，詩人爲此唱道：

啊！誰說秋天月圓
佳節中儘是殘缺
——每回西風走過
總踩痛我思鄉的弦！　——《晚秋的鄉愁》

當詩人的「情弦」一被撞擊，就會將她「心靈所感受到的種種，經過心靈的轉化和鎔鑄後，運用匠心獨運的手法表現出來，就成爲不受時間和自然力摧毀的藝術品——詩。」而詩的整個構思就是「把所見所聞所想所思滲進感受性之中，以構成全部想像力的經驗，且振奮自己期望與你所表現的對象合而爲一以及腦中詩形的概念；心內節奏的回應，意象的呈現，句構、變化、分行、分段，每部分如何安排，使形式變得很稠密且又能充分透露出作品的信息」。蓉子還談到她構思的甘苦：爲了使一首詩深刻雋永而又天衣無縫「不知道要經過多少年多少月多少日子的努力、潛修、探索、勞苦、流汗……」「有時一半天的時間就這樣浪費掉了，或某個句子或詞彙總是不對勁，不和協；卻又尋思不到更適當的。有時內容很優異，但感技巧稚拙；也有成熟技巧包含著一個沒有太多價值的內涵。」總之，「即使付出如許代價，也不一定能到達圓滿無缺的境地，因爲藝術原是沒有止境的。⑤

蓉子很講究構思的藝術，她所追求的是「一個無懈可擊的圓」，一個「匠心獨具的美好結構」，讓所有意象和語言、感情和節奏「一齊向中心密集，形成張力和均衡」使之成爲「圓的整體，美的幅射」，「閃漾著金片或銀線的光／滿月般令人激賞！」（《雖說傘是一庭花樹》）她常常以傘來比喻藝術，比喻詩，例如從傘的「圓通自舞／變化莫測／無中生有」就想到詩：

詩人有時也像魔術師
能令陳舊的事物脫胎換骨
呈現新貌　叫絕對相反的花式
在一頂傘上同時具現

使各色飄揚的絲巾　連綴成同樣的幅度
剎那間全凝附在同一傘骨上
總合成多彩的傘面

他處理手中材料　像無所不能的神
每一柄傘的出現都帶來驚喜！

——《傘的變奏——又名傘的魔術》

■詩與眞

眞、善、美是詩和藝術的最高境界。一首好詩，應當示人以眞，導人以善，給人以美，蓉子強調說：「倘若我無眞實的創作意慾，我就不勉強自己來發出聲響——即使那是不快樂和易引起誤估的」。⑥同時還引詩人佛洛斯特（Robert Frost）的話，說明「詩原是一種良知的事業」，詩人應當「從殘缺粗糙的現實中提昇起來，經過裁剪、變化，再賦予美和秩序。」⑦

詩的出發點是眞，誠如蓉子所說的：眞誠的詩和美的藝術都是永遠引人入勝。唯其眞，才能表現生命的本質，生活的內涵和大自然的奧秘。試看她的《笑》：

最美的是
最眞，
啊
你聰明的，
爲什麼編織你的笑？
笑是自然開放的小紅花
一經編織
便揉皺了！

這首自然生動的小詩使人想起冰心和泰戈爾，但它卻是蓉子發自內心深處的「自然開放的小紅花」，是一首眞的讚歌。同樣，在《我寧願擁抱大理石的柱石》一詩中，詩人對巍然屹立、嚴峻忠誠「久久地支撐那偉麗的穹窿」的大理石柱石表示崇高的敬意和衷心的讚美，說「它不會說諂媚的言詞／也不會說虛謊的話」，「它肯定『是』，／否定『非』」而正是由於它的正直和眞誠，才令人心折，情不自禁地「走去擁抱它」。而在《爲什麼向我索取形象》中，詩人反問道：

爲什麼向我索取形象？

如果你有那份眞，
我已經鐫刻在你心上；
若沒有——
我恥於裝飾你的衣裳。

蓉子的那份眞，在《維納麗沙》組曲裡得到充分的體現。詩中的維納麗沙，正是蓉子的自我寫照：沈默而柔美，眞誠而歡樂。她是一朵「浸溢在晨初醒的清流之中／沒有任何藻飾的原始的渾樸的雛菊」，「在過往與未來間緩緩形成自己」：

維納麗沙
你不是一株喧嘩的樹
不需用彩帶裝飾自己

你靜靜地走著
讓浮動的眼神將你遺落
因你不需在炫耀和烘托裡完成
——你完成自己於無邊的寂靜之中。

——《維納麗沙》

■詩與善

但詩人並不局限於小我的個人悲歡，或只訴諸內心世界的孤獨和省思，她心靈的感受和情弦的撞擊大大開拓了詩的天地。她以良善的愛心獻給大自然和全人類。《兩極的愛》通過：「清晨」和「黃昏」的抒寫表達了「幼吾幼以及人之幼」、「老吾老以及人之老」的永恆主題。對於待放的花卉，詩人呼籲大家「給他們滿盈的陽光／給他們澤潤的雨水／給他們一個溫暖的春天」，並說「讓寒冷減爲最低／傷害減到最小／這人間將是天國！」對於那年暮的老者，詩人希望他們能擁有「白雪爐火的晚上」，還有「傾聽他們細訴回憶的同伴」以及「伸向他們的愛的手　攙扶他們／散步在平靜的落日大道上」，欣賞「那美好壯麗的晚景」。

悲劇入詩，使蓉子的作品顯得更深沈凝重，她那人類之愛的善心也表現得更加淋漓盡致。如果說《太空葬禮》是對美國女教師爲將個人的經驗引發學生對太空探索的興趣不幸化成光華四溢的火光和驚天動地的悲劇而使「億萬仰望的臉立刻轉爲哀戚」、六歲稚女「日日倚門翹首仰望」仍無法見到「媽咪的形象」寄以深深的關注的話，那麼《死神打後窗走過》則是對一位無名無姓的貧苦老婦被死神攫取而發出「連續無望的悲啼」和次日「更近上帝的若望二十三世」相繼辭世而引起全球的震動所寫出的悲慟輓歌。

作爲詩人，蓉子對詩人在「功利掛帥、價值混亂」的現代都會中所受到的冷酷和打擊深表同情，她以茶喻詩，說詩人奮鬥而無援，悲苦而無告，比茶樹還不如。她覺得「每一種生命都有他所屬的世界，也都有生離死別的痛楚」，她就「試著把自身化爲一切的存在」。在寫了茶樹的病害之後，她仰天長歎：

詩人更像一株樹　也免不了
蟲的齧咬
心的旱涸
風的搥擊　以及
戕害性靈的一些病原菌的侵襲
（卻無園丁　或
心靈的大夫能照顧他們）

……………………

只有　啊，詩人最無告
他們必須是挺拔的樹又是殷殷的啄木鳥
是自備糧草向理想進軍的戰士
萬一受傷要懂得自我看護和醫治
——也許一杯香醇的茶　在紛冗中

能帶給他們些許寧靜的慰藉。

——《茶與同情》

同樣是「樹」，詩人和茶樹際遇就完全不一樣，詩人爲社會奉獻了他的一切，卻得不到社會的任何回報。他們的創作沒有人關心，生活沒有人照顧，唯有個人奮鬥，自己求存。作者呼籲社會上有「仁心仁術」的人伸出熱情的手來，像香醇的茶一樣給他們以溫暖和慰藉。同樣，對於其他文學家和藝術家，蓉子對他們的生平和創作也充滿關切，她並不沈浸在「雕塑家的手」留她凝她於「寧美」、「靜謐」的藝術境界之中，反而感覺到置身於「愛倫坡的陰影與貝多芬的怒目之間」的「不幸」和「呆滯」，並發生「被掛在此　在茲十架／長年長月長夜／也釘不死貝多芬的怒臉／也釘不死愛倫坡的絕望」《被掛的面影》的抗議。正如愛倫坡詩中所揭示的：過去並無歷史，未來僅餘死亡，現在只剩下憂鬱和絕望。蓉子在此作了有力的回應，發出了強烈的共鳴。

除了《茶與同情》外，蓉子還寫了《回大海去——迷途幼鯨的悲歌》。詩中，有詩人的一句旁白：「一隻年幼的抹香鯨／從來不怕海洋的狂風激浪／唯恐會窒息於人類陌生的池塘」也有幼鯨的自白：「總算人類並不如傳說的那等殘酷／他們也有一顆善良的心」，只可惜牠游出臺中港後即擱淺在沙灘而死亡／以致激起詩人「內心深處情緒的迴盪」。至於《水的影子》，也頗能表現詩人對整個大自然的關愛：

等時間似數不清的
鳥的翅膀拍過去後……
我忽然從那些
屬於往昔的紅牆上，
看到你掠過後
所留下的一首
蒼鬱而悲涼的詩
遽知你曾經滄海！

■詩與美

美，是生活的眞、感情的善在整個藝術形式的完美體現。蓉子在談她的詩觀時開門見山地指出：「我以爲一首詩總得先掌握了那急於『成形』的精神內涵，然後才能賦予這份內涵以應有的形式」，而兩者又「是一枚不可以二分等的球，它圓滿自足」。⑧她在《詩》中寫道：

「伐柯　伐柯　其則不遠」

而盛藻如紙花　規條是冷鏈
倘生命不具　妙諦不與

這就說明，如果缺乏了詩的生命和妙諦，即使再好的形式也只是「紙花」和「冷鏈」。更何況是那些華而不實的詞藻和生硬僵化的形式。蓉子曾談到她早期寫詩的經驗，說明音樂的旋律對她詩作的影響：「有時候，爲了表達某一心緒的動盪，我心中會首先響起一種應和的旋律，由這旋律發展下來就成了詩。有時就因爲一首詩的音樂性找不到了，我就停止了它的創作。」⑨ 當然，這種「規條」有時也能產生一些佳作，例如爲余光中所稱道的《爲尋找一顆星》那首具有「新月派」詩風結構完美疊句自然的詩，但很難進入遼闊、交錯和深透的境界。除非「破除往日詩中對音樂性的要求」⑩，以「意」運「法」⑪，使美好價值的內容和高明技巧的形式得到密切無間的配合，達到爐火純青的地步，直窺詩的「準確」和「完美」，「張力」和「密度」的更高陳義。

蓉子不愧爲美的使者。《青鳥》就是她將美的消息告訴給人間的處女詩集中的代表作。在《晨的戀歌》中，她天眞地問：「你輕捷的腳步爲何不繫帶銅鈴？／好將我早早從沈睡中喚醒！」並表示要「用我生命的玉杯／祝飲盡早晨的甜美」，「要挽起筬筐，／將大地的彩虹收集」，將晨的「千百種美麗」展示於人間。試看她筆下的《一朵青蓮》：

可觀賞的是本體
可傳誦的芬美　一朵青蓮
有一種月色的朦朧　有一種星沉荷池的古典
越過這兒那兒的潮濕和泥濘而如此馨美！

多美的一朵青蓮啊，在星月之下「影中有形，水中有影」，「仍舊有蓊鬱的青翠　仍舊有妍婉的紅焰／從澹澹的寒波　擎起」。這首詩，溫馨、靜美，給人以美的感受。而以「一樹欲融的春天和逐漸上升的燦美」令人喜出望外的則是《七月的南方》。這是一本「充滿光、影、繽紛的色彩和驚喜的詩集。洋溢著一股新鮮而說不出的詩味，一種生命的感覺時時流動其間。」這是詩人在對生命和藝術的整個感受與認知上，在對美的整個探索和追求上，一個相當重要的超越。其中用來作集名的《七月的南方》這首近百行的長詩，更是充分表現了詩人「氣度的渾厚，心智的壯闊，節奏處理的明快和想像的豐盈」。她寫南方的自然美，是以北方的都市風作反襯的，以灰冷、陰暗來襯托火熱、亮麗：

南方喚我！
以一種澄澈的音響

以華美無比的金陽
以青春的豐澤和
它多彩情的名字。

詩人不僅寫了南方的柔美、嫵媚，而且寫了南方的艷美、豐盈，更寫了南方的歡美、華麗。在她的筆下，「綠色乃是一種無比的豐衍／不斷地從它的本質再生出來／又迅速地漾蕩開去……」「繁英將美呈現：／爲淺紅的桃金孃　深紅的太陽花／似軟鐲的牽牛黃　丁香紫／石竹白／綠微紫色的風信子　七彩的剪絨」以及百合、牡丹等盡現眼底……而在金色的陽光下「鳥在光波中划泳／樹在光波中凝定／椰子樹的巨幹靜靜地支撐南方無柱的蒼穹／古老桐的身上現出野獸的紋斑／松果緩緩地跌落在寂謐的苔蘚上／像是幸福的凝滴……」詩人爲七月的南方所陶醉，在可餐的秀色中唱道：

我便用這一叢叢綠　一朵朵紅花燃耀
一季節的光影彩虹
來描摹南方
描繪它悅人的形象

不是麼？「空氣中正流佈鬱熱的芳馨／小樹盡如花嫁時的衣飾／繁柯因不勝美的負荷而低垂」；而艷陽「更用它鮮明的油彩到處塗繪／塗抹在林葉、河水、原野、山嶺／使一切都燦爛耀熠」，同時還「用七弦金琴演奏／演奏於綠色發光的草原／如羣雀歡噪在南方……」而所有這些，「對於棲留在灰黯中的心是無比的歡悅／對於習慣於冷漠單調的眼睛乃彩色的盛宴」，連「我懨懨的灰衣遂也浸染了南方的繽紛／南方的華麗！」至此，南方的美完全被詩人描繪無遺：不僅有聲，而且有色；不僅有詩，而且有畫。

■詩之風

如果說，《青鳥》是蓉子創作的第一個階段，充滿著天眞和幻想的話，那麼《七月的南方》則是其創作的第二個階段，標誌著成熟和反思了。而愈往後，她作品的現實感和社會感就愈強，現代性和傳統性的結合也就愈緊。她曾經說過：「將來我若需要大量寫詩，也許更該接近現代和『大我』」，同時還表示她自己的氣質是較東方的⑪。從蓉子四十多年的詩作來看，其風格本身就是在不斷變化的，她的詩既有月之下的靜美，又有艷陽之下的豐美；既有祈禱時的玄思，又有生命中的悲憫。很難一言以蔽之。她說：「詩總是和生命認同的。生命的層次有高有低；生命的形貌千變萬化，我們的詩也就蘊含著諸多樣相和各種不同的豐采。」「每一位作者有其不同的性格、氣質、感受和經驗；而這些決定了詩人的自我以及他（她）那不同於別人的風格。」即使在同一個詩人身上，不同年代就有不同際遇和感受，就有不同藝術追求和創作風格。所謂「詩是人自體的變形」也就是這個意思。關於個人的風格，蓉子這樣交代：「看來，我既不像法蘭西斯・詹姆斯（Francis Jammes 1868-1938）那樣純樸明朗，也缺乏里爾克（Rainer Maria Rilke 1875-1926）那樣深沈的氣質。我喜歡好多位詩人的作品，但又看不出任何明顯的師承，也許我只是追蹤那內心的召喚而創作吧？」⑫

記得六十年代初，余光中曾以自焚新生的「火鳳凰」來形容蓉子，並對她作了這樣的概括：「中國古典女子的嫻靜含蓄，職業婦女的繁忙，家庭主婦的責任感，加上日趨尖銳的現代詩的敏感，此四者加起來，形成了女詩人蓉子。」⑬這就說明，傳統和現代，小我和大我、有限和無限、空間和時間，集中交融在這位女詩人的身上，她曾是五十年代初與臺灣現代詩壇起步同時開始的一抹異彩和馨香，一汪在「第一個春天就萌芽了的泉水」，而且又是「開得最久的菊花」⑭一直到九十年代仍盛開怒放。

■詩無價

然而儘管如此，社會上仍有人並不重視詩這「文學之華」尤其在現代功利社會，就像詩人弗洛斯特（Robert Frost）所說：「詩在它被寫成的那個時代裡，是很少爲人所重視的」⑮。蓉子在《一隻鳥飛過》寫道：

一棵樹上升

詩人們下降
樹碧綠而挺直
惟詩人下降
詩仍然無價

在《亂夢》一詩中，她進一步感歎：「而我們的優異對於某些人尚沒有一枚草莓的價值。」這實在令詩人太傷心、太失望了！在談自己詩觀時，她公開爲自己的詩作辯護：「你儘可以不喜歡我的詩；卻不能否定它存在的價值！」⑯並強調：「詩與藝術使生命產生耐度，在時間裡不朽」。⑰

實際上，詩的藝術價值是不能用市場的商品價值來衡量的。儘管「詩人不能靠詩療飢」，但他的詩作卻能淨化人們的靈魂，昇華人們的思想，豐富人們的精神世界。蓉子寫道：

啊，我所認識的詩人是一蓬煙
是一握閃耀的星
一束無聲引燃的火柴 或
一枚黃澄澄的戒子——
奈何世人每爲那黃色所惑 辨不清金，銅。

這裡，作者先後用煙、星、火柴、戒指來比喻詩人，將詩人善於想像聯想、善於創造意象、善於鎔鑄語言、善於表現眞善美的生命和妙諦充分表現出來，同時又深感遺憾地指出世人乃辨不清眞僞、看不到其眞正價值。當作者來到香港時，曾在女詩人鍾玲的陪同下去廟街逛玉市，就很自然地從玉聯想到詩：

多少天光雲彩無心的著色
多少日月精華有意的凝聚
刻繪成如此堅石的肌理
含蘊著這樣玉潤的美質

——《廟街和玉》

與此同時，還特別讚賞其人如玉如詩細緻精巧的鍾玲，說只有她「能同時將詩和玉的眞僞價值辨識」——誠知音也！

除了鍾玲，能辨識詩的眞僞價值的並不乏其人，在臺灣就有紀弦、覃子豪、余光中、瘂弦、白荻、張默、張健、辛鬱、菩提、鍾鼎文、周伯乃、季薇、琦君、張秀亞、藍采、劉國全等一長串的方家，他們都曾在各種報章雜誌上評論過蓉子的詩，賞識蓉子的佳作。紀弦讚賞她《晨的戀歌》，余光中喜歡她《爲尋找一顆星》，鍾鼎文欣賞她《爲什麼向我索取形象》，瘂弦則說她詩的藝術創造「已是一種完成」……。⑱所有這些，都給她以極大的鼓舞！

■詩與愛

而特別值得一提的羅門，他是蓉子的一位最熱心的讀者、最細心的評家，最忠心的伴侶。從一九五五年他倆結合以來，「燈屋」一直成爲其藝術世界。在互相鼓勵共同切磋中，他們送走了三十八個春秋，完成了千百首膾炙人口風格各異的詩歌精品。羅門把他倆共同生活的日子稱爲「詩的歲月」，也寫道：「要是青鳥不來／春日照耀的林野／如何飛入明麗的四月」；接著從繽紛燦爛的春寫到燃燒的夏，又從輝煌的秋寫到溫馨的冬；「隨便抓一把雪／一把銀髮／一把相視的目光／都是流回四月的河水／都是寫回四月的詩」。⑲詩中的「青鳥」就是蓉子的成名作，四月是他們伉儷結婚的月份，幾十年來他們就是這樣一如既往相敬如賓，白頭偕老。而詩，正是他們的月下老人，他們的愛情天使，和他們同在的繆斯。

從五十年代起，蓉子一直成爲羅門熱情謳歌和詠歎的對象：「注視維納斯石膏像的臉，我刻劃妳的形象」；「傾聽蕭邦的鋼琴詩我跟蹤妳的足音」；「盯住妳美目流著的七色河上——「我在年華中便永遠凝望著一幅不朽的畫，默唱著一支聖潔的歌，細讀一首絢麗的詩。」⑳

而詩和愛情的結合，則使兩者相得益彰，結婚三十週年那天，羅門作了一個充滿著無比溫馨和幸福的回顧：從「你銜住那支仍青翠的桂葉／飛來歲月的雙翅」寫到「把你每天用詩／釀造的白晝／泡好在那杯茶裡／將你每日用筆尖／裝訂的夜晚／堆滿在你沈思的燈下」，接著再繼續寫他的三十年共度的時光：

一聲晚
一聲早
日月已伴我們
走了三十年

三十年
是詩說的
就讓詩回頭來看
除了你每進廚房
忙來一臉傻笑
白晝與夜晚
都一頁頁
疊在《日月集》裡
疊高成時空的《燈屋》㉑

附帶說明一下，《日月集》是一九六八年八月美亞出版社的英譯詩集，作者就是羅門和蓉子，由榮之穎翻譯。書名的「日」象徵羅門，「月」象徵蓉子，這本詩集使這一對文學伉儷從臺灣走向世界，並連連獲獎，其中就有第一屆世界詩人大會頒發的「大會第一文學伉儷」獎和世界詩人學會頒贈的「東亞傑出的中國勃朗寧夫婦」榮銜。

無獨有偶，二十四年後，廣州花城出版社又出了一本《太陽與月亮》的中文詩集，作者還是羅門和蓉子。這本由太陽和月亮互相輝映的詩集使羅門和蓉子在大江南北、長城內外不脛而走。以往，我國古代的趙明誠和李清照這一對文學伉儷的生平和創作曾爲文壇佳話而流傳後世，如今，中國又多了一對文學伉儷，那就是羅門和蓉子。

繆斯，永遠佑護著執著地追求理想的有心人，不信請看

訝異於一粒幽渺落在泥土　垂實成穗
看你名字的繁卉！
倘若你能窺知。
假如你偶然地閒步來此
你就聽見溫柔的風中正充滿

你的名字的回音……

從春到夏每一夢靨
都有你名字靜美的回馨

…………

以片片綠葉交互的窣窣
如此閃耀在露珠和星輝之間
如此地走過紫色的繁花！

——《看你名字的繁卉》

一九九三年詩人節，九龍的家

【附註】

① 蓉子：《序──我的詩觀》，《太陽與月亮》，廣州花城出版社 一九九二年三月版，第一四四頁。

② 蓉子：《自序》，《這一站不到神話》，臺灣大地出版社 一九八六年九月版，第一頁─第二頁。

③ 《千曲無聲──蓉子》，《蓉子自選集》，臺灣黎明文化事業股份有限公司 一九七八年五月版，第二八八頁。

④ 蓉子：《序──我的詩觀》，《太陽與月亮》，廣州花城出版社 一九九二年三月版，第一四一頁。

⑤ 蓉子：《序──我的詩觀》，《太陽與月亮》，廣州花城出版社 一九九二年三月版，第一四二頁。

⑥《千曲無聲——蓉子》，《蓉子自選集》，臺灣黎明文化事業股份有限公司 一九七八年五月版，第二九一頁。
⑦蓉子：《自序》，《這一站不到神話》，臺灣大地出版社 一九八六年九月版，第三頁。
⑧蓉子：《序——我的詩觀》，《太陽與月亮》，廣州花城出版社 一九九二年三月版，第一四二頁。
⑨《千曲無聲——蓉子》，《蓉子自選集》，臺灣黎明文化事業股份有限公司 一九七八年五月版，第二八九頁。
⑩《千曲無聲——蓉子》，《蓉子自選集》，臺灣黎明文化事業股份有限公司 一九七八年五月版，第二九八頁。
⑪《千曲無聲——蓉子》，《蓉子自選集》，臺灣黎明文化事業股份有限公司 一九七八年五月版，第二九八頁。
⑫蓉子：《序——我的詩觀》，《太陽與月亮》，廣州花城出版社 一九九二年三月版，第一四二頁——第四三頁。
⑬《千曲無聲——蓉子》，《蓉子自選集》，臺灣黎明文化事業股份有限公司 一九七八年五月版，第二九三頁。
⑭《千曲無聲——蓉子》，《蓉子自選集》，臺灣黎明文化事業股份有限公司 一九七八年五月版，第二八六頁。
⑮蓉子：《自序》，《這一站不到神話》，臺灣大地出版社 一九八六年九月版，第三頁。

⑯ 蓉子：《序——我的詩觀》，《大陽與月亮》，廣州花城出版社 一九九二年三月版，第一四二頁。

⑰ 《千曲無聲——蓉子》，《蓉子自選集》，臺灣黎明文化事業股份有限公司 一九七八年五月版，第二九七頁。

⑱ 《千曲無聲——蓉子》，《蓉子自選集》，臺灣黎明文化事業股份有限公司 一九七八年五月版，第二八六頁、第二八七頁、第二九三頁、第二九四頁、第二九五頁、第二九六頁。

⑲ 羅門：《詩的歲月——給蓉子》，《太陽與月亮》，廣州花城出版社 一九九二年，第十五頁—第十六頁。

⑳ 羅門：《曙光——給蓉子》，《羅門詩選》，臺灣洪範書店 一九八四年七月版，第十五—十六頁。

㉑ 羅門：《給「青鳥」——蓉子》，《太陽與月亮》，廣州花城出版社 一九九二年三月版，第一三六頁—第一三八頁。

——選自「羅門·蓉子文學世界」學術研討會論文集

羅門蓉子詩歌之比較

杜麗秋、陳賢茂

一

在臺灣的詩壇上，有一對傑出的「詩人伉儷」那就是羅門和蓉子，一次別開生面的婚禮朗誦會，他們完成了人生的一件大喜事，「踏著燈屋裡的燈光，走進詩的漫長的歲月」。詩是他們的紅娘，詩是他們的愛情，詩是他們的世界，詩也是他們的生命。在四十年的詩歌創作歷程中，他們既共同構築詩的輝煌的「燈屋」，又各自營造屬於自己藝術風格的彩燈；他們都醉心於音樂。繪畫、雕塑，在藝術的陶冶中汲取靈感，但他們對音樂、繪畫、雕塑又各有不同的感悟，他們都以人類的良知、良能去擁抱人生，關心人的苦難，然而他們又以各自不同的視角，去觀察自然、都市、現實、生命以及永恆。

在對羅門和蓉子的詩歌進行比較的時候，我們首先注意到他們的詩歌風格的不同之處，當然也注意到他們早期詩歌風格的某些相似之處。要進行這種比較，必須先談蓉子。因爲引領羅門走進詩國的，正是蓉子。羅門說過：「如果，那些往日在我年輕心靈中，衝擊著的詩與音樂的美感生命，是一條未曾航行過的冰河；那麼，蓉子的出現，便是那製造奇蹟的陽光，使冰河流動了」（高歌：《羅門訪問記》），把蓉子比喻爲使冰河流動的「製造奇蹟的陽光」，也許不無誇張之處，但我們在考察羅門的早期詩歌的時候，確實可以看到蓉子的影響的痕跡。

蓉子生長於一個基督教徒的家庭，長期受到教堂音樂的哺育，希伯來詩歌的薰陶，再加上泰戈爾、冰心、徐志摩的影響，這就形成了她的詩歌的抒情、典雅、清新、靜美的風格。《青鳥集》中的詩，抒寫著對眞、善、美的追求，對人類愛的歌頌，對青春的謳歌，對大自然的嚮往，充溢著浪漫溫馨的少女情懷，那柔美的詩風，宛如春風吹過湖面，漾起圈圈漣漪，又如小提琴的音波在空中迴旋，輕柔溫婉，淡雅曼妙。

羅門早期的詩由受到蓉子的影響，基本上也是循五四時期的浪漫抒情的路子走的。《曙光》時期的詩，那直抒胸臆的抒情方式，那浪漫唯美的情調，那清新俊逸的詩風，都與蓉子的詩有相似的地方。然而，如果我們細加考察的話，仍然可以找到羅門與蓉子早期的詩的一些不同的地方。羅門的詩熱烈而奔放，蓉子的詩含蓄而婉約；羅門的詩鋪敍而外張，蓉子的詩簡約而內凝。由於兩人在詩歌創作上的一些不同潛質，因此，即使在她們早期詩歌風格比較近似的時候，也還是可以看出他們未來創作的某些走向。

羅門之所以走上詩歌創作之路，正如他在回答高歌的提問時所說的，與他生命的「氣質」以及心靈的「土質」有關。早在空軍幼年學校讀書時，他就十分喜歡音樂和詩，無形中培養了他內心的美感世界，播下了詩歌的種子。認識蓉子之後，「由於她的激勵，加上愛情」，終於輝亮出他潛在的靈感，被一種不可阻擋的狂熱帶進了詩的創作世界。然而，《曙光》時期的羅門，仍處在摸索階段，還沒有形成他自己獨特的詩歌風格。五〇年代中期到六〇年代，現代派的狂飆猛襲臺灣詩壇，羅門的詩也急劇地向現代派傾斜。從《第九日的底流》以後，羅門告別浪漫，超越具象，「開始走進抽象與象徵乃至含有某些超現實感覺等表現的路途上來了」（羅門：《我的詩觀》）。在這一時期，羅門身上的詩歌潛能完全迸發出來了，他終於找到了能夠表達他的思想觀念的詩歌形式，進入了一座意象繁富、情境熾熱而內斂的藝術殿堂。在《第九日的底流》中，詩人透過人類存在的層面，擊亮生命的本質而進入超越時空的永恆。在《麥利堅堡》中，詩人對戰爭、死亡、偉大的主題作新的開掘，面對戰爭的慘酷與死亡的恐怖，以一種超越「偉大與不朽」的感悟去表現歷史的空茫與靈魂的顫慄，因而引起讀者心靈的震撼。在《死亡之塔》中，詩人對死亡時行多向的探索與深沉的心考，以數百行詩爲死亡造起了一座塔，「去對視人類在冷漠的時空與死亡的壓力下所可能顯出的升力」。也只有站在死亡之塔上，才更看清了生命的本質。綜觀羅門這一時期的詩作，可以看出他的詩歌風格已有了極大的轉變，從早期的浪漫外向的情緒噴發，轉爲向內的收斂與沉凝，加強了詩句的張力與強度，因而使他的詩顯得氣勢磅礡而又空漠浩茫，內裡熾熱卻又外表冷凝，進了心靈創造化境。

如果把羅門的詩比喻爲一片多變而不安的海域，蓉子的詩則應是一座沉實而平靜的湖。羅門的詩歌風格自《第九日的底流》以後，便有了大幅度的轉變，蓉子卻是從《青鳥》時間開始，便已形成了自己的風格，儘管在五〇年代後期，她也受到現代派的洗禮，並在詩中採用了抽象與象徵的手法，但她的詩的基本風格，卻並沒有太大的改變試讀如下詩句：

儘管鳥聲喧噪　滴瀝如雨　滴落
也喚不醒那睡意
冷冷的時間埋葬了歡美
冷冷的靜睡不再記起陽光的顏彩
鳥聲滴滴如雨　濾過密葉
密葉灑落很多影子
很多影子　很多萎謝　很多喧嚷
我柔和的心難以承當！

——《白色的睡》

我們踏過一煙朦朧
但不是瑩月耀地的花間路
偶然翹首
那光浮在蛛網的層樓
繫所有重量於
一絲懸盪……

——《我們踏過一煙朦朧》

蓉子這一時期的詩，明顯已不再是《青鳥》時期那種直抒胸臆的抒情方式了。象徵、通感手法的運用，意象的經營，詞性的變換，使她這一時期的詩增添了朦朧和不可捉摸的感覺，增添了耐人咀嚼的韻味。但是，儘管手法變了，而她那種溫婉、柔美的詩歌風格卻基本上沒有變。她的詩歌風格的陰柔之美與羅門的陽剛之美，恰成鮮明的對照。

從七〇年代末期以後，隨著現代派在臺灣詩壇的衰落，羅門和蓉子的詩歌也朝著繁複中見平易與明朗的方向發展。羅門在這一時期的詩歌的語言走向，正像他自己所說的，「除了強調語言的現代感與新意，便是往較明朗、直接與單純的方向發展，同時在最近寫的那首《傘》中，更是具實驗性地企求語言的『平易』、『自如』的『直敘』形態與勢態，進入詩中非常具有『現代感』與『行動化』的四個更富意涵的實現空間去工作。」（羅門：《我的詩觀》）與他中期的現代派色彩十分濃厚的詩歌相比，這一時期的詩歌更注意語言的平易和暢達，但他仍追求手法的現代化以及表現的深度與廣度，因此，其思想的深刻性並不稍遜於中期，卻又避免了中期的語言晦澀的毛病。

蓉子在六〇年代末和七〇年代初所寫的以《一朵青蓮》和《古典留我》爲代表的詩，標誌著她向東方和古典的回歸。這一時期的詩，無論是詩的意境，詩的題旨，或是詩的色彩、韻律、氛圍，都帶著中國古典詩歌的特色和韻味，但在表現手法上，卻又是非常現代的，可說是中國的古典美和西方的現代精神的結合。正是這種結合，使她這一時期的詩歌達到了她創作的頂峯。

上面說過，羅門和蓉子在七〇年代末期以後，都朝著語言平易、沖淡的方向發展。從詩歌的外部形式來說，頗有相似之處，但如果從詩歌的內涵和意蘊來說，卻是頗爲不同的。試比較羅門和蓉子的兩首同樣以《傘》爲題目的詩：

他靠著公寓的窗口
看雨中的傘
走成一個個
孤獨的世界
想起一大羣人
每天從人潮滾滾的
公車與地下道
裹住自己躲回家
把門關上

忽然間
公寓裡所有的住屋
全都往雨裡跑

直喊自己
也是傘

他愕然站住
把自己緊緊握成傘把
而只有天空是傘
雨在傘裡落
傘外無雨

——羅門：《傘》

鳥翅初撲
幅幅相連 以蝙蝠弧形的雙翼
連成一個無懈可擊的圓

一把綠色的小傘是一頂荷蓋
紅色朝暾 黑色晚雲
各種顏色的傘是載花的樹
而且能夠行走……

一柄頂天
頂著艷陽　頂著雨
頂著單純兒歌的透明音符
自在自適的小小世界

一傘在握　開闔自如
闔則爲竿爲杖　開則爲花爲亭
亭中藏一個寧靜的我

——蓉子：《傘》

兩首詩的語言都很平實，口語化，運用的是白描直敘的方式，這是相似之處。從詩的風格來說，蓉子的《傘》表現的仍是一種靜美、溫婉的風格；羅門的《傘》，與中期詩歌相比，又是一變，雖沒有中期詩歌的大氣磅礴和震撼性，但仍然具有一種內壓內和內張力。就詩的內涵來說，蓉子的《傘》把傘下的世界，看作一個透明、寧靜、自在自適的小小世界，表現一種自適、優遊自在的心境，沒有太深刻的含意。羅門的《傘》的內涵則要深刻得多。正如他自己所說，他是進入詩中非常具有「現代感」與「行動化」的四個實現空間去工作的。具體來說，第一節的開頭四行，是「現實中的實視空間」；後面五行是「記憶中的實視空間」；第二節是「超現實中的實視空間」；第三節是「禪悟中的實視空間」。這首詩的主題，是表現「現代人生活在現代都市與內心深處至爲嚴重的孤寂感」（《我的詩觀》）。詩人運用想像，把雨中的傘，看成是一個個孤獨的世界；繼而又把一個個的住房，也想像成一把把的傘，也是一個個孤獨的世界；再擴而大之，把整個天空也想像成一把傘，即使整個人類都共有一把傘，但一個個的人，仍然是處在一個個孤獨的世界中。這就把現代社會那種人性的疏離，人與人之間的隔膜，人們所常有的孤獨感，都透過這種藝術的誇張，十分深刻地表現出來了。

二

羅門和蓉子都是從小喜歡音樂，接受音樂的薰陶從而達到心靈的淨化。音樂對他們的詩歌創作，有著不可估量的影響。早在空軍幼年學校讀書時，羅門就已培養了對音樂的興趣，「尤其貝多芬的交響樂，蕭邦的鋼琴曲，的確較詩還要早的在我生命裡邊，植下了那隨著歲月擴張的神祕與美的推力」（高歌：《羅門訪問記》）。當他後來走上詩歌創作道路時，音樂又不斷地激發他的創作靈感，同時也使他具有細膩而敏銳的感受力，去接觸一切美的事物。他說：「自少年時代開始直至現在，貝多芬的音樂，可說是一直在我內在生命的深處，發出強大的回響，不斷磨亮我的靈聽、靈視，去深一層同一切接觸，去感應一切存在。」（羅門：《詩眼看世界》）

蓉子出生於一個三代基督徒家庭，從小就在宗教音樂的氣氛中長大，還曾當過教堂唱詩班的風琴手，音樂引領著她走上詩歌創作的道路。據她在《青鳥集》後記中回憶，童年時代最先接觸的詩歌，就是在教堂裡接觸到的古希伯來民族的詩歌：「那些莊嚴的歌頌，那些迎接勇士歸來的凱歌，那些靜默的祈禱如大衛王的詩篇，那些歌頌神聖愛情的如雅歌，它們沒有嚴整的句法，卻有眞摯的情感，活潑的旋律，我雖未有心去模仿，它們卻多少影響了我。因此我覺得一首詩除了必須有內容，有意境外，也該帶著音樂的氣息，這種音樂的氣息與其是刻板的人工律韻，毋寧是自然的生命躍動。」

羅門和蓉子不僅自小喜歡音樂，在音樂的薰陶中成長，而且在他們進入詩歌創作境界時，又常常是在音樂的旋律中完成的。羅門談到他如何在貝多芬的交響樂的樂聲中創作《第九日的底流》的情況：「當時，我不僅把燈屋裡所有的燈光都熄掉，使整個時空產生一種無盡地空茫的壓力；我更不止一次的，讓貝多芬的音樂衝擊著我，淹沒我，使我的精神接觸到超越與深邃的一切，以至到最終，它們已成爲我自己，我的感悟與體認，使我透過深一層的看見，幾乎認出了永恆的臉貌……」（高歌：《羅門訪問記》）蓉子在高歌所寫的《千曲無聲》那篇訪問記中也談到了音樂旋律與她的詩歌創作的密切關係：「有時爲了表達某一心緒的動盪，我心中首先會響起一種應和的旋律，由這旋律發展下去就成了詩。有時就因爲一首詩的音樂性找不到了，我就停止了它的創作。我的詩必須有我的感覺和旋律」，音樂賦予他們心靈深處和生命底層的聲音和形象，使音樂的旋律與詩的節奏、詩的內在律動渾然成爲一個整體。事實上，詩人與音樂家的心靈是相通的，他們都是以他們的心靈的創造，共同構築一個美的世界。

羅門和蓉子都喜歡音樂，都喜歡在音樂的旋律中進行詩的構思，但他們所喜歡的音樂並不相同。羅門特別喜愛貝多芬的交響樂，把貝多芬稱爲他「心靈的老管家」；蓉子喜愛宗教音樂，在教堂的鐘聲、琴聲、唱詩聲中，使她的心得到解脫和安寧。由於喜歡的音樂不同，因而也影響到他們詩歌風格的不同。貝多芬的交響樂向以氣勢磅礡著稱，音樂的旋律如激流奔騰，如風雨雷鳴，如長風怒號，常常深入到人們的內心深處，引起心靈震顫。在影響羅門詩歌的陽剛風格形成的諸因素中，貝多芬交響樂的影響顯然是一個重要的因素。教堂音樂的莊嚴肅穆而又舒徐凝重的旋律，帶給人們的則是心境的聖潔與寧靜。蓉子詩歌的溫婉、靜美的風格，與宗教音樂的薰陶也是分不開的。

音樂對羅門和蓉子詩歌創作的影響的方式也是不同的。對羅門的影響主要在內在方面即詩歌的內涵；對蓉子的影響則既有內在，也有外在，即包括詩歌的內容和形式。

羅門的詩歌重視對心靈深處的開掘，因此他曾被譽爲「心靈大學的校長」。在這方面，被他稱爲「心靈的老管家」的貝多芬的音樂，對他的影響無疑是巨大的，最好的例子就是《第九日的底流》。羅門在創作這首詩的時候，把燈屋裡所有的燈都熄掉了，讓貝多芬的第九交響樂流瀉在燈屋裡的每一個角落，佔據整個空間，讓音樂把他整個淹沒了。於是，貝多芬音樂中那純粹的美感力量，不僅使他的心靈感到震撼，而且使他沉入內在生命的底層世界，「傾聽其內在活動的聲音，並且表現出生命與時空在美的升力中存在與活動的狀況，以及那種帶有宗教色彩與音樂性的美感世界」（《羅門訪問記》）。《第九日的底流》不是對第九交響樂的詮釋，而是詩人的心靈與音樂撞擊發生的回聲。當鑽石針劃出螺旋塔，第九交響樂那雄渾、沉凝的旋律，便配合著長詩的內在節奏，共同描畫心靈的律動，穿越時空，去探尋生命的意義。

羅門喜歡的音樂是器樂曲，蓉子喜歡的卻是歌曲。歌曲有歌詞，可以用耳朵聽，也可以用口唱，這就決定了音樂對蓉子詩歌的影響，不僅是詩的意蘊、內涵，而且還有詩的藝術形式。蓉子談到，當她的心緒的某一動盪，生活中的某一感觸，需要用詩來表達時，她心中會首先響起一種應和的旋律，這旋律發展下去就成了詩。因此她寫詩十分注意詩歌藝術形式的音樂性。一般來說，詩歌形式的音樂性，主要是由詩的節奏和韻律來體現的。蓉子的詩，有一些是押韻的，更多的是不押韻的。但不管押韻或不押韻，她的詩非常講究節奏，也是由聲音的長短、強弱、頓挫，造成一種回環往復的音樂美。試看《鼓舞》一詩：

她／拍擊著　鼓聲。來自東方
以手之／雙玉
以柔衣／旋轉……
落下一串／溫和的／雨的節奏
落自／她寬闊的／衣袖

彩帶纏繞的／鼓的兩端
園庭／風起
荷花池中／有漣漪　那是／溽暑中的／清輝
散發著／幽涼的／香息
然後／她莊靜的臉／微垂
藏匿在／胸前的／鳳凰彩羽間
像一朵／盛放後的／玫瑰

這首詩的第一、二節押的是「江陽」韻，展見這種舞蹈的舒徐，典雅；第三節押的是「一七」韻，而且用的是仄聲，表現的是鼓聲和舞蹈中間較爲急促的節奏；第四節押的是「灰堆」韻，表現舞蹈轉向尾聲時舒緩和最後的嘎然而止，餘韻無窮。全詩的音組和停頓的安排也十分講究，朗誦起來抑揚頓挫，回環動聽，充分展現了東方舞蹈的古典風韻，也體現了詩的音樂美。

卷二　詩集評鑑

評《青鳥集》

覃子豪

蓉子最初發表詩，是在《新詩週刊》創刊不久，她的一爲〈青鳥〉，一爲〈爲什麼向我索取形象〉這兩篇詩，不僅立刻爲編者所注意，亦爲讀者所愛好。繼後，就陸續的發表了〈爲尋找一顆星〉和〈水的影子〉等詩。新詩週刊出版將近一百期，她發表了幾十首詩，都是精緻細膩的作品，她是新詩週刊傑出的新人之一，在兩年之中，讀者對於她的作品有著極爲深刻的印象。

去年所出版的新詩集，是自由中國詩壇最多的一年。這一年中，出版的詩集有十餘冊之多，但在質和量的收穫上比較起來，質的收穫卻很可憐；而《青鳥集》卻在質的收穫上給自由中國詩壇爭來了光榮。

《青鳥集》在質的方面，給予讀者貢獻了什麼？正是我要在這篇文章裡所要評論的問題。中國新詩運動，已有三十餘年的歷史，一般關懷新詩的人，大多數認爲詩壇情形混亂，新詩一直未尋得它應有的正確的道路。過去在大陸如此，現在自由中國也如此。許多人不免嘆息，認爲新詩的前途，不可樂觀，而我的看法不同，我覺得自由中國的詩壇不僅在進步中，而新詩已找到了一個正確的方向；那就是新詩不僅從中國舊詩詞的陳腔濫調中擺脫出來，也未爲西洋的形式所束縛，中國新詩已獲得了新的獨立的生命。雖然，在自由中國所出版的這些詩集中，不屬於陳腔濫調，標語口號的作品，便屬於專門模倣西洋詩壇納粹歐化的作品。然而，有的作品卻介於這兩者之間，既不屬於前者，陳腔濫調，標語口號之類，也不屬於後者，專門模倣西洋詩歐化作品之類。那就是，我所要介紹給讀者的《青鳥集》。

《青鳥集》的作者愛好新詩，已經有十多年，作者在〈後記〉裡說：在童年的時候，就接觸了詩，不是古詩，不是絕律，而是古希伯來民族的詩歌，是莊嚴的頌歌，勇士們的凱歌，大衛王的詩篇和歌頌神聖愛情的雅歌。她愛這些詩裡面，眞摯的情感，活潑的旋律。她說：「我雖然未有心去模倣，它們卻多少影響了我。」我認爲這正是她所受的外國詩中的好影響，惟其如此，她的作品才有一個眞正的成就。

《青鳥集》所包括的並不是作者寫詩的全部作品，而是作者從全部作品二百餘首中，再選出來的作品；僅選了四十一首。現在就這四十一首中，來認識作者在詩製作上的收穫。

在這四十一首詩中，作者充分地顯示了她特有的詩人的氣質。她有個詩人追求眞善美的理想。她尋覓人性的完美（尋覓），她讚美嬰兒甜睡的酒渦，初戀女深深的眸子，老人淨潔的白髮。她認爲這是至眞，至善，至美的境界（三光）。她愛大理石的柱石，因爲，大理石的柱石，不會說諂媚的語言，不會說虛謊的話，而大理石的柱石，冷冷的嚴峻的光輝，使她心折。（我寧願擁抱大理石的柱石）。她走進沙漠，唱起寂寞的歌（寂寞的歌），是「爲尋找一顆星」。但這顆理想的星，卻不易尋覓。只有寂寞地「看青螢繞膝飛」。於是她的希望，不斷的落下（落）。她的途徑仍是一個凹凸不平的沙漠，（海灘）。「當藍天佈滿愁雲」（休說）的時候，她不想走出去了。然而，她仍然憧憬著她的理想，「不甘停留」；懇求在二千年前導引東方三智者，不避艱辛向聖地前行的那顆奇異的大星，繼續將她引領（鐘聲）。在這裡我們看出了作者內心生活的一個道路，在這冷酷的現實中，所有具有理想和懷抱的人所必有的感覺。而作者能將她的嘆息，哀愁，希望和理想，眞摯的表現在詩裡，而成爲極感人的詩篇。

作者是具有獨立的人格和優美的情操，她是一顆「獨立的樹，不是藤蘿。」（樹）作者以樹象徵自己，願以樹的濃蔭，來蔭庇行人的精神爲人服務。作者也驕傲於她是「一顆獨立的樹，不是藤蘿」。這確也是値得爲作者所驕傲。正如她懷有一顆明珠（他有一顆明珠）般的純潔的情操。這正是作者的詩人氣質，這氣質在一般詩人中卻很難發現，而顯示在《青鳥集》裡邊卻非常的濃厚。

作者不僅具有一種崇高的思想，與眞摯的情感，而在藝術的創造上，也充分地表現了她的修養和才華；她認識詩的本質，也把握了詩的本質。在《青鳥集》裡，許多是純淨的詩。如〈青鳥〉，〈爲尋找一顆星〉，〈三光〉，〈五月〉，〈我寧願擁抱大理石的柱石〉，〈水的影子〉，〈晨的戀歌〉，〈催眠的歌〉等。在這些詩裡，作者將她崇高的思想，經過情感的淨濾很晶瑩的表現在詩裡，把她內在的眞，表現爲外在的美，故其作品能呈現出異常動人的光彩。她以一種物體來象徵她要表現物體的本身。是借物體來表現自己那種幽秘的感情。

尤其是〈水的影子〉和〈五月〉二詩中，特別的明顯，因此，這些詩是極富含蓄和暗示的意味。

在內容上，想像極爲豐富，新鮮，而在手法上是特別的精細的，就是〈午寐的海〉和〈樹〉兩詩。在〈午寐〉一詩，看她所描寫的海吧！

失散了你的
千萬頃綠葉，
凋落了你的
萬千朵玫瑰，
收斂起你
快樂的跳動著時
閃光的衣裙
和那不時露出的
黑色綢裡。

這些形象新鮮的句子，生動的寫出了海在午寐的風緻，這風緻是女性特有的表現。在〈樹〉中，她更用美妙的句子，表現她深沉的思想。

我知道有一日我的花冠也將凋落
而我並不感到心驚。
因爲花朵的美麗只是樹身的一部，
生命的成長，蓬勃與凋萎
一如星月依循著自然的軌道前行，
遠勝過花朵的歡欣的——
是我能成爲更大的樹，
蔭庇更多的行人，
承載更多的歌聲。

歲月的逝去，青春的凋落，並不使她驚心，藝術將會隨著生命的成長而有更大的成就。作者在這幾句詩裡，表現了她的樂觀的人生觀和對於藝術的創造，是永恆不息的看法。

總之，在《青鳥集》裡邊，最成熟的，最完美的詩，都是表現作者自己的人格，希望和理想。因爲作者的內心生活，比現實生活要豐富得多。故作者長於抒寫自己主觀的情感，而不善於寫客觀的現實。因此，《青鳥集》裡，現實的氣氛，極爲稀薄，例如：〈起來，光輝的太陽〉，〈豈能〉，〈旗〉。就有內容空洞和不自然的感覺。但這對於作者在詩的創造上，並無不好的影響。因爲，眞正的抒情詩，就是作者主觀的產物。

《青鳥集》的缺點，是有許多詩句法生硬，是因爲作者要揚棄那些爛熟的腔調，創造新鮮的表現方法。因而，在詞彙和句法上，不免有生澀的感覺。這個缺點，作者是容易改正過來的。

我很鄭重地把這本詩集推薦給讀者，這是自由中國許多詩集中值得一讀的詩集，讓讀者自己在《青鳥集》中玩味吧。

——一九五三年發表於《新生報》南部版西子灣

——選自一九六八年詩人節出版的「覃子豪全集」Ⅱ

詩的大路和遠景

——讀《青鳥集》之後

白雁子

有四個原因，我詩別喜歡蓉子的青鳥集：㈠有題材。㈡有感情。㈢有意境。㈣有風格。

讀蓉子的《青鳥集》，我無形中想起勃拉恩脫（WILLIAM CULLEN BRYANT）在〈詩歌與我們的時代和國家的關係〉中的一段話，他說「……有些詩人，屏棄一切英雄傳奇於不顧，決不借重半點神仙鬼怪，他們只是就近取材，故事只是近代的日常生活，題材只是眼前的風俗人情，可是他們都會寫出很動人的詩歌，他們都擁有廣大的讀者群，讀者從他們的詩裡不止得到閑情之趣和教誨之益，它們更可以使人覺得安慰，體會到超凡入聖和喜悅和純潔的至樂……。」

是的，蓉子的《青鳥集》，正有這種的氣質和形態。例如，在〈生命〉詩中，她唱：

生命如手搖紡紗車的輪子，
不停地旋轉於日子底輪輻。
有朝這輪子不再旋轉，

人們將大量你織就的布幅。

這首詩告訴我們，生命是短促的，你用多少力，將有多少成就。『莫等閒白了少年頭，空悲切！』

在另一首叫〈風雨〉的詩中，她這樣寫：

雲底，
山隱。
微風輕吹，
細雨飄零。
我從窗櫺俯視，
清新的涼意沁入心懷，
我要下去，
和風雨爲伍。

這首詩給我們暗示，風雨刷新大地，使原野呈現一種清新的氣息，我們要向風雨學習，在人間創造一種新風氣，別畏懼，別淡頹。

再舉一首叫〈旗〉的詩爲例吧！

「在你闊大的翅翼下，
我們安睡。

……………………

旗—你，自由與完美的象徵，

爲你，…………

…………

縱使踏過死底界碑！」

這詩的題材好極了，她直接讚美「旗」，間接向我們啓迪，有了國旗，我們才可以安樂地甜睡，沒有國旗就是沒有祖國，沒有祖國比沒有母親還慘，沒有母親，還可以活下去，沒有祖國，我們生存的權利，時時受侵奪，處處被欺侮，因此，爲了旗，那代表祖國的旗，她情願獻出鮮血和生命。

繼三首有題材的詩後，我要說的是幾首有感情的佳作，至於她感情的濃度多濃，那就請大家自己來評斷好了。

〈為尋找一顆星〉

跑遍了荒涼的曠野，
爲尋找一顆星，
爲尋找一顆星，
跑遍了荒涼的曠野

找不到那顆星，
找不到那顆星，
癡癡地坐著在河岸邊，
看青螢繞膝飛。
看青螢繞膝飛，
癡癡地坐著在河岸邊。

〈愛情〉

我有堅貞的愛情，
像一條清澄的小溪；
它的訴說是輕微的，
粗心的人聲不是它的聲音。

〈愛神〉

愛神……………
她的眸子清冷如秋水，
她……………

踏著柔美的步子；
不喧鬧，也不爭噪。

〈變化〉

我比你爲春天，
愉悅的春天，
春陽燦燦。
……

我比你爲夏天，
絢爛的夏天，
……

將固執的大地融化。
……

我比你爲秋天。
……

我比你爲冬天……，
當太陽揭開了霧底幕，

我所愛的便在幻想中………。

她唱的情詩，多柔和，多純眞，多動人呀：

談到有意境的詩作，在青鳥集中，更比比皆是，想找它新條在春的原野上尋新葉一樣，眞是茫茫無際，一片蒼綠。

例如〈笑〉

笑是自然開放的小紅花，
一經編織，
便揉縐了。

〈青鳥〉

從久遠的年代裡，
人類就追尋青鳥，
青鳥，你在那裡？

〈貧脊〉

但願綠色眞能代表你，

願我能爲你效力，

……………

然而，太遲了………

這都是千萬年前的事，

那麼——

我將化身爲一把火

焚盡你僅有的蔥綠。

〈樹〉

我知道有一日我的花冠也將凋落

而我並不感到心驚。

……………

遠勝過花朵的歡欣的——

是我能成爲更大的樹，

蔭庇更多的行人，

承載更多的歌聲。

〈起來！輝煌的太陽〉

起來！輝煌的太陽
起來！閃爍的星光
起來！澎湃的海洋

在〈笑〉一詩中，她把笑喻作愛情，對的，愛一雜有虛僞就不美麗了，〈青鳥〉是享福的象徵，年輕人，中年人，老年人，對享福都有不同的觀念……至於〈起來！輝煌的太陽〉，她將愛好自由的人性喻作太陽，人類創造的活力比做星光，勇於革新的熱情比作海洋，她正向你我召喚，說愛好自由的人，有人性的青年，熱忱的人們啊！在國家危弱的時候，要挺身，要起來，像太陽，像星光，美化宇宙和大地，使人間終成眞善美的天堂。

末了，談到她特有的風格，我想重覆名詩人覃子豪先生的話，他在《論現代詩》評《青鳥集》一文中，這樣講過，「詩人的氣質在一般詩人中很難發現，而在青鳥集裡邊卻非常濃厚……作者不僅具有一種崇高的思想，與眞摯的情感，而在藝術的創造上，也充分地表現了她的修養和才華，她認識詩的本質，也把握了詩的本質。」

不錯！詩人的氣質，對詩的認識，對詩的把握，形成了她那獨立而優美的風格。

寫完《青鳥集》的評介，時近子夜，伸一伸懶腰，在朦朧裡，我彷彿看見一條嶄新而平坦大路和一幅綠色的遠景。

——原載《大中華日報》（菲律賓）　一九六二年五月廿一日

永遠的青鳥

向明

三十多年前，當筆者尚是一個青澀的文藝青年的時候，不知什麼原因竟然喜歡上了詩。但是當時的文壇沒有現今這麼蓬勃。從前大陸上出版的書又看不到，想要找些詩集之類的書來欣賞學習，可說難上加難。記得有一次一位女友把她老爸珍藏的普式庚詩集偷偷拿來給我看，我視若珍寶的捧讀了一夜，但不知是譯文太差，還是普氏的詩原本就不合我的胃口，讀了一夜也沒讀出個名堂，就把詩集奉還回去，後來不知從那個詩友那裡傳來了一本冰心的小詩集《春水》，《繁星》的手抄本。這是我第一次接觸到一位中國女詩人所寫的新詩，那些晶瑩含蘊的短句，確實使我喜愛了一陣子，當然自己也揀著喜愛的手抄了一些（這是我們那個時候爲解決書荒和急切求知的一個窮方法，但不能不說那是一種非常可愛的行動。）

後來，總算一本空前未有的詩集出版了，那就是在民國四十二年底左右由中興文學出版社出版的蓉子的《青鳥集》。這本詩集薄薄的，小小的，外表極爲樸素，但卻極其吸引人。封面是一整片灰藍色的天空，點綴著幾顆白色的星子，右下角一個雙手抱在胸前的女子，臨風披散著長髮，鼓膨了蘿裙，飄飄欲仙的向著左上角橫排的《青鳥集》三個大紅字在作飛昇的祈禱。這本詩集出現之後，眞不知風迷了多少喜愛文學和詩的朋友。甚至給心愛的人送禮物時，都會買這麼一本詩集來致贈。筆者四十三年過生日時，摯友啓倫兄就遠從花蓮的軍醫院寄來一本《青鳥集》作生日賀禮，並題字稱「願這些精美的詩句，啓迪你寂寞的人生。」至於集中很多句子，像「讓我點起一支寂寞的歌／將無垠的沙漠劃破」，「笑是自然開放的小紅花／一經編織／便揉縐了！」更是傳誦一時。

追究起來，蓉子這本處女詩集，當時會那麼受到歡迎，除了它是當時荒蕪的文壇出版的第一本女詩人詩集外，最主要還是它的內容確實有令人喜愛之處，分別是：

㈠文字溫柔纖細：我們知道民國四十二年左右的那一段時間，臺灣的文學還沒有擺脫大陸時期因受戰亂而顯得粗獷的影響。尤其在詩方面，很多人還沉醉在口號式的呼喊。概念式的表達，光有衝動的熱情，而缺沉潛的藝術轉化。而蓉子的那種纖細溫柔的文字出現，無異是當時的一股清泉，給過份陽剛的臺灣新詩帶來滋潤和撫慰。譬如一再被傳誦的〈笑〉這首詩：

最美的是
最眞。
啊！
你聰明的，
爲甚麼編織你的笑？

笑是自然開放的小紅花，
一經編織——
便揉趨了！

這短短的八行，給人的印象簡直是珠圓玉潤，一種完美眞純的印象。尤其最後三句意象之新穎獨到，可說至今仍難找出堪與其比較者。

㈡詩意清新煥發：我說的詩意就是詩中內涵所給人的感受。這種感受不論是正面或負面，都可表露出作者的功力求。蓉子在青鳥集中所給讀者的感受，無疑是正面且積極的，使人讀後有清新煥發的感覺。而這些詩發表的那個時候，正是很多大陸來臺青年，由於久居異地，而心情彷徨苦悶，難於排解的時候。青鳥集一出能使那麼多人喜愛，就是他們能在詩中找到精神上的鼓舞和發散。像〈寂寞的歌〉這首詩，可說就給當時自感精神苦悶的一羣帶來舒解：

走進無垠的沙漠了——
濛濛的黃沙打濕我的衣袂
駱駝的腳步是那樣緩慢啊！
我的心因悽涼而戰慄。

但我催不快跨下的牲口，
須耐牠一步步走盡！
那麼——
讓我點起一支寂寞的歌，
將無垠的沙漠劃破。

又譬如〈小舟〉這首六行的小詩，也予許多自認卑微的人生，給予極大的肯定。

劃破茫茫大海的，
不是白晝的太陽
不是夜晚的星星，
也不是日夜吹著的風。
劃破茫茫大海的
是一隻生命的小舟——

其他如〈旗〉、〈不願〉、〈尋覓〉、〈我寧願擁抱大理石的柱石〉等都有積極的心理建設性。

㈢取向層多面廣：詩的取向就從前的女性詩人言，很難擺脫閨怨，親情和時空感懷等少數幾類。總是在一種低沉狹窄的層面上運行。而作爲一個現代女性，而又當時正值青春年華的蓉子，是完全不同的。她的詩觸角伸向極爲寬廣的層面。由於她是一個基督徒，她的詩中自然脫離不了有宗教莊嚴虔敬的一面，但她並沒有忘記時代賦予的戰鬥勇氣，她高唱「起來，輝煌的太陽」，她呼籲「豈能讓故鄉在月影下迷離？／不，我們要帶著光明的白日歸去！」而站在一個女性的立場，她提出了現代新女性「平凡的願望」：

不甘於做奴婢
也不擬做女神。
附庸
太侮蔑；
至尊
太寂寞
啊！我們的願望

　　不過是做你們弟兄似的姊妹。

以及「我是一顆獨立的樹／不是藤蘿」的心聲。

蓉子出版了這本詩集以後，詩壇的地位由此奠定，這以後她相繼推出了十本以上的詩集，風格也不斷更新，至今創作不輟，早在十多年前，余光中即尊稱她爲「開得最久的菊花」。現她更被人恭稱爲「詩壇的長青樹」。但是她這本最早最純美的《青鳥集》卻因時間的遭遞而被淡忘了，除了在《蓉子自選集》中可以讀到選自這本集子中的九首詩外，其他的都因詩集絕版而看不到。爾雅出版社的隱地先生是個有心人，他在一位熱心讀者的建議下，重印了這本沉睡已久的詩集。並由作者將原來的四十二首作品，增刪成爲本書的四十八首詩。保留了張道藩先生的原序，附錄了鍾鼎文（番草）先生的評論。

不可諱言，詩的追求是永無止盡的。讀慣了當前現代詩的人，再讀青鳥集中的作品，可能會感覺它不夠咀嚼，意象也不驚世駭俗。但誰也不敢否認，它仍然是一股清泉，是一隻永遠的青鳥，它的美就在它的清新脫俗，不染纖塵。這樣純眞爽朗的詩永遠有它的一席地位。

——原載《文訊月刊》一九八三年九月

希望「青鳥」飛來

——讀蓉子《青鳥集》

唐玲玲

青鳥在中國傳說是西王母傳信的使者，李商隱〈無題〉詩云：「蓬山此去無多路，青鳥殷勤爲探看。」在西歐，青鳥也被認爲是尋找幸福理想的象徵。臺灣著名女詩人蓉子，二十多年前就被譽爲「中國首席女詩人」，「中國女詩人中的長青樹」，她與羅門被譽爲「中國的白朗寧夫婦」，一九六九年世界詩人大會給予他們「詩人夫婦獎」，是飲譽世界詩壇的文學伉儷。三十多年來，她已出版詩集十冊，諸如《青鳥集》、《七月的南方》、《蓉子詩抄》、《童話城》、《維納麗沙組曲》、《蓉子自選集》、《雪是我的童年》、《這一站不到神話》等，她的詩被選譯入九種英文選集，海內外中文詩集中有七十種左右也選入她的詩作。

蓉子的《青鳥集》，集她在五十年代前期的詩作，也是她的第一個詩集，被視爲當時臺灣唯一女詩人的詩集。此集收新詩四十一首，一九八二年又重新出版。這部詩集是蓉子的成名作。她曾說：「詩能使人的生命產生深度，使人生的歲月光輝燦爛。」一九八三年一月十七日，蓉子參加國際文化營時，與國際知名作家蕭乾、施穎川、方北方、劉大任、彥火在一起，暢談詩壇前景；當時，蓉子把寫詩喻爲釣魚，預言未來的十年是詩的時代。我曾經在臺灣出版的《中外文學》雜誌中，讀到鍾玲寫的《臺灣女詩人作品中的中西文化傳統》一文，其中評及蓉子，說她的詩視野最廣闊，是朝多方面發展的。從這些印象裡，再體味《青鳥集》中的詩，令人如置身於寧靜的曠野，被包圍在溫馨的大自然之中，那雲、那山、那水、那雨、那海灘，詩中以輕曼的柔情細語，訴說生活中的幸福和憂愁，更多的是一位幸福的姑娘，對生活的眷戀和愉悅情緒的抒發，對未來的憧憬和覓尋。詩都很短，好像中國詞中的小令，風韻婉約，又似宋代女詞人李清照的格調一樣迷人。詩境寧靜致遠，雋永明徹，「流露一種訴諸於生命的哲思與靈性的慧光。」在這部詩集裡，我們似乎聽到女詩人青年時代的低低絮語，欣賞一支支美麗的曲調。蓉子所歌頌的是人間大地的眞善美，她帶給人們的是心靈的撫慰之歌。像第一首詩《青鳥》，富有哲理地抒寫人生，表現人們對生活的盼望：「從久遠的年代裡／人類就追尋青鳥／青鳥／你在那裡？青年人說／青鳥在邱比特的箭簇上／中年人說／青鳥伴隨著「瑪門」／老年人說／別忘了／青鳥是有著一對／會飛的翅膀啊……」又如《三光》一詩，寫生活中的眞善美：「何處尋覓／至眞至善至美／它們——／在嬰兒甜睡的酒渦內／躲藏／在初戀女深深的眸子裡／蕩漾／在老人淨潔的白髮上／閃亮／好像那天上三光／永恆地將人間照耀。」她歌唱奮鬥的人生：「劃破茫茫大海的／不是白晝的太陽／不是夜晚的星星／也不是日夜吹著的風／劃破茫茫大海的／是一只生命的小舟……」（《小舟》）《青鳥集》中的詩篇，也有女詩人的熾熱愛情的抒寫，如《告訴我》詩中寫道「南風吹來——／小溪激起了漣漪／告訴我你的名字／鳥聲低唱／綠葉攜帶了想望／告訴我你的形象／山泉隱蔽／水流淙鳴／告訴我你的靈魂／白雪皚皚／爐火正殷／告訴我你底心／花樹長大時／根也更深了／歲月過去／告訴我你沒有改變！」詩中有飄忽、美麗的雲，有水的影子，有飄零的細雨，有秋天的菊，催淚的歌，有對愛神的贊美，也有淡淡的鄉愁。

蓉子的詩像晶瑩的珠串，她以眞摯的情感寫詩。她的詩具有濃烈的生活氣息，又具有優美的音樂旋律，女詩人運用明喻、暗喻以及文法結構的各種技巧，成功地創作出沁心肺腑的詩篇。讀蓉子的詩，使人恍然意識到中國新詩有了未來的美感取向。中國詩詞中的文化傳統在臺灣女詩人作品中得到繼承和發展。這將是我們研究的重要課題。

——原載《海南日報》（海南島）一九九〇年八月二十七日

評《七月的南方》

張健

八年前出版《青鳥集》的作者蓉子女士，如今又推出了另一詩集《七月的南方》。在這裏，她無異告訴讀者：這些詩的吟成，正象徵了由少女而臻於一成熟婦人的微妙歷程。也許她不再是歌聲清泠的青鳥，而是領略過「現代」寒意的「企鵝」了。部分少女時代的夢幻、柔情，幾已如遙遠的陳跡，如「朝露未歛前走過的長長的路」；雖然在詩人靈魂深處，那仍是無以割捨的，無奈現實的破碎的鏡面卻閃閃逼人！處在這種隱微的矛盾中，她終於在閨秀作者的柔婉風範之外，更鑄就了一種不僅僅屬於個人的「清醒的痛苦」。如何融匯二者而賦予「顯露自己面貌」的創境，則是作者在醞釀其藝術時所面臨的最大考驗。

卷首的〈序詩〉，其使命顯然不在多所表現，而只是作一種悠緩的剖示：

但是——我底夢呢？
我的乃一束馨美的小白花朵
未在夏日繁花如星的枝頭開放！

一則說明了作者並不慣於在創作方面爭奇鬥妍，即使是在夏日的林園中；一則更透露了她的精神狀態，那是內歛的，只企求個己的獨立完整，而不必盛放在枝頭以炫人。〈三月〉、

〈夢裡的四月〉這些仍較近早期格調的抒情作，似乎恰如其份的爲此種傾向作了一淡彩的描繪，雖然它們在全集中所佔的份量並不重。（其中唯〈三月〉中的「殘酷的眞實」一語，頗與全詩氣氛扞格，也許因創作的時間較晚，作者心緒上，意念上時有波動之故。）〈白色的睡〉是更成功的表徵，投入了較多擾人的陰影，而亦有深邃的感受。讀至

密葉灑落很多影子
很多影子　很多萎謝　很多喧嚷
我柔和的心難以承當！

尤使人低徊不已。

我們可以說：《七月的南方》集中大致包羅了兩類詩：一類是較清明的，「嚮往」多於鬱怨；一類則較爲低沉，那是痛苦的凝集，柔情轉捩爲沮喪，虛幻取代了幽謐。而〈白色的睡〉則介乎二者之間，在那低柔的奏鳴中，頗得「哀而不怨」的醇渾之境。

在前一型的作品中，季節感甚爲濃郁，對大自然流露著有節制的傾心，而其渲染之空間則頗爲遼闊：

我願意看更多的葉子匯合成一片歡悅的海洋；　〈初晴印象〉

我是過早地渴望——

急速駛過這夏日洶湧的海洋；

〈夏〉

觸目盡是招展的紅裙在
無邊的長廊上飜舞！

〈夏天的感覺〉

旗的晴空永恆的蔚藍

〈十月〉

椰子樹的巨幹靜靜地支撐南方無柱的蒼穹

〈七月的南方〉

其中〈七月的南方〉是最長的一首，也是作者有所專注藉以寄寓其嚮往之心懷的。這首詩的鋪展，已有達到飽和乃至盈溢之感，以一位女詩人而能有如是渾厚的魄力，可謂鮮見。而在節奏上亦迭見起伏，（如自「南方喚我！」之後的幾個驚歎句的安排，效果卓然。）使全詩不致癱瘓。此詩予人之綜合感覺爲：歡愉的奔赴，爽颯的成熟以及新藝綜合體的場景。然就全詩所欲表現者而論，似乎尙有凝縮的可能。作者是深諳含蓄的，有時卻又不吝作一番闊放的展露，致有氣勢壓倒了情韻的傾向。（〈冷漠的晴光〉亦復如此。）

〈燈節〉、〈十月〉在時間上較確定，本是即興詩的類型，但由景而情，其抒寫卻擴展至「等待下一個年的緩步，凝望那預言成眞的日子」。〈林芙之願〉的韻味亦較近作者早期詩什，這些都可以說是頗爲傳統的作品。雖然亦已有了「現代」的淡影，讀來卻依然清新舒暢。

但作者近年來所著力的創作，卻無疑是第二類的作品，從〈亂夢〉發表開始，蓉子已給予詩壇一大驚訝。誰信「這沉默得如此的深潭」竟是一位女詩人所面臨、所欲「涉過」的！但作爲一職業婦女，蓉子終於這樣沉痛地吟出：

社會、社會不讓我們
看它底眼睛

由此我們忽然警悟到：她的內斂，並不帶著與世界絕緣的意味。她雖然也對這個時代無可奈何——「時間侷迫著，擠我們於無窗的小屋」，但她並不作出世之想，而只是無聲的隱忍。也許，南方眞還有著一束「永不凋殘的希望」吧。同時，她又是一位富於自覺而不屑在喋喋中揮霍光陰的家庭主婦，你可以傾聽她的喟歎：

早晨的沁冷爲廚房烘焦
剩下正午　剩下夜

她痛心於這「襤褸的年代」，但猶懸掛著未來：「我們卻不悉以何種顏色塗繪未來」（〈海與企鵝〉）。在〈碎鏡〉中，她更是焦灼、憂惶：

誰知我們能登陸明天——
明天與明天　是叢生在我們航線上的

一些不知名的島羣！

在此「紅塵」中，她只覺得「日子擺成戰陣等我」，或則「在微雨中哭泣，在吊鐘花之間徘徊」，而歸結到「世界就是如此」，於是在「痛苦的雕像」前，她黯然地承受那破碎，那空虛。雖然蓉子並不是一個絕望的宿命論者，她的希望卻是那麼遙遠，她的痛苦也正在於那距離——一面是「夢中的蘭蕊」，一面是「一堆破碎的幻」，除了邀來陽光「爲我們的陰暗鍍金」，她只有相信自己「會站得足夠的久」，看世界最後的「廬山眞貌」！

最後完成的這些詩，實在是一個詩人的痛苦經驗的再現。〈在水上詩展〉的四首詩中，她又以較柔和蕩漾的情調來抒發，頗見幽怨之致。而以眼睛爲核心，探入三種不同型態的靈魂，更是一種別具慧心的嘗試：

我們是萬千花汁中的一滴
我們是萬千喧囂中的一點

卻只能任「季節開放　季節萎落——在牠冷漠的圓面上」，那是何等樣的惆悵！

蓉子是一位基督徒，雖然像在〈城市生活〉一類的詩篇中，我們完全無法爲宗教保留一點空隙，但在〈鐘聲靜止〉，〈一捲如髮的悲絲〉等詩中，宗教的肅穆氣氛確能感知。作者卻並不易於背叛她作爲詩人的職份，因此她並不熱中於歌頌，當她不覺得值得歌頌時。她只是關切那鐘像「石像般冷寂」，同時領悟到死的嚴峻和神秘。這是淒苦的世代——「陰鬱無告的眼光來自四方」！宗教陪同她對人生，但不能絕對的籠罩她，使她忘懷成熟的籲求。其實，她在〈白色的睡〉〈夢裡的四月〉與〈七月的南方〉等詩中，不都微微顯示了一虔信者的情操麼？

她珍惜夢憶 她企求和諧寧謐的預言；幾乎在每一首詩中都有著尊嚴，人性的尊嚴——即使面臨著創痛時。她的詩向以自然爲本色。但在晚近的作品中，蓉子似乎困惑於如何鍛鍊一種新的節奏。收在《七》集中的後三首詩，尤其予人急促騷擾之感，這在某種意義來說，正是表裡的一致化；但問題在於：表現破碎是否必須出之以破碎的句法與語調？就全體而言，作者仍能維持其一貫的處理上的矜持，但逐句讀去，不免有些梗喉。我個人的偏見，認爲像〈白色的睡〉那樣的節奏略加變化，亦同樣可以用於較強烈的題材上，而那給予讀者的藝術上的滿足，將更爲豐富。不知作者以爲然否？

同時，在後期的詩作中，不可否認的，概念式的詩句稍多，而有了敍過於抒的現象，這對於詩的質素來說，可能是一種貶損。如〈亂夢〉本是不可多得的成功作，但

> 迷濛的始終不能清晰
> 明晰的卻是殘缺、謊言和醜惡

這二行，如果能以較含蓄的表現取代，全詩將更少瑕疵。又如「歎息寓居在你金色的羨慕裡」一句，以兩個抽象名詞爲骨幹，雖譬喻得好，亦終缺乏一種親切感。在其他詩作中，蓉子又喜歡把「美麗」，「凋殘」，「完美」，「破碎」等抽象名詞作累積的或對比的呈現，這樣的作法也許有作者不得已的苦衷，但除了予人主題明確的印象外，亦頗損詩的品味。更

多直覺的，切身的感受，或夢幻的，擬感的情境，當遠勝這類觀念性的字羣。

隨之而來的一種現象是：作者好作列舉式的重疊式的安排。〈紅塵〉是一個典型。第一、二段完全如此。而且其用詞又多是抽象的或泛義的具象。它們的原來作用也許在給予讀者一種錯綜的輪廓；亦可能是作者胸中盈溢的聲音已按捺不住，而任其形成一種自由的傾訴。如在〈七月的南方〉中，此種遣使法似有其必要，但作者也應該慎防讀者的煩膩。在〈十月〉、〈紫色裙影〉中也有，如「多一份紅色歡悅，色彩便明悅」和其下的一行——「多一份藍色沉鬱　容顏遂滯黯」，雖然針對「紫色」作一種情調上的抒寫（作者寫詩，時時常樂於借重她心靈上的調色盤，但除了〈白色的睡〉等數首，往往運色太濃，太繁蕪，似乎「顏色未全融化」），二者的後半卻不免對比得太呆滯，遠遜於後段的

　　當晚風的裙褶愈益擴大
　　我遂等比例地瘦削。

綿長的造句，自鑄的詞語，以及和盤托出的比喻（如「慾的泥濘」、「深淵的藍眼睛」、「白色霧氣的頭巾」），也是本集若干作品的特色。在這方面我懷疑蓉子是否在無意中略受羅門的影響。其實簡截而帶點英氣的短句，本是蓉子所擅長的，在《七》集中也仍有參差錯落的運用；反之，若干長句雖亦能造成節奏上的波瀾，卻使人考慮到是否可以壓縮，譬如某些形容詞可以儉省，某些連珠式的意象也可以酌予割愛，那樣也許反能使一般的詩篇更清朗，更集中，更楚楚動人。作者偶而融入舊詩詞的片語或短句，隨手拈來，頗覺親切自然。而在

自鑄的辭彙中，少數似稍生澀，如「創鉅」，「柔遂」，「層重」，「水塵」等。有些語句的結合亦頗欠流利，如「那些被搬移內臟之不適」「因夏大聲喧嚷」；等「沒有潤澤渾圓露滴」亦遠不如「推開這雲濃霧重」合乎生理上的自然腔調；中國詞句的構成，文字之奇偶數的安排每有莫大關係，猶如英語中的Syllable。凡此種種，都不過是捫蝨之談；其實作者寫這些詩都是在公餘或忙完家務之後，自然沒有較多的時間去注意細微末節的修飾。但嚴肅的批評每是苛求的，我們只是盼望蓉子在更上一層樓的過程中，能給予她的讀者更足欣慰的成果罷了。

正如作者在後記中所說的：她只是把「面對生存和現實」所「裕下的時間，精力和愛奉獻給繆斯。」因此她不會「爲賦新詞強說愁」，（試想當今有多少不誠實的「現代主義者」！）當她有所創，必是有所感。《七月的南方》的出版，一則是近年來第一部女詩人的專集，顯示了閨秀作者的新路向，一方面也正可使人告慰：只要生命本身一日擁有意義（蓉子雖深切感受到現代之不幸，卻從未否定了生命的意義），詩的生命也將一日不會凋萎。

值得順便一提的是韓湘寧所設計的封面：除了那大片怡人的橙黃象徵了「南方」和集中繁富的意象美之外，更假少量的黑色保留了一份淡味的鬱苦，足供欣賞者默默的品嘗。它不僅配合了作者的詩心，或且更是一則寓意深微的「預言」。

——原載《現代文學》一九六二年一月二十日

青鳥，飛向七月的南方

——談蓉子的詩

季薇

精鍊的語言和文字，表現精鍊的思想和感情；詩一就是這樣一種精鍊的藝術。藝術貴於創造。從民國四十二年的《青鳥集》，到民國五十年的《七月的南方》，從這兩本精選的詩集裡，清晰，看出一位女詩人，在詩藝術方面努力的軌跡。

前些日子，趙雅博教授，在一篇論文上，討論到哲學和地理的問題，說氣候和哲學的產生，多少有一些關係。以此推論，詩和氣候，也應該有關係：是熱帶的產物？還是寒帶的產物，似乎很難以下定論。但是，在蓉子的詩裡，嗅得出桃柳梅杏的馥郁，隱隱使人窺見江南明媚的清朗；不能不相信，風土環境，對於詩人氣質的培養，有著若干決定性的力量。

——蓉子的詩，清麗一如其人。而人文薈萃的江南，正是她的故鄉。

蓉子寫詩有年，寫作態度謹嚴，不以草率示人。從《青鳥集》的結集，到《七月的南方》問世，其間相隔，整整八年。八年，不算太短的時間，詩藝術在這八年中，發生了急劇的變化；在理論和創作的方面，都掀騰著壯闊的波瀾。作爲一個詩人，免不了外來的影響，而蓉子鎭定沉著，不徘徊瞻顧，走著她一貫優美的路。當然，時間和歷練，使她獲有豐碩的進步；

進步，卻使她格外的謙虛。

《青鳥集》裏所見的少女時代的憂鬱，已經逐漸消隱。代之以起的，是與生活經驗俱增的明麗和暢達。

顯然，《七月的南方》，篇章裡充滿著日光的艷麗，和花果的茂碩。七月在南方，愛意葱蘢，萬物生機蓬勃；一切都是向成熟——是向健康的成熟。詩，當然也沒有例外。

蓉子的詩，充份發揮了語文的音樂性。詞彙的選擇和凝煉，不難看出，很費過一番心力。在節奏的掌握上，使人直覺生命力的昂揚，元氣淋漓，燦然可喜。在小節與小節之間，常常以幾個灑脫的疊句，來加重氣氛；來提高意境；來加強全詩的立體感。整齊中而不刻板，複雜中而不凌亂。從這種地方，見出才華和功力。

生活經驗不嫌其多其深其厚，甚至是其老。表現在作品上的，卻應該力求年青——青春力，也即是生命力。生命旺盛的作品，無疑是好作品。

《青鳥集》，是蓉子詩生命的第一站。《七月的南方》當然是第二站。第三站將是什麼呢？當然也是更壯闊的境界。祝福她！

青鳥，飛向七月的南方。

是「有著一對會飛的翅膀」的青鳥；

也是有勇氣穿越風雨的，阿爾邦的天鵝。

——原載《文藝新地》第四三九期（菲律賓）一九六二年五月

評《七月的南方》

劉國全

一

女詩人蓉子在民國四十二年就出版了《青鳥集》，這部自由中國第一部女詩人的詩集，頗似泰戈爾的《漂鳥集》；不但詩句簡潔、晶瑩、細膩、單純，尤富哲理啓示。覃子豪所稱道的〈午寐〉，紀弦喜愛的〈晨的戀歌〉，司徒衛欣賞的〈我寧願擁抱大理石的柱石〉等，都是當時詩壇上的佳作。而作者在最近出版的新著《七月的南方》，其藝術處理上，已轉爲以一種現代的構思和新的手法表現。在時空的主觀世界裡，作者也捕捉了現代文字的繁富交錯的美；在精神客觀範圍內，亦觸及東方聲音的古典美。正如余光中先生說：「蓉子是現代的，也是古典的，現代是她的作品，古典是她的行爲；對於一位女詩人，這兩種精神的如此調和，是再理想不過了。」

蓉子是否如余光中所說「開得最久的菊花」呢？《七月的南方》的詩作是一個最好的答案。她在〈後記〉中說：『我原係最不善於解釋自己的；但不容否認的是自四十五年以還，無論就整個詩壇或個人的生活來說均遭逢莫大的變動。一個人要同時適應這兩種「劇變」，如果他（她）不是渾渾噩噩，盲目附從的話，該不是那麼容易就適應的。猶記得詩壇「劇變」的浪潮初起時，很多人以迫不及待的跳水之姿，迅速地躍入這一股衝激的洪流中，（也不管自己是否已熟諳水性）。由於這股衝力太大，許多人只能跟著這股洶湧的浪潮前去，而完全淹沒了自己——我願意更多地把握自己一些，而並不急於做一時跳水英雄，去贏得片時的喝采，我願意更多顯露出自己的面貌，此必須有靈魂和實質爲後盾。我過去久久的緘默和這兩年來的再發表，可以作爲這種態度的說明。』是的，女詩人雖沉默了兩年多，但她不像其他詩人的「江郎才盡」永遠沉默下去，而是克服自己衝動的創作慾，以求發出另一種眞正屬於自己的女高音。我們且看她在卷首的〈序詩〉——

櫻花謝落
多彩的康乃馨不絕如縷
杜鵑如血，榴花似火
更有深夢一般的茉莉
但是——我底夢呢？
我的乃一束馨美的小白花朵
未在夏日繁花如星般的枝頭開放

詩人曾說：「我是一棵獨立的樹　不是藤蘿」（青鳥集），至今，蓉子在創作上還保持自己獨立的風格。無可置疑，收集在《七月的南方》的每首詩都純粹是現代的，但她並沒有迷信：「人們爲了模倣步行，所製造出來的車輪是不像腳的，而人們往往是在不知不覺中進行著超現實。」（Apollinaire）更沒有將自己囿在現代主義與存在主義的象牙塔裡，她卻實實在在地把握了現代精神的某種特殊感覺、思想、境界或支離破碎的個人情緒。例如〈燈節〉的第一段與最後一段：

也擬看燈去；但不著石榴裙
也去逛燈市；也不曾慵梳頭
——這是現代、這是異鄉

此後、孩子們會不耐
哦、十分不耐煩地
等待下一個年的緩步
像等待一世紀那樣悠久

像這類詩句，甚似法國象徵詩人藍波（Arthur Rimbaud）所謂的「魔力傾向」（Daemonic Trend），予人的感覺是不可思議的。讀「燈節」一詩，猶之我們在一座現代建築大廈中，品味一幅純粹東方精神的畫，同樣的〈七月的南方〉一詩也展示：

讓陽光鋪路，推開這雲濃霧重
讓陽光為我鋪橙紅金黃的羊毛氈直到南方
我便去追蹤，追蹤他暖暖的足蹟
去探詢靈魂成熟的豐盈

一首內容豐富的詩，是由衆多形象集合而成的。如「而自由舒卷的葉子們如密密的雨」，「小樹盡如花嫁時的衣飾」，「傾陽的向日葵，金紅鵝黃的美人蕉」，「椰子樹的巨幹靜靜地支撐南方無柱的蒼穹」，「光彩迷魅似無數華麗的孔雀羽」等美麗句子，造成〈七月的南方〉這首詩意境的超脫。其氣魄鏗鏘有力，起落有致，有一種完整的渾然情調。筆者以為以一種新節奏加入現代詩去，是很適合讀者心理的自然需要。在〈紅塵〉，〈一捲如髮的悲絲〉，〈紫色裙影〉，〈白色的睡〉，〈十月〉等詩中，作者常用許多重疊句子來相承續，相錯綜，相感應，藉這種詩味來引導讀者如何呼吸詩中的靈魂，自然這種寫法必須靠經驗及大膽實驗去探求，但如果沒有蓉子那麼豐富的創作經驗，是很難有這樣的效果。

二

宗教的虔誠，同時帶給蓉子詩創作上的虔誠，她是一個基督徒，對於詩，她同時也是基督的「殉道者」的精神。蓉子的理想國。是企圖「要由紊亂恢復秩序，由不安寧回復寧靜和破碎回到完整的渴念」。所以站在〈教堂與仙人掌〉之間，雖然她逼視著現代的〈都市生活〉、〈碎鏡〉、〈亂夢〉、〈紅塵〉，但她的面貌和情操仍和《青鳥集》一樣，她以宗教的虔誠來歌唱大自然的奧妙與神秘。如：

那潮濕的泥濘的地毯爲陽光大力的手捲起了
他輕快又莊重的腳步正踏響在我心上
空氣中有無數亮亮的粒子在飛揚

——初晴印象

哦！赤裸的，光艷的，暴戾的夏
濃郁如一樹盛開的玫瑰花

——夏

那翠金的扇面
而對陽光爛漫的紅艷

——色蕾們都醒了

以燃燒的松枝，翠柏和棕櫚
飾我們的城，我們的長街，我們的門環

——十月

蓉子可能間接受了汎神主義的自然觀影響，她的意識世界中，「神」與「自然」的關係無所不在的。讀者從〈鐘聲靜止〉、〈林芙之願〉、〈一捲如髮的悲絲〉三詩中，窺探到她與宗教及自然色彩有不解的緣，也令人想起艾略特（T.S. Eliot）的話：「眞正的暗示性，包圍著一個熠亮，明澈的中心的靈氣，那個中心的靈氣是不可分的」。概括而言之，《七月的南方》詩集的特點是詩句的自然化（大部份）明朗化，作者在鑄鍊文字力求清晰，每句詩也達到「按圖索驥」的地步。可是在本集後期作品中，其表現方法則有新的趨向——

正翕合著一種微睡
一羣白色音符之寂靜

——白色的睡

顏色未全融化
形象未能展開
而頻率之日形擁擠
證券之必須提示

——混濁的眼神

飲於杯　如
飲於井
——飲是不透明的　——飲的聯想

這些新穎抽象的詩句，充分表現了作者的想像力。她將許多顏色放進形象裡，置我們於目不可即見及多彩多姿的境域裡，有時以三段論式去解釋是索然無味的。其神筆之美妙，與中國古詩「曲終人不見，江上數青峯」、「採菊東籬下，悠然見南山」等詩句毫無遜色。

三

布爾吉（Paul Arland）說：「我們沒有病，但是一個病人」。是的，現在是動亂不安的時候，許多藝術家不堪這面「碎鏡」的侵襲，而自困某種主義尋求解脫。蓉子深切了解：「人間底眞不在於其他的一切，而在人性的本能。」雖然她在創作追求詩質的純粹，同時她反映其沉痛感覺的一面，這種沉痛在她的自我中不斷壓迫，而產生現代人心靈上的新顫慄，她在「白色的睡」的嘆息，正赤裸裸表達這年代人類的內心感受——

我們採摘不到一束金黃
很多很淡的顏色湧升

很多虛白　很多灰雲　很多迷離
很多季節和收割闊離

蓉子不再像一個閨秀少女般對人生充滿著快樂與喜悅，現實生活使這位家庭主婦領略到「世界就是如此——永不會太好」，她連一朵玫瑰的凋殘，也感傷地唱著「夏日最後的玫瑰」，生活在「這襤褸的年代」裡，人就像失望的一尾魚躞蹀於「不透明的河上」，於是詩人又說：

哦，我將如何
我將如何涉過
這沉默得如此的深潭
——亂夢

我遂等比例的瘦削
從此僅能穿窄窄的裙裾
裙角凝重，不再飄揚
——紫色裙影

作者喜怒哀樂的表達，亦即平常人對現實感覺的展示。儘管在世界上蓉子「丟失太多了」，「笑容也對她成奢侈品」，她連「一些不知名的島羣」，也不知「明天」是否定能「登陸」。

但詩人不是一個悲觀主義者，她只祈望這個世界太美滿，才產生：「按捺不住急躁的心」和「迷失在水天間的那種沮喪」，最後她對「預言成眞的日子」仍然保持著「永不凋殘的希望」，她有著中國人的忍耐的精神，來接受加諸其身上的陰影，並且她鼓勵人們像「凍僵了的企鵝」來「承受第二次風暴」。她道：

但我相信
我會站立得足夠的久
去看褪去了雲的詭譎的
蘆山眞貌
——我們踏過一煙朦朧

「我會站得足夠久的」一句並不新鮮，但其寓意很深入，也是作者靈魂之所在，面對著很多「嚙人的牙齒」，蓉子的「陽光是七月的」，她相信自己嚮往的季節——智慧，繁茂與陽花照耀下的豐美；會將世界一切眞面目完全畢露出來的。她看不慣「世人都愛用醉眼看花，看維納斯走下座台」，她更「不願視那冷然清醒的痛苦的神」，於是她拿起筆桿來吶喊，作爲一個爲「藝術而藝術」的信徒，她將自己沉默已久的情感，思想，感觸喃喃訴諸在她的理想國——「七月的南方」。

四

率直而言《七月的南方》詩集仍然有其瑕疵，譬如〈城市生活〉詩中，作者第二句就說：「面對按鈕的人羣」，城市生活的人都全是「按鈕」嗎？顯然這又牽涉到現代詩準確性的問題。同時在句子方面如：「愉快的記憶啊！」、「人們早就疲憊了」、「於是我們又看到了昔日親切的伴侶」、「直到牠傾盡了胸中的憤恨」、「祝我們心中那深藏的願望」、「明晰的卻是殘缺，謊言和醜惡」、「固有的美麗都殘敗」、「在修補和破碎之間」等句子，實在太陳腐因襲，全是口語詩的表白，這大約基於蓉子苛求明朗化所致，當然這也有部份屬於文字修養的問題，不過，作者驚人的才華與進步很輕易將其缺點互相抵消了。艾略特在「詩與批評之用途」一文中說得好：「選擇一首好詩，並揚棄一首劣詩，這種能力是批評的起點；最嚴格的考驗便是一個人能否選擇一首好的『新詩』，能否對於新的環境作適當的反應」，基此，筆者可以膽大說：〈七月的南方〉詩集可謂最近自由中國詩壇出版最優秀詩集之一，在現代詩的殿堂裡，它已經奠下了一塊永不可動搖的紀念碑。

——原載香港《文壇》二〇八期 一九六三年

試評《七月的南方》

藍采

詩人的眼睛，在他的靈感熱狂中祇消一翻一轉，便可從天堂看到人世，從人世看到天堂；他想像的力量既可把世人不曾發現的事物變成具體，所以詩人的筆尖就可描寫它們的形象，並給虛無縹緲的東西以住所和名稱」。這是英國文豪莎士比亞，（William Shakespeare, 1564-1616）在「仲夏夜之夢」（A Midsummer Nights Dream）第五幕第一景中說的。同時他把詩人，瘋子，情人三者列爲想入非非的狂妄之流，因此才具有非凡人的想像力。

是詩，詩人的心靈和眼睛，就是爲了追求觀察世界上人們未知的事物而生長的，然而構成詩中這些未知事物的形狀，就是詩人以生活經驗創造成新的語言。

現在我們爲了證明此一說法正確性，引以女詩人蓉子著的《七月的南方》爲例，看她如何以想像創造離奇的形象和意境的。

蓉子在《七月的南方》中所創造的新景象，就是她能以博覽多識明銳的眼光，耐心精確觀賞過七年的現代人類生活與詩藝演變，所發掘到的素材，因此，她的創作風格和表現手法，以及詩的素質，變化均極大，

先就以她八年前出版的《青鳥集》來說，從她簡潔明徹的詩句中，顯示著她生命衝動感

奮的熱情。而她《七月的南方》，詩句典雅，情感冷凝，語言豐盈而又嚴麗。因此使詩的內容形象更覺得多彩生動，且看出表現了她在追求自我精神世界中的完美事象——她以醒的智慧點燃著過去，照亮現在；追求著未來。同時，她能把現實中的庸俗物象縛囚隱匿於理性中，把苦悶建築在未來理想歡樂的國度裡。我們相信「夢裡的四月」，乃是她崇高理想的預言：

翠茂的園子
圍繞著這座肅穆的教堂
如海水簇擁著燈柱。

我靜靜地來到裡面，
盞盞乳白色的燈
像我的夢在發光；
還有那彩色的玻璃窗
直窺天國的奧秘

我們很驚異於她的聯想，因爲她描寫的雖然是「翠綠園子的教堂」景物，卻忽然向我們展示出一片海洋，（她曾說她非常厭惡都市煩囂的生活，夢想著林中的池沼，而「海」，想必則是「沼澤」的替換），這個遼闊藍色神秘的世界，使我久住城市的胸懷亦爲之開朗了。不過在這裡，她把「教堂」象徵爲海上的「燈塔」，（人生希望的燈）。並且以倒裝的技巧，描出教堂內部肅穆的情調。而「夢」因「燈」的反射而發光，這是她內心存在著神的精神，亦就是「信神則靈」的自我表現仰慕的虔情。

如今是四月花開的日子
濃蔭中有陽光瀰漫，
樹叢中有鳥聲啼唱，
於是我作了一次抉擇—
等復活節過後
我將在這兒獻上我的盟誓
和愛者去趕一個新的程途！

接著她以直覺和幻覺的眞實感，點畫出回憶童年的歡愉心情於四月的景色中。這一節詩的意境極美。而且亦看出她對未來理想的編綴與創造，已覓得了新的方向——愛。可不是，世界因戰爭使愛已開始破碎，她要把它美化再奉獻給痛苦的人類。

當我們看過《七月的南方》若干篇詩，在心靈所起的感覺，是她揚攘了一切傳統的詞句，攝抒於自然無盡的生物形象之美，這些也就是自然界中鳴禽婉轉啼唱的聲音，和視覺感的明快的色彩。然後通過她藝術的思想，蛻變爲詩，所以，我爲她杜撰一個詩上的名詞，她的作品是「潑上了色彩的詩畫」，或謂「純粹自然聲響的音樂詩」。

驚奇那隱藏的花朵
突然推開了蓓蕾的百葉窗
——〈不悉何故〉

初晴似沙漠中的一朵花
光又從不同的葉子上反射過來
——〈初晴印象〉

那翠金的扇面
面對陽光爛漫的紅艷
——〈色蕾們都醒了〉

觸目盡是招展的紅裙
在無邊的長廊上飄舞
——〈夏天的感覺〉

這些時，都是代表她獨特風格和個性的作品。比如說，我們讀〈不悉何故〉時，則會聯想到李白的「美人捲珠簾」，事實上，她把花蕊的生命象徵了「美人捲珠簾」的形象。〈初晴印象〉，給予我們有兩種感覺：一是光色朦朧曠遠空間奇異的景象，一是她以「光又從不同的葉子上反射過來」的綠色光澤，緩和了我們茫茫然的情緒，而〈色蕾們都醒了〉，那活潑的形象，如同平劇中以摺扇半遮著臉；羞澀於調情的花旦。在〈夏天的感覺〉中，有著相似於「春殿嬪娥魚貫列」的宮女舞姿，翩翩舞進了上苑的宮殿。因之，我們可以這樣說：蓉子寫詩的想像是自由自在的，且喜在詩中實現了語言繪畫的美。即「所謂詩的繪畫性，乃是在詩的效果產生繪畫的美」。

一群白色音符之寂靜
——我的憂悒在其中
在紫色花蕊。
…………
儘管鳥聲喧噪，滴瀝如雨
也喚不醒那睡意
——〈白色的睡〉

而我所愛的一片紫，如何
爲黃鸝所探知
爲金銀色的喇叭花所吹送
縱使退下踝鈴
晚風依然追蹤
——〈紫色裙影〉

從〈白色的睡〉和〈紫色裙影〉中，可看她以外在聲音的眞實感，與潛意識中迸散出的音樂感情聯串在一起的效果，再以情感化爲旋律，當她醞釀的創作慾受到音樂刺激而燃燒起來時，於是她即以音樂功力來創造詩。如上例兩首詩的內容與韻律，詞句的音調，形式，處處都表現了詩的音樂性之美妙。

現在我們簡略地談談長詩〈七月的南方〉。如果我們以純感覺論現代新詩，這首詩裡則融匯了音感，色感，嗅感之總和。因此，它所給予我們是多種的喜悅。又因她盡量發揮了抽象與寫實的高度技巧，故詩中意境的展示，就如一幅詩的大壁畫。

雖然，蓉子愛以現代的生活感受，好奇的幻覺，及夢的形象寫詩，如〈水上詩展〉，〈我們踏過一煙朦朧〉、〈紅塵〉、〈海與企鵝〉等作品，（它雖然包容了現實的生活，但似乎太虛無縹緲了，就是以直覺欣賞的方法去探討它，也難十分把握言之所在），當然，這又她另一種創作的特色。因爲一個詩人要表現什麼時，並沒有想到他人懂不懂的問題，這也是蓉子在〈七月的南方〉中部份作品所犯的通病。然而這種「難懂」特色的構成，乃是她在詩中運用了她創造的新語言。可是這種新的語言，放在現代新詩藝術的批判與透視下，誠然被證實了「新」，那就是作者以思想從現實社會或未知社會狀態中尋索獲得的東西，這種追求尋索獲得的語言，並不是我們日常生活說的陳舊的俗言濫調。假使我們能判明這點文學藝術上共同的知識，那麼就瞭解了以新語言寫詩，才能表達出現代新詩的藝術和人們苦悶的心聲。

——原載《作家》雜誌 一九六四年十二月廿五日

新詩品
——評《蓉子詩抄》

瘂弦

蓉子的這本詩集一共收集了四十九首短詩，這些作品大多寫於民國五十一年至五十三年之間，並按照性質的不同將全書分爲五輯：第一輯〈我從季節走過〉，氣氛溫柔，調子舒緩，多爲抒情之作；第二輯〈亭塔、層樓〉，意象較爲朦朧，遣詞用句新雅樸素，並有一種獨語般的韻緻；第三輯〈海語〉，寫自然與人、神之關係，富哲學色彩乃冥想性質，特別對於海的擬人化的描寫，尤見功力，其手法與氣氛都是全新的；第四輯〈憂鬱的都市組曲〉，著重現代都市生活情態之刻繪，有一點點苦悶，有一點點矛盾，有一點點美，而角度則是純女性的；第五輯〈一種存在〉，寫心靈中比較形而上的一面，相當抽象，形式簡約，精神上仍是閨秀的。這是作者特有詩風的一種演進和發展。

讀完這本詩集，使我們感覺到一個中國現代婦女如何在紛繁蝟集的世事中，爲保持一顆澄明的心所作的種種掙扎和努力。廿世紀是一個急驟變化的世紀，社會結構的轉變使家庭的形態與上一代迥然相異，正如蓉子所說，我國古代女詞人或女詩人那種「倚遍欄干只是無情緒」的優閒倦慵是早已經過去了，在匆忙而多元的職業生活中，「蹴罷秋千，起來慵整纖纖手」或「薄霧濃雲愁永晝，瑞腦銷金獸」的情緻可能永不再來。在這種狀況下，一個家庭婦女如何迎向一種全新的生活，不以跳舞、打麻將或「串門兒」來麻醉自己，進而建立一己的心靈世界和精神秩序，實爲現代智慧婦女最重要的課題。從這個觀點上來看，蓉子的這本詩集的意義不單是文學的、美學的，甚且成爲社會和教育的了。

生活的創作就是詩的創作，一個詩人不可能脫離生活去進行創作，詩是生活的投影和回聲，詩是詩作者性格與氣質的象徵。基於這種認識，蓉子認爲浪漫派那種狂熱、激情、造作、矯飾，以及對於「靈感」的依賴迷信都已不適於這個時代。今日的詩應該是理念的花朵，是靜觀冥想後的產物，其特色該是凝練、精純，如深海中的珊瑚，在時間的苦修中緩緩形成。因此正如德國詩人里爾克所說的，詩是詩人的靈魂最豐盈、最寧靜，最明澈的時刻所創造。因此詩人要懂得守候的意義，一首詩在產生之前所需要的「閒暇」（醞釀期）對詩人來說並非奢侈，但是現代生活中，試問有多少「閒暇」供我們底詩人去守候？因此，現代詩人只是以「時間的碎片來創造藝術的完整」（《蓉子詩抄》序言），這之間，特別對一個女性作家而言，就存在著一個小小的悲劇。

是以她在一首題爲〈夢的荒原〉的詩中寫道：

『這是誰的坐姿？　如此美麗的謙遜之姿！

這圓座爲誰？　爲妳——

愛與美的女神以及妳永恆的憂悒
就用寬闊的絲帶束我風信子的長髮
在初夏鬱悶的愛琴海上　從泡沫誕生時
因風將我吹送
一粒飄泊的微塵　一枝翠色的菱荷
如此地嚮往陸地
便是悲劇！』

「如此嚮往陸地，便是悲劇！」事實上人生的興味也全部在於這點「嚮往」上，這點「悲劇」上，這點「執著」上，所謂一種以有涯追無涯，一種明知不可爲而爲的精神！而作者在這首詩中，不但深刻地表現她個人主觀的內心感印，並呈現一種「交錯感」，這種「交錯」，使她的詩在想像上更爲無限。而我們也可以體察出，從《青鳥集》（民國四十二年）到《七月的南方》（民國五十年）再到《蓉子詩抄》，作者的藝術創作過程是多麼的艱辛！往往情形是這樣的：寫作歷史較久的人常因「城府」過深而陷於技巧的停滯狀態，但是蓉子即不然，雖然在「詩齡」上她遠較時下的一些詩人爲高，但是在求新、求變、求嘗試和求創造方面，蓉子一向不甘後人，故多少年來，她始終保有她美好的名聲不墜。作者在本集的〈自序〉中表示：藝術貴創造，創造就是永續不斷的嘗試，如果吾人總用同一種模式去鑄造產品，雖較討巧而容易滿足一般習慣性的讀者，那無異違背了藝術創造的本意。等到有一天藝術成爲流行病，成爲呼拉圈，成爲「速朽」的東西，那便是創作者的悲哀了。

事實上蓉子的這種觀念應驗在她的作品上。如一隻飛翔在天空中的青鳥，蓉子深深地體驗到A．紀德的超越哲學，她隨時「佔有」隨時「放棄」，而隨時創作自己。在《詩抄》中，蓉子幾乎澈底擺脫了她早期作品中那種過於散文化的傾向，而強化了詩的張力，不管是高潮的鋪設，語字的鑄造，層次的安排，都益臻謹嚴，給人以前所未有的密度之感。在題材方面，蓉子也不再侷限於一個女孩子的「心靈的小園」，除了具有高度主觀的作品之外，還透過作者冷靜的觀點，描寫了大自然的各種風貌，並嘗試一些她過去從未涉獵過或從不喜歡的事物，如〈憂鬱的都市組曲〉一輯便是。這種情形，是目前女性作家中比較少有的。

『我們的城不再飛花　在三月
到處蹲踞著那龐然建築物的獸——
沙漠中的司芬克斯　以嘲諷的眼神窺你
自晨迄暮
……………………
我常在無夢的夜原上寂坐
看夜底的都市　像

一枚碩大無朋的水鑽扣花
正陳列在委托行的玻璃窗裡
高價待估。」

這首詩不管在氛圍上以及音節上都超越一般閨秀作家慣性的角度，而試著去征服一些更博大、更深沉、更具思想性和傾向性的事物了。

「詩與藝術使生命產生耐度在時間裡不朽。」這是蓉子女士的人生觀和藝術觀，作爲一個忙碌的職業婦女，作爲一個女詩人，她爲我們的詩壇提供的已經夠多，是的，她一直在克盡她對詩藝術應盡的「德行」。

——原載《新文藝》一一三期　一九六五年八月一日

小論蓉子《蓉子詩抄》

林寒澗

臺灣的現代詩運動，正如初昇的晨陽，方興未艾。

在這個蓬勃推湧著的運動中，有一個極可喜的現象就是，它催生了幾朵「奇葩」。蓉子是一朵。她雖不如紀弦、覃子豪等那樣揭櫫呼喊，企圖將繆斯的種子播送到每一個角落，但她卻是一個忠實的實行者。在今天，她的榮譽已被肯定，她的煥發才華已得到充份發揮。我們可以相信，她還會把更好的作品貢獻到詩壇上的。

十三四年前當她出現詩壇時，她的才華很快就被人們所賞識。在人們熱切的鼓舞與批評下，她是堅強的一株花樹。她默默的寫詩，投稿。她是月，在衆星烘托下，她是初擠出雲圍的新月，那麼含羞答答的。據說當時有許多詩人如邂逅天仙，拜倒在她石榴裙下。羅門是其中一個，他那時還未沉醉在詩的醇醪裡（可能已寫了不少詩），爲了追求她，他就專心躋到詩國的堂奧裡，以討得麗人的青睞。可能是天生的姻緣，他們結合了。那是現代的古典，一段羨煞人間的佳談。如今，羅門已是一個崇高而又謙遜，懷著現代人的悲劇精神的名詩人。

自從覃子豪於五十二年溘然西逝，而余光中，夏菁等又西渡後，他和蓉子繼承詩人衣缽，支撐著藍星詩社。

蓉子於一九五三年由中興文學出版社出版了她的處女作《青鳥》，八年後又出版了第二本詩集《七月的南方》。那兩本詩集我都看過，現在重讀，似乎一無是處。《青鳥》集裡收著的是一些不成熟的作品。但從字裡行間，我們卻可看到一種初生的悸動，那是一個少女對世界初初的探觸，懷著新鮮，雀悅，希望，熱誠與對愛情的嚮往。《七月的南方》也不是一本成熟完滿的詩集，但在許多方面，我們卻可明顯看到，它是一大躍進——在趨向成熟的一大躍進。無論在技巧內容方面，她都在作著各種嘗試，企圖以最美妙的形式托出意境，而又不露出斧鑿之痕。這種努力是明顯的，但《七月》仍不是成功的作品，直到《蓉子詩抄》於今年四月尾出版，我才驚訝於她的成就。如蠶吐著絲，而絲已是一種完成，或者說如蜘蛛織網，牠一縷縷的吐，一圈圈的織，不計時與日，不畏風與雨，終於，一個堅韌漂亮的網被織成了。藝術要有它的堅韌性，可以跨過時間與空間，成為一種永恆。曹丕在「典論論文」裡說：「人壽有時而盡，榮樂止乎其身，不若文章之無窮。」可見藝術本身就有一種永恆價值，這價值是要藝術家嘔心瀝血，把才華表現出來才能獲得。假使你對藝術一無了解，又假如你對創作沒有堅韌的信心，對暫時的榮譽太過熱中，而不能保持一種超然的態度，你仍不是一個大藝術家。所以蓉子說：「詩與藝術使生命產生耐度，在時間裡不朽。」她是了解的，科學文明日益發達，一切要求速度與證據，使人類生活在緊張熙攘中，只有詩，它是對科學的一個批判，它深探入內在，要求人類自物質奴役中的自我醒悟與反省。能給予人精神的慰藉，叫人感到生命仍有其意義。《蓉子詩抄》的出版，告訴我們詩人已對詩有較透闢的理解，且在不斷對內在世界的探求間，她已趨向爐火純青的大道邁進。

坦白講，幾年前讀蓉子的《七月的南方》時，我的一位寫詩的朋友就極力推崇她，他說她的才華是內鑠的。有著一股堅韌外耀的衝力。他那樣心儀於蓉子，我還不知道他正在追求一個「蓉子型」的女孩子。最近又有一位寫詩的朋友認識了蓉子。他說蓉子的家庭是美滿的，丈夫妻子都有很好的工作，在詩國裡，他們又夫唱婦隨，那太美了。我總覺得詩人假使不是天生就的，那有幾個能熬得了創作時的寂寞感與生活遭遇上的痛苦？詩人的榮譽是多麼縹緲的東西，而且把寫詩當作榮譽追求的一種手段，其創作便不足取，又何能獲得眞正的榮譽？那又何必絞盡腦汁，自己磨折自己？所以倘或不是天生成的詩人，那有一個生活優裕的人願意來嘔心瀝血呢？無庸諱言的，蓉子是一個天生麗質的詩人，她對詩與藝術有深入透闢的了解，寫詩並不是爲了攫取名譽的手段。所以她孜孜然於繆斯捕獲，爲的是忠於藝術創作。當然，隨名氣而來的榮譽，那是無須拒絕的。今天，她是自由中國女詩人中的魁首，她的成就證明，女詩人仍可獲得繆斯的青睞。

我們現在再來看看她在〈詩序〉裡的見解，及在詩裡表達的思想感情。「詩的創作早已不再效十九世紀初浪漫派詩人們那樣地專門仰仗衝動的情感和「煙絲披利純」了，今日新詩追求純粹與凝練，需要嚴密地思考和冷靜的觀照，詩是靈魂在清醒，透明，豐盈的時刻所完成的，它特別需要一間安靜，孤絕可供自由思想的『工作室』……」。這是現代詩的創作原則，新詩需要精鍊與準確，避免表面喧嘩的感情，向侵入內在明淨透闢的描寫，這是與浪漫主義過於渲染膚淺的感情和自然主義的要求外在描寫的準確大異其趣的。因爲人類在進入工業社會後，都市生活的人都是冷漠的，不像農業社會時代那樣注重人情，因此表現在藝術上遂有許多超越傳統創作原則的流派出現。現代詩人爲了表現現實，便傳入探求人類內在生活的表現，有了這個認識，詩人才能創作富有時代意味的作品，但是有許多詩人，卻以爲必須遵循甚麼主義才算達至現代化路徑，那是非常錯誤的，藝術貴于創造，創造乃不斷的嘗試，而不是依樣畫葫蘆。所以「身爲一個創作者，或從不感到他必須完全依照一種流派，服膺一種主義去創作；而且文學上或藝術上的任何派流或主義每係針對前一種流派的反動，因而也往往有「矯枉過正」的弊端。倘或創作者自囿於一種狹隘的主義去創作，則勢必至於接受了其利之外更接受了其弊！與其那樣，還是讓我們服膺個人心靈的引導去創造吧！」由此可見蓉子是極端反對循人家的路線走的，也從此我們可以獲得到一個結論，詩人的作品是她努力創作的結晶，而不是循著甚麼主義甚麼原則「創造」出來的。所以我們在欣賞詩人的作品時，我們可不必駭怕看到甚麼「假貨膺品」，這種對詩人創作背景與詩人心志的認識，對於欣賞一個人的作品是非常重要的。

上面已提到過，蓉子根據對詩發展與演變的認識，主張傾向內在的刻劃，依循自我心靈的導引，創造出富有個性的作品。顯然的，在《蓉子詩抄》裡，那些閃爍的詩篇，都是基於此一原則而完成。我們可以看到的是，明麗，跳躍，凝厲的字句中，包含著親切的對生命的熱望，夢的嚮往以及敏慧的自我抒發。所以，那不是完全寫景的，也不是完全抒情的，那是詩人複眼對大千世界的透視與反射，就如霓虹玻璃反射出來的光芒那樣，包含著許多凝然，那是令人有些眩惑與疏遠，卻又令人感到那麼炙人的親切。

這本詩集共分為五輯：第一輯是我從季節走過，第二輯：亭塔·層樓，第三輯：海語，第四輯：憂鬱的都市組曲，第五輯：一種存在。第一輯共包含——十四首短詩，均直接間接與天然的季節或內心的氣候有關。還是借用詩人的話：「這些詩即使是直接表現季節感，也絕非寫實主義的產品；而是帶有強度的主觀，內融於個人氣質的描寫。」第二輯雖有各種景緻，但並非專為表現一個中心的事物和意向，而「具歸屬我心靈中的小園」。第三輯是以海為場景的一輯詩，但並非印象派的作品。前面已經說過，詩人並不服膺某一種主義，它們是詩人內在的流露。第四輯以都市為對象，詩人企圖以筆觸勾勒出一個現代人對都市的各種感受，讓我們看到囂鬧動態的一面，如何影響到一個詩人的內在生活。像迪更斯一樣，蓉子也自小就生活在都市裡，但她並不特別懷著親熱，像迪氏那樣熱愛著都市的一切。她把筆指向它，因為她並不喜歡它的喧囂，冷酷，虛浮以及那缺少人性的各方面。但作為一個現代人，我們接受了工業社會的成果，聯帶的我們要能忍受它所賜予的冷漠。所她把筆指向它，試圖剖析它。第五輯是比較令人滿意的一輯，「因為他們更深刻地表現，我個人主觀的內心感受，同時手法也稍呈交錯感。」

我覺得我說了這樣多，好像還沒有探觸到中心點。蓉子的詩中，常呈動態與靜態的交錯美，看後深深的感動，卻不能說出真正的所以然來。我覺得詩人能用恰當的字，把情景適當的托出來，那是她的成就。至於形式方面，蓉子不達達，也不太超現實，故不怪異，只是美而已。這本詩集可和余光中的《蓮的聯想》媲美。前者用極細緻的心眼觀察宇宙，後者卻以蓮爲出發，漸呈紛紜繁雜。如果可用幾個字來概括，那麼這本詩集是明麗的，而余光中的卻屬於典雅之一類。

——原載《光華日報》 一九六五年十一月十七日

讀《蓉子詩抄》

李莎

如果以『一種存在』解釋詩，解釋人生，那麼存在詩與生活中的對立性是顯而易見的，尤其是生活在二十世紀科學發達工作日趨於分工化的六十年代；由於適應外在物慾世界的變動和要求內在精神純然的靜，縱然是不可避免的衝突，但是藝術由此產生平衡這種衝突，把生命的『存在』推進到像詩一樣的和諧。正如蓉子在她底詩集的扉頁上所寫的：『詩與藝術使生命產生耐度，在時間裡不朽。』所以，生命中的存在，無論是刹那的抑或是漫長的過程，都是痛苦與歡樂的組合。人類需要現實，更需要夢，想想無夢的人生，即使一刻，一瞬，那該是多麼寂寥，乾渴，如何走過一片沙漠，一條涸河。當祖先們的夢，變成理想，理想成形；而一排飛彈掠過，或人造衛星升空……總之，生存在越來越窄的時間當中，我們仍然得熬過痛苦。以『嚴密地思考和冷靜的觀照』，爲人類的未來織夢！

存在，祇是一種存在——追求現實與夢的存在。在追求的過程中，『魚與熊掌不可得兼』的心情，惟有最清醒的人纔能深刻的感受，纔能平衡外界與內心的衝突，這也是詩人與市儈最大的區別，詩人之所以爲詩人，即是在『存在』的追求過程裏，擁有這種可貴的堅毅。關於這，我們在蓉子每一首詩的創造中，都可得到顯明的印證：

走過——
卻不知終點何處？
當美夢在季初塑成未開的蓓蕾
緊鎖古銅色的深心——
只如此筆直走過，難以回顧

〈我從季節走過〉

我們便擊破艱困的外殼
以新的感覺面對世界
像一隻羽化的蛾

〈大地回春〉

從〈我從季節走過〉、〈亭塔、層樓〉、〈海語〉、〈憂鬱的都市組曲〉到最末的〈一種存在〉，全書共分五輯，五輯中的每一首都以不同的風貌給予我們不同的感受。由於作者極富想像力之創造，乃能把最古老的語言作嶄新的更精鍊的運用，並將吸收的生活經驗使之昇華，清純眞樸，不留一點渣滓。例如：「日影與夢競走」（三月無詩），「沉入深夢，從翡翠的葉叢」（仰首、六月），「讓我們爲裸裎袒裼的夏，尋一片葉蔭，躲避六月燃燒的雲朵」（湖上、湖上），「我必須面對一殘酷的眞和赤裸的美，以深湛的時光。」（深秋）這些思想清澈、透明、豐盈的時刻，融於個人氣質中所產生的作品，可以說是圓熟之至，因而，讀蓉子的詩，我們不能不感受到一個現代詩人靈魂的顫巍與演變。

維持生命的存在需要面對現實，維持精神與希望的存在就必須夢來充實。有夢點綴的人生，纔是最眞、最美的人生。夢，並不是詩人的專利。每個人也都有他自己的夢；驀地從夢裡醒來發覺自己仍在夢中，而眞的清醒時，那種夢中套夢的感受，是不可言喻的，如同在整個大自然的景色中，又領受到一份獨享的景色，是一種突然的奔放的歡愉。祇是大多數人，和『桃花源記』中的那個找不到再度去路的漁夫一樣，無法把握片刻的回味，因此都被現實所征服，所吞噬。而詩人能把握住每一種存在的縹緲，給予它眞實，給予它不朽。正如蓉子在〈水上〉一詩中所歌的：

「眞不知道我是誰
我是誰？」妳問著
卻找不到回答

誰都無法告訴夢露「生存價值」，於是她在得不到回聲的虛無的恐怖中自殺死去，但悲天憫人的詩人，卻剖析了她，告訴她「生前無法聽到的生存價值。」

〈一種存在〉——「以美麗謙遜之姿」坐於荒原上織夢的存在。〈無以膜拜〉，詩人已用自己的回聲，砌成了自己的殿堂。

蓉子是一手處理生活，一手寫詩，再用雙手把夢和現實爲我們塑成形象。

——原載《創作月刊》第五十六期　一九六七年三月

蓉子的「世外桃源」

珩 珩

我國東晉時候的陶潛有過一篇〈桃花源記〉，最能表現他的政治理想與超然高擧之志向。現在也有一篇〈桃花源記〉，就是蓉子的《童話城》，但是兩者的表達形式不盡相同；陶潛用散文敍述一個故事，令人如入仙境，恍然有隔世的感覺；而蓉子則以詩的形式來表達，優雅的詩句，高曠的詩境，使人不禁陶然忘我，又回到童年善美的幻想中。

《童話城》是一個充滿夢幻，充滿溫暖，充滿仁愛的理想城市。那兒的

孩童們全都敏捷像兔子，
美麗像花朵，
他們互相友愛，
從不會爲食物或玩具爭吵，
因城內有足夠的愛和食物供應居民。
——連那些不幸失去父母的孩童，
也一樣能得到足夠的陽光和溫暖，
甚至比有父母照顧的孩子得到的還多。

這是兒時的美麗天堂，只有仁慈沒有暴力的世界。

在這篇童話詩篇中，完全看不到醜惡、卑鄙、殘忍、凶暴等可怕的字眼，詩中所洋溢的是一片祥和、寧靜與甜美的氣氛。只有愛，沒有恨，只有同情，沒有嘲笑。成人的世界紛爭吵嚷，充滿了緊張的煙硝氣息，「童話城」卻像現實社會中的一帖清涼劑，使人人有清新脫俗的感覺。

爲兒童寫的東西必須包含幾個要件：㈠勿引起孩子恐慌、驚嚇和不愉快的心情；㈡勿使其在未成熟前就受到性的挑撥；㈢不可鼓勵其侵略性及不正當的行爲。這是寫作兒童讀物必須注意的幾個條件，蓉子女士很巧妙地避開了這些禁忌，而以纖巧的手法寫出了樂園一般的境界。

爲兒童寫詩，直到最近幾年才興起，已有許多的兒童，在師長鼓勵下，由欣賞詩而嘗試著寫詩。在介紹欣賞方面，無可否認的，目前是朝著灌溉沙漠爲綠洲的方向前進。兒童文學書刊甚少，而童話詩的作品更少。早在二十多年前，有楊喚加以提倡，惜其英年早逝，僅留下數十首作品，其中較具規模的童話詩爲數更少，故《童話城》可說是兒童詩壇的一朵奇葩，鼓舞了許多大人嘗試著爲兒童寫詩。接著又有兒童文學寫作研習會的成立，陶鑄了一批又一批以灌溉民族幼苗爲職志的教師作家，這眞是兒童的福音。

本書適於國民小學六年級的小朋友閱讀。我個人因爲「兒童文學」教師的介紹，對此書屢經吟味，誦讀再三，逐漸體會其眞意。兒童是充滿想像的，他的腦子常常充滿了一些稀奇古怪的意象，有時是一個片段，有時是一些小小的故事，但他們很難加以整體貫穿和銜接。於是蓉子女士回想幼時天眞無邪的幻境，將它譜成了超凡脫俗的「童話城」令兒童嚮往，令大人神馳。

綜觀全篇，約有下面幾個特點：

一、**是具有創意**。童話城的朋友們在「甜甜」和「淘淘」離開的時候，送給他們倆許多禮物——其中有「一籃最美的童話風景」句。我指導兩個小朋友讀這首詩，我要他們把對這句話的感覺說出來。六年級的小朋友說：『把美麗的風景牢記在心裡。』五年級的小朋友說：『把風景攝入卡片帶回來。』詩，不必墨守翻譯，只要能心領神會即可。這種充滿創意的句子，最能啓發兒童的思想。

二、**是揉和文學意味和教育價值**。良好的文學作品，應包括著：教育的、文學的、趣味的三種價值在內。能將三者溶合，並非易事，而作者卻很輕鬆愉快地表達出來了。如原書第四十五頁倒數第二行及第四十六頁第四行開始：

把城中所有還在熟睡中的小朋友
都陸陸續續地給吵醒了。
他們趕忙梳洗整潔，
大夥兒手拉手，
圍成一個不能再圓的大圓圈，

去歡迎甜甜和淘淘。

這不正是示之以灑掃、應對、進退的良好禮節嗎？

在童話城沒有一樣東西會傷人害物，
因爲那兒充滿了友愛和善良；
沒有人肯踐踏一棵小草或攀摘一枝小花，
因爲怕花草們會疼痛。

女孩子們通常喜歡憐花惜草，見落花枯葉常要難過。男孩子則粗枝大葉，毫不在乎。這段話是對公德心的培養，指導誦讀時，示之以「勿踐踏草皮，勿攀摘花木」，則收效必宏。

三、是充滿想像。在本書前言「給你介紹一位新朋友」中，編者談到詩：『他好像一位魔術師。一旦你和他認識了，他就會領你到一個很美麗的地方，那個地方又有圖畫，又有音樂。』故知詩是充滿想像的，如

天空緞子般藍亮。
空氣泉水般甜美，
風中有各樣的花香，
雨點像水鑽透明。

在這條被稱爲「童話大道」的兩旁

有紅、橙、黃、綠、青、藍、紫，
各種不同色彩，不同樣子的燈光，
正熱烈的以光的彩色相互交談著……。

思慮的遊遨，常能造成意想不到的效果和喜悅，所以兒童們讀來興味盎然，具有啓發智慧的作用。

四、是具有深度。本篇涵蘊著深刻的哲理和思想，引導兒童走向善美的境界。

那許多可愛的、美好的故事，
使不曾到過童話城的孩子眼睛發亮；
使貧苦的孩子富足了起來；
使孤獨的孩子不再寂寞；
使生病和痛苦中的孩子都快樂了起來！

精神生活的陶冶勝過物質生活的享受，王安石謂：『貧者因書而富，富者因書而貴。』堪爲最好的註腳。

——原載《國語日報》一九七三年十月十四日

談蓉子的《童話城》

黃孟文

蓉子的創作重點是詩。研究蓉子作品的學者專家們，也多數從她的詩作著手。

其實，蓉子的童話也是不容忽視的。她翻譯過一輯格林的童話《四個旅行音樂家》，故事富有教育意義。她也在臺灣省政府教育廳和聯合國兒童基金會的贊助下，出版了一本《童話城》。

我現在想就《童話城》這部詩集，談談我個人粗淺的看法。

既然名爲童話詩，書中採用的自然是詩的形式。詩的最大特點就是：「用象徵和暗示的手法表達思想和感情，用字少，而意義多，一般文裡不管是敍事的也好，說理的也好，只要根據經驗和推理，就不難了解其眞義；但是要了解一首詩，除了經驗和推理以外，還要有想像。就因爲這樣，讀詩常常使我們有一種意外的喜悅，讓我們體會到文字以外的意義，這種意境往往只可意會，不可言傳的。」① 從兒童詩的角度去衡量，《童話城》也具有上述這個特點。

《童話城》全書分爲三輯：第一輯裏的詩是一般常見的事物；第二輯寫的是自然現象；第三輯是兩首故事詩。

第三輯的《童話城》是本書的主篇，最有份量。童話城是座落於赤道地帶的一個「愛的城 夢的城，遊玩的城」。甜甜和淘淘兩姐弟飛越海洋，降落在這個島嶼的翡翠色鋪滿了花朵的草場上。立刻，小飛蟲、小飛鳥和小朋友們列隊歡迎這兩位貴賓。聽進耳裡的是悅耳音調和美妙的歌聲；映入眼帘的是不同的色彩和燈光。城裡充滿了友愛和善良。街道整潔，水果鮮美，食物充足，姐弟倆享受著一長串令人難忘的快樂時光，不捨得離去。

這和陶潛筆下的「桃花源」境界不正有異曲同工之妙處？珩珩曾經這樣比較過二者：「陶潛用散文敘述一個故事，令人如入仙境，恍然有隔世的感覺；而蓉子則以詩的形式來表達，優雅的詩句，高曠的詩境。使人不禁陶然忘我，又回到童年善美的幻想中。」②「愛、溫暖、和平、豐衣足食、化暴戾爲祥和、眞、善、美」是童話城的理想境界，它是作者心目中完美的人間天堂！

其實，早在蓉子遊歷西班牙時，她就已經有了「童話城」的意念了。她在《托倫多古城》遊中，有這樣的一段描寫：「現在，遠遠地我們就看到前面的城市了，整座城爲距今七百年前的古城牆所圍繞，高高的，形像很特別，令人生起一種不屬於現世的感覺，好像那高高的城牆後面是一座童話中的城市，又或者是屬於歐洲的什麼『桃花源』中的城鎭……」蓉子似乎就在這座古城覓得了她理想中的《童話城》的靈感。

這個童話城位於比寶島更南和到處充滿陽光的土地上，「那有一千個島嶼的地方」。這不就是南洋海島麼？它也就是筆者目前居住的地區。我很慶幸能夠生長在那樣的樂園裡。

當然，由於《童話城》是一首「故事」詩，它的「詩味」自然會淡一些，不如前二輯的短詩那樣多用「象徵和暗示的手法（來）表達思想和感情」。一些句子如「可惜甜甜和淘淘經過一整天的旅行，已經困倦得睜不開眼睛，只好快快地駛往城內的童話旅社休息」，「他們每天上午都要向小朋友們講故事，下午則由大夥兒輪流陪他們各處玩耍」等，就有點散文化與敘事化了，雖然作爲一首故事詩，這點是不容易避免的。

蓉子是一位愛好自然的詩人，因此她那描寫自然現象的第二輯，頗有特色。在她筆下的自然景物，色彩斑斕，音韻和諧。在〈太陽的節日〉裡，太陽穿上他最華麗的金色長袍，腰束紅橙黃綠青藍紫七彩的帶子；在〈會變顏色的衣料〉中，那海水做成的衣裳，有深藍、淺棕、綠、白各種不同的顏色，像「貓眼石」一樣地隨時變換光燦；在〈孩子們的四季〉裡，風兒使原野鋪上了綠色的地毯，讓年輕的樹換上了新裝。夏蟲愛大聲叫嚷，蟬在樹上，蟋蟀藏在草叢裡，小青蛙坐在井畔和池塘，還有美麗的紡織娘一面織布一面歌唱。在〈風的長裙子〉裡，作者痛斥　風的凶殘：「她（颱風）拖著那大得不能再大的裙子，掃過來，掃過去，發出呼呼的聲響，嚇得小蟲子都哭泣起來，嚇得小鳥兒不敢發出聲音，嚇得行人不敢在路上行走，嚇得太陽也變了臉色。她還在使勁地扯著她的大裙腳——那潑辣的老巫婆，要把她經過的地方都扯破。眞的，沒有人會喜歡那颱風老婆婆，雖然她有世界上最闊大的裙子，但沒有一顆仁慈的心！」在這裡，作者技巧地教導孩童們要明辨是非，要痛恨殘暴者！

然而，從詩的觀點，我以爲第一輯裡所包容的描寫一般常見的事物的童詩，才是全書中寫得最爲精彩和最爲成功的。

這輯裏幾乎所有的童詩都寫得很有意味：生動、形象、有趣。比如在《大母雞》詩中，母雞因爲生下了一個蛋，就搖頭擺尾地不斷叫著「咯咯咯、咯咯咯咯蛋」。母雞那「產後」的喜悅心情，躍然紙上。又如在《小木馬》中，作者這樣寫道：

紅翅鳥在天上飛著，
小木馬在地上走著。呵，這是小弟弟的小木馬。
弟弟要騎著它，
走遍寶島，
走向天涯。

弟弟的小木馬會跑會跳，
弟弟的小木大不須吃草
看風景兒在兩旁流轉，
花蝴蝶在四周飛舞。

眞是海闊天空任優游！詩裡提供了廣闊的空間，讓小讀者去伸展自己的想像力，思索自己如何像眞正騎在馬兒上一般，奔馳在美麗的國土上，盡情地瀏覽四周的風光。

在《半邊翅膀的鴿子》中，作者帶著憐憫的口吻寫道：

看頑皮的小孩子，
不停地模仿牠跌跌撞撞的怪模樣，
殘忍的小花豹，
就等著它摔下地時一口吞吃了它。

只有可愛的甜甜和淘淘，
不忍心看牠受傷，
當小白鴿跌下地時，
趕快把那少了半邊翅膀的鴿子帶回家！

這是一顆多麼仁慈博愛的心啊！它也很符合孩童們愛護小動物小飛禽的意念。這首詩具有潛移默化的教育功能，那是不容否認的。此輯中還有兩首非常美妙的童詩：《井》和《小白兔》，前者把井壁和井水寫活了，也把井底蛙的故事用不俗的手法描摹了出來：「在那兒，一只小青蛙夢見自己是世界上最尊貴的國王！」在《小白兔》一詩中，小白兔的長耳朵像電視機上的室內天線一樣，而「當小白兔聽見獅子們還在遠方林子裡走動的時候，它就一溜煙逃走了——快如一道白色的閃電。」寫得很形象，遠勝千言萬語的抽象敘述。

蓉子的童詩所以能寫得這麼成功，主要因爲她「以孩童的心情去體會對各種事物的感受。兒童詩即是在兒童的生活、思相範圍所可表達的事物，以他們天眞的眼睛來看這世界，以他們的耳朵來聽這世界，以他們的心來感受這世界，用他們常用的（而非幼稚的）語言來寫……在生活的基礎上加上想像，才不會太落實，境界也較爲開闊。兒童極富想像力，他們的想像是很直覺的，所用的語言也是很直覺的，那就是兒童詩的語言。」③

讀完《童話城》全書，相信你會同意：蓉子是很有寫童詩的才華的，雖然她謙稱這本書是在蜀中無大將廖化做先鋒的情況下完成的，後來又由於事情忙碌，「而童詩蓬勃發展，從事推動這方面工作的人才濟濟，林煥彰等位尤其主動積極地投入，個人便很自然地較少參與了。」④其實這裡指的主要是參與兒裡文學演講的活動。我們應該有更多更好的兒童文學作品。蓉子在創作兒童讀物時，能夠站在兒童的立場來描寫。她有一顆童心，加上有豐富的兒童語言。我們希望她能夠再度拿起她那支寫童詩的彩筆，引領千千萬萬的兒童，漫遊她所創造出來的，更多的，一座又一座的童話城。

【附註】

① 見〈給你介紹一位新朋友〉，《童話城》，第三頁。
② 見〈蓉子的世外桃源〉，臺灣《國語日報》（一九七五年十月十四日）。
③ 見〈燈屋裡的繆斯〉，〈文學時代雙月刊Ⅸ〉，《月桂冠》。
④ 見周偉民、唐玲玲合著，《日月的雙軌——羅門、蓉子創作世界評介》，第四〇七頁。

——選自《羅門·蓉子文學世界學術研討會論文集》

蓉子的詩情世界

陳　煌等

端莊的風味

蕭　蕭

詩如其人，就蓉子而言，端莊是人格的總體表現，端莊的風味就是詩的主要風格之一。如果是青蓮，那是端莊的青蓮，如果是青鳥，青鳥的飛翔之姿也是優雅而端莊的。「端莊」，顯現在外，看得見的姿式，如果要體會那種「風味」，應該就是中國傳統的詩教——溫柔敦厚。約略而言，也不過是「含蓄」二字而已。話不必說滿，適可而止，端莊的風味即從此處娓娓而出，裊裊而翔。

以實際寫作的「詩」，來表達詩人的「詩觀」，或者藉以探索詩的「風格」，自古以來就有這樣的習尚，蓉子詩集裡頗多此類作品，有時以暗喻的方式，借形象來表達詩人心中詩的樣子，但也有直接以「詩」爲題的，《維納麗沙組曲》中有一首詩即以〈詩〉爲題，開頭就是這樣的一段：

從鳥翼到鳥
從風到樹　從影至形

——一顆種子從泥土出生的路徑與變化

蓉子是一位女詩人，但不嘮叨，不嘮叨才能成功爲一個好的詩人。這三句詩已經完整透露了蓉子詩的風格，「詩」不必多說，好像人生漫長的旅程中詩人只須要截取其中的一段給讀者就可以了，只要這一段也就含括了全景，含括了一生，所以，「翼」是鳥的一切、鳥的象徵，飛翔之必須也就不必多言，飛翔之冷然而善也就不必多說了！「從風到樹」，那又是另一種物與物間的相互呼應、彼此引動，詩，往往藉這樣的呼吸而生成。「從影至形」，更顯現了蓉子從早期就如此執著的詩觀「最美的是最眞」（「笑」），「影」是美而「形」是眞，從影之美以追求形之眞，這就是一種端莊的風味之追求。因此，最後的結語，以種子從泥土出生的路徑與變化爲喻，即是踏實之中追求變化之意，端莊的風味在此。

蓉子贊賞桑德堡的話：「詩是一扇門一開一闔，讓那些看過去的人去想像那片刻間所見者爲何。」詩人原來不必從頭到尾描繪無遺，端莊是「君子不重則不威」，從頭到尾的嚴肅，但「端莊的風味」卻是一開一闔的事，欣賞蓉子須要掌握這個基點。

一個無懈可擊的圓

陳寧貴

羅門與蓉子是詩壇令人羨慕的伉儷，他們住在燈屋，孕育著現實之外的詩情畫意。談到他們的詩，羅門與蓉子是兩種異樣的風格景緻。羅門的詩對讀者的心靈產生巨大的衝擊，而蓉子的詩對讀者的心靈卻有療傷似的撫慰。蓉子是自由中國第一位女詩人，早在民國卅九年發表詩迄今已有卅年了，這期間蓉子時而勇往邁進，時而輟筆沉思，致使詩人黃用要指出：蓉子已經貢獻過了，然而，蓉子眞的已經貢獻完了嗎？黃用說這句話，一晃廿多年又過去了，在這漫長的歲月裡，蓉子從青鳥期「在邱比特的箭簇上」，邁向天堂鳥期「一個無懈可擊的圓」，我們從蓉子自選集中，可以很清晰地看出蓉子如何衝過時間的無情封殺，如何把詩推向更高更遠的境界。蓉子的詩從開始迄今保持著無比的玲瓏剔透，她這方面的才華，後來的女詩人中，祇有敻虹可與之抗衡。蓉子自詡爲「一棵獨立的樹」而且「不是一株喧嘩的樹，不需用彩帶裝飾自己」，可見蓉子是個充滿良心自信和詩人氣質的，我們從此可以窺知，何以蓉子的詩甚少受人影響，她的詩似乎遵循著她自己預定的目標、理想前進著。從詩裡來了解蓉子是比較確實的方法，在《維納麗沙組曲》十二首詩中，蓉子用十二種角度來描寫自己，維納麗沙的世界就是蓉子的世界：「維納麗沙／你就這樣的單騎走向／通過崎嶇／通過自己／通過大寂寞……」也許蓉子生長於一個教會家庭裡，養成了待人待己都極虔誠的性情，與她交談你會感覺她具有一顆中國傳統的溫柔敦厚的心，因此從她玲瓏剔透的詩中，隱約透露出對人對物的關愛，讀她的詩，能使煩躁混濁的情緒，慢慢沉澱透明起來，像這種具有安慰力量的詩，在現代詩壇是稀罕的。「像蜜蜂釀蜜一般，從萬象中採擷最甜美的質料，來建築我們的神吧！」（里爾克）我覺得這句話對蓉子的詩是最恰當的評語。

自妍婉中擎起

陳　煌

再翻讀蓉子的詩，我感覺到有一種類似古典溫婉的情調充滿字裡行間，而升至我心中的，卻是一股柔和芬芳的成熟！然而，蓉子並不表現得虛無，甚至在取材內容上，她似乎早已能熟練地運用生活經驗的情感，融入詩中，經過多方觸鬚的敏銳感應，而從妍婉中擎起。試看〈朗頌會〉中的詩句：「荒原上有一棵樹／樹蔭溶入水中／我行我歌／曳藍色長袍／朗誦向風濤……」。再試讀〈維納麗沙〉一首中的「維納麗沙／你不是一株喧嘩的樹／不需用彩帶裝飾自己」。再看〈寂寞的歌〉裡的「讓我點起一支寂寞的歌／將無垠的沙漠劃破」。蓉子是一位不斷肯定自己的女詩人，同時，藉著詩的表達，她更認清了生命的意義！而在技巧上，蓉子特別喜愛以漸層入境的手法，將自己的觀照和諧且完整地呈露，並閃現出智慧的心思，而純眞明澈的感情尤使得蓉子的作品，從詩的意境上傳出韻味的芬芳，叫人反嚼回味。

在蓉子的詩的國度裡，如何追索「靜觀天宇而不事喧嚷」的理想，似乎是她的信念。甚至，蓉子也超越了一般女性詩人心靈思索的世界，而寫出甚有社會意識的詩來，如〈城市生活〉、〈公保門診之下午〉和〈旱夏之歌〉等等，卻也對現代都市的評判有深刻的解剖，値得注意。

總之，蓉子的詩有其獨特的詩想，我們不得不為她「仍舊有妍婉的紅燄／從澹澹的寒波／擎起」的觀照而喝采可喜。

——原載《陽光小集》詩刊　一九八一年「夏季號」

不薄今人愛古人

——我讀新詩

琦　君

我對新詩的理解力非常薄弱，可說毫無「慧根」，但也偶拾到幾首自以爲能夠領會的新詩，便不勝沾沾自喜。我非常佩服新詩人的想像力和創造精神，他們完全擺脫了傳統的格律拘束，以絕對自由的語象，表現最眞、最深、最婉曲也最踏實的思維和感情。有好多新詩，無論明喩、暗喩、象徵，所表達的意象、情趣，都予人以明珠翠羽般玲瓏剔透的精美之感。我個人覺得，讀新詩不必執著於詩人眞意之所寄，不妨於一片朧朦中掇取你自己所喜愛的一、二句或一、二節，細細咀嚼，如能別有會心，也就樂在其中。打一個比喩，我欣賞新詩就像面對黑絲絨上撒開的一把寶石。絢燦滿目，似凌亂也似有其自然的韻律，絕不是死死板板鑲現成的一枚鑽戒或一隻翡翠別針。你儘可以揀取自己喜愛的一粒寶石，放在手心摩挲把玩，或試著給它們調換個位子重新排列，然後再還它本來面貌。我這個外行人就是這樣欣賞新詩的。雖然我從來沒能像背舊詩詞似的把一首新詩背得琅琅上口，但卻有許多特別鮮明的意象，特別清新活潑的想像，令我念念難忘。

近來正在讀蓉子的新詩集《横笛和豎琴的晌午》。正和讀其他新詩人的詩一樣，有些篇章，我讀了幾遍仍無由領略，卻有些篇章中的一二節、一二句或一二字捉住了我的興趣，例如她寫在韓國吐含山看日出，「就如此攀登／踏一山夜色／沐靜謐中的寒冷／仰猶未解凍的月與／天明前的曉星去尋日。」「一山夜色」之句可以入詞，足見新詩並不避免舊詞彙，例如「惆悵」、「愴涼」、「珊珊來遲」等，她都用了，而〈一朵青蓮〉中的「從澹澹的寒波擎起」一句更見舊詞痕跡，卻無損於全詩精神的新。正如秦少游的「斜陽外，寒鴉數點，流水繞孤村。」是套的隋煬帝的「寒鴉數萬點，流水繞孤村。」加三字而境界全出。又如白居易的「樹初黃葉日，人欲白頭時」，司空曙套用爲「雨中黃葉樹，燈下白頭人。」雖然增加了顏色的陪襯，但因句法形式未變，總覺是因襲前人。可見文字的創新之難。再說蓉子詩的第三句「沐靜謐中的寒冷」，是否也可易爲「冷寒中的靜謐」，我想作者當時的感受是「寒冷」的感覺，或由於字音的聯想與不同之分，這是我的心的感受的揣測之詞，而作品的內容我欣賞的是第三句中的「解凍」二字。以此形容黎明前的月，十分傳神，那一年我和她一同上了吐含山，一同望著曉霧沉沉中的月，我腦子裡卻跳不進「解凍」二字。只覺得「朦朧」二字是不足以勾劃她的。這就是新詩人的獨具匠心之處。古人寫月的詩詞極多，我獨愛納蘭的句子：「一樣蛾眉，下弦不似初弦好。」從主觀心情上著筆，無限悵惘。「辛苦誰憐天上月，一夕如環，夕夕都成缺。」從形像上著筆，寓有無窮感慨，造意都非常清新，可說是當時的新詩。又如東坡寫月色的短文：「庭中如積水空明，水中藻荇縱横，蓋竹柏影也，何處無月，何處無竹柏，但少閒人如我兩人耳。」我覺得稍加套改，便可成一首新詩。可見好的文學作品，不分古今新舊，其精神原是一脈相承的。話題扯得好遠，現在再來談蓉子用以題詩集的那首詩，她以隔岸的擣衣聲形容悠悠遠遠的音波，「擣衣聲」三字溢樣著一片古意，是生在充滿洗衣機聲的現代人所沒有聽到過的，詩人於引用此三字時，必然發思古之幽情，而進入了那古樸的境界，她將它和現代名詞「音波」配合在一起，格外的鮮明有情致。這，我想就是新詩的時代氣息，李杜時代沒有收音機，沒有「音波」這個名稱，沒有冰箱，沒有「解凍」的觀念，現代的詩人就有了。相反地，在日光燈、霓虹燈照耀之下，你若吟起「一燈如豆」或「殘燈挑盡」之句，千百年後的讀者，就不知你這個作者生在什麼時代了，所以我非常贊成新詩人以日常生活的語言入詩，只要構成的意象能貼切地表達你生活的實際感受，就是美，因爲美的先決條件是眞，失眞的陳腔濫調就不會引人共鳴，若是引用古典詩詞中現成詞彙，這個舊瓶中的酒必須是你自己的靈感釀出來的新酒。否則在他年的文學史上，就沒有新詩的一頁地位了。不記得是那一位詩人，以飛騰的過錳酸鉀溶液，形容鳥類的交響曲（原詩已不能記憶。）以實驗室中各種形相象徵天籟，這份現代人的感受，絕不同於「群鳥高飛盡，孤雲獨去閒」的李白獨對空山的感受，這也就是時代不同，生活方式不同所引發詩人意識之不同。今人之筆，非古人之筆，甲之筆，非乙之筆，富於創造力，想像力的詩人，無論古今，都有「人人筆下所無」的技巧，以表顯他獨特的風格。

寫至此，我不禁想起新舊詩的融合問題，我認爲年長一輩或古典文學深具修養的詩人，由於一縷懷舊之情，偶賦詩詞時，不妨引用現代的名詞或語言，不但別饒情以此類不雅名詞入詞，破壞了詞的傳統美。我卻認爲古人可以寫垂釣、局棋，我們爲什麼不可以寫「乒乓」、「麻將」呢？一個人如明明沉醉在湯姆瓊斯熱門音樂的歡樂氣氛中，如何硬要他體會「孤舟簑笠翁，獨釣寒江雪」那種遺世獨立的心境呢？

新與舊只是時代的差距，今天的新也必成爲來日的舊。作品的內容與形式因時而異，但無論如何，詩本身所必須具備的詩質是古今相同的，沒有了詩質，勉強寫成詩的形式，或賣弄一些五花八門的詞彙，則無論舊或新，都不能稱之爲詩。一位眞正的詩人，他也必須具備詩質。袁子才說得好。「吟詩好比成仙骨，骨裏無詩莫浪吟。」所謂仙骨，就是詩質——詩人的一點靈心，此心可以上接古人，遠交海外。又有什麼新舊之分呢？我就是抱著「不薄今人愛古人」的態度，愛好舊詩，也喜讀新詩，解或不解，都有一份陶然之樂。有時偶然發現異代不同的詩人，靈感相通之處，便感到十分高興。記得鄭愁予有一句詩：「山是凝固的波浪。」非常形像化。古人詩也有一句「嵐嫩千峯疊海濤。」頗爲巧合。又如他的名句「再跨一步，便是鄉愁。」寫萬里征人的思鄉之情，蘊藉含蓄，較韓愈的詩「馬後桃花馬前雪，出關那得不回頭」的平鋪直敍，雋永得多了。

不受時空限制的思維之跳躍，無論新詩、舊詩。都屢見不鮮，蓉子的〈音樂盒子〉寫音樂之叮噹逗起她種種的夢，讀來眞有如「夢窗凌亂碧」，令人無法追蹤，我獨愛最後幾句：「夢湖／夢海／海上有天使飛翔／微寒春雨裡／一朵清純明麗的山茶花」由浩瀚的海，忽然想到春天裡的山茶花，意識流轉瞬息萬變，使我想起溫庭筠的菩薩蠻：「水精簾裡玻璃枕，暖香惹夢鴛鴦錦。江上柳如煙，雁飛殘月天。」由溫馨的閨房，忽然跳躍到暮春破曉的荒冷江面上。中間全無脈絡可尋，認他爲夢境也好，認他爲印象之交錯呈現也好，讀者只需以一顆美的心靈去領受，不必強作解釋，可能作者本身也無從解釋，又如辛棄疾的鷓鴣天中有二句：「城中桃李愁風雨，春在溪頭薺菜花。」由城中的桃李，忽爾想到野外溪邊的薺菜花，是一種聯想，也是一種對比，至於瘂弦的「乞丐在廊下，星星在天外，菊在窗口，劍在古代。」則是天風海雨，益見神來之筆。凡此皆足見詩人心靈活動的情態，古人今人都是一樣神奇的，套一句李白的詩作比喻：「古人曾見今時月，今月曾經照古人。」就是那個亙古不變的月亮把古往今來的時空揉合在一起了。

舊詩的最大約束是押韻，絕律與詞曲還須受一定形式及平仄限制。新詩的最大自由也就是不必受韻與格局的拘束，尤其是現代詩，但無論新、舊詩，其內涵的自然節奏仍是不可缺乏的。而這種如野雲捲抒般的節奏，正所以象徵詩人的思維情緒之顛簸。亦有賴於巧妙的文詞來傳達。愈是靈心善感的詩人，愈是技巧高妙的詩人。他的作品節奏愈自然，也愈能引發讀者的共鳴，形式上有韻與否，悉聽自然，不必勉強押韻，但也不必故意避免用韻，我認爲中國文字的得天獨厚之處，就是一字一音，聲分平仄，任何一組詞彙，都包含了自然的韻律。如能驅遣自如，絕不至被文字所奴役。唐代的李白、杜甫，雖然風格不同，而他們的遺韻卻都似有神助而入于化境。例如李白的一首人人熟悉的長干行，押韻極爲自然，尤其是其中「

低頭向暗壁，千喚不一回，十五始解眉，願同塵與灰。」「灰」與「回」押韻，卻下得如此的巧妙，把一個少女的嬌羞與癡情刻劃得十二分深入，讀來似乎非此字不可。又如杜甫的一首七古長鑱引：「長鑱長鑱白木柄，我生托子以爲命。此時與子空歸來，男呻女吟四壁靜。」「靜」與「命」押韻，只此一字，便寫出他多少辛酸，也是無聲的淚。妙在他以靜反襯兒女的號哭聲，益見他的淒苦無援，除靜字外再也不作第二字想，可見偉大的詩人，任何字眼，經他一運用，都有點鐵成金之妙。上舉的兩首詩，豈不也可說是古典的新詩呢？因此我有一個膚淺的想法，如果新詩人也適時適度地運用中國文字的特質，以音韻表現節奏，是否亦並不妨礙新詩的新，現代詩的現代呢？當然我不主張開倒車，再回頭作舊詩詞，但兒孫與祖父總月一脈相承的血緣關係，縱有神似之處，亦是一分光榮，更何況中國的新詩或現代詩，必須是中國的，舶來品的氣味愈少愈好。本刊日前所刊載馮雲濤先生「聯想的聯想」一文，對余光中詩的欣賞，所引諸詩，確實非常的「中國」，從古典詩詞入而從現代詩出，脫化自然，全無斧鑿痕跡。許多疊句中的節奏，有著一份詩騷樂府的古意，內容卻是道道地地現代中國人的思與感。我的西洋文學常識極有限，但西洋古典詩，也常是一二句三四句押韻，或一三句二四句押韻，有時爲了韻而將一個字就音節拆分二行，或省去某字中一個字母，或改念短音爲長音，他們不也很重視音韻嗎？好像白朗寧有一首詩，他重疊地用三個同韻母單音節的字sad, bad, mad, 來形容心情，就頗近似李清照的「尋尋覓覓，冷冷清清……………」的句法，若把它譯爲傷心、懊悔、瘋狂就失去原詩精神了。所以我覺得西方的還他西方的面貌，東方的保持東方的情趣，而只要是詩，西方東方精神相通，古代、近代息息相關。偶然用韻也許限制了一部份自由，但大詩人歌德說得好：「情願不自由，便是自由了。」何況大手筆於稍稍局限中，仍能馳騁自如，則益足見其才華的不受限制呢！

最近一期的《中外文學》刊有余光中的詩〈小小天問〉（二卷十期二八頁）就是押韻的，並無損於造意之新知，想像的自由。

其次，我又想到新詩的晦澀問題。這也是造成舊詩人不願接受新詩的一個主因。晦澀並不是含蓄。含蓄是屬於涵義方面的，涵義含蓄到近乎曖昧的仍不失爲好詩，所以難解無妨，完全不可解也無妨，只要不是故弄玄虛的晦澀，誰都感到李義山的錦瑟詩不可解，而「滄海月明，藍田日暖」一樣構成鮮明的意象，就此意象見仁見智由你去解。可是有的新詩卻是連一點意象也無法捕捉，這就難怪「以艱深文淺陋」之譏了。詩的語言本來應當是最精鍊最濃縮的，它留給讀者無限的空間去想像，那才有詩味，即使呈現於讀者心中的是完全不同的另一種境界，又有何妨，因爲詩不是散文，不屬於理性的解說，作者並不要求你完全懂，也許寫詩當時，那份情愫，過一陣子自己也不懂了，正如畢卡索作畫的心情。這又何損於詩質之美呢？所以我個人的淺見是新詩可以難解，可以不解，但不要晦澀。晦澀與明朗是相對的，明朗並非淺顯，明朗的詩更有深湛、雋永的涵義，令人百讀不厭。我認爲明朗是屬於技巧的高明、暗喻、象徵、烘托、對比、擬人等手法，運用愈多愈明朗，也愈見神韻。先以蓉子詩爲例，她寫板門店「多麼奇特的觀光櫥窗，不陳列風景，也沒有羅馬假期的笑，只長年地展出一個傷口，十餘年來不曾縫合的創痕」。平易近人，沒有故弄玄虛的字眼。她以「觀光櫥窗」「羅馬假期的笑」兩種明艷亮麗的事物，反襯出一個傷口、歷史的創痕，成了悲劇性的觀光勝地，令人感慨乎人類的愚昧可憐。是一首好的詠史詩，使我想起庾子山哀江南賦中「懸弓於玉女窗扉，繫馬於鳳凰樓柱」以繁華與兵劫作強烈對比的句法。新詩的象徵似乎比舊詩更多，詩人們往往以具象的事物象徵抽象的情愫或光陰夢境等等。記得瘂弦的一首〈歌〉，以金馬象徵過去，灰馬象徵明日，白馬象徵愛情，黑馬象徵死亡（原詩分四節，每節四句，句法相同，頗似詩經「子衿」、「黍離」等篇的章法。一讀便懂，毫不晦澀。又如已故詩人楊喚的詩：「白色小馬般的年齡，綠髮的樹般的年齡，微笑的果實般的年齡，海燕的翅膀般的年齡」，她以這四樣鮮明活潑的東西比喻年齡。逗人無限遐思。使我想起辛棄疾的粉蝶兒形容春天「昨日春如十三女兒學繡，一枝枝不教花瘦。……而今春如輕薄蕩子難久！」以人物的行為活動形容春光，這是詞之所以勝於詩處。我非常欣賞余光中「滿月下」的最後一節「那就折一張闊些的荷葉，包一片月光回去，回去夾在唐詞裡，扁扁地，像壓過的相思」想像之美，堪稱新詩中絕妙好言語。月光必須夾在唐詩裡，如夾在六法全書或聖經裡，就大煞風景了。但如易以宋詞二字，也遠不及唐詩，為什麼呢？或許因「宋」字是仄聲，「詞」字是陽平，發音較低沉混濁，而「唐」字雖是陽平，「詩」字卻是陰平，唸來清脆鏗鏘。雖然新詩不論平仄，但音調的悅耳與否，詩人於落筆之際，不由得會顧到它的音樂性，這只是我外行人的揣測而已。

至於擬人的手法，新、舊詩中，都是俯拾即是。例如杜甫的詩「經渭無情極，愁時獨向東。」東坡的「春江水暖鴨先知」，晏同叔的「春風不解禁楊花，濛濛亂撲行人面。」姜白石的「高樹脫蟬，說西風消息。」辛棄疾的「卻笑東風從此便薰梅染柳，更沒些閒，閒時又來鏡裡轉變朱顏。」我特別喜愛他的「約春愁，楊柳岸邊相候。」和東坡的「若到江南趕上春，千萬和春住。」新詩中，也正多此種手法，如已故詩人覃子豪的「湖呀！太陽用金絲的髮，遮著你碧藍的眼。」瘂弦的「海，藍給她自己看。」蓉子的「飽風的帆孕整個海歸來。」（孕字頗見巧思。）「雲的白髮緩緩地掠過樹梢」。余光中的「一隻瓜從從容在成熟」等句，都是擬人法。正如王國維說的「詩人有重視萬物之心，故能與花鳥共哀樂，有輕視萬物之心，故能以奴婢視風月。」不論是舊詩人、新詩人，都有同樣的一點靈犀。

在遣詞、造句方面，新詩人也不避免用舊句法，可惜我讀過的新詩太少，單在蓉子集中，我就發現不少，例如「長風送秋雁，滿院菊花黃」簡直就是五古。「礁溪的月色好——誰看」若去了「的」字便是律絕句法，「蒹葭蒼蒼」直接引用詩經之句，我不知道別的詩人是否也有此習慣。我倒頗贊同如此信手拈來，點綴得新詩更有光彩。好像余光中說過「新詩不是白話詩，可以用文言字眼」。那麼引用古句，更屬無妨。何況新詩、舊詩原是一個家族，兒孫們偶然戴上老祖母的珠翠，或將一條古色古香的花邊鑲在時裝上，豈不益見得容光煥發，別出心裁呢？

我個人覺得，新詩尤其是現代詩，給予人想像馳騁的幅度比舊詩詞更廣闊。這也許由於舊詩詞在形式上已經定型之故。我每讀律絕或詞首先抓住我的是詩人上天下地的想像，其次是變化無端的句法，有時使人如墮五里霧中，但在霧中摸索，正是一樂。以舊詩的比賦興而論，我覺得新詩中的比似較賦多，興似較比多。而興往往是魚龍變化，不可得而蹤跡的。舊詩因起承轉合，早有定局，即使是所言在此而起意於彼的隱語，也是易於追尋的。因此我想借用王國維論詩詞之不同的精闢之言來比較一下舊詩與新詩，王國維說：「詞之爲物，要眇宜修，能言詩之所不能言，而不能盡言詩之所能言。」我覺得新詩的語言親切、自由、想像豐富，呈現的形像鮮明，故能言舊詩之所不能言，但新詩詞意濃縮而隱晦，故不能盡言舊詩之所能言。此不能非眞不能，不爲也（當然指的是眞正有修養的新詩人而言）。

同時我也有幾點膚淺而誠懇的寄望：其一、詩固然是文學作品中最精簡含蓄的語言，但無論如何精簡含蓄，所涵的總要是「人人意中所有」的意，就是說創作而不離奇，平易而不庸俗，那麼他那支「人人筆下所無」的筆，才會爲千萬人所激賞。古人說：「得句錦囊藏不住，四山風雨送人看。」人究竟是感情的動物，即使是一位孤芳自賞的詩人，即使他寫的是內心的孤絕感，他既然寫了，總希望能有衆多的讀者，得知音的賞識吧。其二，我國的詩歌，自古風而律絕而詞曲，再自五四以後的新詩直到今天的現代詩，形式與內容的演變是文學自然的趨勢，也是時代的要求。這種演變，一方面由於吸收西洋詩的技巧與精神，一方面是從數千年詩歌演進的傳統中孕育蛻變而來。所以表現的必須是屬於現代中國人自己的情愫，也就是說，是中國人自己的新詩或現代詩。作品才不至有舶來品或譯詩的牽強痕跡。其三，由幾位新詩人的作品中，已意味到他們頗爲珍惜舊詩的精髓而有著回歸傳統的傾向（記得余光中曾有浪子回頭的話），甚盼眞正有修養的舊詩人，能和他們握手言歡，新舊詩人，煮酒論詩，以文會友，兩者精神的會合，將使新詩益形古典，舊詩日趨現代。尤其是新詩人彼此之間，亦當雅興與雅量，相互欣賞、討論、批評。使我們的新詩能更上一層樓，進軍世界詩壇，發放燦爛的異彩。

最後，我要特別聲明，我於舊詩、新詩，都沒有一點研究，欣賞的程度也是非常粗淺的，拉雜地說了許多感想，恐將貽笑寫新、舊詩的方家們，但，我相信他們都會諒解我的一片至誠的。

——原載《中華日報》 一九八〇年九月五日

蓉子的《天堂鳥》

南之

最近讀了蓉子女士的《天堂鳥》詩集，深感她纖細、圓滑、溫柔的詩心，正是我們這個倫理社會所要求的優美的內在氣質。

蓉子的詩，和現代主義的風格，有點不同。她的特徵，是來自中華文化的儒家面貌，且含有宗教、淑世、教育的精神。從她的每一首詩中，都可找到中國文化的內蘊，看到她詩心的慧美，清遠的靈思，和優雅的生活內容。而其作品的軸心，大部份都是表達自己對社會、和身周事物的關愛與欣賞。

本書收集自四二至六八年間作品（包括作者出席第三屆世界詩人會議所寫），共四十九篇，是蓉子最成熟時期的智慧結晶。細品之後，宛若靜夜聆聽一支流麗溫婉的樂曲，心靈得到淨化，並因美感而覺得煥發和振作。

我們可從〈山就這樣走來〉一詩中，看她如何精於佈局；以「山」象徵自己的成長，把自己化為山，對生命與生活的奮鬥，寫得出神入化。

「用蔓藤構思　一樣地疊嶂千尋
那高峻的神奇　那懸盪的迤邐以及

吳楚東南圻的驚險 山就這樣走來。」

本詩的第二、三段，她的表現更溫厚，每句都是生命中美麗的痕跡。

「啊，初朝與黃菊花
祇有玫瑰在輕輕變化
那甜美的情緒在緩緩變化……
我去垂榕樹下盪著鞦韆
記起十歲的童年 此後風中雨裡
而懸崖 絕壁 山、就這樣走來。」

蓉子對現實與理想的衝突，在「詩劫」詩中，予人極大的震撼。第一段是

「沒有空間就沒有詩
——當然最主要的還是性靈
如果鳥不在飛翔的翅膀上
水上沒有波光
……………」

而第二、三段，她表達一路艱辛，詩人也是汗流滿面才得餬口，思想的輪子因生活壓力，陷入泥濘的現象。在第四段除了聽到更有力的擂心之聲，和看到嶄新的文字意象外，誦來，

更具有音樂的節奏美。

「啊，不停的啄你踢你 生活
以鷹的喙 以泰國拳的腿。
社會以百景分你心
事物無情地將你折磨 要你降服
你不從 你受苦 你孤獨。
當現實的巨浪排空而來
掩沒了掩沒了那孕夢和詩的霞光！」

作者既是虔誠的基督徒，詩中自然含有宗教，和她的生活背景——倫理觀念的色彩。又因中國文學的習慣，寫詩往往滲入禪味，且看〈夏日荷塘〉，則可聞到禪的餘弦。它的第二、三段是：

「那滿載荷花的池塘
恰似古典的懷想
寂寂靜靜的波光
沒有洶湧的潮浪

一朵紅花升起
（當諸般煩俗脫落）
自成秩序與美。
蓮花與月華相容與
一隻蛙急速逸去……」

它令人覺得有一種「觀心參禪」的默照況味；不獨展出一片在月照村落，夜正涼的香澤境界，也很像行臺的詩句：「落葉凋落堆積，雨，／打著雨。」的禪景，使人回到本然的面目，歸回純眞的初性。

詩的藝術姿式，通常包括三類。一爲文學的—心象的內容。就是以文字，意象，暗喻，反喻，明喻，象徵，餘弦等表達。二爲音樂的—心象的動向。就是從音的質量，長短，快慢表現心象濃度之增減，情緒的突轉，幻想的流動，記憶的出現與消失，和感受的鬆緊等等，是種時間藝術。三爲繪畫的——心象的狀態。是使人看到心象（情緒，感受）的空間藝術。例如書名之篇「天堂鳥」，則是色彩極繁富生動，含有濃厚的繪畫意味之作。

蓉子的詩風，非屬現代主義的以「情意我」世界爲中心：強調「孤獨」，「自我的表現」，「遁世」，或顯示焦慮意識的格調。她的作品是表達仁愛忠孝的精神，正切合我們倫理社會的生態，是健康的建設性的，她的詩心正如其人，以溫柔敦厚的傳統美爲本質。

——原載《陽光小集》詩刊　一九八一年夏季號

評介《蓉子自選集》

辛　鬱

蓉子是一位始終能保持個人風貌，而且一直未曾停頓創作的女詩人。她的詩，感情纖細，運思奇奧，筆觸精巧，是揉合了古典精神中的凝實與浪漫精神中的燦麗，冷靜中蘊含熱情的。譬如她的代表作之一〈一朵青蓮〉，有這樣的詩句：

有一種低低的迴響也成過往　仰瞻
只有沉寒的星光　照亮天邊
有一朵青蓮　在水之田
在星月之下獨自思吟。

這是詩人以象徵與類比手法，將事物擬人化，不僅使它所觀照的〈一朵青蓮〉，給人一種生命實質的感受，更將自己投注觀察的事物中，化身爲蓮，而達心物合一的渾然境界。

由於蓉子對事物的觀察，並不止於表象，而是輔之以個人生活經驗，所以在對事物內外各面均予以悉心觀察之後，她能移主觀情緒爲客觀眞實，復移客觀眞實爲主觀情緒，交替運用，產生了她那獨特風貌的詩。

詩齡已達三十年的蓉子，一直是一個嚴謹的創作者，也許是由於虔誠的宗教信仰，她的詩有著一定程序的約制，她所建立的創作世界，是一片清純。她善於控制語言，經營意象的手法也極爲高明，因此，她的詩不是言之無物的。

《蓉子自選集》由黎明文化事業公司出版，全書厚達三百餘頁，選詩一百餘首，另附生活剪影、手跡、小傳、專訪、書目及評論引得，是一本十分完美的詩集。

寫詩，是一項嚴肅的生命作業，有人甚至視之爲自我生命的塑造與肯定。從蓉子的作品考察，她不僅透過詩的創作，塑造與肯定自我的生命，她更要爲宇宙間衆多的生命謳歌。

蓉子熱愛生命，因爲生命是上帝所賦予的，而每一生命之間的交通，卻需藉著人性的愛；寫詩是人性的愛之流露，它必須出於生命的眞誠，蓉子就是抱著這樣的態度，始終不渝的創作者。我相信，人們總將接受詩人的這一份愛心。

——原載《青年戰士報》一九七九年一月二十二日

蓉子與詩

涂靜怡

提起女詩人蓉子，我想凡是喜愛新詩的朋友，一定沒有不認識的。好像不管在什麼地方，只要是聽到或看到這個名字，就會很自然地把她和詩聯想在一起，彷彿，她就是詩的化身似的。

事實上，近三十年來的詩壇，儘管紛爭不斷，批評新詩之聲也時有所聞，新詩至今仍未能眞正走上正軌，新詩的被冷落，依然如故。但無論如何，蓉子這個名字，卻從未與詩分開過。她不受任何外來的環境所影響，只孜孜不倦於詩的創作，而且三十年如一日。

最近她的第八本詩集《蓉子自選集》由黎明文化事業公司出版，讀後，有一種由衷欽佩的心情油然而生，忍不住要說此感想。

我記得在《秋水》創刊三週年的茶會上，梅新先生曾說過這樣的話，他說：「雖然我對新詩很有興趣，但卻不很贊成女孩子寫詩，不忍心看到絞盡心力，壓榨腦汁的痛苦過程，由她們柔弱和美麗的體質來承受。我認爲女孩子是要注重美麗的，不該做這種心力交瘁的事。」

他說的一點都不錯，寫詩眞是像他所說的那像，是一件很苦的事。詩人不但要費心去創作，同時也要耐得住寂寞。寫詩不一定有稿酬，不像寫小說或散文那樣，不但有稿費可拿，也較容易出名。而且寫小說比寫詩更好的地方是：小說可以虛構一個故事來加以渲染，詩是絕對不可以的，詩的創作，全憑作者對某一件事或物的實際感，也就是說，一定要先有對某件事或物的特別關心和體念，有了這份關心，再把感情注入，使這份感受透過心靈的撞擊，慢慢的加以醞釀，使其昇華成爲一首詩。所以寫詩眞的是一件很苦的事。有些人恐怕就是因爲忍受不了那份創作過程中的苦，寫不了多久，不是停筆，便是紛紛「轉業」去寫小說或散文，而不再寫詩了。因此，我們的詩壇上，女性詩人就越來越少了。

可是蓉子就不同，她之所以令人欽佩，不僅是她對詩的那份持久的狂熱，更重要的是她把詩當成是她生命的一部分。她可以爲詩付出所有。她原是一位職業婦女，服務於國際電信局，我們可以想像得到，家和工作已經夠她忙碌了，她還要在工作之餘不斷地寫詩，顧不得辛苦。而這一切都只是因爲她熱愛詩。由於她的努力和創作不懈，她才有那麼豐碩的成果。九本詩集，不是一朝一夕能完成的，她爲我們的詩壇寫下了這許多美麗的詩章。

蓉子的詩，取材是多方面的，有生活的，有純藝術的，更有宗教信仰的。她的才華使她不受任何題材的限制，對於所見所聞，無一不能入詩。她的詩也與她的生活息息相關，她有一首描寫忙碌的詩，題名爲〈忙如奔蝗〉，我就認爲寫的眞好：

忙如奔蝗
吃盡了閒暇

雲，只有輕盈時才亮麗
一沉重便都墜落成惱人的雨

日子拖著日子
盈耳充目全是蜜蜂刷翅的嗡嗡

嗡嗡　嗡嗡
任如何也不能譜成曲調

因爲繃緊的琵琶會斷
繃斷的弦索上那兒有歌？

這首詩，發表在《秋水》第六期上，只有短短的十行，就把一個現代人忙碌的形象，輕輕鬆鬆的表露無遺了。詩，之所以能感人，引起讀者的共鳴，不止是文字的簡練，我想表達的方式也極爲重要。用「蝗蟲」來比喻忙碌，吃掉閒暇，這是一種多麼新奇而突出的表現呀！它給我們的感受，是一種全新的經驗，是眞正的靈光一閃，把我們驚訝住了。這也可以看出她的功力與才華，是令人嘆服的。

蓉子是江蘇人，她言仰基督，出生在一個教會的家庭，她在《蓉子自選集》這本書的小傳裡，這樣記載著：「高小與初中就讀於江陰縣一所聞名的教會學校，那古典的紅牆，寬敞的校園，謹嚴的校規後來都毀於砲火，但那年少時的影響卻深留在她記憶和性情裡。」「初來臺北，椰子樹，海灘與亞熱帶氣候都給她帶來不同於大陸本土的新鮮的感受。加上工作不忙，於是從年少時就埋在心中的那顆詩的種籽，便開始發芽茁長，三十九年至四十一年間，在當時自由中國最早的詩園地；自立晚報「新詩週刊」以及紀弦主編的「現代詩」上不斷地發表作品」。

是的，就這樣，她開始她的創作生涯，她不斷地發表作品，她的詩也引起了詩壇的矚目，於是她的名字從那時起，便在詩人心目中，奠定了她的地位。

民國四十二年，她出版第一本詩集《青鳥集》（中興文學出版社出版）。爲自由中國第一位擁有詩集的女詩人。此後，她每隔幾年便出版一本詩集。計有五十年出版的一《七月的南方》，五十四年的一《蓉子詩抄》，五十八年的一《維納麗沙組曲》，六十三年的一《橫笛與豎琴的晌午》，六十五年的一《天堂鳥》，以及最近由黎明文化公司出版的《蓉子自選集》。

此外，在六十五年還應省教育廳兒童讀物編輯小組之請，專爲那些小讀者撰寫兒童詩。出版有《童話城》詩集。並爲國語日報翻譯了一本格林童話《四個旅行音樂家》。給孩子們提供最佳讀物，也爲兒童文學盡了她個人的心力。現在我摘錄二首較短的兒童詩，讓我們共同來欣賞：

井

井是一疊疊唱片砌成的回音室，
井壁上全是一圈圈唱片上的紋浪。
那兒是祖母年輕時常去汲水的地下河；
是父親做孩童時用來冰西瓜的冷藏庫；
啊，更重要
它是青蛙做夢的好地方！
在那兒，一隻小青蛙夢見自己是世界上
最尊貴的國王！

為甚麼

小河爲甚麼這樣不停地奔走？
雨水爲甚麼這樣滴滴答答地唱歌？
藍天上爲甚麼有這許多閃亮的星光？

世界是多麼遼闊美妙！
我爲何不快快長大
好知道這一切爲甚麼會這樣？

像這樣的兒童詩，不但文字簡潔，也很富有啓發兒童心智的功用，寓意深遠。因限於篇幅，我只能摘錄較短的二首。

民國四十四年，她與羅門先生結婚，成爲詩壇佳話，也是新詩壇的第一對伉儷詩人。五十五年獲得菲律賓馬可仕總統金牌獎。被譽爲是「中國傑出文學伉儷」。前年她赴歐洲訪問，回國後曾陸續寫了不少遊記，在中華文藝發表，文筆極爲優美，聽說最近就要結集出版。由以上的這些資料顯示，蓉子歷年來的創作是如何的勤奮了。

也許是因爲蓉子是虔誠的基督教徒吧？她有很多詩，都帶有濃厚的「宗教」思想，和耐人尋味的哲思，此外，她的表現技巧也極爲傑出，例如：

最原始是紅　在太陽下
最和平是綠　一隻白鷺獨立在田間
最早的匹配　是穴居人的匹配
最庸俗也最眞

——摘自〈紅男綠女〉、《蓉子自選集》

爬牆藤用它們莊嚴的綠，
密扣住紅色的牆垣。
陣陣的鐘聲，劃著一次比一次
更寬闊的生命波圈……

——摘自〈當木香花開時〉《天堂鳥詩集》

倘若我有一雙適足的鞋子
我將借巧匠的慧心　在後幫上
綴滿了百合花的鈴子！
每當我走動時
便因風生響
發出歡悅的叮噹

——摘自〈夢的荒原〉、《蓉子詩抄》

像這樣的詩句，不但很美，富有音樂的節奏，同時也很能深入到事物的核心，把握它的特性和要點。並且詩味很濃，詩趣盎然。像「紅男綠女」所引的這幾行詩，就把一種「原始」的美，表現得這樣眞切和深刻；每一行詩，都是一個眞理，充份顯示了蓉子由生活中體認的眞實與觀察入微。而〈夢的荒原〉中的這幾句詩的巧思和趣味，也是令人激賞而叫絕的。蓉子的詩中的音樂性和節奏感，充滿了女性的溫柔與和諧，這可能和她的宗教信仰也有關係。

她在她的第一本詩集《青鳥集》的後記上，曾有這樣的說明：」我開始摸索詩的道路與門徑，記得童年最先接觸的詩歌，不是古詩，不是律絕；至於歌德、雪萊、拜倫的詩也都是後來的事了！而是很自然的接觸到的古希伯來民族的詩歌：那些莊嚴的頌歌，那些迎接勇士歸來的凱歌，它們靜默的祈禱如大衛王的詩篇，那些歌頌神聖愛情的如雅歌，它們沒有嚴謹的句法，卻有眞摯的情感，活潑的旋律，我雖未有心去模倣，它們卻多少影響了我。因此我覺得一首詩，除了必須有內容，有意境外，也該帶著音樂的氣息……。」

每一位詩人都有他自己的創作方式，和所懷的理想。蓉子的創作，從上面她所寫的這段文字上，可以瞭解到，她的詩，是深受著古希伯來民族的詩歌的影響，難怪她的詩裡，總是跳躍著優美的音樂旋律，即使是抒寫鄉愁的詩也不例外：

阿！誰說秋天月圓
佳節中儘是殘缺
——每回西風走過
總踩痛我思鄉的弦！

——摘自〈晚秋的鄉愁〉、《蓉子詩抄》

而我最喜歡的是那首〈寂寞的歌〉。

走進無垠的沙漠了——
濛濛的黃沙打濕我衣袂
駱駝的腳步是那樣緩慢啊！
我的心因淒涼而戰慄。

但我催不快跨下的牲口，
須耐它一步步走盡！
那麼——
讓我點起一支寂寞的歌，
將無垠的沙漠劃破。

——摘自《蓉子自選集》第二四三頁

這詩最能表現蓉子溫柔的性格，詩的節奏是緩慢地進行的，也能夠顯示那種寂寞的氣氛。當寂寞來襲時，無可奈何地忍耐的心情，也流露無遺。但是，她也不止是忍耐而已，既然是寂寞來襲了。那就唱一支寂寞的歌吧，這寂寞的歌，也許就是她寫詩的自白。我自己就有這種經驗，當一個人處在寂寞無奈的時候，怎樣去渡過呢？那就是寫詩，詩像黑暗中的一根火柴，如果寂寞像黑暗，這寂寞就被詩趕走了。詩也像歌，在靜寂無邊的沙寞中，唱一支自己的歌，那也能劃破靜寂，忘掉了孤獨和寂寞。所以我特別喜歡蓉子的這首「寂寞之歌」，因爲她所感到的，我也能感到，她所說出的，也是我想要說的，這首詩也更像她，因爲她是那樣沉靜溫柔，詩如其人，這似乎又可以得到印證了。

蓉子寫了許多好詩，可惜我不能把它一一引在這裡，我只能夠說，她在我們的詩壇，是創作最豐，寫了許多好詩，令我非常敬慕的一位詩人。她的成功，絕非偶然，她的成就，也不止是寫下了那麼多感人的詩篇，也不止是那一寫就是三十年的執著和毅力。更令人敬佩的是她謙和的態度。她待人親切，不因自己的成就而以「大詩人」自居。和她在一起，你會覺得特別愉快，不會有拘束感，她的親切總是叫人難忘。

以詩齡來說，她是我的前輩，但她對我，卻總是像大姐一般關懷。平時我因工作忙，甚少和她來往，只有要稿子的時候，才會打電話給她，而她從來不計較這些，相反地，常常會在電話中，叮嚀我，要我多注意身體，不要爲了寫稿而過於勞累。

以上是因《蓉子自選集》的出版，引起我想要寫的一些感想，雖然寫詩很苦，但詩也能美化人生，使人的感情和思想更趨純眞。詩，也能充實一個女孩子的心靈，使她所見的都是美。蓉子在詩的世界陶醉了三十年，使得她自己就像一首詩了。一個女子，能使自己像詩一樣優美，那該是多麼令人嚮往的事呀！

——原載《秋水詩刊》第二十二期　一九七九年四月

這一站，到那裡？

——評《這一站不到神話》

鄭明娳

蓉子在《這一站不到神話》的序文中告訴讀者：「詩是一種對生活現象的探索，對生命本質的體驗。一個人生命成長的過程是漫長而艱辛的，就像一部奔馳在時間軌道上的列車一樣，在未抵終點前是永不會停下腳步的。」一個以詩為一生職志的詩人，自然永遠不會停輟她創作的耕耘和努力。早在一九五一年發表〈為什麼向我索取形象〉於《新詩週刊》開始，蓉子的一生便投入了繆斯的氛圍，她不斷用詩來展現自己優美的心事，展現一片璀燦的精神牧場，她永遠對人間保持著一份深厚的熱情，在《維納麗沙組曲》（一九六九年出版）時期，她曾經寫道：

我是未改其性的孩童
時欲窺看門內秘奧
就這樣傾聽且耐心守候
於那門開闔之際……

蓉子以喜悅的態度來看世界，這個「未改其性的孩童」在新作《這一站不到神話》裡，也是以無限的關懷來視察世界。相對蓉子歷來出版的十本詩集，《這一到不到神話》確實在題材上有強烈的變動，蓉子把心神轉而投注在現實世界上，就像她在序文中所說的：「我詩中所抒發的題材，人或事已不再侷限於小我的個人悲歡。它們不僅早已揮別了我「青鳥」時期的青春神話，同時也不像「維納麗沙」那樣訴諸內心世界的孤寂和省思——它們表現了我前此未嘗有過的與現實生活的親和力。」

書中收詩九輯，其中〈茶與同情〉一輯環繞著蓉子身邊的人事物，也涉及了她對新聞事件的感觸；〈香江海色〉、〈倦旅〉兩輯都是她海天遊蹤所留下的履痕，前者尤其以香港為客體，除了旅次的感興抒情，也包容了對於中國近代歷史的省思和感懷。〈當我們走過煙雲〉、〈揮別長長的夏天〉二輯，都與詩人所經驗的自然景觀與節氣時令有關，可以說是對大自然的神交記錄。〈時間列車〉、〈紫葡萄的死〉二輯則有強烈的哲思色彩，對於時間和生命深層的體悟和玄想縱橫全局。〈只要我們有根〉透露了詩人對於國家與鄉土深切的情感，全書最後一輯〈愛情是美麗的詠歎〉，延續了〈茶與同情〉一輯中部分新聞詩的風格，以客觀超然的態度來看愛情。

從以上簡述中，可以發現蓉子在題材上有了重大的突破，不僅僅是向客觀的現實進行進行探索和省思，更可貴的是她寫得如此平易而親和，新奇的事件並未如時下的風潮，以炫奇好怪的表現手法來呈現，蓉子的近作看不出綿密壓縮的龐大結構，並無佶曲聱牙的變態句型，在溫柔詩心之中潛隱的是散文家的從容不迫，舒緩而睿智，又能把她那一份強大的悲憫充分地傳達出來，〈太空葬禮〉是許多記敘美國太空梭「挑戰者」號爆炸事件作品中的傑作，一開始的葬禮巧喻此一事件，已帶來一層悲傷的色彩：「那是一種怎樣的葬禮？／起始與終結／開拓與毀滅／竟於剎那間完成」蓉子告訴我們這是一種高貴的葬禮。第二段寫節節希望向太空升騰時，爆作的本身被形容爲一種弔詭，那是「光華四溢！」又是一種令「億萬仰望的臉立刻轉爲／哀慼」的悲劇，詩人眞正想告訴我們的是：人類一切的進步和光榮，本身就包含了無限的悲哀，這種華美的犧牲在億萬人類的仰望中完成，第三段把筆端指向罹難的太空女教師麥考莉芙，她爲「解開太空的奧秘」而走進熾烈的火光，走進「死亡的謎面」。最後一段用女教師六歲女兒的眼光來看事件，「高山大海再也拼湊不出媽咪的／形象」以喪母之痛來總綰事件，可說是頗爲成功的收束。全詩觀點幾次轉換，從作者主觀的詠歎，到全知觀點的描述，最後投射到稚女的心靈，運用活絡，感人尤深。

蓉子寫香港，尤其有她細膩的見地：〈街頭〉一詩描繪香港小市民形象，她認爲香港雖然出租給盎格魯撒克遜人一世紀，卻沒有眞的被高鼻梁藍眼珠所同化：

不，他們是拒絕融化的冰，無論是
置身洶湧的人海
五光十色湍急的洋流　或
摩天獸羣的陰影下　仍舊

保有最古老質樸中國人的形象　他們
眞像百年前的那株老松　依然
蒼勁地活在最現代化的康樂大廈前

香港的小市民「一腳高一腳低地」爬在歷史的階梯上，「共舉著那高聳金字塔的金頂」締造了輝煌的神話。全詩以香港九七大限之悲劇爲結：「透過住屋僅有的一扇玻窗　看夕陽／緩緩自海上沉落　滲和著一份淒涼」淒涼的背後是歷史的宿命和無奈，更隱藏著詩人無限的悲憫。當蓉子客居香江之際，對於大都會的記錄也十分生動。在〈徹夜不熄燈火的長巷〉一詩中，道路徹夜的車聲擾亂了遊子的心緒：「南下北上，那金屬撞擊的聲響／總會沉重地撞擊我　尤其夜深」，在喧鬧中，幸而正對著樓窗的「那條直街」，擁有一巷子不眠的燈火，一切回拍至詩人多年前的記憶，彷彿回到當年的上海，追古撫昔，詩人的情懷從個人的心事昇華爲一種龐大而哀沉的歷史憑弔，「遊子在粉嶺斷腸　車轍在上水斷崖。」蓉子仍然保有她喜悅而風趣的一面，更有她對於人也成熟而智慧的觀照，在〈回大海去〉一詩寫迷途幼鯨，以第一人稱著手，有童話的趣味，也有寓言的啓示，〈形像的塑造者〉寫畢卡索，眞是一語中的，道出了畢氏那「永不爲複雜世情所掩沒的童心」，在「時間的旋律」裡透露了超越時空的了悟，充滿了哲思，一種因充沛的生命經驗而掌握住的洞燭力，加以娓娓而溫和的愛心，蓉子的精神生命不會老朽，只是更加成熟、豐腴，趨近於眞而不落於僵硬的禮教。她寫溫莎公爵的愛情，更應證了自己一生對愛情的眞誠不渝，「愛情已成一則古老神話」只是一種反諷，她一生的盟誓，包括對於感情的、繆思的，都在在驗證著信望愛不是遙遙在上的神話，而是亙古常新的生命的眞諦。

蓉子是被詩壇共認的「永遠的青鳥」，她的羽翮在時空中的雕琢下，愈見清麗光滑，不僅是美、是善，更是智慧的榮耀。這一站不到浪漫神話，到的是比神話更眞實的人生，充滿著愛和悲憫的境界，那麼自然而親和地浮現昇在我們的眼前，痕轍已換，風也轉調，但是「維納麗沙」的微笑，始終肯定了藝術，肯定了人類的靈魂。

——原載《大華晚報》一九八六年十一月二十五日

大化滿詩情

——讀《這一站不到神話》

向明

在各類文學創作中，詩人是最難耐時間的考驗。很多詩人在年輕時創作力非常旺盛，出手闊綽大方，年歲越長，手頭就漸不寬餘，最後終至完全枯竭。此所以有寫詩乃年輕人之事的說法。在這樣的情形下。詩人如能經得住時間的琢磨，一直到更年期仍創作不衰，白髮蕭蕭時猶有發金石聲的作品示人，光憑這點敢與時間拔河的堅強鬥志，就值得人們的欽敬。

在我國現在的詩人中，女詩人蓉子當是這麼始終堅持的一位。蓉子早在民國四十二年就曾出版膾炙人口的《青鳥集》，此後直到今天，她年年月月一直都有作品發表。而且詩壇幾十年來風起雲湧的各種激流，她都屹立不搖，始終默默於詩的耕耘。她已經出版過十種詩集，余光中早在十九年前曾稱道「蓉子是開得最久的菊花」，而現在這菊花仍欣欣向榮，開得茂盛。

開得最久的菊花現在又有一本詩集問世。而且書名叫《這一站不到神話》。好像是說她還有很多很多的下一站。容我也大膽的預言，終身都獻給了詩的蓉子，一定還有更多的詩要寫。她是一隻「永遠的青鳥」。

其實《這一站不到神話》已經是一本蓄積得夠久了的集子。蓉子自民國六十七年出版過《蓉子自選集》之後，便再沒見她出過新詩集（其間出版的《雪是我的童年》係《維納麗沙組曲》更名的再版）。這本孕育達八年之久的第十一胎，當然含蘊著更多詩的精英。

而確實這本集子中的詩風也與蓉子的以往面貌有所不同。時間的列車已把她帶到一個更高的智慧境界，心靈的透視力，已穿過了「青鳥」時期的青春神話，「維納麗沙」的孤獨世界；而今則放眼天下，縱情大化，關懷衆生，世界的萬事萬物都充滿詩情。是以她這本集子中，林林總總的有著九輯的劃分。分別是：「時間列車」、「茶與同情」、「當我們走過煙雲」、「揮別長長的夏天」、「只要我們有根」、「香江海色」、「紫葡萄的死」、「倦旅」及「愛情是美麗的詠歎」。

這九輯六十四首長短詩中，有許多首都是一發表即非常受人重視的作品。譬如第五輯中的〈祇要我們有根〉，自民國七十一年起就收集在國中的教科書，爲千萬學子所朗讀。

我親愛的手足　不要傷悲
縱使葉子們都落盡
最後就剩下了我們自己——

那光潔的樹身　仍舊
吾人擁有最眞實的存在
——祇要我們有根
……
就讓我們調整那立姿
在風雨裡站得更穩
堅忍地渡過這凜冽寒冬（節錄）

像這樣堅定不屈的口吻，遇到任何危難之時，都能發揮「振人心，揚鬥志」的積極作用。與這同樣具陽剛性的作品，尚有「您的名字」、「駿馬」、「陽光道路」等多首。

第七輯的「忙如奔蝗」是另一首爲大家喜愛的精緻小詩，對現代人在緊張生活中的感受，有生動的寫照：

忙如奔蝗
吃盡了閒暇
雲，只有輕盈時才亮麗
一沉重便都墜落成惱人的雨

日子拖著日子
盈耳充目全是蜜蜂刷翅的嗡嗡
嗡嗡 嗡嗡
任如何也不能譜成曲調

因爲繃緊的琵琶會斷
繃斷的弦索上那兒有歌？

另外在這本輯子中的最大特色的三首幅度較大的情詩，都是針對中外二三特殊的感情事例所抒發。其中「意樓怨」最令人讀後唏噓。因爲她所吟詠的是本省鹿港古鎭一則傳說中的悽惻愛情故事。而今座落在鹿港全盛港的那座使女主角獨守相思的意樓仍在，當年男女雙方舉證盟誓的楊桃樹也仍枝繁葉茂，祇是從來沒有誰爲這麼美麗的傳說寫成傳人的作品。而蓉子卻從簡略的故事基礎，藉助想像的推衍，發展成了一首八十九行的長詩，使她這本詩集《這一站不到神話》，顯得內容更豐富。

——原載《中華日報》 一九八六年十一月十八日

玉壘浮雲變古今

陳寧貴

一

《這一站不到神話》是蓉子的第十一本詩集，她在自序裡面提到，這本詩集裡的詩，已經揮別了她「青鳥」時期的青春神話，同時也不像「維納麗沙」那樣訴諸內心世界的孤獨和省思—它們表現了她前此未嘗有過的與現實生活的親和力。

這本詩集共分爲九輯，內容極爲豐富，如第一輯的〈時間列車〉對「時間」便有獨特的詮釋：第二輯〈茶與同情〉中，對人生亦有新的見解和感嘆。第三輯的〈當我們走過煙雲〉、第四輯的〈揮別長長的夏天〉，寫情描景頗具功力。第五輯的〈只要我們有根〉寫的是對國家民族的大我之愛，由她寫來有血有肉，深刻感人，此類作品並不易寫，情緒一氾濫開來，往往讓作品墮入吶喊式的，矯柔造作的境地。第六輯〈香江海色〉是七十三年秋天，蓉子應香港大學邀請前往訪問時有感而發，如〈勒馬洲山崗〉是首傑出的作品，在這本詩集中它仍是極爲突出的。第七輯〈紫葡萄的死〉記錄了生活的匆忙，第八輯〈倦旅〉是她旅遊時有感而作，其中以〈金閣寺〉一詩寫得最好。第九輯〈愛情是美麗的詠歌〉收集了三首詩，〈愛情已成古老神話〉，寫的是英遜王溫莎公爵不平凡的愛情。另一首〈意樓怨〉寫的是在鹿港流傳著的愛情故事。一中一西，相互輝映，頗富趣味。

二

在第一輯的〈時間列車〉詩中，除了發覺蓉子對時間具有新的詮釋外，更發覺她詩思依然敏捷：

「如果時間也有冬天，逝水也會結冰，整個宇宙：花鳥 月亮 星辰……都突然停住靜止於一點，如一座龐大透明的水晶球，我們便能更清楚地透視這世界，甚至也也括了自己」

這段詩令人詠讀再三，意境無窮，和杜甫〈登樓〉詩中：「錦江春色來天地，玉壘浮雲變古今。」讀來有種特殊而新奇的感覺。

在第二輯中〈雀鳥的世界〉一詩是首可愛的小詩，尤其末段寫得格外動人：

「興起時輒展撲雙翅，划一路風景而去，直到暮色臨近，樹便在茫茫的天空裡，伸出接引的膀臂」

「興起時輒展撲雙翅，划一路風景而去」展現了詩語言的無限魅力，它將雀鳥的逍遙自由世界表現無遺，甚至令人心生艷羨之情。這與第三輯中〈獅頭山〉一詩描寫入山澄靈的韻味相似：

「就這樣 我們結伴／進山去 踏著／古意斑剝的千階／一步一登臨／任涼風吹散我們胸中點點雲翳／就像秋空逐漸澄明」

這段詩句讓人讀來眞有心靈逐漸澄明起來之感。頗有唐代大詩人王維「行到水窮處，坐看雲起時」的況味。

當然蓉子偶而也會突然寫出令人驚愕的詩句，驚愕之後又不禁令人啞然失笑：

「雪上覆霜 絕症與絕望的病苦中／還要忍受柯梅尼那廝昏天黑地的謾罵」

——〈人生舞臺—悼巴勒維〉

「當寄望山中的一片雲而雲不來／竟渴望那潑婦卡門進門來」

——〈小暑〉

「那廝」、「那潑婦」在詩中一般用得少，然而在此卻運用得有畫龍點睛之妙。在〈處暑〉詩中亦有如此的神來之筆：

「該如何處置那隻老虎呢？／猶潛伏在颯颯的秋林中 伺機而動」

這兩行詩裡包含了懸疑和幽默，眞是令人拍案。

可見蓉子思路遼闊，筆法靈活，在未來她仍可能爲詩壇留下不少好詩。

三

第五輯的〈只要我們有根〉一詩，已被選入國中國文教科書。本詩寫於六十八年間，據蓉子在自序裡說，這首詩是在中美斷交的震撼和衝擊下產生的，她領悟到：無論是國家或個人，只有站定在自己的腳跟上，方能堅挺不移；只要我們是一株有根的樹，即使氣候再惡劣，也不會斷絕生機。

「只要我們有根／縱然沒有一片葉子遮身／仍舊是一株頂天立地的樹」

咀嚼再三，令人回味無窮。一般人寫這類的詩不是濫情就是矯情，本詩的特點是以象徵的手法來寫，樹可以譬喻爲國家或個人，根亦可輻射爲「吾人最眞實的存在」，極巧妙地避開了不必要的矯情，使得本詩有了深厚的內涵，而且是結構嚴謹的好詩。

在第六輯的七首詩中，每一首各具特色，其中以〈勒馬洲山崗〉寫得格外傑出而感人。這首詩的後記裡是這麼寫的：勒馬洲又名落馬洲，登勒馬洲山岡可俯看作爲自由與奴役分界線的深圳河。前月赴港時，承詩人余光中、范我存伉儷和港大黃國彬教授陪伴前往該處，登高遠眺苦難中的故國神州，內心充滿了無盡感慨。

「車行到此　車已無軌／馬馳到此　騎士／你當急速勒馬　雖然／前面是故鄉　不是天涯。」

「你豈能故作瀟灑？／任風無端地掀起你的大氅／你豈能任意飲馬？／在此血淚的深圳河水……」

詩一開頭，便迎面撲來令人難以按捺的悲楚。我們知道要懸崖勒馬。然而如今我們卻要在故鄉前勒馬。站立在勒馬山崗，望著深圳的水，河水已非河水，而是淚水！

「也不用放大鏡 去看／母親受過的鉅創 那創痕既深又顯／——不論你是近視、散光或老花／思想起 就讓你禁不住熱淚盈眶。

而勒馬洲愀然默立在高崗／風裡正盤旋著那噩夢的凶禽／眾多的觀光客眾中，牠專揀脆弱的／遊子下手：啄心、啄肝、啄肺和腑／

怎能忍此劇痛？／咫尺天涯／狠狠的深圳是冷酷的界碑／劃開了如此截然不同的斷層世界」

短短的二十行詩，裡面所承載的卻是千萬鈞苦痛，令人咬牙切齒也難以忍受。誰能逃避盤旋在勒馬高崗的隱形凶禽？牠既能隱形，必然無所不在，必然讓人防不勝防；二十行詩，也不過兩百來字，所呈現出來的，竟是人類不時要面對的悲劇！

四

第七輯〈紫葡萄的死〉一詩，是首令人沉思的詩，蓉子的創作手法也頗有可觀：

「飯後 從瓷盅中／一顆顆拈來送入口中，——那飽滿多汁的顆粒／經常在消逝前流出紫色的汁液／它們如此消失 正像／紅臉膛有血性／人類之逐一消逝——／於未知

之時　突然間／被一隻無形的手指攫住／結束了或長或短的一生／」

從「我吃葡萄」變成「我也是葡萄」再轉換成「人類也是葡萄」，在此葡萄已非葡萄，而是人生奧秘的投影，在芸芸衆生中，暴露出內心深處的陰影。

第八輯〈倦旅〉包含十首詩，是蓉子海外旅遊的記錄；以詩寫遊記之長，但是觸景可以生情，捕捉剎那間閃現之情卻是詩的特長。如〈奔騰和凝固〉一詩，是寫尼加拉瀑布如萬馬奔騰而下，以及天寒地凍之際冰結的兩種風貌。這首詩由蓉子寫來，前兩段眞是「嘯風動雨／以赫赫裂帛之聲勢」；後兩段卻是「遂在剎那間趺坐成凝冷的山崗」，從怒吼叫囂飛揚跋扈到怒威同懸天寒地慄，寫的雖是尼加拉瀑布，說寫的是人生，又有何不宜？人在得志時氣盛奔騰，往往時過境遷，在惡劣的環境下遭受冰凍，動彈不得。蓉子在寫這首詩的時候，不知是否想到這些人生問題，然而本詩的確達到了此等效果。讀者在讀詩的時候，若能在詩的歧義上予以延展推敲，必然獲得更多的樂趣與啓示。

在最後的第九輯中，〈愛情已成古老神話〉是寫英遜王溫莎公爵不平凡的愛情故事：

「您以『征服者』後裔傳世的帝王功業。去換取個人煙雨江南的柔情蜜意」

蓉子以「愛是捨掉了富貴權勢後的寂寞相守」詮釋溫莎公爵，這位被世人傳說爲祇愛美人不愛江山的情聖，的確有他極爲傳奇、可愛的一面。和另一首〈意樓怨〉詩中拋家棄妻遠赴唐山考功名的薄倖郎有雲泥之別。〈意樓怨〉事實上是首極好的敍事詩，長八十九行，細細讀來，感人肺腑。

「陽光依舊照耀海上　港口依舊忙碌喧鬧／大船小舟不停地進港　唯你永不泊岸」

那女子臨窗癡癡地等待，楊桃樹花開了又謝，她一生一世守候的居然是「永遠沒有謎底的謎面」——

「此後　日子變得十分苦澀／深夜空巷中　每聞走近又走遠的足音／頻頻戲弄着我等待的癡心」

這段詩句用得極爲傳神，尤其「戲弄」兩字，傾倒出內心深處多少的迷惘與無奈！

蓉子憑藉詩人豐富的想像力，爲鹿港傳說中的悽惻愛情故事發展出更完整的情節，也爲封建社會中的弱女子點出不平的哀怨。這類的閨怨詩，在中國的傳統詩中屢見不鮮，如「忽見陌頭楊柳色，悔教大婿覓封侯」、「何日平胡虜，良人罷遠征」等等，現在由於社會的變遷，人們生活形態的改變，閨怨早已換成另一種方式存在者—如外遇之類。像〈意樓怨〉中的愛情故事，離我們越來越遙了，讀這首詩的時候，在我們心中激起的是「紗窗日落漸黃昏，金屋無人見淚痕。寂寞空庭春欲晚，梨花滿地不開門。」（劉方平〈春怨〉）的情愫。

縱觀蓉子的《這一站不到神話》內容極爲豐富，創作技巧靈活多變，是值得細品的一本詩集。

——原載《大華晚報》　一九八六年十二月十九日

強烈又純粹的感動

——讀蓉子《青少年詩國之旅》

林燿德

蓉子說：「寫詩，是將我們心中一剎那間所感到的美和愉快捉住，這分美就是心中的「詩意」。」美是非常抽象的，它可以感觸、可以體悟，卻不容易被界定、被說明，對於美的認知和美的表現，其實是一門既簡單又困難的學問——只要奠定了美學的教養，那麼一個人在一生中自然潛移默化地形成對於美的直覺和興趣；反之，就成爲美的盲目者。

詩的社會意義有兩大方向，其一是教化、啓蒙，另一項則是美的塑造與完成，這兩個方向在中國傳統的詩學範疇中並非相互矛盾的關係，而是以彼此輔助的功能促成每個人格的成長。時值九〇年代，文人時而興嘆文藝沒落，時而哀悼詩人滅絕，卻少有人注意到詩的美育養成必須自幼年和青少年時期循序漸進地實踐，美的觀察和把握，詩的感悟與鑑賞都不是一種技術，而是形成優雅國民性格情操和生活風度的因素之一。

令人欣躍的是蓉子女士以她多年浸淫現代詩的創作與研究的認識，展開了一系列針對青少年對象而撰著的詩歌理論和創作導讀，這一項工作使得青少年們能夠在深淺適中的娓述中，獲得進入詩國殿堂的鑰匙。進行這一類型的工作，必然不同於學術論文的著述。如果通篇文章中充滿了深奧的人文學科術語、或者繁冗的哲學論辯，那麼對於一般程度的青少年文學愛好者而言，無疑是一種閱讀的「苛刑」；換言之，只有用生活的、感性的、具有親和力的行文，才能對於剛入門的文學愛好者提供有效的階梯。

很明顯，蓉子爲青少年導讀詩歌作品時，她所採取的方式，正是以平易近人的語言和小讀者們進行「紙上交談」。在《青少年詩國之旅》的第一部《詩是什麼》中，十八篇小品將詩的意義、美的感動乃至詩的創作動機、形式結構等基本課題一一展現在流暢而親切的文字中；第二部《詩的賞讀》則以靈巧的筆調，化龍點睛地剖析當代詩壇的四十四家作品，這兩大部分可說是「體」與「用」，兩者得以相互映證。蓉子本人在國中二年級的時候已經熱中於詩，並且受到老師的鼓勵，因而持續了一生的創作生涯，她在自序中指出：「設若當時的老師……給我一頓責罵，說不定涼水般從此澆熄了我心中對詩的熊熊火焰，這段話令人感觸良多，現在我們需要更多的有心人爲我們的下一代點燃胸中對詩和美的熊熊火焰，蓉子已經舉起了這柄火炬。

——原載《青年日報》 一九九一年二月二十日

金玉其聲

——《詩國之旅》的卓識與創見

上官予

蓉子創作新詩已四十年，四十二年出版處女詩集《青鳥集》，享譽詩壇，知名於國際。迄已印行詩集十數集，名望愈高，創作愈多。而德行清遠，詩作雋永，風格如其人之瓊如娟秀。並世無多。長年以來，其仰慕者何止千萬，或群集於其講學之上庠，或展讀其珠璣於書房，以其作品雅潔，出語眞誠，質性絢美之故。

數年來，應國語日報之邀，開闢新詩專欄，與青少年讀詩，不僅詩壇生色，家庭歡迎，社會亦加以讚賞。乃以《詩國之旅》爲書名，授「業強出版社」印行。咸認爲此優美之讀物，可做爲青少年之良伴，亦可做爲愛好新詩者的益友。

是書分做兩部分。第一部〈詩是什麼〉闡釋的是詩的原理，發生於美的觀念，醞釀於外在的色聲香味觸，孕育於內涵的情思的昇華，彷彿蓮蕾之開放，以抽象的流動於心魂的質素，結晶爲語言的具象的呈現。特別於〈情感和詩〉中，提出一種創作的理念，這就是：「詩不是大聲叫嚷，淺薄喧囂，感傷自憐或盛氣凌人。」同時說：「凡是誇張、浮泛、做作的情感都不宜於詩。」而情感的眞，也必須澄清於詩意的眞，眞的純靜透明，不容雜物之混淆。想像的翅旁豐富詩的空間於無限大。故於秋毫之末，可睹泰山之小。想像可變無於有，萬物皆爲一體，是想像心智能力作爲的創作功效。所謂比喻的妥貼，象徵的巧妙，意象的營造，節奏的舒展，以至心得意會，情景交融，皆需借語言的結構之暢達，以創造一首完美的詩作。在此意義下，蓉子已經就詩的全生命的成長，做了主旨宏大，言淺意深的解析。一般而言：「可以意會，不可言傳」仍是詩的耐人尋味之處，詩的經驗與感受，是詩人落筆成詩時，獨有的奧秘，可傳者規矩方圓，惟有心靈的「陶冶」，是鑄劍者自有的靈慧，出之於天賦與琢磨，非可達詁者。

然而，蓉子的傳析解惑，遂有第二部〈詩的賞讀〉的策略活用，印鑑第一部〈詩是什麼〉的論證。他選錄四十四家詩作，來精審明察詩人內心世界的感觸萬端，以表現人生的錯綜複雜，觀照人境的全貌，探究生命歷程中喜怒哀樂愛惡慾的情態。不同的選材角度，都指向生活的本質爲不可逃避的現實。於複雜中見單純，激盪中見溫柔。從〈聽瓶記〉澄澈寧靜到〈心井〉的深寂悠遠是一種澈悟與感受。從〈射手〉的經驗歷練到〈天意〉的樂天知命是另一種澈悟與感受。讀〈晬語〉的千山萬水到〈獨佔與偏愛〉的弱水三千是一種留連與纏綿。讀〈寂〉的皓月如霜到〈晚潮〉的日影淡褪又是一種留連與纏綿。讀〈徒然草〉的張望與傾聽到〈仙人掌獨白〉的孤高與永恆。從〈角度〉的莊嚴的美到〈亞歷山大橋之燈〉的時空之美等。足可見出蓉子著重於詩的意境，要在人生的各種層面上，顯示詩，是生命最美的意象，多義性的特質，使本書燦然生色。較一本厚重的解析詩的理論書籍，更有價值。

《詩國之旅》不僅重視詩的現實內容與生活的意義，同時也發揮了詩的藝術，品味詩的風格，發明詩的創見，細緻而深入。由於蓉子在詩創作上難得一見的成就，於闡釋詩的質素之處，尤其是游刃有餘，盡得其妙。

——原載《臺灣新生報》一九九一年五月十六日

女詩人蓉子的《歐遊手記》

羊令野

「讀萬卷書，行萬里路。」這個願望在現代人較古人就容易如願以償。讀書無非藉他人的經驗累積所成著作，以擴大自己的經驗世界，旅遊無非也是讓自己躬親體認未知的事物，此二者使個人的有限時空得以開拓和延伸。司馬遷撰史記，他所經驗的名山大川和歷史事物，在當時侷限的環境，如與現代人足跡所至就望塵莫及了。今天讀書萬卷者有之，行路萬里有之，惟能以其所見所聞，參以個人識力與思想，著之於書，卻又少之又少了。中外寫遊記文章者不乏其人，即以傳統中國文人言，如柳宗元的柳州八記和徐霞客的遊記，莫不令人讀了這些作品之後心嚮往之也。

清代詩人袁枚乃一性情中人，他的詩屬於性靈派的，他的論詩名句：「景是衆人同，情乃一人領。」如果將這兩句詩來作爲評析遊記文章也是最爲恰切的。現代人生活環境和精神領域乃是最開放的，祇要是你所夢想一遊的勝地名都均可朝發夕至，一暢胸襟。景物雖人人得而賞之，惟其心境與人境所融會的，畢竟各有殊同，如再移諸筆墨文字，其才思意境之表現，更大異其趣。目前旅遊歐洲者不乏其人，或者生長於歐洲，其對斯土人情風物，而能以慧眼靈心，妙筆造境，所成作品，自有道人所不能道者，發人所不能發者。余讀女詩人蓉子所著「歐遊手記」一書，其蒐集圖片及資料，至爲完備兼美，對歷史、人物、風土，無不加以考查，並以其詩心觀照，表現爲文，亦畫亦詩，此正是詩人遊目馳騁，引人入勝探幽也。蓉寫遊記者多，但流於平面攝影，亦不過一篇流水賬，此種作品彷彿導遊手冊，索然乏味。蓉子遊屐所至，情有獨鍾，一經再造則別有天地與人間，此袁子才所謂「情乃一人領」也。

想起寫日記，生活和工作，亦如牽磨驢，陳跡年年，如僅僅記之瑣碎，則乏善可陳，果能深入生活工作，發其新義，則日記乃最具生命的文學作品。否則今天拷貝昨天，豈不成了個人的起居注了。我想遊記文學，它所包賅的層次至廣且深，歷史人文，社會風物，無一不可以融會爲最生動的感人的作品，但至爲重要的，即是文學性與藝術性的素質必須兼備，許多旅遊者，祇可說匆匆過客，希望讀「歐遊手記」者，更能藉作者所見所感，深得妙境。無論彼邦遊與未遊或正思一遊者，此一手記，定有所助益，一讀爲快。

從前秀才不出門，能知天下事，今天的秀才除了讀萬卷書知天下事之餘，更要遊蹤萬里，觀天下事物了。現代人居住環境狹隘，眞有故步自封之感，擴大生活面，充實心靈界，讀書與旅遊，確爲現代人生所必要。

——原載《臺灣日報》　一九八三年二月六日

讀介「歐遊手記」

陳寧貴

《歐遊手記》是詩人蓉子的旅遊散文集，在國內像這類書不少，但卻找不到一本與《歐遊手記》相類似的書，或許這是一本以詩人的心眼觀照後、用詩筆描繪的歐洲風土人情。

我們知道，這雖是一本旅遊的手記，但仍是文學創作的範疇，讀者不但要從書中看到歐洲的風光景緻，更希望詩筆流出的文字，撫慰著我們的心靈。

蓉子在寫本書時顯然下了苦功，她爲了使本書更豐富，不但讀了很多書，而且把旅遊的時的斷簡殘篇重新整理組合起來，在序中她說：「爲了寫這本遊記，無形中倒讓我多讀了幾本書，尤其是繪畫藝術方面的書，諸如歐洲文藝復興史、西洋美術史、米蓋蘭基羅傳、達文西的生平與作品解說等」——像這種一絲不苟的寫作態度，正發揮了詩人在寫詩時的精確性，難怪《歐遊手記》行文流暢，不但可與國內優秀的散文相比美；而且內容豐富外，筆觸更探入更深邃的境界。

本書中所提到的地方，如：孟買、羅馬、米蘭、威尼斯、西班牙鬥牛、花都巴黎、溫莎古堡、萊茵河……等，幾乎都是我們很熟悉的地方。

書中〈巴塞隆納看鬥牛〉一文，敘述西班牙鬥牛士一直被當作「英雄」來崇拜，在優厚的報酬與虛榮的引誘下，使得不少西班牙人投入這場「殘忍的玩命遊戲」，蓉子她們一行從瑞士飛到西班牙東北部，濱地中海的巴塞羅納看鬥牛，她們的心是激動而好奇的，她在本文中對鬥牛的描寫極爲詳細，本文寫出了牛的盲目、野蠻、勇敢，當然也寫出了鬥牛的殘忍。蓉子說：「若就純粹『比試』的立場來說，鬥牛場中的牛實在比人更英勇更高貴，因爲牠獨來獨往，全憑一己的本領，完全不用機心，勇敢地相鬥，一再地中劍，受傷也不退卻，眞箇是『視死如歸』。反觀在人的這一邊，首先便犯了『以多勝少』，『以衆擊寡』的不公平。」很顯然蓉子給予牛無比的同情，人毫無殺戮牠們的權利，爲了使成千上萬的觀衆刺激、瘋狂，卻拿牛來做爲「犧牲品」，這顯示了人性的殘暴，與人類的文明進步來相較是可恥的，蓉子說在鬥牛場邊就有屠宰場，被刺死的牛很快就會被處理，蓉子不禁要施展一下詩人銳利的諷刺：不知今晚牠們將出現在那家餐廳，作爲供應部份觀光客的美味的高級牛排大餐哩。有位傑出的法國小說家梅里美也諷刺過：「世界上再沒有旁的什麼悲劇使我這樣感興趣了。」這是令人感到落淚的一句話，蓉子在本文中已提出了一些令人深思的問題。

本書每個篇章幾乎都極有特色，筆觸生動自然，充滿詩情畫意，蓉子是一個詩人，有著很中國的溫柔敦厚的情懷，目之所視，耳之所聞，從歐洲旅遊歸來後，她的眼界更高超，目光更銳利，所以讀《歐遊手記》不但可以增加見聞，更可以有一次豐盛的心靈之旅，去過歐洲的讀者看《歐遊手記》感覺回味無窮。未去過歐洲的讀者看《歐遊手記》，也可以好好地臥遊一番。

——原載《書鄉》

細聽泉聲

——析介蓉子的散文集《千泉之聲》

鮑曉暉

蓉子，我只知她是位詩人，從事詩創作卅多年，被譽爲我國首席女詩人。名詩人余光中教授稱她是詩壇開得最久的一朵「菊花」。

但讀了她最新出版的《千泉之聲》散文集，才知道她還有一枝擅寫散文的筆。《千泉之聲》是女詩人在寫詩之餘的另一種靈思的產品，共分上下兩集。以文章的性質歸類，兩集共分六卷：一集爲〈寫不成的春天〉〈你不是一株喧嘩的樹〉〈茶香〉〈我讀花之夢〉。一集爲〈千泉之聲〉〈慶州往事〉。

細讀這兩本散文集，內容涵蓋廣闊；有抒情小品、感性散文以及寫實報導的遊記，也有評介書籍的篇章。全書洋溢著女詩人文字的才華，清麗雋永富哲思的小品，詞句典雅靈思滿盈的散文，趣味盎然、筆繪如畫的遊記，用字遣詞典麗精練，讓我看到終生寫詩的女詩人，在文字運用上爐火純青的煉功；因爲詩的語言要有鏗鏘的音韻，意在言外的含蘊；詩的文字駕馭之功，需千錘百鍊的功夫。

個人在寫作愛好中體驗出詩是年輕人的語言，散文是中年人的心情，而遊記是長者的智慧。詩易讀難寫，寫詩要有一顆年輕感性澎拜的心，對眼前一草一木都懷有「萬物皆有情」的感受。寫詩更需擁有愛幻想的心境，對眼前的萬般世情都觸角敏銳，而刺激愛幻想的思維，激起哲思的靈感。在這本書中很多作品裡，依然可看出女詩人詩的情懷。如在〈寫不成的春天〉卷中的春天的頌歌裡，她寫：「你不覺得嗎？有時料峭的春寒更能振奮人們的精神，而我在微寒的晨曦裡體驗到生命的芬芳，聽見了生命脈動的歡欣。」女詩人不用「春暖花開」「春風吹醒了大地」一些俗句，而用如詩句典雅的幾句話，勾勒出「春」的特色。這種仍沿用寫詩的意在言外之句，也是女詩人散文遣詞用句的特色。

嚴格的說，散文非散漫的流水帳式的文體。結構嚴謹的散文，有流暢的文字，也要有節奏的音韻，表現散文之美更需要創作的技巧。當然，散文不能缺「情」的含蘊；世間的喜、悲、癡、惑、惱、憫。因爲「情」是散文的靈魂，賦散文以感人的生命。

文友們都知道，女詩人的另一半也是位名詩人。以詩的風格論及二位的詩風，人稱一位是「朗吟的太陽」，一位是「微笑的雨」。女詩人在〈你不是一株喧嘩的樹〉卷中以好的另一半爲文描述夫婿：「他外向、熱情，有才華卻不耐寂寞，說話容或慷慨激昂。但對誰都一樣，一根腸子通到底，不會轉彎抹角。」生動又欣賞的寫朝夕相處的另一半。「對他所喜歡做的事，像講詩、寫詩，做他自己的所謂的「造形藝術」，他可以不停工作十幾小時而不會感到疲倦；可是對於有些事情如趕公車，到區公所申請什麼事情，他會半點兒耐性都沒有。」

女詩人不著一句褒貶，包容的夫妻情意盡在其中，更凸顯了女詩人「微笑的雨」的性格。女詩人在對照著描述兩個有情人不同的性情個性，筆鋒一轉，她又寫：「他是『朗吟的太陽』，從不會對人冷漠；我是『微笑的雨』，從不曾是傾盆的暴雨。雖然性情不同，但相同的是我們喜歡與人爲善，從不拒人於千里之外，不會耍派頭。也從不以「老」賣老，因此有些十分年輕的朋友才會直呼我們的名字，通信時更直稱：「親愛的羅門、蓉子」哩！」這篇「好的另一半」文字流暢，詞句典雅，情與義隱藏在字行中，女詩人散文寫作的技巧不露痕跡的傳出鶼鰈深情。在燈屋的故事裡，女詩人娓娓敘說和夫婿以愛心經營燈屋的點點滴滴，吾愛吾廬之情盡在不言中。另一篇約七千多字中，終篇未著一個「淚」字、「悲」字。但在悠悠歲月久別離，生死未卜後又重聚的那種血濃於水的親情描述，常相憶的友情筆繪，卻讓讀者太息感喟；所謂「細雨溼衣看不見，閒花落地聽無聲」，有時一種心境需要用感情去領會，女詩人在字行間流洩著的淡淡人事全非之感，能撥動同病相憐者心弦的共鳴。以上都是女詩人散文創作的技巧特色。

但最獲我心的，還是遊記部份。女詩人寫她的夢想說：「在流逝的青春歲月裡，曾有許多不著邊際的夢。諸如我曾夢想做個旅行家，到世界各地去流浪。」政府開放觀光後，女詩人眞的有機會浪跡天涯，到國外各地觀光，常做貴族流浪漢。履蹀所至的名勝古蹟都成爲文章裡的主題。所以在另一冊〈千泉之聲〉卷裡，女詩人帶領讀者神遊羅馬的「千泉之宮」，義大利的「比薩斜塔」、巴黎和羅馬的「凱旋門」、梵蒂岡的「聖彼德大教堂」和羅馬的「

聖保羅大教堂」以及宗教藝術的名畫「最後的晚餐」、雕塑「憐傷聖母子雕像」等等。

流水帳式的遊記，內容貧乏的遊記，會讓讀者興味索然。但女詩人的遊記是以優美的文字，俏皮的口吻取勝。然後再以淵博的西方宗教和藝術的知識，做為充實內容的重點，讓讀者趣味盎然的在文字中尋幽探勝。如〈千泉之聲〉中落墨生動活潑的文字，就抓住讀者的心弦：「你若是喜歡高山流水，蒼勁的古柏，通幽的曲徑，你如果和我一樣，是一個更愛大自然的旅者。那麼，倘你到達了羅馬，你一定要到蒂蒂里去；那兒的綠意可以撫你疲倦的眼睛，那兒的流泉可以滌你疲累的身心。」

接著女詩人告訴讀者「蒂蒂里」是個小鎮，那兒有一座美麗的別墅，是典型的文藝復興時期的建築，很是豪華優美，又有古典風格。又因此別墅利用地勢起伏，以人工建造出各式各樣的噴泉有七百多處，所以有「千泉宮」之稱。女詩人寫：「在千泉宮中的水，就像春天花園中的各種繁華，以它們所能呈現的百態千姿，吸引遊人們的觀賞和注意，且以奪人氣勢的聲喧震懾人心。」並介紹泉名如百泉、卵泉、琴泉、龍泉和預言之泉等等。讀者目游字行間，宛如行走在泉與泉之間，一路恍見泉影，似聞泉聲。

讀「比薩斜塔」登臨記：「它雖然傾斜，卻還沒有倒塌，比薩斜塔就這樣以一副岌岌可危的姿態站立著，贏得了全世界的愛顧和關懷。」就如此簡單的幾句話，比薩斜塔就栩栩如真的斜立在眼前。

在〈最後的晚餐〉這篇中，女詩人特別欣賞欽服達文西這位歷史名人。她寫：「達文西是一位具有冷靜的智慧與博學的人物。他所涉獵的範圍，廣闊得令人難以置信。除了繪畫、雕刻、建築、音樂、哲學、古典文學外，是一位十分有成就的工程師。」女詩人也告訴讀者達文西同時也是室內裝飾家和軍事家，對地質的研究、天文的觀測更有濃厚的興趣。被稱爲是一位「對天地萬物都感興趣的萬能天才」，並介照達文西的生平，可見女詩人學識的淵博。

遊記記述作者的履痕，增加讀者的見聞。同時，在經過歲月的流逝也變成歷史的記載，在讀〈慶州往事〉這卷中的諸篇有這種感覺。女詩人在序中曾說：「縱然過去場景中的景物，人和事都有了很大的改變，記憶是不滅的，友情仍存在心中，還有很多美好事物印象。」在談及菲韓之旅時，女詩人寫出她的感觸：「雖然我也曾再度甚至三度因開會或應邀重訪這兩個國家，但總不如首次印象深刻；更何況後來再去時，他們的國家和社會也均有了很大的改變。」的確，當年韓國和我國都是在共產國家陰影下勵精圖治的貧瘠之國，而今共爲世界經濟舞台上舉足經重的「小龍」。而西方的柏林圍牆已倒塌，東方的板門店也不再刁斗森嚴，這些屐痕的記載，可以做爲留予他年說夢痕的憑藉。〈訪韓十日記〉〈菲律賓行〉〈板門店與華克山莊〉都是女詩人早期的作品。

好的散文，除了文字洗練，內容言之有物，有所啓迪外，還要有引人入勝的可讀性。這些全憑作者文字運用的功力，題材剪裁的功夫，用文字和靈思爲絲線，繡出一片藝術的錦繡。《千泉之聲》內所收集的篇章，雖然性質多元化，顯得雜了些。但從另一個角度看，讀者可以欣賞到作者不同的藝術織錦技巧；正如千泉宮裡衆多的流泉，有不同的風格和音籟。

而上下兩冊，近四百頁的書，在目前忙碌的社會，崇尚輕、薄、短的速食文字作品，恐怕會讓讀者望而生畏，然而文字的品質，在那份細緻、韻味和感覺之美。口號式的文字作品，終是缺少這些蘊藉。當我們在假日週末寂靜的午後，在冷雨敲窗的長夜，在寂寞無人伴談空閒時刻，翻開一本內容豐盛、文字優美的書，細品書中情味，仍是人生最快樂的興趣。

——原載《中央日報》一九九一年一月廿九、三十日

評《千泉之聲》

鄭明娳

一

《千泉之聲》是女詩人蓉子的第二本散文集。蓉子是臺灣戰後第二代作家最早發表詩作的一位，也是戰後首度出版詩集的女詩人。早在民國三十九年，蓉子就開始發表詩，她以乎是一位天生的作家，選擇文藝節做為生日，能夠兼寫兒童文學、散文、小說、評論及詩等多種文類，不過她仍是以詩的創作為主，迄今已出版了十二本詩集。許多女作家因為種種主、客觀因素，時常會造成中斷，而蓉子自三十九年始，迄今一直創作不輟。她創作的質與量在同輩女詩人中可說是首屈一指。

蓉子的第一本散文集是《歐遊手記》，全部是遊記體散文；《千泉之聲》共上下兩冊，具有兩本書的份量，可以說是作者把歷來抒情散文及雜文的一個總整理。由此也可以讓讀者對她的散文有一個整體印象。

蓉子的散文和詩共同的特色是：來自中華文化溫柔敦厚的內蘊，含有宗教淑世的精神、慧美優雅的生活品味、清靜淡遠的靈思。其實她大部分的散文和閒散的交談非常貼合，讀她散文與詩的人都可以發現，她的作品所呈現出來的馨美情懷、自然天成，雖偶見繁冗，但絕無矯飾之弊。讀者在閱讀《千泉之聲》的同時，不但欣賞到散文之美，也同時可以和作者完成一段優渥的心靈神交。

本書收錄的散文以抒情小品、遊記、雜文爲主。前二者較爲可觀。

二

一般而言，遊記文學最基本的層次是：雖是走馬看花，但能掌握要點，把握一二精華。其次是，按圖索驥，模山範水，縷縷如現，絲毫不爽。其次是重點呈現，抓住山川景物，靈石花鳥某一特色，精雕細琢，放大特寫。另外有些作家利用旅行進行文化追蹤，把歷史文物、名勝古跡、風土人情，經由身體力行的考證，詳實而生動地敍述出來。也有人在山水中感悟出做人處世的眞理，與歷史宇宙觀的觀照，乃發爲帶有哲理思考的遊記。

以上不同層次的特徵在蓉子的遊記散文中，或多或少地都曾經閃現。最具創作者個人特色的則是她散文中的宗教情懷。她對教堂建築觀察入微、描寫仔細、意想獨特、情懷別抱，例如「摩西與大衛像」中，彌蓋蘭基羅把謙和的先知摩西雕成充滿剛勁之力的英雄之像，她的詮釋是：摩西生命中確實擁有大心胸、大氣魄；同時「也只有如彌蓋蘭基羅這般藝術上的巨人，才能充份地刻畫出他那無比強大的精神，和經天緯地的力量——面對數十萬騷動的大衆，他獨自站在神的一邊。」這樣的觀點，不僅呈現藝術的神聖，也寄寓宗教的莊嚴。

三

自然或秀麗或荒涼、人文或薈萃或凋零，境由心生，象隨心轉，其價值時時由觀賞者外鑠而得。當我們讚歎山的雄偉、水的柔媚、竹的峻奇、蓮的清絕，時常出自人類身上形移外賦的「人格」。也因此，大自然景物充滿了跟遊者相應的個性與思想特徵，在擁有慧心的眼瞳中，大自然也是一位有深度的「人」，它有生命、有活力、有氣質、有感情、有性格，中國有許多文人就是如此這般跟大自然做了朋友，所以有人以梅爲妻、以鶴爲子，實是不足爲怪。許多優美的遊記文學不僅追蹤大自然的形貌，也追蹤其精神靈蘊，並投射出作者的觀物角度。在〈蒙芒特丘陵〉結尾，蓉子寫道：

> 如此看來，蒙芒特眞是一個包羅萬象、人類小小世界的縮影了，如此地多彩多姿，不僅聖、凡比鄰而居，而生、死也祇隔一線。白色大教堂高高地提升人類的性靈；蒙芒特也滿足人類低俗的慾望。當生命的脈搏在那兒強烈地跳動，死者也在那兒靜靜的安睡。而藝術家們便這樣地生活其中，工作其間。

蓉子的抒情散文越簡短越見機靈。像〈牧童夢〉、〈鴿羣的聯想〉、〈歲末餘韻〉都是精品。都能充分發揮她的詩心。「鴿羣的聯想」開首即很俏拔，跟那悠然而止的結尾遙相對照：

> ……猶記得那天我穿了一套深淺紫色交錯的碎花衣褲，在異國薄暮的陽光下，友人爲

我照了一張像，沖洗出來後，我和鴿子竟像是穿了同一色調的衣服，加上背後那鴿灰色的天空，於是鴿子與我以及天空竟都溶化在同一色澤中了！

以上使鴿子和人結合的意象，已經暗示出鴿子和人——即作者——都是愛好和平者。「牧童夢」全篇僅一段：

當昔日完美的大自然已爲它不肖的子孫——人類蠶食鯨呑而終至支離破碎了後，只有你，牧童，不時地還能享有那在綠草上酣睡的夢。瞧你背靠著暫停滾轉的牛車輪子，舒舒服服地坐在剛理過髮的草地上，做一個甜甜的夢：夢見水流潺潺的小河，夢見野花開遍了的小山坡，且夢見自己就是傳說中的典型牧童，吹著橫笛，跨坐在繫著頸鈴的牛背上，在這一帶的原野上四處遨遊。而牧野鷹揚，大風突然吹落了那頂斗笠；同時也吹醒了這位牧童的夢。那兒有什麼牧笛、牛鈴？只不過是一輛破舊的大板車，載滿了笨重的磚瓦石塊，馳向某處風沙飛揚的工地……

先是一位牧童在草地上夢見自己就是傳說中的典型牧童，當他被風吹醒時，不但不是古之牧童，且也不是今之牧童。「牧童夢」不僅是一位童工夢也同時是作者一直無法「圓」的夢。在這麼短的篇幅中，能把「夢」環環相套。

作者的詩心在散文中尚未十分發揮，文字就還可以追求詩的精鍊，即令在上舉三篇佳作中我仍然覺得可以再刪芟一些文字，反而可以精鑄結構，凝聚神思。例如「牧童夢」若刪去第一行，全篇從「只有你，牧童……」開始，在極短的篇章中，可以一下就深深切入正題。

且文章少去議論式的說明，讀者可以迴旋聯想的空間便可以相對增大。又如「鴿羣的聯想」僅兩段成文，若把第二段開始至「記得有一次是」刪除，則從「在米蘭……開始」則可以少去題外話，全篇將更精緻。又如「歲末餘韻」如果刪去第四、第六段，則全文將更形緊俏。同理，詩人蓉子如果把寫詩的鍛鍊手法運用在每一篇散文的語言上，其散文必將篇篇光華四溢。

——原載《文訊雜誌》第七三期 一九九一年十一月

卷三　詩篇賞析

蓉子的〈我的妝鏡是一隻弓背的貓〉

周伯乃

我的妝鏡是一隻弓背的貓
不住地變換它底眼瞳
致令我的形像變異如水流。

一隻弓背的貓　一隻無語的貓
一隻寂寞的貓　我底妝鏡
睜圓驚異的眼是一鏡不醒的夢
波動在其間的是
時間？是光輝？是憂愁？

我的鏡妝是一隻命運的貓
如限制的臉容　鎖我的豐美於
它底單調　我的靜淑

於它底粗糙 步態遂倦慵了
慵困如長夏！

捨棄它有韻律的步履 在此困居
我的妝鏡是一隻蹲居的貓
我的貓是一迷離的夢 無光 無影
也從未正確的反映我形像

「妝鏡」和「貓」都是具象的事物，作者透過貓來形容她妝鏡，這是運用具象表現具象，而產生出一種抽象感，這種方法一般詩人都不易把握，也不是常常能被運用的。「我的妝鏡是一隻弓背的貓，不住地變換它底眼瞳，致令我的形像變異如水流。」一隻貓當牠弓起背的時候，常常是預作獵取什麼，或要企圖有所行爲的時候的動作，因此，牠的瞳眼經常是在這個時候，都是骨碌骨碌地轉動。而這時，變化最多。詩人把牠來形容她自己的形像的變化，然後又用水流的形態來比喻那形像變化的外形，這是由外形的具象性到內在的抽象性，使讀者在感覺上有著一種交錯的美感。

第二段是完全以具象的形象來表現詩人的內心的律動。「一隻弓背的貓，一隻無語的貓，一隻寂寞的貓。」弓背、無語、寂寞都是用來形容那隻貓的形象。而這些形象又是用來表現那面妝鏡的，而那面妝鏡又是用來反射人生的歲月，光輝、和憂愁的種種內在情緒的變化。

這是一連串的內在的情緒的波動，「時間」能使人老去，能使一步一步在它的背上挪完生命的旅途。「光輝」使人聯想到青春、美貌、事業、前途、功勛……等等在人生旅途中可能遭到的事件，但光輝大都是象徵美好的。「憂愁」正好與光輝成相反的效果，光輝往往是令人得意的象徵，而憂愁卻常常是失意的代表。是人生不可能一條直線，他的情緒的變化，任誰都是一條曲線的，而有些人的曲線變化較小，有些人的卻很大。這與各人的際遇不同，但都能在一面鏡子裏反映出來。因此，詩人說：「我的妝鏡是一隻命運的貓」。

命運使人生規範於某一種的局限，這個局限不一定有固定的形式，但在隱隱中，它似乎是永遠在捉弄著人生，「如限制的臉容，鎖我的豐美於它底單調，我的靜淑於它底粗糙，步態遂倦慵了，慵困如長夏！」任何一種鏡面都有縮影的效用，女人妝檯上的鏡子也不能例外。當你站在它的面前，你就被它吸取，並把你限制於它的體內。它能鎖住你的豐美，鎖住你的麗姿，鎖住你的笑貌，鎖住你的憂愁和幽怨。

最後一段是貫串第三段的「步態遂倦慵了，慵困如長夏」的情緒。所以詩人說「捨棄它有韻律的步履，在此困居。」這多少帶有一種無可奈何的幽怨，一種不得不被困的哀感。「我的妝鏡是一隻蹲居的貓，我的貓是一迷離的夢，無光，無影，也從未正確的反映我形像。」這可能是暗示一個生存在現代工業社會裏的人，有諸多眞實的自我被扼殺的悲劇性，所以詩人嘆息著妝鏡從未正確地反映她的形像。我相信，在此機械工業日夜爭吵的動亂的世紀裏，自我能不被完全扼殺，多少已經存有一點徼倖了。而如果能夠完全現示自我，認知自我的，似乎是杳杳無幾的。蓉子的詩和胡品清以及其他女詩人的作品一樣，總是帶著濃重的女性的典雅與溫淑。她被稱為「中國詩壇上一座由聖經、自然與存在觀所造成的三角塔」。她已經自寧謐的聖堂裏走向現代，走向現代的騷動的世界，在這個騷動的喧嘩中聽取人類內心的悸動，聽取人類的內在心聲，所以她的詩也自具體的形象中，構築起高度的抽象境界。

——原載《新文藝》第一四二期，一九六八年一月

蓉子的〈溫泉小鎮〉

彭邦楨

〈溫泉小鎮〉

那兒並無風景　無繽紛的林木
亦無城市的喧鬧　無耀眼的霓虹
只有白色蒸氣的氤氳　終年瀰漫
是小鎮居民唯一的財富。

一些小雞雛　一些孩童
孩子們在溫泉邊迅快地長大
老人們在長年的氤氳中銀鬢似雪。

鎮上唯一的大街通往山的起頭
偶一過客從街心走過

他（她）們便一齊睜大眼睛凝望
任如何狡黠的陌生人也無法從他們眼中隱藏！

我忽想在此住下　變成他們中間的一員
脫盡了臺北的繁華和激揚
選一個南方清新的小鎮住下

像單純的居民一樣質樸
我祇要有那淡泊的雲天和一襲時間寬大的衣袍
我便有了足夠的安適和富庶。

蓉子的詩，一向有著至麗而自然的意味，這是向來爲我們詩壇所稱道的。今天讀她發表本刊的這首〈溫泉小鎮〉，就益見她所具有的風貌。在感情上說，我是非常喜歡它的，好像她所寫的這個地方是我們曾經去過的。

我們知道一個小鎮是無特異的風采的，這並不是說它就不具某種風采的情調。正因爲如此，我倒認爲它還具有風采中之風采與情調中之情調的，這就是她的作品所有的特色。蓉子是一個很平易近人的詩人，在今日的女詩人羣中，她是最無一絲半縷的矯揉的病態美的，自然而來，也自然而去，無論年老一輩與年輕一輩的詩人都易與她相處，這是做人的成功，也是她寫詩的成功。這並不是說她在做人與寫詩方面都無缺失，否則就無她持有的特性。

她曾出版有《青鳥》、《七月的南方》、《蓉子詩抄》等詩集，與她的夫婿羅門是被喻爲我們今日詩壇的「勃朗寧夫婦」的，正因爲他們伉儷情深，如切如磋，就像「關關雎鳩，在河之洲」而爲我們所羨慕的對象一樣。當然夫妻是一回事，而詩又是一回事的，但好在他們卻得著了「珠聯璧合」的妙諦。

蓉子的詩，最近又有許多轉變，既不像《青鳥》時代的少女，也不像《七月的南方》時代的少婦。這也就是說，她已經是更圓潤與成熟了，是一枚更耐咀嚼的果子。爲了詩品起見，讀者應先讀她這首詩，而後再來看我的這篇詩品的。所謂「品」，就如「品味」、「品茗」、「品花」、「品酒」、「品香」一樣。同時也是含味著眞人的「人品」，眞詩的「詩品」的境界的。她在其第一節詩裏說：

那兒並無風景　無繽紛的林木
亦無城市的喧鬧　無耀眼的霓虹
只有白色蒸氣的氤氳　終年瀰漫
是小鎮居民唯一的財富。

這節詩，是很値得品味的，似乎並無驚人的筆觸，亦無綺麗之處，我認爲這就是「至麗而自然」的寫照。所謂「那兒並無風景」，我認爲就有綺麗的風景在這座小鎮的背後：「無繽紛的林木」，我認爲就有綺麗的林木在這座小鎮的背後的。因爲一個有溫泉的地方就有山水，一個有山水的地方就有林木。只是一個小鎮並不像一個城市，爲了美化與綠化的目的，要把林木與風景移植在城市裏來。可說一個小鎮的限度，就只止於淳樸的限度，如再把林木與風景植在鎮上，這豈非多此一舉。所謂「亦無城市的喧鬧，無耀眼的霓虹」，這是寫實。「只有白色蒸氣的氤氳……是小鎮居民們唯一的財富」，這兩句詩是很生動活躍的，不說溫泉，而說「白色的蒸氣」爲象徵，這就是「點睛」之筆，是一淨化一個物象的表現。同時又把「瀰漫的白色蒸氣」而象徵爲「小鎮居民唯一的財富」，是遠比富有土地萬頃而具有人生的意味的。這也就是說，人的財產，這豈不就像一些白色蒸氣而上升爲雲的嗎？

第二節到第三節詩，是刻劃小鎮居民土生土長，土生土活的全部過程，也就是說他們生於斯而息于斯的處境，而他們並無過多的奢望。但帶給他們些許詫異的感覺的，就是那遠自城市而來小鎮上的過客們，以不屑的眼光在看他們，而使他們感到有些不太自在。所以「他（她）們便一齊睜大眼睛凝望，任如何狡黠的陌生人也無法從他們眼中隱藏！」這也就是說：過客們，你（妳）們爲什麼要以這種眼光來看我們呢？我想這是純樸善良小鎮的居民與狡黠的城市過客的不同之處。可說在蓉子的眼光裏是唯一在愛他們的，這就可以看出一個詩人的詩品與人品來。

第四節詩到第五節詩是寫她的感受，我認爲這兩節詩寫得很好，也有許多妙趣，但我爲了要再品起見，我認爲其中是可以省略一些語意來寫的。在第四節裏她說：

我忽想在此住下，變成他們中間的一員

脫盡了臺北的繁華與激揚
選一個南方清新的小鎮住下

這一節詩，在這三行裏是有很多值得評價的，因爲我認 寫得平實而近人，也寫出她一個詩人所具有純粹的愛心。住在城市裏就有時會感到不如住在鄉村，她想住在這裏，「變成他們中間的一員」，這是在她的內在裏正想企求點什麼？雖說她並沒有說在紙上，但在言外之意裏她卻企求孕育她所有的一個世界。也就是說作爲一個詩人在本質上的存在，常常會感到一首詩並不能代表甚麼，但有時又會感到一首詩就能代表甚麼？可說這就是某種存在上的矛盾。她之所以不願住在臺北，而願「選一個南方清新的小鎮住下」，這就是說在「臺北」與「小鎮」有個選擇，在作爲人的價值與詩的價值的過程上也該有個選擇的？

像單純的居民一樣質樸
我祇要有那淡泊的雲天和
一襲時間寬大的衣袍
我便有了足夠的安適和富庶。

第四節詩，可說這就是蓉子所具有女性的光彩。因爲她畢竟不是一個脂粉氣的女人，而是一個昇華爲靈的詩人；因爲她不僅是一個已昇華爲靈的詩人，而且還願孕滿腹「時間寬大的衣袍」而作爲一個本色的女性的。

總之，她這首小詩，雖然某些地方運用了一些散文筆觸，但在全部的過程上仍是很玲瓏出色的，其可讀性，還遠勝一般只重意象表達而不重特質的作品之上的。所以我要在這裏推許她是我們詩人中的名家之一的。

——原載《青年戰士報》，一九六九年二月一日

自我的塑造

——試評蓉子詩作〈一朵青蓮〉

辛 鬱

〈一朵青蓮〉

有一種低低的迴響也成過往　仰瞻
祇有沉寒的星光　照亮天邊
有一朵青蓮　在水之田
在星月之下獨自思吟。

可觀賞的是本體
可傳誦的是芬美　一朵青蓮
有一種月色的朦朧　有一種星沉荷池的古典
越過這兒那兒的潮濕和泥濘而如此馨美！

幽思遼闊　面紗面紗
陌生而不能相望
影中有形　水中有影
一朵靜觀天宇而不事喧嚷的蓮。

紫色向晚　向夕陽的長窗
儘管荷蓋上承滿了水珠　但你從不哭泣
仍舊有蓊鬱的青翠　仍舊有妍婉的紅燄
從澹澹的寒波　擎起。

兼具古典精神中的凝實與浪漫精神中的璀璨的女詩人蓉子的詩，常把一些得自靜觀的美與痛苦的造象，展佈在我們面前。讀她的詩，我們在感受上或許不會有強烈的波動，但是，我們的心靈卻會隨著美與痛苦的造象所射出的光度而昇華或潛沉。而這，無疑是蓉子的詩的特色所造成的效果。

靜觀，是對事物作多面的觀察，而不是止於事物的一面。如果我們僅以觀察事物的一面所獲致的印象作爲寫作的素材，產生的作品，在給予他人的感受上，必定是僵化的；而蓉子不是這樣的詩人。蓉子在觀察事物時，是對事物的能動性也加以包容的，因此，她能以主觀移爲客觀，復以客觀移爲主觀，對事物作多元的觀察，而表現於詩，我們便得以窺探她的主觀精神所刻劃的客觀存在。而這，無疑也是蓉子的詩的一個特色。

事物的能動性，就其本質來說，便不是人爲的，

也許，我們以人的立場可以這麼肯定的說：因爲人的認知，始有事物的存在；實則，事物應有其自身的存在，而此一存在，非人力所能干預，但作爲文學藝術工作者的人，卻藉著文學藝術的要求，對事物的自身存在，作多方面的觀照探索，而後復加以描述。在這情形下，文學藝術工作者如果不能控制自己的感情，便會在觀照探索過程中，造成一種感情的泛濫，以至侵害到事物自身存在的完整性，而形成的作品，便失去了眞實性。對蓉子來說，她的作品中很少有這種敗象，究其原因，我們發現蓉子在觀照探索事物的自身存在時，她的感情是有著一定的約制的，並且，她也不粗率的放過任何細微的一面。因此，讀她的詩，我們會獲得一種細緻與清澈的感動，而這，當也是蓉子的詩的一個特色。

蓉子在當代詩壇，是一個嚴謹從事創作而且從不停頓的詩人，同時，她所建立起的創作世界，也不受一般時尚的影響。她的詩，雖乏雄渾的氣勢，卻有濃厚的氣氛，這一氣氛，是由於她能善於控制語言，並善於造設意象所獲致的。她更善於以象徵與類比的手法，將事物擬人化，《一朵青蓮》這首詩，便是最好的例證。

我們願這麼說，〈一朵青蓮〉是蓉子的自我塑造。

爲什麼會是自我的塑造呢？因爲，當詩人對這喧囂煩擾的人世予以一再的觀照後，心中不免有一種微帶悲感的情愫；那是對現實人生的一種不帶譴責的抗議，而又是一種對想像的

人生境界的憧憬。蓉子是一個公務員，作爲一個不能擺脫日常瑣務的詩人，她心中的人生境界與現實人生，便無法在一個思緒下，找到一個契合點，矛盾便在這裏產生了，於是，在靜觀事物的所得中，詩人以蓮擬人。又自比爲蓮，〈一朵青蓮〉，便寫出了詩人從日常生活中昇華起來的生命的面貌；那是「可觀賞的本體，可傳誦的芬美」，不也是一種至美的人生嗎？

但是，我們若從這首詩的語言與意象上再加追索，也會發現，詩人的以蓮擬人，又自比爲蓮，這種移情作用，它所產生的效果，並不止於讓我們看到詩人的「自我的塑造」，而是——我們可以肯定的說——對整個人的世界的期盼。那麼，這首詩的長處，便不限於局部的完美，而是整體的完美。爲什麼詩人要對整個人的世界，予以期盼呢？就像「從澹澹的寒波擎起」那樣的期盼呢？因爲，詩人相信人的處境是人爲的，凡人爲的都可以改善，我們今天的處境，到明天，由於人自身的覺察而加改善，便會有不同的面貌，蓉子從對蓮的觀察中旁及人生，終於有所執持的，把她的期盼展現在我們面前，而這，該是〈一朵青蓮〉最成功的地方。

在技巧上，〈一朵青蓮〉是一首排比嚴謹而跡近直敍的詩。蓉子在處理上，有一定的時序的安排，在詩中，我們當可很清晰的看出，那是從夜間的靜止寫到白晝的躍動，然後又歸入向晚，這也就是說，詩人是將整天的時間，投入對蓮（事物）的觀察，而後經過內心的醞釀，抽其精義而予以表現的。從這裏，我們當不難發現，蓉子的詩的面貌是多麼純淨，而「在星月之下獨自思吟」，不也就是詩人自身的寫照嗎？同時，在這情形下，我們也不難窺探詩人所兼具的古典精神的凝實與浪漫精神的璀璨。

〈一朵青蓮〉，是蓉子最近一年來作品中最值得推崇的一首好詩。今天，詩壇正波動著一股自省的潮汐，蓉子卻能以她一貫的創作精神，在作品中作更高的表現，儘管作品的風貌殊異，但蓉子的創作精神，卻值得在自省中的詩人，引爲一種參考。

——原載《文藝》第一期，一九六九年七月

欣賞蓉子的詩

林煥彰

〈我的妝鏡是一隻弓背的貓〉

我的妝鏡是一隻弓背的貓
不住地變換它底眼瞳
致令我的形像變異如水流。

一隻弓背的貓　一隻無語的貓
一隻寂寞的貓　我底妝鏡
睜圓驚異的眼是一鏡不醒的夢
波動在其間的是
時間？　是光輝？　是憂愁？

我的鏡妝是一隻命運的貓
如限制的臉容　鎖我的豐美於

它底單調　我的靜淑
於它底粗糙　步態遂倦慵了
慵困如長夏！

捨棄它有韻律的步履　在此困居
我的妝鏡是一隻蹲踞的貓
我的貓是一迷離的夢　無光　無影
也從未正確的反映我形像

——選自「中國現代文學大系」詩①

儘管一位詩人，他如何優秀、如何享有盛名，他的作品，並非每一首都能保持在相當水準的。一位優秀的詩人，要使他的每一首詩都能創出令人驚異的境界，也誠非易事。其實，他只要繼續不懈地創作、繼續爲追求其最後、最好的一首詩而努力，那他的精神就值得我們敬佩了。

〈我的妝鏡是一隻弓背的貓〉是我近年來拜讀蓉子的詩所發現的最爲喜愛的一首，與其差不多同一時期所寫的〈一朵青蓮〉，無論就其結構的緊密、節奏的飄逸、意象的完美，與乎其意境之深邃來說，在在都顯示爲其不可多得的傑作。

蓉子寫詩已有二十餘年，對於詩的寫作，她始終努力不懈，而且也享有了盛名；曾經代表我國婦女寫作協會赴韓訪問，應僑委會聘赴菲講學。如就其詩的位置來說，現代詩在臺灣發展這廿餘年中，除了覃子豪、紀弦、鍾鼎文、李莎等爲播種者外，蓉子該可以稱爲第一代的詩人之一。她的作品，已出版專集者，有《青鳥》、《七月的南方》、《蓉子詩抄》、《維納麗莎組曲》及另一本列爲臺灣省兒童教育叢書的童話詩——《童話城》等。她的作品一向具有富麗、妍婉而自然的韻味，是典型的東方女性詩人的特有風格，而尤以〈我的妝鏡是一隻弓背的貓〉這首詩更具其特色。

這首詩，她不僅僅在靈活地描述她日夜臨照的妝鏡，而且更把她的整個生命溶入其中，使之映現出她的形體；由一個多變化的少女到一個步態倦慵的婦人底內在感受。

茲爲品賞方便，分述如下：

就表現方法來看，這首詩是以直接投射的方法開始的，將作者所要表現的對象，以整體的或部份擴大的形體，直接傳達給讀者。在這首詩的開始，就像電影的序幕（或曰片頭）的特寫一樣。其第一段：「我的妝鏡是一隻弓背的貓 不住地變換它的眼瞳 致令我的形像變異如水流」乃充份表現了這種效果，馬上予人以置身其間之感。如果作者不是一位特具才華的人，對於「妝鏡」這個僅是作爲梳妝之用的東西，豈能如此給予生命、賦予形體呢？又怎能夠對於其自己臨照時那微妙的心境表現得如此纖細而得體呢？說實在，一開始，「我的妝鏡是一隻弓背的貓」就非同尋常的吸引人了，使我們感覺到她的妝鏡之可愛，眞像一隻弓背的狸貓！事實上，她所使用的妝鏡是否如此可愛，在作者或讀者來說，都不重要。詩，以語言文字構成的這一藝術，是否需要具有「物的眞實」模寫？在我們的經驗中，其答案是否定的。顯然，一件藝術，它能引起人們的共鳴、喜愛，其關鍵並不在此，而在於詩人、藝術家是否具有此卓越的能力，把他所感受的內心底眞實，藉藝術所需要的條件表現出來；而詩就是藉用「語言」和「文字」。

以「我的妝鏡是一隻弓背的貓」這一句來說，它是成功的，表現了一個完整的事物。第二句再把水銀塗刷的鏡面，藉「眼瞳」這一具體的、靈活的意象來賦予生命，可謂非常妥切，它的「不住地變換」，正意味著「妝鏡」的主人之不斷臨照，也同時表現了這隻弓背的貓之富有魅力的地方。這種經常臨照的行爲，使之「不住地變換它的眼瞳」，在眞正的貓來說，實在可愛極了。在畜養的動物中，貓一向是被寵愛，也最富靈性。作者把他所喜愛的妝鏡比之爲一隻弓背的貓，實在令人心服。第三句之「致令我的形像變異如水流」，可說含有對於年華消逝的悲嘆，這是作者眞正所要表現的。這一句的出現，使第一段的那種序說過程，旋即納入正題，不再讓你留連於美好的鏡面，乃引導你進入更深的世界，去認識生命的奧妙。因此，除第二段的一、二兩行及第四段的第一行雖仍在塑造這一隻弓背的貓，使讀者更清楚了解這隻貓的性格之外，其餘的可說都在表現作者的精神動向，也即她對生命的體悟。

「睜圓驚異的眼是一鏡不醒的夢
波動在其間的是

時間？　是光輝？　是憂愁？」

這即是作者在臨照鏡子時，對於流逝的的時光，無法挽留的青春，引起的一陣喟嘆。更確切的說，是在參悟生命的過程中，對於光怪陸離的人間世界（鏡面）產生一種迷惑。「我的妝鏡是一隻命運的貓」，至此，作者已更明確的把女性的一生都浪擲於面對妝鏡的作爲指示出來。「一隻命運的貓」就如此限制了女性對人類可能還有的更大的貢獻，所以作者才有接下的「慵困如長夏！」的對生命的豐美、靜淑之被鎖於妝鏡的嘆惜。

人類的生命如不轟轟烈烈用於創造人類的幸福而努力的話，生命還有什麼意義？女人對妝鏡一物雖然寵愛如對一隻狸貓，但那畢竟不是生命所應該面對的，它所映照的，在生命的整個意義來說，既不是「光」也不是「影」，作者最後的體悟是對的，它「從未正確反映我形像」令人沉思再三。此之謂「我」，應該已包含到整個的人類吧！

這首詩雖然只是以女性對於年華之消失而體悟出生命的眞諦，但在男性來說，有很多對於其命運、前途不懂得改變、創造，只一味的迷戀著他目前的小有成就，甚至於被其自我優越的心理作祟所蒙蔽的，不也同樣可以女性之過份寵愛妝鏡的自我毀棄來相提嗎？

詩不是說教的，但有時卻很接近眞理，尤其像這首詩之對生命意義的探討，能使我們在欣賞詩——淨化心靈之外，又像獲得了什麼，雖然有很多是直覺的感悟，說不出來的，但詩之爲詩，並不在於向讀者說明道理，所以才能成爲文學的、藝術的作品。

——原載《臺塑月刊》，一九七二年

蓉子的〈傘〉

辛鬱

鳥翅初撲
幅幅相連　以蝙蝠弧形的雙翼
連成一個無懈可擊的圓

一把綠色小傘是一頂荷蓋
紅色朝暾　黑色晚雲
各種顏色的傘是載花的樹
而且能够行走………

一柄頂天
頂著艷陽　頂著雨
頂著單純兒歌的透明音符
自在自適的小小世界

一傘在握　開闔自如
闔則爲竿爲杖　開則爲花爲亭
亭中藏一個寧靜的我

蓉子姓王，本名蓉芷，江蘇人。

從民國三十九年作品在《新詩週刊》、《現代詩誌》發表以來，她一直創作不輟，被譽爲最傑出的女詩人之一。二十多年來，蓉子一共出版六本詩集，另外並與羅門合出一本英譯詩集，這些詩集是《青鳥》、《七月的南方》、《蓉子詩抄》、《童話城》（童詩）、《維納麗莎組曲》、《橫笛與豎琴的晌午》、《日月集》（英譯詩集）。此外，他的作品並被選入各類選集，又被譯成英、法、韓、日等國文字，廣受各方佳評。

蓉子是「藍星詩社」的基本社員，曾先後以詩人身份，訪問韓、菲等國，並爲我國出席第一至三屆世界詩人大會代表，與出席亞洲作家會議代表。在新詩的推廣工作上，她除經常應邀出席各種有關新詩的活動，如座談會、朗誦會、演講、寫作指導等，並曾擔在「中國現代詩獎」與「青年學藝競賽——詩獎」的評審委員。

抒情，是蓉子作品的特色，這也許是因爲女性天生愛美，蓉子的詩，在意象的營造，氣氛的烘托，以及語言的構建等方面，可說是得心應手，其技巧運用的圓熟，一般女詩人是很難達到的。從蓉子的詩中，你會發現那美的完整，與那完整的美所散發的感染力。當然，詩中的表現與現實是有距離的，因此，詩人的想像並不就是生活的寫照。蓉子的詩，在表現一個女性的想像方面，其細緻是使人十分佩服的；而這種細緻的想像力，如說它源於生活，倒不如說它是源於才華。

在蓉子的許多作品，另外一個主要的表現，也許就是對現實中浮華生活的鄙夷吧！她雖然並沒有在作品中，直接對現實的浮華加以排斥，卻一直在作品中，對事物美好的一面予以肯定，並加以歌頌；即使那事物本身藐小如一花一葉，一沙一塵。

這或許是蓉子的宗教信仰產生某種作用吧。然而她的詩卻從不表露宗教的意味，而只是愛、關心；透過這愛與關心，蓉子把信仰以詩的形式來表現，這也是一般女詩人很難達到的。

蓉子是羅門的夫人，他們兩位曾被譽爲中國的白朗寧夫婦，但有一點不同，蓉子與羅門的詩，在表現上有著很大的差別。

〈傘〉這首詩，語言簡潔明朗，結構十分完整。我在前面曾經提到，蓉子對細微、藐小的事物，在處理上亦不放過，這〈傘〉就是一個例子。蓉子在這首詩，不僅對「傘」這種小小的日用器物，在造型上加以描述、刻劃，使之栩栩如生的美化起來，更對它的功用，也加以強調。然後，詩人的想像領域擴展，「傘」成爲具有生命質感的器物，這生命是詩人賦予的；它看似主觀，實際上，當詩人在作這樣的描述刻劃時，那個體的「我」已化爲群體的「我」，詩人與事物已合而爲一，無所謂主觀與客觀的分際了。那麼，這「傘」也可說是蓉子對自己的寫照，對自己生命美好一面的肯定。

「借物喻人」不容易表現得恰到好處，〈傘〉這首詩在這方面的表現，是十分成功的，由此，更可見蓉子的才華，非一般製造些怪詞異句的女詩人所及得上的。

——原載《青年戰士報》，一九七六年十一月二十二日

蓉子的〈傘〉

羅　青

鳥翅初撲
幅幅相連　以蝙蝠弧形的雙翼
連成一個無懈可擊的圓

一把綠色小傘是一頂荷蓋
紅色朝暾　黑色晚雲
各種顏色的傘是載花的樹
而且能夠行走……

一柄頂天
頂著艷陽　頂著雨
頂著單純兒歌的透明音符
自在自適的小小世界

一傘在握　開闔自如

闔則爲竿爲杖　開則爲花爲亭

亭中藏一個寧靜的我①

蓉子，本名王蓉芷，江蘇人，民國十七年生，因爲父母爲虔誠基督教徒的緣故，她從小就在教會學校受教育。來臺後，她因生活安定，工作不忙，漸漸對新詩的創作發生興趣。從民國三十九年到四十一年間，她開始在當時最早的詩園地，由李莎、覃子豪、紀弦等主編的自立晚報《新詩週刊》及紀弦主編的《現代詩》上不斷發表作品。四年後，她由中興文學出版社出版了處女詩集《青鳥集》，爲自由中國第一本女詩人專集。

因爲寫詩的關係，她結識詩人羅門，一年後，也就是民國四十四年，二人結爲夫婦，他們兩人的詩觀並不完全相同，風格也各自有其特色，「在寫作上彼此精神獨立完整，只是互相供應養分，而不受影響。②」大體上說來，羅門的詩走剛猛一路，時露淒厲壯烈之音，而蓉子則沉靜敦厚，於溫柔中見韌性。民國四十四年，兩人加入以紀弦爲首的「現代派」，一年後，雙雙退出，變成了「藍星詩社」的中堅。此後二人埋首努力創作，被譽爲中國詩壇的伯朗寧夫婦，有英文版的詩合集《日月集》（榮之穎英譯）於五十七年由美亞出版社發行。

民國五十年，蓉子由藍星詩社出版第二本詩集《七月的南方》，確立了她自己的風格。此後，她在詩壇的活動頻繁，訪問座談不斷，足跡遍及韓、菲、美國等地，努力求文化交流及發揚推廣新詩等工作。

民國五十四年，她出版第三本詩集《蓉子詩抄》（藍星詩社出版）。民國五十八年，她由純文學出版社出版了第四本詩集《維納麗沙組曲》，並和羅門一同出席馬尼拉第一屆「世界詩人大會」。五年後，三民書局出版了她第五本詩集《橫笛與豎琴的晌午》。

民國六十六年，她曾隨團赴歐洲旅遊，寫了不少遊記，並由道聲出版社出版了第六本詩集《天堂鳥》；兩年後，她第七本詩集《雪是我的童年》由乾隆圖書公司出版。蓉子除了寫詩及散文外，對兒童文學的創作，也很有興趣。她曾於民國五十六年應省教育廳兒童讀物編輯小組之請，寫過一本兒童詩《童話城》，由臺灣書店印行；並曾應聘爲臺北市教育局主辦的「兒童文學教師研習會」講師，及「洪建全教育文化基金會」兒童文學創作獎評審委員。民國六十七年，黎明文化事業爲她出版了《蓉子自選集》，列入中國新文學叢刊之中，把她創作的歷程，十分有系統的介紹給讀者，值得一讀。

蓉子早期的詩受「新月派」的影響很深，並曾刻意模倣，其中一位詩人的小詩，這個階段的作品，大多收入《青鳥集》。然而自從《七月的南方》出版後，她開始緩慢而有節制的於作品中，注入現代機械文明下所生產的種種經驗，使溫柔純美的詩風裏，透露出些許苦澀及西化的傾向。她寫下了〈城市生活〉、〈碎鏡〉（見《七月的南方》）及〈我的妝鏡是一隻弓背的貓〉、〈三月無詩〉（見《蓉子詩抄》）等作品，語言，意象，內容都比過去成熟了許多。到了她出版《維納麗沙組曲》時，她已經能夠收發自如的處理任何題材了。這一個時期的作品如〈公保門診之下午〉、〈未言之門〉及〈詩〉等，都顯示出她不再只是一個「

閨秀派」詩人。

從「橫笛與豎琴的晌午」開始，蓉子已有回歸東方古典的自覺，因爲她從未劇烈的西化，故回歸的過程也就十分輕鬆自然而不著痕跡。在這段時期裏，她寫了許多歌頌寶島臺灣的詩篇，韓國的風物亦出現在她筆下。此外，佳作如〈一朵青蓮〉、〈一隻鳥飛過〉都頗能代表蓉子進入後期的成熟風貌。

〈傘〉一詩便是從蓉子後期作品《天堂鳥》中選錄出來的，作於四十八歲，是一首詠物詩。全詩主旨在闡明詩人對傘的感情，並以新鮮的觀點，在日常生活的平凡事物裏，發現詩意及美感。然後再把「傘」提高到象徵的層次，來表達詩人的觀念及感受。

爲人們提供清新的觀點去看舊有的事物及平凡的東西並發掘其中的詩意及美感，本是詩人的職責之一。因時代不斷的變遷轉換，人們的感受也代代不同，每一個時代都需要有其自己的代言人，表達當代的感受。在這個科學日益昌明的二十世紀，新的事物不斷發明不斷增多，如何從這些看起來庸俗平凡的東西中提鍊出新的、詩意的、美的感受，當是新詩人的主要工作。

梅蘭竹菊之所以詩意盈然，是因爲歷朝歷代不斷的有詩人挖空心思的在那裏歌頌吟詠，就好像蒲公英及風信子在西洋文學中一樣。歷來詠物詩，大體上可分兩類，一類是刻意用暗示的手法去描繪對象與其周圍相關之景物，使之達到象徵的層次，通常這象徵的目的是以訓誨爲主；另外一類是以情趣爲主，刻畫情景，烘托意境，有時極爲幽玄，有時則輕快幽默。

前者例如宋王淇的〈梅〉：

不受塵埃半點侵，
竹籬茅舍自甘心；
只因誤識林和靖，
惹得詩人說到今。

詩中王氏先刻劃梅的環境情態，再用以象徵詩人的志節，表達出甘心隱居不願受知於人的心意，並諷刺了以高潔隱居爲手段來達到出名目的的人，後者，如宋盧梅坡的〈雪梅〉：

梅雪爭春未肯降，騷人閣筆費評章；
梅須遜雪三分白，雪卻輸梅一段香。

此詩以擬人化的手法，把自然界的梅雪，變成了知道爭春的「人物」，筆調輕快幽默，自然有趣。還有一種寫法，則以暗示見長，有如謎語，因爲題目已點明了謎底，故內容就極盡象徵烘托之能事。例如林逋那兩句爲人傳誦的詠梅名句：「疏影橫斜水清淺，暗香浮動月黃昏」，其中無一字寫梅，而梅的精神躍然紙上，低迷淒清，十分幽玄。至於姜白石的「疏影」的上半闋：

苔枝綴玉，有翠禽小小，枝上同宿。
客裏相逢，籬角黃昏，無言自倚修竹。
昭君不慣胡沙遠，但暗憶、江南江北。

想佩環月夜歸來，化作此花幽獨。

此詞除了刻劃梅花外在的環境及相關的事務外，還進一步利用典故讓物人合而爲一。枝頭的梅花，竟是王昭君的魂魄自塞外歸來所變，眞可謂奇思妙想，精彩絕倫。而詩人對梅花的獨特感受及新鮮的觀點，也藉此得以傳達給讀者。

蓉子的〈傘〉的寫法是屬於第二屬，重在個人感情的抒發，而絲毫無訓誨的企圖，全詩筆調輕快亮麗，寫法介乎「雪梅」與「暗香」之間，她一方面刻劃傘的形狀及功用，興起諸多聯想，然後再把她自己的感情注入傘中，使傘變成與人不可分割的整體，變成了文學藝術的象徵。

此詩第一段的寫法類似謎語。「鳥翅初撲」一句是指傘初開之時，有如一隻初撲翅羽的鳥。接下來兩句「幅幅相連　以蝙蝠弧形的雙翼　連成一個無懈可擊的圓」則是寫傘從半開到全開之間的過程。詩人形容傘初開時，讓人感覺像一隻鳥，半開時，則像蝙蝠；全開時，才知道非鳥非蝠，而是一個「無懈可擊的圓」。短短三行，不用比喻，而全用暗示及象徵，以新鮮的觀點把開傘的過程及變化生動活潑的描寫了出來。

第二段是寫各色各樣打開後的傘：「綠色小傘是一頂荷蓋」，紅色的傘如朝暾，黑色的傘則如晚雲。「紅色朝暾　黑色晚雲」一行句法甚妙，簡潔有力，音節鏗鏘。白話詩能鍊句如此，於古典詩亦不多讓，値得注意。寫完純色的傘，詩人開始寫花傘：「各種顏色的傘是載花的樹」。此句暗喻十分貼切，因爲樹的外形與傘十分相似，花樹與花傘相提並論，使讀者在視覺上，爲之一新。花傘雖然像花樹，然究竟不能四處移動，於是詩人又補上了一句：「而且能夠行走……」，把意思更翻入一層。把會動的傘比喻成樹，是一奇；再把比喻成樹的花傘形容成會走的樹，又是一奇。而此二奇均又在情理之中，並非故意好奇，也不嬌柔做態。

第一段把開傘的動作與飛鳥蝙蝠相提並論；第二段則把各色各樣打開的傘比喻成自然界的各種現象，或朝霞或暮雲，或花樹或荷葉。可謂曲盡傘之外在情狀。

第三段，詩人開始描寫她與傘的關係與感情。一傘相伴，提供蔭涼及掩蔽，使她可以在「豔陽」或雨中行走，自由逍遙。而雨滴打在傘上有如「單純兒歌的透明音符」，讓詩人察覺到她傘下的小小世界是如此的「自在自適」。「頂著單純兒歌」的世界，是詩的世界，也是藝術的世界，而唯有在藝術的世界裏，詩人方能「自在自適」。由此可見傘對詩人小小世界的貢獻，是十分巨大的，傘不但可以「頂著豔陽」（生活中的順境），也可以「頂著雨」（生活中的逆境），還可以使雨化成「單純兒歌的透明音符」（詩歌藝術的象徵），並創造出一個「自在自適的小小世界」。這個「小小世界」正與第一段中的「無懈可擊的圓」這個意象相呼應。

在這段當中，詩人運用三個「頂」字，押的是頭韻，而從「頂著雨」轉換成「頂著單純兒歌的透明音符」時，詩人不用比喻法，而用平行並列法，要讀者自己去聯想雨與兒歌音符的關係，技巧簡鍊神傳，顯示出白話詩句法運用的成熟。

最後一段，詩人再進一步，描寫詩人與傘之間不可分割的關係，並闡釋了那個「自在自適小小世界」的內容。傘成了詩人生活中不可缺少的必需品，不但可以蔽陽頂雨，而且還可「爲竿爲杖」，變成扶持自己的工具或保衛自己的武器；更可以變成花朵亭子，讓詩人隱藏其中靜觀萬物；或在傘的開闔之間，展露詩人眞實的自我。

讀罷全詩，我們可以發見，「傘」這個主題意象。已在詩人多方的比喩描繪、想像暗示之下，變成了詩或藝術世界的象徵。那是一個「開闔自如」的世界，只有在那個世界裏，我們才可以看到隱藏不爲人知的詩人自我——「寧靜」而「自在自適」。

【附註】

① 蓉子，「蓉子自選集」，黎明文化事業，臺北，民國六十七年，頁二五七—二五八。

② 國立編譯館「中國現代文學選集」詩集部份，書評書目出版社，臺北，民國六十五年，頁八十七。

現代詩導讀：一朵青蓮

張漢良

一朵青蓮

蓉子

有一種低低的迴響也成過往　仰瞻
祇有沉寒的星光　照亮天邊
有一朵青蓮　在水之田
在星月之下獨自思吟。

可觀賞的是本體
可傳誦的是芬美　一朵青蓮
有一種月色的朦朧　有一種星沉荷池的古典
越過這兒那兒的潮濕和泥濘而如此馨美！

幽思遼闊　面紗面紗

陌生而不能相望
影中有形　水中有影
一朵靜觀天宇而不事喧嚷的蓮。

紫色向晚　向夕陽的長窗
儘管荷蓋上承滿了水珠　但你從不哭泣
仍舊有蓊鬱的青翠　仍舊有妍婉的紅燄
從澹澹的寒波　擎起。

導讀：

「七十年代詩選」曾介紹蓉子的詩風：「她早期的作品頗流露著哲思與智慧的光輝，『青鳥』時期，她活潑玲瓏的句法，音響輕柔的節奏，單純明澈的意象，嚴整穩妥的結構，以及含蓄的抒情風貌，在在使人低迴不已。之後，『七月的南方』與『蓉子詩抄』相繼出版，蓉子的詩風便有了極顯著的轉變，在現代新審美觀與新的觀物態度的影響下，她逐漸更換了『自我』的坐姿，逐漸遠離了『青鳥』時期那單純雋永與可愛的抒情世界，也像其他的現代詩人，強調深入的思考與知性，向內把握住事物的眞實性，追求精神活動的交感作用，使作品在現代藝術的新領域裡塑造交錯繁美與帶有奧秘性的意象，獲致其更純的深度與密度。……

……蓉子大部份的作品給予我們的感受是整體的躍動——一種女性特有情緒美，一種均衡與和諧的心象狀態的展露……。」

這段話在十年後的今天看來仍然相當準確。蓉子具有大多數女詩人敏銳的觸覺；但又和浪漫的女詩人，如胡品清、沈花末、馮青不同，她的詩表現出一種寧靜的秩序與斯多噶式（Stoic）的收歛。這裏選錄的「我的妝鏡是一隻弓背的貓」與「一朵青蓮」都能充份表現這種特質。前者藉一連串暗喻的辯證，冷靜地探討說話人與妝鏡的關係。

「一朵青蓮」中，沒有我，祇有物。讀者無法明確地抓住觀物者的敘事觀點，唯一的線索是第三段的「陌生而不能相望」，似乎暗示著敘述者與蓮的相隔一水，但更可能的是敘述者已化身爲蓮，不能相望的是其他的人與蓮，而非敘述者與蓮。這朵蓮是寧靜的存在：「一朵靜觀天宇而不事喧嚷的蓮」。

此詩在某層意義上是蓉子自己的寫照，文如其人，她一向素處以默，不介入詩壇的擾攘紛爭，也很少參加活動。她的另一半——羅門——則是詩壇有名的慷慨激昂人物；令人不解的是：羅門的詩是冷靜的，不類其人。有人把他們喻爲中國現代詩壇的「白朗寧夫婦」。就其詩觀之，蓉子比伊莉莎白古典多了。

——選自《現代詩導讀》，一九七九年十一月（故鄉出版社）

一朵不凋的青蓮—蓉子

蕭蕭

蓉子，本名王蓉芷，民國十七年五月出生於江蘇省一個教會家庭，在戰火中，斷斷續續完成高中教育，並曾在一所農學院森林系讀一年級，民國三十八年二月隨交通部國際電臺來臺北籌備處工作。次年即開始創作，作品發表於當時自立晚報的《新詩週刊》，及紀弦主編的《現代詩》上，爲政府來臺後，中國詩壇第一位女詩人，至今仍不斷創作，已有三十年寫詩經驗，白萩曾喻爲「自由中國詩壇祖母輩的明星詩人」。

第一本詩集於民國四十二年出版，取名《青鳥集》，集中〈青鳥〉、〈爲什麼向我索取形像〉等詩，都是民國三十九年的作品，知性與感性融合無間，頗能掌握詩的精粹性，毫無贅辭廢字，以〈青鳥〉爲例：

從久遠的年代裡——
人類就追尋青鳥，
青鳥，你在那裡？
青年人說：

青鳥在邱比特的箭簇上
中年人說：
青鳥伴隨著「瑪門」。
老年人說：
別忘了，青鳥是有著一對
會飛的翅膀啊……………

十分簡易的比喻，刻畫出人類追求的理想隨年華逝去而改變，人類所追尋理想到底是什麼，理想到底在何處？「青鳥」，就是這份理想的象徵，青年追尋愛情而老年時惟恐時光悄然流逝。具體而可感的詩句，不說教的文詞，卻令人深深感動。

「爲什麼向我索取形像？」她的回答讓人由衷感佩：「歡笑是我的容貌。寂寞是我的影子，白雪是我的蹤跡，更不必留下別的形像！」也許就是這份女性的執拗，使她在女性詩人中另有一種剛柔並濟的面貌，超脫乎所謂「閨閣詩人」的稱號，成爲詩壇上長青的一棵樹，一朵不凋的青蓮。

蓉子的詩，充滿了溫和、謙恭、體諒，對人性與生命的禮讚。這也許跟她三代以來都信仰基督的家庭有關。很早很早以前，蓉子是唱詩班的風琴手，曾閱讀希伯來民族的詩歌，在一種肅穆的宗教氣氛中長大，這些早年人格教育的薰陶，如今都呈現在她的詩中，成爲清純詩風的根源。

蓉子於民國四十四年，與本名韓仁存的詩人羅門結婚，爲中國詩壇一大盛事，曾於民國五十八年同赴馬尼拉參加第一屆「世界詩人大會」，被譽爲「大會第一文學伉儷」，獲馬可仕總統頒給大綬勳章。六十三年，又獲「世界詩人學會」頒贈「東亞傑出的中國勃朗寧夫婦」榮銜，一時成爲佳話。勃朗寧（一八一二年—一八八九年）是英國詩人，一八四六年與女詩人伊利莎白·巴勒特結婚，住在義大利的佛羅稜斯，才氣英邁，刻畫入微，一般稱譽爲莎士比亞以後第一人。

蓉子的重要詩集有：《青鳥集》、《七月的南方》、《蓉子詩抄》、《童話城》、《維納麗沙組曲》、《橫笛與豎琴的晌午》、《天堂鳥》等。

〈維納麗沙〉①

維納麗沙
你不是一株喧嘩的樹
不需用彩帶裝飾自己。
你靜靜的走著
讓浮動的眼神將你遺落
因你不需在炫耀和烘托②裡完成
——你完成自己於無邊的寂靜之中

——錄自蓉子詩集《維納麗沙組曲》

【註釋】

① 維納麗沙：這是蓉子十二首「維納麗沙組曲」中的第一首，「維納麗沙」是蓉子創造的詩中主角，與世界名畫「夢娜麗莎的微笑」並無相連相似的地方。

② 烘托：作畫或作文時，從旁邊著意渲染，使主體或主旨自然顯明的方法，叫做烘托。

【解說】

「維納麗沙」，確實很容易讓人聯想到達文西的名畫「夢娜麗莎的微笑」，但作者卻鄭重否認這種相連相似性，蓉子表示絕非以夢娜麗莎的藍本來寫「維納麗沙」，因爲她們是生活在兩個不同時代的不同人物，夢娜麗莎因一抹神秘的微笑而馳名，因達文西而不朽，畫中的她擁有一份讓人羨慕的安適與寧謐，好像世界從不曾攪擾過她一樣。蓉子認爲她詩中的維納麗沙卻全不是這樣，她生活在一個擾攘喧囂的年代，在不停地跋涉充滿風砂的長途但不忘自我塑造。

換句話說，這是一個想像中的人物，蓉子將她安排在擾攘的現代生活中，物質欲望與精神生活失調，道德價值必須重估的時代，維納麗沙要由自我肯定中去完成自己，使自己不受外在情勢的壓迫與誘惑。這其中充滿了蓉子自己的投影，如果說「維納麗沙」就是蓉子生命的寫照亦無不可，她自己也承認：「這是一組自我世界的描繪，自我靈魂的畫像，一組孤獨堅定的徐徐跫音，當她走過山嶺平原所發出的一些眞實回音……」

因此，從這首詩，我們可以學習到：主體轉位的優點，譬如說：「你不是一株喧嘩的樹，不需用彩帶裝飾自己」，對維納麗沙而言是一種褒揚，一種稱讚，而維納麗沙可以是作者自己的寫照，也可以不是，讀者願意做更多的描摹與揣測，但如果說成：「我不是一株喧嘩的樹，不需用彩帶裝飾自己」，讀者必定不敢苟同，甚至於拒絕這種誇張自大的說法，因此就無法令人感動，更不可能讓讀者在無形中接受你的思想。另外，把自己所思所想轉位給另一個形象，詩人更可以客觀地描繪他，甚而採取批判的態度，在描繪與批判的過程，思想得以修正而更趨圓滿、成熟。所以，詩人的感情、思想，必要藉著特殊的形象來傳達，蓉子以維納麗沙代替自己，又以樹的純靜樸實來傳述維納麗沙。在這裡，「喧嘩的」樹，是一個特殊的修飾語，喧嘩不是指著聲音的吵雜，而是一種俗氣而華麗的裝扮，以「聲」代「色」，更可以感受到「喧嘩的樹」的那種俗不可耐。

第一段只是靜態的展覽，第二段才是動態的完成，即使是「動」也非「浮動」，第二句「讓浮動的眼神將你遺落」，實際上是說浮動的的眼神不可能注意到你，因你的沈著、寧靜，與他們不同。你也不須自我炫耀，或借著他人來烘襯自己，在無邊的寂靜中有一份自我肯定與塑造的能力。這一段強調「靜」正與上段的「喧嘩」相呼應。整首詩可以看出詩人對喧鬧中自我控御的定力的禮讚。

〈溫泉小鎮〉

——記四重溪①

那兒並無風景 無繽紛②的林木
亦無城市的喧鬧和耀眼的霓虹
只有白色蒸氣的氤氳終年瀰漫
是小鎮居民唯一的財富

一些小雞雛 一些孩童
孩子們在溫泉邊迅速地長大
老人們在長年的氤氳③中銀髯似雪

鎮上唯一的大街通往山的起頭
偶有過客從街心走過
他(她)們便一齊睜大眼睛凝望
任如何狡黠④的陌生人也無法從他們的眼中隱藏!

我忽想在此住下 變成他們中間的一員

脫盡了臺北的繁華和激揚
選一個南方清新的小鎮住下
像單純的居民一樣質樸
我祇要那淡泊的雲天和一襲時間寬大的衣袍
我便有了足夠的安適和富庶

——錄自蓉子詩集《橫笛與豎琴的晌午》

【註釋】

① 四重溪：是屏東縣境的溫泉名勝。
② 繽紛：花木眾多茂盛的樣子。
③ 氤氳：煙氣昇騰的樣子，通「絪縕」「煙熅」。
④ 狡黠：狡滑聰慧。

【解說】

詩，有時可用來記遊，「溫泉小鎮」就是一首記遊的詩。

記遊詩的要素有二：一是必須寫出當地的特色來，不管是外在景物的傑出風格，或是詩人特別挖掘出來的內在特質。二是寫景之外，還要有所感興，中國古典詩所講求的情景交融，物我合一的境界，即記遊詩的最高境界，因此，有情無景，非記遊詩，有景無情，也不能算是記遊詩的佳作。

中國古詩人的記遊詩，多爲山水之作，遊山玩水之餘不僅寫出了山水之貌，更培養了山水之情。今人所寫的記遊詩有了更開闊的層面，海內外交通的發達，觀光事業的勃興，都促使詩人的視界、胸懷更加拓寬，記遊詩的面貌與風格也就更加繁多。

蓉子的詩具有中國傳統溫柔敦厚的美意，記遊詩的選材，自然也能符合這一特質。尤其是在都市緊張、喧囂、污染的生活之後，尋求寧靜的溫泉小鎮安棲，正是現代都市人遠離山水後的渴望心情的表露。

首段平舖直敘，切合溫泉小鎮樸實無華的風光，她告訴我們小鎮的風光並不特別美，林木也不特別茂盛，不能開出奇茂異草，但重要的是她沒有都市的喧鬧與奢華，溫泉的氤氳則是當地居民的財富。開門見山，這是一個溫泉小鎮。

第二段寫出小雞雛、小孩童、老人，頗似「桃花源記」中，黃髮垂髫，怡然作樂情景，選取這三個意象，讓人感受到小鎮的寧靜、安祥與和平，引發無限嚮往。

第三段則告訴我們：此地過客不多，對於外來的事物，當地居民充滿好奇。詩人以陌生人的狡黠襯出他們的純樸，正因爲他們的質鈍，更能配合此地的風光，因此詩人願意與他們爲伍，成爲他們中間的一員。

這三段很能給出溫泉小鎮的全貌，首段是全景，水氣氤氳中可以看見樸實而平凡的山林，次段則是小小的特寫，雞、小孩、老人，怡然自得的樣子，三段則以遊客與當地居民相互探詢的眼光，比較出溫泉小鎮的單純與憨直。

最後，詩人引發久居的念頭，也可以說是對溫泉小鎮最大的嚮往，詩人的願望是：「祇要那淡泊的雲天和一襲時間寬大的衣袍」，這是此詩最好的一句，「淡泊的雲天」顯現了空間的遼闊和心境的恬靜，「時間寬大的衣袍」又有悠遊、從容的感受，這就是安適，這就是富庶，今人滿足。四重溪在詩人的筆下，就像是世外桃源，引領我們進入一個氤氳，芬芳的世界。

——選自《中學白話詩選》一九八〇年四月

解說〈只要我們有根〉

王灝

只要我們有根

在寒冷的冬天，凜冽的北風裏，
翠綠的葉子片片枯萎，
正似溫馨的友情一一離去。

我親愛的手足，不要傷悲
縱使葉子都落盡，
最後只剩下了我們自己——
那挺立的樹身，仍舊，
我們擁有最眞實的存在，
——只要我們有根。

只要我們有根
縱然沒有一片葉子遮身，
仍舊是一株頂天立地的樹。

讓我們更堅定不移，
在北風裏站得更穩，
堅忍地度過這凜冽的寒冬。

只要我們有根，
明春，明春來時，
我們又會枝繁葉茂，宛如新生。

【蓉子】

蓉子，本名王蓉芷，江蘇人，民國十七年（一九二八年）五月出生於江蘇一個教會家庭，高小與初中均就讀江陰的教會學校，因受戰火影響，學校停課，轉入省立揚州中學借讀一學期，再轉入上海華東區基督教聯合中學，修完初中課程，繼續升入高中。太平洋戰爭一起，學校又解散，轉入金陵女大附中，讀完高中。畢業後，曾在一所農學院森林系讀了一年書，教過半年書，然後考進交通部國際電臺，調來臺北籌備處工作，就這樣來到臺灣，時爲民國三十八年二月。

教會家庭長大的蓉子，每逢主日清晨，要到父親教堂的園子去剪花、插花、拉動鐘聲，後來又成爲唱詩班的風琴手，教會裡彩色玻璃的光澤，信仰的虔敬、肅穆，一一啓開了她的美感生活裡的視覺和聽覺層面。中學教育的頻頻轉學轉校，苦難的時代也讓她很早就認識了生活和現實，「現實所給予我的，是人海無休的浪濤衝擊，善美人性的淪喪，物慾的囂張，我爲此感到窒息的痛苦與孤寂。腳底下又是不停的戰爭，驪別與流亡——這些流動的生活——感情或思想。這一份憧憬，一份抑鬱及憂憤，使我不自禁的要寫詩。」（詩集《青鳥》後記）。

寶島的風光與沃土，促使蓉子心中的詩的種子發芽，民國三十九年四十一年間，在當時自由中國最早的詩園地：《自立晚報．新詩週刊》，不斷發表作品，引起詩壇矚目，民國四十二年，處女詩集《青鳥集》由中興文學出版社出版，爲自由中國第一本女詩人專集。

四十四年，與羅門結婚，爲詩壇一大盛事，此後，羅門與蓉子成爲詩壇兩棵長青樹，創作不輟，作品被選入多種選集中，並多次出席國際重要詩人大會，獲獎多種。三十一年來，曾出版詩集十種：《青鳥集》（四十二年），《七月的南方》（五十年），《蓉子詩抄》（五十四年），《童話城》（兒童詩，五十六年），《日月集》（與羅門合集，英譯選集，五十七年），《維納麗沙組曲》（五十八年），《橫笛與豎琴的晌午》（六十三年），《天堂鳥》（六十六年），《蓉子自選集》（六十七年），《雪是我的童年》（六十七年）。從「

中國的沙乎」「現代的李清照」到「中國勃朗寧夫婦」，蓉子在詩的王國裡是豐收的。

詩如其人，就蓉子而言，端莊是人格的總體表現，端莊的風味就是詩的主要風格之一。

蓉子贊賞桑德堡的話：「詩是一扇門一開一闔，讓那些看過去的人去想像那片刻間所見者爲何。」詩人原來不必從頭到尾描繪無遺，是踏實之中追求變化，是一開一闔的事。

【解說】

在植物界中，「根」是植物生命的源頭，有牢固的根，才能有欣欣然繁茂的枝葉，也才能蘊生花果，引伸開來，一切事物的基部或發生部份，都可以喻之爲「根」，根的比喻廣泛而時常的被衆多文學藝術創作者重複著。電視影集「根」就是最明顯突出而最被傳誦的例子之一，而尋根熱更是現時代最熱門的一種心態之一。

從文學表達的觀點來看，根的比喻，大部份是著重於它的精神意義，而不是指它的形相性意義，也就是說當一篇作品中以根來做爲比喻，必然是指稱根的精神意義。鄭思肖以失根的蘭花比喻國土淪亡的人，根的比喻也是相同的作用。成語「根深柢固」之所以能使用來比喻其他事物，就是這個道理。

正如上面所述，王蓉芷女士「只要我們有根」一詩，其主題所在，也就是這一層比喻的關係，它所強調的也是「根」的精神力量。整首詩就是一個比喻，採取「話中有話」的方法來寫，這類寫法的作品，整體看是一個大的比喻，而不同的段落不同的句子，更是不同的小比喻，這種寫法要能做到不即不離，太即的話，失之太露而缺乏餘味，太離的話，讀者很難掌握到其象徵或所喻指的意旨所在。

題目「只要我們有根」是詩的主題，整首詩就是環繞著這一個前提來經營。只要我們有根，那麼將會有什麼情況，整首詩就是在舖述這一個主題。

王蓉芷女士的詩，一向是充滿了溫和、謙恭、體諒，以及對人性與生命的禮讚，「只要我們有根」一詩，也是保有著這一份詩的特性，雖然這是較趨近於陽剛性的題材，但在作者筆下處理起來，依然是維持著和緩而不亢的意態。像這種題材，由別的詩人來處理的話，很可能將它處理成高亢激烈陽剛遒健的詩篇，但在蓉子筆下，語氣是平和順暢，將鼓舞激勵的意義寄托在妮妮敍述與委婉互勉中。

詩一開始，作者從寒冷的冬天，凜冽的北風下筆，開門見山的點明了環境的困阨，間接地暗示出「根」的重要性。由冬天北風的侵蝕，導致葉子的片片枯萎，那也是必然的發展，而用葉子的枯萎來譬喻友情的離去，主要是緣於枯葉的辭枝凋落，離開樹身，有著某些形相上的類似。而片片枯萎，緊扣著一一離去，有著類比上的效果，葉子之翠綠，暗喻著友情的溫馨亦是得體而貼切，整段詩在比喻手法的使用上，平實自然。

第二段作者更把可能遭遇到的困境，推到極至，那就是「葉子都落盡而只剩下了自己」，但這只是一種擬設，縱使是苦難達到極點，信心仍在，作者先已提示同胞手足們不要傷悲，因爲縱或困阨至極，但那挺立的樹身仍舊，仍然擁有最眞實的存在，而這一切的一切都是基於「只要我們有根」這一前提之上。至此詩的主題首度出現，第一、二、三段詩的發展，就是爲了托出這一主題而設計的，表題一出現，接下去詩的重點，就一再的爲強調這主題而進行著。

第四段依舊重複著前三段的意旨，而將主題突出在首句，更把整首詩的表題內容濃縮成三句，在第四段這三句裏完整自足的將這首詩的整個意義表達出來。「只要我們有根，縱然處境再困難，但我們依舊屹立不搖。」第四段詩中所表達的就是整首詩的全部意義。而第五段迴應著第一段冬天北風的提示，且緊扣住堅定不移的題旨。最後一段則由頂天立地堅定不移的題旨，進一步展望樹木的新生。

綜觀整首詩，以「根」爲命題，採用隱喻兼具象徵的手法來表現，明寫樹木的葉落與再生，暗寓著對國家的情感，對同胞的期望與策勵，結構上此詩雖分成六節，但前三節自成一個單元，後三節自成另一單元，先是寫天寒葉落，末尾以題語作結，並加上破折號，讓語句稍作停頓，以加強題語的重要性，並突出其地位。後一單元仍然以題語做爲開頭，造成前後意義的相連，並且用它做爲媒介把意思轉接到另一個層次上面。全詩雖僅六節十八句，但題語「只要我們有根」卻重複出現三次，以強調此詩主題之所在。

如果從修辭及詩的作法上來探討，我們可以發現此詩採用托物抒懷，將題旨隱含在對物的吟詠之中，題語「只要我們有根」這一句話，一語雙關，明寫樹，暗寫人，表面上將樹化身爲人，以人格化的方法來處理，借著樹的敍述來呈露題旨，而不直抒心懷，借外物來呈現言外之意，這是本詩表現技法之最大特色。

眞正說來，本詩應該是一首感懷時局的詩，其創作的時代背景是正值我國在外交上屢遭挫敗之際，有些盟國與我斷交，有感於國家處境的日見艱難，以及有些國人的疑懼自危不能莊敬自強，乃作此詩，以鼓舞士氣。瞭解本詩創作的時間背景，則必能瞭解創作的動機，瞭解創作動機則本詩隱喻的題旨昭然可知。那麼詩中各句段之間的含義亦不難明白了，兩相比照，則「寒冷的冬天」正是喻指國家的遭逢困阨，「凜冽的北風」喻指國際姑息氣氛之高張，「葉子片片枯萎」喻指盟邦相繼與我斷絕外交關係，「手足」喻同胞，「樹身」喻國家，「沒有葉子遮身」是指沒有友邦的支持，「仍舊是一株頂天立地的樹」喻國家依舊繁榮進步，積極奮發，「堅定不移，站得更穩」是鼓勵國人堅定信心，自立自強，「渡過凜冽的寒冬」就是度過困境，克服困難，「明春」是說時局的運轉，困境已過，「枝繁葉茂，宛如新生」喻國家民族再復興。順著這一系列的逐次分析，則作爲題旨的「根」明顯可知的必是喻指民族的固有文化道德，傳統與民族的信心而言。

言近旨遠，透過詩的比、興手法，來激勵同胞，共體時艱，奮發自強，一片詩心煥作愛國情，詩之可愛在此，詩之感人亦在此。

——選自南投「大成國中」國文科教學研究會，於民國七十一年編印之教材

蓉子的〈一朵青蓮〉

公劉

有一種低低的回響也成過往　仰瞻
只有沈寒的星光　照亮天邊
有一朵青蓮　在水之田
在星月之下獨自思吟

可觀賞的是本體
可傳誦的是芬美　一朵青蓮
有一種月色的朦朧　有一種星沉荷池的古典
越過這兒那兒的潮濕和泥濘而如此馨美！

幽思遼闊　面紗面紗
陌生而不能相望
影中有形　水中有影

一朵靜觀天宇而不事喧嚷的蓮
紫色向晚　向夕陽的長窗
儘管荷蓋上承滿了水珠　但你從不哭泣
仍舊有蓊鬱的青翠　仍舊有妍婉的紅焰
從澹澹的寒波　擎起。

明麗典雅，端莊嫻淑，音韻婉轉。嚴肅的詩人誠然不會有意識地去通過某首詩來「宣揚自我」，然而，身不由己，筆不由己，一旦她如實地寫出了一己的情愫之所寄托——中國人數千年的審美對象：蓮荷，那就會自然而然地形成一幅客觀上的自畫像，一段客觀上的內心獨白，這的確是不由人的。古今中外，許許多多詩人的愛憎之情（那怕是用了極含蓄、極隱蔽的形式），都正是他（她）們人生的取捨選擇、他（她）們認定的價值標準的自然流露，從而又成爲別人研究他（她）們的重要憑證。

《一朵青蓮》，對了解蓉子女士其人其詩，無疑是一宗極端珍貴的資料。

你看，她首先替我們勾勒的意象是「在水之田／在星月之下獨自思吟」的青蓮。蓮且青，表明她尚處在生命的旺季，含苞待放；但請勿誤解，她的稚嫩不等於她的懵懂，她有獨立風前的頭腦，事實上她已經在漫聲淺唱了，不過，她唱的不是童謠，而是經由大腦過濾的大千世界。緊接著，蓉子女士又使用自己的語言：「越過這兒那兒的潮濕和泥濘而如此馨美」，複製了衆所周知的那種崇高境界：「出污泥而不染」；愛蓮之說，古已有之，它已成爲滲透中國人尤其是中國知識分子的骨髓的遺傳基因了，所以，這裡傳達的，就不僅僅是美學主張，抑且是道德信條了。再往下讀，好「一朵靜觀天宇而不事喧嚷的蓮」！一個「靜觀天宇」，一個「不事喧嚷」，前者說明她並非一味以高潔自詡，美人芳草，遺世而獨立，與外界老死不相往來，也就是說，她還是積極的，入世的，關心現實的；後者，卻又充實了前者，平衡了前者，二者並列，這朵青蓮又是何其謙遜！何其克己！何其自重！作者於無意中洩露了百分之百的中國士人的傳統心態。唯其矜持，有所爲有所不爲，才顯得仿佛頗爲孤寂。然而，縱然如此，「儘管荷蓋上承滿了水珠，但你從不哭泣」，那是上天的甘露，是神靈對青蓮的憐愛，而並非眼淚！「青蓮」們仍然蓬蓬勃勃通體透徹青翠的生機，燃燒紅焰的輝煌，一柄一柄地，從澹澹的寒波中「擎起」。請注意，這裡蓉子女士使用了一個「澹」字，切不可與大陸的簡體字「淡」混爲一談，這個「澹」，分明指的是一種澹泊的境界，一種心態，一種操守，一種爲人的氣節。

蓉子女士是登上台灣詩壇的第一位女詩人，享有「永遠的青鳥」之美譽。從她的詩作中，可以看出她的學養是相當深湛的，再加上她自幼出身於宗教家庭，那始終彌漫於歌吟中的對人類的博愛，對自然的泛愛，對世態的悲憫，對生態的關切，其何以如此之深厚濃烈，也就不難理解了。

中國自古多有對自然風光的題詠，山水詩的領域，才因此而先後出現過各領風騷的若干大手筆。蓉子女士的《一朵青蓮》，既繼承了山水詩的靈秀瀟洒，超脫忘我，又借鑒了和吸收了西方印象派繪畫的技法，它之所以受到各方面的推崇，絕非偶然。我覺得，這在當年的台灣，一方面囿於「橫向移植」，一方面又熱衷於種種時髦的「主義」，《一朵青蓮》能在那樣的群體迷失中，堅持聖潔，難道不是特別值得稱道的嗎！

不像《麥堅利堡》，這首抒情短詩，不是鴻篇巨製，它的特點是精粹與精緻，有如一粒水晶，一顆金剛鑽，於沈靜的光輝之下，明淨得使空氣感到羞愧，鋒銳得又教空氣也想逃避。

如同羅門先生一樣，蓉子女士也寫下了不少十分精到中肯的理論文字。比如，她在《〈維納麗沙組曲〉後記》一文中所說，「詩人往往是被平凡的幸福遺忘了的人，他無法過一般人那種輕省的生活；同時他雖眞正地生活在人羣中，他的靈魂卻像是一個異鄉人，眞像注定是卜居在人類歡鬧的外緣的，有一種永恆的孤寂感。」我完全贊成她的這一段告白。假如我的理解不錯的話，蓉子女士所說的這番意思，正是我經常耿耿於心，不敢或忘的詩人的超前性。詩人必須具備超前性，較之同時代人，他（她）們應該早醒，應該先行一步，否則，就不成其爲詩人，也不必要有詩人了。依我看，所謂的「永恆的孤寂感」，這固然是詩人的悲苦所在，但又何嘗不是詩人的幸福之源！我覺得，做眞正的詩人，寫眞正的詩，總是得付出代價的，同時，也不是沒有報償的。

對這樣一對可敬的詩人夫婦，對這樣一對詩路跋涉的旅伴，有沒有必要將其各有千秋的創作世界加以比較呢？我想，沒有什麼必要罷。周偉民先生、唐玲玲女士（這同樣是一對賢伉儷）合著的《日月的雙軌》，一個標題就似乎把話說盡了，人們從中可以演繹出無數對比來。說到這裡，我忽生聯想，台灣有一處勝景日月潭，風光無限，羅門先生和蓉子女士，就該當是詩國的日月潭了。別人怎麼看，我不知道，反正我的答案是肯定的。

——摘自〈詩國日月潭〉《羅門·蓉子文學世界》學術研討會論文集

青蓮的聯想

鄭明娳

讀女詩人蓉子的〈一朵青蓮〉，低徊再三。

青蓮不是得天獨厚的植物。她生長在污泥中，必須「越過這兒那兒的潮濕和泥濘」才能超然「在水之田」。出土後的環境仍只是個廣寒宮；「祇有沉寒的星光」，她只能夠「在星月之下獨自思吟」。青蓮有可供玩賞的本體，可供傳誦的芬美，內在外在俱有可觀；可是她只能孤獨的在星月下低吟。青蓮並沒有怨嘆，她只是「一朵靜觀天宇而不事喧嚷的蓮」不干求人，也不逃世，在生的奮鬥中，也許使她流血淌汗，因此「儘管荷蓋上承滿了水珠」，「但你從不哭泣」，她嫻靜柔美，但並不是軟弱，也從不向命運投降，青蓮始終「蓊鬱的青翠」，「妍婉的紅燄」且定定的「從澹澹的寒波　擎起」，把青蓮柔軟強韌的生命力表達無遺。

這首詩中沒有出現「我」，只有「物」，可是「我」一開始就藏在裏邊，作者極爲喜愛那幽絕、靜絕、美絕的青蓮。

認識蓉子的人，遲早會發現，她竟是自己筆下的那朵青蓮。她每天穿梭於「這兒那兒的潮濕和泥濘」的泰順街，卻能「如此馨美！」她是個細緻婉約十分古典的女子，卻生活在工業文明的都市中心，她總是「靜觀天宇而不事喧嚷」。歲月無情的在她「荷蓋上承滿了水珠」，她並沒有沮喪，不停的詩筆，「仍舊有蓊鬱的青翠，仍舊有姸婉的紅啖」在文壇上「從澹澹的寒波　擎起」。她是一朵長青的青蓮。

以花譬喻女人最恰當不過。紅樓夢六十三回群芳爲賈寶玉開夜宴，抽花籤玩。花籤上的花及詠花詩雙雙關聯著抽籤女孩的性格或未來的命運，饒富意味。例如薛寶釵是艷冠群芳的牡丹花。又引詠牡丹詩句「任是無情也動人」，最足以說明薛寶釵絕色的姿容及冷感的性格。林黛玉就是「風露清愁」的芙蓉花，她當是「莫怨東風當自嗟」。清心守寡的李紈則是「霜曉寒枝」的老梅：「竹籬芳舍自甘心」。

是以，我們相信任何一種女人，都有一樣花可以「盡」之；嫻靜溫雅如蓉子固然是一朵遺世獨立的青蓮，而聒噪嚼舌，使女人爲之臉紅令男人爲之掩耳的女人，你不能不承認她也是一朵花——喇叭花。

——原載《大華晚報》，一九八八年三月十一日

〈只要我們有根〉

蕭蕭

在寒冷的冬天，凜冽的北風裏，
翠綠的葉子片片枯萎，
正似溫馨的友情一一離去。
我親愛的手足，不要傷悲
縱使葉子都落盡，
最後只剩下了我們自己。
那挺立的樹身，仍舊，
我們擁有最眞實的存在，
——只要我們有根。
只要我們有根

縱然沒有一片葉子遮身，
仍舊是一株頂天立地的樹。

讓我們更堅定不移，
在北風裏站得更穩，
堅忍地度過這凜冽的寒冬。

只要我們有根，
明春，明春來時，
我們又會枝繁葉茂，宛如新生。

——選自「國中國文教科書」第三冊

蓉子女士，本名王蓉芷，江蘇省漣水縣人，民國十七年（一九二八年）出生，目前退休在家，旅遊、寫作，與夫婿羅門先生，號稱「中國詩壇的白朗寧夫婦」，生活十分愜意。

蓉子女士最早的一本詩集名爲《青鳥集》（民國四十二年，「中興文學出版社」出版），收集了民國三十九年到四十二年間的詩作，當時有人譽她爲「星空的月亮」。這本詩集可能也是民國三十八年以後臺灣地區第一本女詩人創作集，因此，在詩壇的倫理輩分上，她是「

祖母級」的前輩詩人，卻也是永遠不老的「青鳥」，時時在追尋她的理想。此後，她陸續出版了《七月的南方》（五十年）、《蓉子詩抄》（五十四年）、〈童話城〉（兒童詩，五十六年）、《日月集》（與羅門合著，英譯選集，五十七年）、《維納麗沙組曲》（五十八年）、《橫笛與豎琴的晌午》（六十三年）、《天堂鳥》（六十六年）、《蓉子自選集》（六十七年）、《雪是我的童年》（六十八年）等詩集，最新出版的是《這一站不到神話》，使她獲得七十七年國家文藝獎。

她與羅門居住的家稱爲「燈屋」，有許多設計傑異卻又樸拙無比的燈。從小她在教會家庭長大，父親是牧師，因此，培養了她溫良淑靜的個性，年歲稍長之後，純淨、輕柔已不能完全表達她內心情意的轉折，因此，她的抒情之作中，偶而也會有逼人的英氣。磅礴之勢，風雷之聲，時有所聞。

蓉子曾說：「詩是透過了『人』的經驗去表現一切的，因此，詩人絕不是游離於現實人生之外的人，詩人必須有其眞實的人生，然後才能談到『創造』，換句話說，詩人必須首先是一個充滿了『人間性』的人，才能寫出涵蓋眞實人生的詩篇。」（見〈詩人手札〉）。

〈只要我們有根〉原發表於民國六十八年八月二十三日的《聯合報》副刊上。從民國六十年以後，我國外交節節失利，原有的友邦紛紛斷交而去，國家處境日益艱困，蓉子有見於此，特別寫作這首詩，不無鼓舞民心士氣之意。此詩意顯豁，形式整齊，全詩共分六節，每節三行，是一首極易了解的白話詩，其主旨在以樹木雖在寒冬落盡葉子，但只要有根，當春天來臨時，將又會枝繁葉茂，譬喻國家處境雖艱，友邦紛紛離去，但只要國土仍在、民心穩固、文化深厚，終有否極泰來的新生日子。

寫詩最基本的方法就是譬喻，此詩第一節就用明喻，「寒冷的冷天」、「凜冽的北風」是一種困境的描述，是樹本身的困境，也象徵國家處境的多難，在這樣的環境下，樹葉才會枯萎、飄離。「翠綠的葉子片片枯萎，正似溫馨的友情一一離去。」在這個句子裡，「正似」是「譬喻詞」，我們可以把它改為「好像、好似、正如、彷彿」等詞語。「翠綠的葉子」是「喻體」，「溫馨的友情」是「喻依」，通常我們以具體的、已知的、可感的事物來做「喻依」，用以說明那抽象的、難以理解的主體，但在這一節裡，蓉子是以樹為抒寫的主體，又期望以樹來象徵國家，因此，只好倒過來使用，說樹葉的飄離像友情離去。如果是以「國家」為抒寫主體，則此句應是溫馨的友情離去就像葉子片片枯萎。葉子的片片枯萎是具體的、可見的，結果反而以友情為喻，只因為「樹」才是本詩發言者。

第二節以直接呼告的方式來寫：「親愛的手足，不要傷悲」。「手足」就是「同胞」、「兄弟」之意，「親愛的同胞」、「各位父老兄弟姐妹」，這是直接的呼喚，通常我們寫詩不希望用這種方式來寫，因為呼口號方式的手法無法動人，不是你叫人家「不要傷悲」，別人就不會傷悲，應該以足夠服人的力量去感動讀者。接下來的兩句「縱使葉子都落盡，最後只剩下我們自己。」可以視為「不要傷悲」的補足語句或倒裝句，也就是說：縱使葉子落盡也不要傷悲。第二節勉強以三行為一節，並未提示新義。

第三節點出詩題之所在——只要我們有根。縱使葉子都凋零枯萎，只要樹幹在，那就是最眞實的存在。此節詩呼應了前面兩節，葉子凋落不值得傷悲，重要的是「根」，根才是本，點明了第二節未曾言說的理由。

第四節加強第三節的說法，強調「有根」就是「一株頂天立地的樹」。我們回過頭來看這四節文字的變化，首先，葉子由「翠綠」而「枯萎」而「落盡」，到第四節是「沒有一片葉子遮身」，順著自然的趨勢，葉子逐漸落盡而無法保護樹身，樹光禿禿地立著，寫來自然，毫不牽強。同時不要忘記「樹葉」是代表「友情」、代表「盟邦」，並不是所有的友邦都離我們遠去，因此，「翠綠的葉子片片枯萎」是肯定的句子，說明在惡劣的環境裡友邦與中共姑息、妥協，原有的邦交正在枯萎，但是，提到葉子凋零時，「縱使葉子都落盡」、「縱然沒有一片葉子遮身」，都以「假設語氣」來寫，事實上，我們並非孤苦無靠、沒有任何邦交的國家，因此，我們可以看到詩人細心遣詞，費神斟酌的那一分心意。

第五節以「祈使」語氣來寫，期望我們站得更穩，以度過寒冬。外在的環境和天候是客觀的，成之於人，我們不一定能改變，但，堅定不移的決志、站得更穩的力量，卻是主觀的，操之在我，我們必要堅忍度過這寒冬。

第六節以充滿希望結束，再嚴酷的冬天都會過去，我們又會枝繁葉茂，因爲我們有根，我們會有新的生機出現。

綜觀全詩，在節奏的安排方面，「裏、去、己」可以叶韻，「身、根、穩、春」可以叶韻，「冬、生」可以叶韻，三組韻交錯在一起，有諧和、有變化，錯落有致。「只要我們有根」出現三次，在意義上強調信心的重要，在聲韻上也有串連的作用，十分可取。

最後，再強調一點，詩貴含蓄，「只要我們有根」雖然，在詩意上十分顯豁，老根幹在，不怕沒有新枝葉，但是，詩人並沒有暗示「根」是什麼，「根」可以是我們的國土、我們的民心、我們的信心，也可以是中華文化，詩人不一定要確切指出根是什麼，但她終究鼓舞了曾經在寒冬裡瑟縮的一棵大樹。

——原載《文藝月刊》二三四期，一九八八年十二月

求真、從善、揚美

——蓉子短詩賞析

潘亞暾

久聞蓉子芳名，聽說她是臺灣詩壇最先出現的女詩人，素有「首席女詩人」、「永遠的青鳥」之譽。可惜筆者忙於環球巡禮，對其人其詩所知甚少。可喜幸會羅門，得拜讀《羅門·蓉子短詩精選》，一睹蓉子詩藝風采。這本合集入選蓉子短詩三十一首，雖不足以展示蓉子詩藝的全貌，但也不難看出蓉子詩的凝聚點，那就是對眞善美的執著追求。蓉子通過自己的詩建立起一個自己的藝術世界，這是一個眞誠、溫馨、寧靜的世界，正義與人性的世界。

蓉子詩藝的眞實美

現實生活中往往眞與假、善與惡並存，而美的事物離不開生活的土壤，從這一意義上說，眞實地揭示生活矛盾的詩，方能達到美的境界。蓉子詩藝的眞實美，常常是生活的眞善美的再現。在〈我寧原擁抱大理石的柱石〉這首詩中，深刻表現了詩人的情緒、感受，折射出生活的複雜情狀，進而昇華出某種人生感悟和對生活的態度。詩中寫道：「頂立著拱形的大廈而直立著，／久久地支撐那偉麗的穹窿／不使傾斜。」「它不會說諂媚的言語，／也不會說虛謊的話。」「它肯定『是』，／否定『非』。／它直立著，／沉默而靜美」。詩中的意象——「大理石的柱石」和「隨風飄搖的小草」，滲透了詩人的主觀情緒，是一種心靈的感應物，前者似乎是一種信念、希望、眞誠的象徵，而後者則代表了口是心非，顚倒黑白、委瑣卑鄙。詩人「寧願擁抱大理石的柱石」，表現了審美意象。〈蟲的世界——蚱蜢的畫像〉是一首寓言詩，詩人別出心裁的以昆蟲的口吻寫道：「眞不願用我豐盈的綠色世界／去和人類污染了的世界交換！」「他們——／常常要吃煤煙的廢氣和／同類的悶氣；／我卻享有晶瑩的仙露／常和芬芳愉快的花朵爲伴」，詩人含蓄地道出了世態炎涼，她對人際關係中的不和睦的失望和不滿，正是因爲有一個美好的理想世界作爲參照的緣故。

在以「維納麗沙」爲題的一組詩中，蓉子讚美了「天然去雕飾」的渾樸本色，詩中的意境經過詩人的點化，顯現出對道德精神上，「自我完善」的追求。在〈維納麗沙的肖像〉中，她將過往的維納麗沙比作一個「沒有任何藻飾的原始的渾樸的雛菊。」〈維納麗沙〉中寫道：「維納麗沙／你不是一株喧嘩的樹／不需要彩帶裝飾自己」，「因你不需在炫耀和烘托裡完成／——你完成自己於無邊的寂靜之中」。這組詩充分體現了詩人對人生的價值和生存意義的求索，張揚了一種崇高的道德力量，旨在喚起人們積極的審美態度。在維納麗沙這一藝術形象中，筆者看到了蓉子自身的投影。

〈笑〉也有異曲同工之妙：「最美的是／最眞。／啊！／你聰明的，／爲什麼編織你的笑？／笑是自然開放的小紅花，／一經編織——／便揉皺了！」眞乃是美的基礎，沒有眞，美便失去了依附。詩人善意地告誡一些「聰明人」，勿忘這樸素的眞諦，可別「聰明反被聰明誤」。再請看〈爲什麼向我索取形象〉：「爲什麼向我索取形象？／如果你有那份眞，／我已經鐫刻在你心上；／若沒有——／我恥於裝飾你的衣裳。」古人曰：「詩言志。」讀蓉子的詩，你能清楚地看到她那委婉、敦厚然而又沉毅的性格，她的詩體現了對人的尊嚴、人的命運的關注，蘊含著一種有意義的人生態度。

蓉子的詩有時輕盈活潑，如汩汩流淌的清泉；有時寧靜得如一泓湖水，顯得某種哲人所尋求的徹悟。她的一首〈生命〉這樣寫道：「生命如手搖紡紗車的輪子，／不停地旋轉於日子底輪軸，／有朝這輪子不再旋轉，／人們將丈量你織就的布幅。」在簡短的四句詩中，深刻的含義通過不斷轉換和流動著的意象體現出來，詩人對生活的思考、對人生的體驗，印上了一層理性色彩，同時又融和了主觀意識和情緒最後熔煉爲一種哲理的思辨。

蓉子詩中的形象語言

蓉子是一位熱愛美、渴望美、追求美的詩人，她善於發現美並揭示美的奧秘，用具體、生動、形象的語言把它表現出來，告訴讀者，這就是美。她在詩中盡情地謳歌大自然的美景，請看〈夢裡的四月〉：「如今是四月花開的日子／濃蔭中有陽光瀰漫，／樹叢中有鳥聲啼唱／空氣裡洋溢著芳香……」〈晨的戀歌〉中寫道：「早晨的空間是寬闊而無阻滯，／緊隨著它歡欣與驕傲的步履，／我要挽起篋筐，／將大地的彩虹收集！」詩人就像一位丹青高手，揮灑彩筆，描繪了大自然的一幅幅旖旎風光。詩歌展示的畫面中散發出令人神往的田園風味，寄託了詩人回歸自然，投身未被污染的世界懷抱的嚮往。蓉子對於生活中的美有一種敏銳的洞察力，一把普普通通的傘，在她眼裡「也是一匠心獨具的美好結構」，她讚美一把撐開的傘「爲圓的整體 美的輻射／它宜晴宜雨 閃漾著金片或銀線的光／滿月般令人激賞！」（〈雖說傘是一庭花樹〉）讀這樣的詩，感覺有一片溫柔敦厚的情懷在字裡行間盪漾，又彷彿和煦的春風，拂過你的心頭。

康德說：「美是道德的象徵。」芝諾說：「美是道德品質之花。」蓉子詩中的美正是以眞爲骨肉、以善爲靈魂的美，她的詩歌的藝術魅力不僅在於美的享受，還能令人回味、啓迪人的思想。〈菊〉這首詩寫道：「春天——／百花爭妍的時候，／我看不見你的影子！」「夏日——／那濃郁的季節，／我仍不聞你的花信」，「到了秋天，群芳都已消逝，／你卻獨放奇葩／亭亭玉立在寒風裡。」「詩人愛你高潔的風姿，／我卻愛你那顆精金的心。／因爲培植你的／不是和風暖陽，／乃是悽厲的寒霜！」這首詠菊詩既寫了菊高潔、逸雅的姸姿，又現出菊的魂魄。在蓉子的詩中，自然形態的美常常是對社會生活美、人格美的一種暗示或象徵，因而具有淨化讀者心靈的作用，鼓舞人樂觀向上。

在大自然的寧靜中，詩人溶入了自己的審美追求。在〈一朵青蓮〉中，被詩人感情浸泡過的、出自污泥而不染的凌波仙子形象，依照詩人的情感，組合成新的形象圖。詩人讚美它

「越過這兒那兒的潮濕和泥濘而如此馨美！」爲那「靜觀天宇而不事喧嚷的蓮」所陶醉。這首詩寫的是青蓮，又完全是詩人的自我感受。讀者從詩中感受到的不單純是自然界的蓮，它也帶有淡泊名利的詩人的情緒。再讀〈三光〉：「何處尋覓，／至眞至善至美？／它們——／在嬰兒甜睡的酒渦內／躲藏；／在初戀女深深的眸子裡／蕩漾；／在老人淨潔的白髮上／閃亮；／好像那天上三光，／永恆地將人間照耀。」讀蓉子的詩，每每能感受到潛藏於詩人深層意識中的愛的信息，溫馨的的人情暖意是詩人樂此不疲的謳歌對象。詩中那湧自心底的熱烈情愫，像金錘擊石般打動了讀者的心房，引人向上向善。

蓉子短詩的藝術特色

蓉子是位銳意進取、探索不息的詩人，她鍥而不捨地在生活的光譜中尋找著屬於自己的色彩。在長達三十餘年的詩歌創作歷程中，她的詩風有很大變化。要全面論述蓉子詩歌藝術的演變，顯然不是這篇短文所能做到的。在這裡，筆者只能就她這幾十首短詩在藝術上的特色作一淺析，或許也能從側面觀照蓉子詩歌的基本的風格。

蓉子的短詩在藝術結構、氣氛的營造、意象的撞擊、語言的錘煉諸方面，都形成了獨特的個性，總的看來，技巧與內容渾融一體。蓉子的詩不是簡單地循著以往抒情詩的舊轍去「觸景生情」，也不刻意地追求「情景交融」的和諧，並且無意在這遣詞造句上過份雕琢，它的成功，往往在於把現代生活的色彩、音響、節奏和現代人的思想感情融入詩的意象和境界。

〈古典留我〉寫在雨中漢城，詩人「夢在江南　春色千重」「夢在北國　漢家陵闕」；身在漢城，然而「此處猶可見東方，／昔時明月／淡淡的唐宋」。詩的時空大幅度跨越，感情飽滿，想像豐富，吟畢回味無窮。

蓉子善於捕捉瞬間的情緒感覺。〈當衆生走過〉寫道：「風是琴弦／沙痕是誰人走過的腳印無數？」「聽，突然間琴音變奏／你熟稔的痕轍已換／於是風又轉調　同樣地／將前代的履痕都抹掉／——當衆生走過」。再看〈日曆〉：「似夏日玫瑰——／最初是豐滿嬌艷，／以後一朵朵枯萎——／離去故枝／終剩最後的幾瓣，／孤立在秋風裡搖曳，／我們便期待來年！」在這些詩中，傳達了自然和生活表象在一剎那間給人的印象，以及由此引起的感觸、意緒及情愫。它們是時間和空間的有機結合體，是詩人的生活、經歷、記憶的片段，經過某種能動後由主觀情緒反應作用的一種藝術畫面的巧妙剪接與組合。讀者在被詩人描繪對象的瞬間印象中，獲得一種整體效果。上溯兩首詩中的「風」、「沙痕」、「痕轍」、「玫瑰」等，不是膚淺的「興」和「喻」，不是爲「比附」而設的可有可無的裝飾，它們包容了豐富的生活內涵，並昇華出深刻的人生感悟。

蓉子還常常借助通感手法，把不同感官的感覺聯結在一起，去進行形象的比喻，使形象效果在奇妙的聯想中得到了加強。在集子中筆者讀到這樣的詩句：「任歡悅和光華在煩瑣裡剝落！」（〈親愛的維納麗沙〉）「時間的水晶有時光耀」（〈維納麗沙的時間〉）「且無人知那寂寞的高度　獨自的深度／以及河流永不出海的困慵」（〈維納麗沙的世界〉）「那被踩響了的寂寞」(〈夏在雨中〉)等。詩人巧妙地借用這種手法擴大了感官的審美範圍,達到各種感覺的互相流通和補充,如聲色的交融,觸覺、視覺的結合等,給讀者以廣闊的想像、體味、領悟的新的時空。

在長期的藝術實踐中,蓉子逐漸形成意境悠遠、含蓄委婉、寧靜雋永的風格,詩中每每流露出一種訴諸於生命的哲思與靈性的祥光,詩的語言清新淡遠、自然和諧、凝煉舒展。

三十多年來,蓉子鍥而不捨地在詩壇耕耘。她淡泊名利,執著追求的只是藝術的眞善美。願這詩苑的「青鳥」振翮高飛,永保藝術之青春。

——原載《國文天地》第五卷第三期,(一九八九年)八月

再談蓉子詩

潘亞暾

一九八九年夏天，我在《國文天地》第五十一期上發表了一篇詩評，題爲〈求眞、從善、揚美〉，那是從宏觀的角度，總結臺灣女詩人蓉子的創作風格的。隨後又得到蓉子惠贈的第十一本詩集《這一站不到神話》，讀畢頗覺我那篇總論意有未盡，於是想從這本新書（一九八六）年的九輯六十四首長短詩中，選擇幾首作微觀的賞析。這樣也許可避免「大而無當」之嫌，而收與讀書切磋交流之效。我就不再泛談而開門見山寫我的心得了。

〈時間〉（一九八四）是一首哲理深刻、意趣雋永的現代詩。劈頭半行就道出了時間無始又無終、恆變又似不變的這個眞理。哲學家早已指出，時間和空間是宇宙間萬事萬物的存在形式，而中外古今的詩人則多從人生的短暫而驚歎時間的神秘性——無窮。屈原最早對天地的初始（時間定點）提出質疑：「遂古之初，誰傳道之？」詩仙李白也幻想不起天體的生日：「青天明月來幾時？我今停杯一問之。」張若虛則把月球與人類的時間起點相提並問：「江畔何人初見月？江月何年初照人？」陳子昂又把人類與天地都當做永恆而感歎個人在時空雙重尺度中的悲涼意緒：「前不見古人，後不見來者。念天地之悠悠，獨愴然而淚下！」蘇東坡也有「寄蜉蝣於天地，渺滄海之一粟。哀吾生之須臾，羨長江之無窮。」此類詩意或說都本於楚辭《遠游》四句：「唯天地之無窮兮，哀人生之長勤。往者余弗及兮，來者吾不聞。」我看那倒不一定。此類詩意之所以屢見不鮮，是由於詩人的共識通感所引致。問題是人人的思想深度有異，「時間觀」的內涵不盡相同，所以表現於詩也是不會一個樣的。蓉子心中的時間意象是「……如今已波濤萬頃／它激濺奔騰非自今日始／——從我出生時便如此／奈何／直到今天我才怵目驚心。」這是詩人對「時間」的頓悟。佛教《楞嚴經》：「理有頓悟」，指思慮既久而突然明白了。蓉子的所悟首先是時間的恆變性：

年幼時　不懂時間爲何物
不識其顏色　未知其價值
當一卷人生的卷軸緩緩展開時
我的年光也隨著它刻刻短少了

這後兩行簡直是辯證法原理的詩化。八九百年前，蘇東坡在〈赤壁賦〉裏把物質世界與時間的並存關係，區分爲兩種觀察角度相異的結論：從變化觀點看，則萬物和人又彷彿都是永恆的了。——這其實是詩人都接觸到時間空間的維度中一種百思難解的生命哲理問題。在我上邊所引蓉子的四行詩中，她把生命巧妙地比做緩緩展開的卷軸，越展所餘越少，這遠比曹操詩中，「人生幾何……去日苦多」要明確得多，深刻得多，風趣得多。蓉子的生命感悟是現代的，蓉子的思想詩化是沉潛而又活脫的。請看：「人會長大，花會枯萎。」接著又跳脫開去，把苦樂的感覺和時間的長短聯繫起來：

在艱苦成長中的感覺很長
一旦歡悅綻放的時刻卻很短

苦樂是感性的，長苦是理性的，情與理交融，又化爲浩歌的詩趣：

啊，在變幻的天空那次第消逝的雲朵

「變幻」是劇變，是反覆的變；「消逝」是悠閒的變，靜趣的變。在這行詩中，以具體的雲朵融合動靜而表現了生命哲理抽象意趣。詩人總是敏感的，古今詩人往往不約而同，有一種共感，彷彿「心有靈犀一點通」。我讀蓉子這個妙句，倏地想起唐代早期詩人張若虛筆下的類似意境：「白雲一片去悠悠，青楓浦上不勝愁……」張詩兼懷相思之情，但背景仍有先設的宇宙時空的蒼茫感慨。蓉子詩則著力鑽探生命的秘奧，時間不但與個人生命關聯，並且也和人類的集體生命關聯起來，所以思想境界開闊。我們略過三段，看看詩人的寄慨多廣多深：

年代轟然逝去　那一把星光
將才與相才　屬於本世紀初的
世界級巨星　已一顆顆順序
隕落……

這調子是低沈的，使人想起曹雪芹詩：「古今將相在何方？荒塚一堆草沒了。」我還想起一九七〇年的一篇元旦社論也用抒情筆調描繪西方世界風雨飄搖，「一頂頂王冠落地」云云。實則古往今來，不獨六〇年代，根本沒有不落的王冠，舊冠掉了有新冠，這是時間這神秘的東西「幻形入世」的一種表象。蓉子感歎將相巨星一顆顆隕落時，就特別強調時間。年代怎麼會「轟」然逝去呢？前面不是比作無聲消逝的白雲嗎？詩言志，這「轟然」是現代詩歌的表現法，表現詩人意象化的理解。通俗所謂天翻地覆就是這個意思。在這一段低沉平靜的氣氛中，突出一個年代的轟逝，這技法也很獨創，也是蓉子詩風恬靜而不孤落的一例。此詩的結尾四行又幻入深境，逗人遐想尋思：

只有他一人　依然
健碩　從不疲倦和失望
也從不稍緩他的腳程　在和人類
億萬米的長跑賽中　永遠金牌在握

我想這「他一人」固然可按此詩寫作年代（一九八四）而附會某一具體大人物，如同古詩傳統中「美人、伊人」之類，解釋性也很寬廣，但我卻寧願把「他一人」理解爲「時間」的擬人化，未知是否符合詩人的原意。我想，前面略而未談的三段詩中，時間「奪去不解事的年少」，「再也換不回了」，「晨昏日夕，勞苦煩憂」，這些都指跟人生有關的歲月的消逝，但決不是時間本身的寂滅。「時間」在全詩中是恆變而又永存的，所以儘管人類社會的巨星一一隕落，而時間則不捨晝夜，健行不息，以此體現其永恆。也許詩外的談論中，人們不妨說，時間是宇宙萬物存在的一種形式吧。只要有宇宙萬物，則其形式之一的時間必定存在。蓉子的這首詩，引發我作了如上的詮解。接著我談另一首〈太空葬禮〉。

〈太空葬禮〉寫眞人眞事，悼念一九八六年美國挑戰者號太空飛船失事犧牲的七位英雄。古來爲國犧牲總是詩歌的重要主題之一。犧牲者爲國捐軀，往往千載以下感人不已。現在只有少數人讀〈國殤〉了，但讀起來仍不免肅然起敬，想起渺渺茫茫的古代英雄。挑戰者號代表人類向無限空間的挑戰，是科學長征的壯舉。七位男女英雄爲人類而捐軀，其意義比爲國犧牲更偉大；他們爲和平的事業而獻身，當然比爲戰爭而死更富正義性。噩耗震驚世界，詩人蓉子的初感是這樣的：

那是一種怎樣的葬禮？
起始與終結
開拓與毀滅
竟於剎那間完成

短短四行，情深理至，哀而不傷。「竟」字點出本不該如此的不幸；「完成」的不是那次太空探索的任務，而竟是挑戰者飛行員自己的葬禮，人間悲劇，那有更大的呢？蓉子用字有深厚的工夫，於此可見一斑。二三兩行的反義並列句法，也使詩義精密而有內涵。詩的第二段寫現場和電視機旁觀衆的反應：「正當希望節節騰飛　向／無窮盡的太空／光華四溢！驚天動地的一擊／億萬仰望的臉立刻轉爲／哀戚。」這情景許多人都看了電視的，但多數人震驚之餘，並不能表達得如此明白確切。「驚天動地的一擊」，動詞的賓語是不見於字面的億萬顆滿懷希望、而希望又隨著飛船節節騰飛的心！用現代語言學解釋，這是「深層結構」的詞匯塡入，或說讀者以理解跟詩人的用意之間的默契。這種表現法衝破了傳統語義限制（如漢語「一擊」只用於貶義，等等），體現了當代文學語言的新因素。蓉子的許多詩篇中都有此類創新。再說此詩的後兩段，好比攝影鏡頭從卡納維納爾角再轉到殉難的女太空人、歷史教師麥考莉芙任教的課室，那兒——

> 也有春花或雛菊的臉　正靜待
> 他們的太空女教師　爲他們
> 解開太空的奧秘　竟
> 突然被蒙上一層死亡的謎面

隨後鏡頭又轉到麥考莉芙的家裏，那兒——

> 最傷情　是她六歲稚女蘋果般的臉
> 日日倚門翹首仰望
> 望斷雲天　萬里金星今已墮落
> 高山大海再也拼湊不出媽咪的
> 　形象！

這兩段「特寫」的抒情，深深扣動了當日觀衆、今日讀者的心弦，使人不忍再去專談專論詩藝。現在我們在三四年後回頭再看這兩段詩，則其語言特色仍是明顯的。麥考莉芙上有父母，下有小女，詩中突出小女的「倚門」之望，顯然漢語的慣用法在此便蘊含了父母在內。把飛船爆炸的火球寫成人們引頭仰望的「金星」，這也含言外之意。因爲在西方文化裏，羅馬神話中美神和愛神「維納斯」恰與「金星」同名；而東方文化裏，「金星」又叫「啓明星」。這些對於「太空女教師」的殉職都有褒揚性的隱喻。蓉子詩中的用語總是細緻琢磨過的，例子不必多舉了。最後再談一首〈駿馬〉。

馬，在中華文化裏有很突出的反映，文學藝術中例子多得不勝枚舉。詩中寫馬，僅在《詩經》裏就有四十六例，還不包括同義異形的字。其他就不必細列了。至於國畫中的駿馬，則往往被用做英雄氣概的象徵，又往往配詩以加強它的意象。唐代詩人杜甫甚至有觀畫馬的即興詩。總之，馬因其功用和形象而得到詩人畫家的頻繁表現。畫家詩人徐悲鴻在抗日期間有畫馬題句：「哀馬思戰鬥，迥立向蒼蒼」、「水草尋常行處有，相期效死得長征」，都是間接表現人的鬥志的。詩言志，蓉子一九七八年寫的這首〈駿馬〉從較抽象的意象入手，表現了「馬之德性」，使人仰慕：

無論何時
你的出現
總是一片耀眼的光華
朝暾般升起人們的仰望

這詩意很明白，而寫法卻別緻，三四行以是形象（耀眼的光華）寫抽象（人們仰慕之情）。接著又轉入繪聲：

一聲嘶吼　盡收原野美景於眼前

由聲喚起景，便見有聲有色，馬的叫聲，傳統上只說「馬鳴、馬鳴蕭蕭、馬嘶」而不用「吼」字。蓉子鎔鑄新詞，用「嘶吼」突山馬鳴聲威氣勢之豪壯。又於嘶吼之後，繼以蹄音：

你迅疾的蹄音　是躍動的風雲

這描寫把奔馬的威武雄壯活靈活現於紙上了。古語有「風從虎、雲從龍」的說法，今蓉子筆下風雲都逐著馬蹄而躍動而飛騰了。下一段則寫到「……唯人們的眼尚來不及追蹤／你已絕塵而去　天廣地漠」——這就畫活了千里馬奔馳向蒼蒼的境界。由此嗟歎道：

啊，那大世紀的風采

那飛揚地舒暢　而風湧雲動

一出鞘勢必中的

一起步世界便落在身後

這顯然又是象徵人間世，由駿馬而想望人中俊傑了。人該如何？結尾二行說得清清楚楚：

馱你的願望於四足不停的奔馳

直到躍馬中原　跑遍了祖國壯麗山河！

這使人想起一九五三年畫馬大師徐悲鴻〈奔馬〉題句：「山河百戰歸民主，剷盡崎嶇大道平。」駿馬是人傑旳形像化，古今多少詩人畫家都冀望人間多俊傑呵！

——原載《藍星詩刊》第二十三號，一九九〇年四月出版

反射心靈的明鏡

郭玉文

一、〈我的妝鏡是一隻弓背的貓〉

若說女性的鏡子是反射生理年齡的工具，則蓉子的妝鏡無疑是反應心理纖細敏感的顯影劑。何以「我的妝鏡是一隻弓背的貓」呢？貓予人的一貫印象不是安靜優雅、若即若離的嗎？「一隻弓背的貓」無疑是一處於警戒防禦狀態的貓，再進一步說，便是時時留意周遭環境纖細變化的貓，或者我們可以進而闡明「弓背的貓」正是詩人敏感的心靈。「不住變換它底眼瞳／致令我的形象變異如水流」，貓的眼瞳會隨著光線的變化而放大縮小，在此雖未明指時光的流轉，但一面鏡子因日照的角度、明暗而隨之變化是可知的事實，職是，時光便在詩人巧喻之下現形，此處的時光可以指日也可以指月、年、生命，而一張因光陰與生命轉折變化的臉，自然便在鏡中時時以不同的風貌呈現了。詩人的高明處在於以「物」解「人」，妝鏡是靜止不動的「物」，而「人」的形像變化卻在其中忠實反映，使得一面妝鏡亦彷彿有了生命。

「一隻弓背的貓　一隻無語的貓／一隻寂寞的貓　我底妝鏡／睜圓驚異的眼是一鏡不醒

的夢」，貓的諸相及性格在這幾句詩中顯露無遺，貓向來不喜喧嘩，貓經常獨來獨往，因此既是「無語」的，也是「寂寞」的，當然，一個人少有可能在一個房間內安置一面以上的妝鏡，因此底下直指「我底妝鏡」，這句「我底妝鏡」同時負有銜接上句與下句的使命，而「我底妝鏡／睜圓驚異的眼是一鏡不醒的夢」，此處「睜圓驚異的眼」及「不醒的夢」是一種反比對照，形成文字的張力，既是睜著的眼，如何不醒呢？人類對時光的腳步容或有其敏感，卻不是每分每秒察覺的，往往一回首，卻已百年身，表示視而未見。此處寓時光於鏡中，渾然天成，毫不造作。「波動在其間的是／時間？是光輝？是憂愁？」果然，眞正的時間出現了，詩人於此雖全然以問句形式處理，實際上是一種看似疑問實則肯定的技法，鏡中所反映出來的，不但是時間、是光輝，同時也是憂愁。是人類對時間的傷逝，對過去的緬懷與憂愁。

「我的妝鏡是一隻命運的貓／如限制的臉容　鎖我的豐美於／它底單調　我的靜淑／於它底粗糙　步態逐漸倦慵了／慵困如長夏」，「我的妝鏡」由「弓背的貓」更進一步明指爲「命運的貓」，而人類的生命終究免不了框架，如鏡之有框，因此便如「限制的臉容」，將人類性靈中許多尙未開發的豐美，鎖定於一具暫居的臭皮囊中，而不能免於單調；而詩人的靜淑，亦在生活粗糙的柴米油鹽諸現實中「步態逐漸倦慵了」，就如漫長而窒悶的長夏，使人懶於行動，疏於探求，因此說「慵困如長夏」。在這一段落中，除了詩意之餘，亦有極深的禪意。人類利用左腦思考及組織，但即使左腦，據西方科學家研究，也僅僅開發了百分之十至十五，至於右腦，則幾乎極少運用開發，因此對於許多未知的「豐美」，也只能被框限了。

「捨棄它有韻律的步履　在此困居／我的妝鏡是一隻蹲踞的貓／我的貓是一迷離的夢無光無影／也從未正確的反映我形像。」人類，總希望生命理想得以按部就班實現，而一旦遭遇困頓險阻，自然不免「捨棄它有韻律的步履」，屈從現實「在此困居」。因此，一隻貓由弓背警覺到「蹲踞」，這一面影射生命的鏡子，也變成「一隻蹲踞的貓」，而這雙貓更是一個「無光」「無影」的夢，表示詩人對生命的莫可奈何與極端的無力感。眞正的我既未獲得實現，想望既未能完成，生命這面鏡子所反射出的「我」，自然絕非「正確」的了。

本詩行文一氣呵成，意象豐美，適宜多角度解讀，就如「貓」，予人的感覺總是神秘、優雅而亟待探索的。

二、〈清明相思〉

首先必須有泥土　有居所
不再逐水草　搭帳棚
有抵抗四面八方水流衝撞的牆
圍成一所溫暖明亮的「作坊」
使我愉快地清除　那

日月囤積的繁瑣　因爲
根在那兒　家在那兒
徒然艷羨我本省籍的同事
生於安樂　長於斯土
根連著土
不必忍受肌膚割裂的痛楚
以及萬金也買不到一封家書的悵惆
春暖花放　蒲公英到處飛翔
親人們相互探望　買一張車票
說一聲休假
就能見到所要探訪的親戚故舊
將生者探問　死者祭掃
我也曾興沖沖去趕路
從臺北沿縱貫線南下直到島的鼻頭

桃園 新竹 無論竹南或竹北 彰化
臺南 高雄 和屏東——
那兒都沒有我的親人 我底家
回到臺北還是居無屋……

沒有庭樹 沒有鳥
沒有籬笆 沒有菊
在陽光裡 在風雨中趕著日腳的羊
趕走了晨趕走了暮
趕走了春趕走了夏
——我趕日子的羣羊比蘇武還長
只有盼歸的心是永不死滅的春天！

〈清明相思〉一詩語言平實、親切易解，看來應完成於政府開放大陸探親之前，而以詩人自大陸來臺的生命經驗，或可稱是其個人懷鄉感歎之作。

「首先必須有泥土 有居所／不再逐水草 搭帳棚／有抵抗四面八方水流衝撞的牆／圍成一所溫暖明亮的『作坊』／使我愉快地清除 那／日月囤積的繁瑣 因爲／根在那兒 家在那兒」，本段清楚呈現出詩人對家的渴望，試看「泥土」、「居所」、「水草」、「帳棚」、

「牆」、「作坊」、「根」等意象，幾乎皆與家有關，而「圍成一所溫暖明亮的『作坊』」，更點出詩人的文字工作者身分，文字工作者除了必須具備豐富的人生經驗之外，一個溫暖明亮的工作室更是不可或缺的，因此，詩人在此以引號特別加重其重要性，原因在此。

「徒然艷羨我本省籍的同事／生於安樂　長於斯土　根連著土——／不必忍受肌膚割裂的痛楚／以及萬金也買不到一封家書的悵惘」，詩人懷鄉過甚，羨慕起她的本省籍同事來了，因為他們生長在臺灣——自己的家鄉，自己的母土上，不必忍受親人骨肉分離之痛，而詩人呢，即使運用萬金，尚且無法盼到一封朝思暮想的家書，怎麼能不羨慕起他們呢？

「春暖花放　蒲公英到處飛翔／親人們相互探望　買一張車票／說一聲休假／就能見到所要探訪的親戚故舊／將生者探問　死者祭掃」，春天來了，蒲公英到處飛翔，請注意，此處的蒲公英除了是植物外，更是代表千萬的遊子，他們原先聚集在同一枝花株上（或可說是由鄉村來到都會聚集謀生的遊子們），一到了清明回鄉期間，便各自分飛，回到自己的故居，他們擁有雙程車票，來去自如，或者探問尚在人世的親人朋友，或者憑弔已逝的故人。而詩人，已用完她唯一的單程車票，出得家來，可是也回不去了，她將這一切看在眼裡，更增添心頭的痛楚。

於是，「我也曾興沖沖去趕路……」，此處的「興沖沖」，字表雖然具有愉悅、積極等意義，但與後述「那兒都沒有我的親人　我底家」兩相對照之下，明顯可看出是詩人的一記伏筆，在最初的「興沖沖」與後來的失落的矛盾中，更彰顯了無家可歸的悲哀，「回到臺北還是居無屋……」，臺北，也許有她短暫的居處，但也許是租來的，也許是宿舍，無論如何算不得眞正的「家」。

「沒有庭樹　沒有鳥／沒有籬笆　沒有菊／在陽光裡　在風雨中　趕著日腳的羊／趕走了晨趕走了暮／趕走了春趕走了夏／——我趕日子的羣羊比蘇武還長／只有盼歸的心是永不死滅的春天！」，在臺北大都會區中，欲覓得一處住所尚且如許困難，更何況是庭樹、鳥、籬笆和菊這些在空曠鄉野間才得見的事物呢？詩人一日一日過著，不論晴雨，而前頭的日子彷彿羊羣一般，一隻接著一隻，一羣接著一羣。詩人此處爲何將日子比喻爲羊，而非牛或鴨呢？原來，詩人自覺自己「無根」的日子，竟過得比被放逐至北海牧羊，羈留異域達十九年之久的蘇武長甚、悲甚，而其心境自然較流離於冰雪封凍之異域的蘇武有過之而無不及了，雖然如此，她「盼歸的心是永不死滅的春天！」又是一次反比對照。

由這兩首詩中，顯而易見蓉子善用一正一反兩件事物以彰顯其主訴重點。而今，大陸探親是開放了，遊子是可以歸鄉了，但經由〈清明相思〉一詩，仍然可以清楚窺見開放前遊子們的苦悶，雖然淺顯易懂，然感動亦深！

蓉子曾被譽爲詩壇開得最久的菊花，曾經在創作中輟數年後重拾詩筆，更爲詩人余光中讚頌爲「火浴新生的鳳凰」，而其第一本詩集——《青鳥集》，更是臺灣第一本女詩人專集，蓉子清靜優雅及抒情淡泊的筆觸，正可謂是文如其人。

——原載《中國語文》，一九九二年一月

「聲諧而句警」

——蓉子詩三首賞析

古遠清

古典留我

古典留我　在鄭國
隔著海水留我　在春暮。

那時「香遠池」的一池蓮紅尚未睜眸
鳥聲在漢城各座宮殿庭院內滴落
如密密雨點落在鬼面瓦上
一處處都是回響……

夢在江南　春色千重
柳絮兒滿城飛舞；

夢在北國　漢家陵闕
鷹隼飛渡無雲的高空。

白衣峨冠的老人走過漢城街頭
他靜靜垂釣於千年前的湖泊
在歷史故都的城郊
像從未識二十世紀的喧嚷和干戈

呵！春城煙籠
此處猶可見東方，
昔時明月
淡淡的唐宋。

蓉子（一九二八～），江蘇人，原名王蓉芷。金陵女子大學服務部實驗科畢業。國立政大公共行政現代企業管理教育中心結業。一九四八年考入南京國際電臺，旋即奉調到臺灣籌備處工作。一九五一年底開始在臺北「自立晚報」的「新詩周刊」發表詩作，不久即加入藍星詩社，一九五五年同著名詩人羅門結婚，一九七五年從臺北國際電信局退休。著有詩集「青鳥集」（一九五三年）、「七月的南方」（一九六一年）、「蓉子詩抄」（一九六五年）、

「維納麗沙組曲」（一九六九年）、「蓉子自選集」（一九七八年）、「這一站不到神話」（一九八六年）等十二種。她是臺灣一九四九年後出現的第一個女詩人，被余光中譽爲「臺灣詩壇上開放得最久的菊花」。

「古典留我」是作者於一九六五年參加臺灣女作家三人代表團，訪問南朝鮮首都漢城時所寫。這首抒情佳作，於詩情畫意中寄託了中華民族的熱愛和對祖國的深情懷念。

開頭一句寫得很有韻味。作者不直說我留戀古典，而倒過來說，「古典留我」，一方面是爲了突出「古典」在我心目中的強烈印象，另方面也是爲了在音韻上產生「聲諧而句警」的效果。「在鄰國」，是說明地點：「在暮春」，是點明季節。它們均屬倒裝句，比順裝句更具音樂效果。

第二段爲「身在異邦，心在祖國」的藝術構思作鋪墊和過渡。詩人來到漢城的「香遠池」，見一池蓮花含苞待放，聽一陣鳥聲如密密雨點滴落在瓦上，可是這再美的景色，都不屬於自己的祖國。由這美好的春光，不由勾起她對柳絮滿城飛舞的江南，鷹隼飛渡萬里晴空的北國的回憶……。第五段又回到現實。這裡有人，有簡捷的情節。一個白衣峨冠的老人，在千年前的湖泊安靜地垂釣。他不識廿世紀的喧嚷和干戈，如浮雲野鶴，生活得非常逍遙自在。作者通過這一小小的生活鏡頭的展示，表現了她對和平、自由生活的嚮往。她希望祖國不要再出現喧嚷和干戈，能使自己和平地回到自己夢魂牽繞的江南，不再因一彎淺淺海峽的阻隔無法到「漢家陵闕」去憑弔，而只能通過鄰國去眺望祖國。末尾一段寫作者透過明月高照、輕煙籠照的春城，看到了日夜思念的「唐宋」——祖國。「淡淡」二字，不僅是寫月色的微弱，同時也寄寓了自己淡淡的愁思。

蓉子是臺灣新古典主義流派的重要代表。她的詩作，創造性繼承了唐詩宋詞的優良傳統，帶著濃郁的古典美的韻味。這首詩的古典美，不僅表現在題材的選擇以及熱愛偉大的中華民族的思想內容上，而且表現在氛圍的創造和語言的運用上。「夢在江南 春色千重／柳絮兒滿城飛舞」，這些句子都很美，且聲韻蕩漾，處處流露出一種令人陶醉的古典詩詞的神韻美。「春城煙籠」，也使人聯想到「煙籠寒水月籠沙」（杜牧）的名句；「昔時明月」，亦從王昌齡的「秦時明月漢時關」點化而來。但新古典主義並不是復古。「古典留我」亦不是古代人而是現代人寫的思國懷古之作。用「密密雨點」形容鳥聲的密集，以及「像從未識廿世紀的喧嚷和干戈」的議論，均說明作者繼承傳統並沒有株守傳統，而是融合「孝子」與「浪子」的精神再創造新的傳統。

傘

鳥翅初撲
幅幅相連 以蝙蝠弧形的雙翼
連成一個無懈可擊的圓

一把綠色小傘是一頂荷蓋
紅色朝暾　黑色晚雲
各種顏色的傘是載花的樹
而且能夠行走……

一柄頂天
頂著豔陽　頂著雨
頂著單純兒歌的透明音符
自在自適的小小世界

一傘在握　開闔自如
闔則爲竿爲杖　開則爲花爲亭
亭中藏著一個寧靜的我。

臺灣的亞熱帶氣候，造成雨多傘多，詩人以此爲題材的詩作亦不少。瘂弦有「傘」，余光中有「六把雨傘」，蓉子也有與衆不同的「傘」。這不同之處在於蓉子創造了一個「開闔自如」的藝術世界。在那個「自在自適的小小世界」中，我們看到了一個寧靜的、不湊熱鬧、不趕時髦的詩人自我。

蓉子生活在一個三代基督教徒的家庭裡。她從小受父母親的影響，不喜大轟大鬧而偏愛安適寧靜的環境，欣賞「單純兒歌的透明音符」，希望大千世界都能像「綠色小傘」那些充滿希望，富有詩情畫意的美。她自己寫詩，從不輕易參加詩壇論爭。那怕別人吵翻了天，她仍然是「頂著艷陽，頂著雨」走自己的路。讀了這首物我合一的詩，使我們更相信「詩品出於人品」這句古話。

這首精緻的短詩的藝術魅力首先來自比喻的準確和生動。以蝙蝠的弧形狀雨傘的半圓，不僅形似，而且神似，大家知道，太陽出來時雨傘被主人收藏在門角落，蝙蝠在白晝則躲在屋檐內；雨傘收篷時成倒掛狀，蝙蝠斂翼也倒掛著，雨傘撐開綢蓬與蝙蝠展開蹼翼更是如出一轍，故以蝙蝠比喻雨傘，是最貼切不過的了。其它以「一頂荷蓋」比喻「一把綠色小傘」以載花的樹喻充滿羅曼蒂克情調的情人用的花雨傘，也顯得異常新鮮，充滿了生活的情趣美。其次，詩人以動寫靜，在雨中行走的動的世界中刻劃「寧靜的我」，寫得很有技巧。「頂著單純兒歌的透明音符／自在自適的小小世界」，本是作者追求的理想境界，但由於是隨意揮灑，毫不著力，不露痕迹，故使人不覺其巧。再次，此詩和作者其它抒情詩一樣，寫得簡潔、明淨而完整，沒有畫蛇添足的筆墨。詩中的抒發的情感與渲染的氣氛，流露出女性的莊重與尊嚴，表現出一種獨立支撐不依附他人的人生態度，很值得我們仔細玩味。

當衆生走過

大地褐觀音般躺著
只有遠天透露出朦朧的光

風是琴弦
沙痕是誰人走過的腳印無數？

聽，突然間琴音變奏
你熟稔的痕轍已換
於是風又轉調　同樣地
將前代的履痕都抹掉——
當眾生走過。

對人生的咏嘆是詩歌創作中的傳統母題。天邊露出曙光容易使人聯想到生命的美好。沙灘上的串串腳印也容易使人觸景生情，深深地感觸和反思人生之旅的匆忙和缺憾，從而激起「難解其中味」等各種不同的感興。因此，正值人生之秋的蓉子也很自然地選擇了大地、曙光作爲思索人生之謎的引子。所不同的是，蓉子在表現思索人生這一傳統母題時，打上了自己鮮明的個性烙印。她是個教徒，年輕時當過基督教唱詩班的風琴手，這首詩用觀音比大地，最後又用「衆生」這一專有名詞，便顯現了作者思考人生時的持有佛教悲天憫人的情懷。

需要說明的是，這情懷並不是不食人間煙火，而是積極的、入世的。有風才有沙痕，人的生活道路不可能離開時代的制約；隨著「琴音變奏」，人的生活道路不可能不發生變化；隨著「風又轉調」即時代的變遷，後代人不可能再重複前輩人的足跡，必然在繼承的基礎上有所超越——「將前代的履痕都抹掉」。歷史正是在後浪推前浪中前進。而「衆生」，正是歷史的主人或見證人。沒有「衆生」組成的人民，就不可能推動歷史車輪滾滾向前。

此詩的成功在於詩人借助於一連串的明喻（將大地比成觀音）、暗喻（風比成琴弦、沙痕比作人跡），以知性的分析，從變幻流逝的人生中尋求歷史的答案。比起蓉子的其它詩作來，此詩雖然有跳躍性，但畢竟不強；雖然寫了音變奏、風轉調，但詩的秩序並不混亂。正是這種一個比喻連接一個比喻、前幾個比喻合成後面一個複雜的比喻的方法，形成了此詩冷峭與活潑的旋律，使詩行顯得凝煉、概括性也強。

——原載《文訊雜誌》第五十八期，一九九〇年八月

卷四　詩人印象

千曲無聲——蓉子

高上秦

一、一朶不凋的菊花

民國四十年到民國六十年，廿載的物換星移，七千三百個艱辛的日昇或月落，中國現代詩的原野，從「一葉與萬籟俱寂」的清冷裏，「伸茁枝葉，舖展藤蔓，垂下濃蔭」，終至「等待著花季來臨」——這一蜿蜒迴轉的坎坷景緻，眞有幾人一攬了全部的霜寒與霧重，星冷與月殘？

當初執著滿懷理想與眞誠，凜然走來的那些人，一個個在歲月的容貌下，剝蝕，凋零了。如今，當我們佇立在七十年代初始的今天，偶然回首，仍不免在心中引起那份深沉而巨大的動盪。當我們偶然翻到現代詩開拓時期的句子和名字，我們便一併踏入了時間冷冷的鄉愁之中……。

在那個山泉初湧的時代，我們雖可讀到信心，勇氣、眞純、和愛……這些寶貴的字義，但我們也同時能輕易觸撫到那時的寂寞、寒涼、和單薄；也就因此期待一位女性詩人的出現，幾乎是遙不可及的事實。

而蓉子卻爲這種遙遠提供了相反的解釋。在現代詩壇上，她是與那個起步同時開始的一抹異彩和馨香，一汪在「第一個春天就萌芽了的泉水」。往後的日子，我們也漸漸看到一些女詩人水仙般的冉冉昇起了，開放了，吐露了或玲瓏、或清新，或婉約，或溫柔奇特的光華——林泠、李政乃、敻虹、鄭林、朵思、羅英、王渝、劉延湘、黑德蘭、洛冰……她們一個個旋舞而出，確曾譜出過詩人張默所說的「一片花團錦簇的盛晏」。可是，隨著年月的過去，我們也先後聽到她們珊珊的步履，漸行漸遠，終至漸漸無音。

可是蓉子，這位白萩筆下「自由中國詩壇祖母輩的明星詩人」，卻依然未改其性的，在詩的「未言之門」前，一「傾聽且耐心地守候」著，依然細心觀看著「一顆種子從泥土出生的路徑與變化」，依然在現實的海流浮沫中，昂然獨立，砌塑她那愈來愈寬闊、愈瑰麗的天體。

將近十年前，詩人余光中就曾稱譽蓉子爲當時詩壇「開得最久的菊花」；而今，事實證明了余光中的眼力，並且對這一比喻作了最好的肯定；就在最近，她還完成了十二月令圖的詩作，發表在《中央》月刊上。的確，她所跨越過的萬水千山，使她成爲了那個傳奇，那朵眞眞實實，永不凋謝的菊花。

在這裏，且讓我們步入那個傳奇裏去吧；且去辨認一下，享有一霎的寧靜，品味它的風緻與芬芳，莊嚴與輝煌吧。

二、水的影子

那是民國四十二年，蓉子已經以「青鳥」的姿態，飛舞出她自己的藍天白雲了。像所有天才早熟的詩人一樣，她的第一本詩集，使這個蓄著短髮、純眞、美麗、圓圓面孔的少女，一瞬間便被人推舉了起來，造成那個年代裏，詩壇一盞美好的消息。

她的晶瑩明澈的詩風、虔誠智慧的語句，樸素的形式，眞摯的情感，精緻的結構，爲人們舖展了一路輕歌低吟的青春，咏歎，與理想的追尋。

她的詩句，像那首具有相當「新月」詩韻的〈爲尋找一顆星〉，不僅結構完美，而且運用疊句，亦十分成功，余光中曾特別談到過這首詩的傑出。她在〈晨的戀歌〉裏所寫的「猛記起你有千百種美麗，想仔細看一看你的容顏，日已近午，何處再追尋你的蹤影」，也曾使紀弦一歌三讚；而她的〈爲什麼向我索取形像〉，在技巧、韻味、和純眞的意境上所表現的才情，尤爲當時寫〈山河詩抄〉的詩人鍾鼎文欣賞不已。

尤其，當她寫下：

「走進無垠的沙漠了，濛濛的黃沙打濕我衣袂」，「那麼，讓我點起一支寂寞的歌，將無垠的沙漠劃破」（寂寞的歌），「啊！你輕捷的腳步爲何不繫帶銅鈴」（晨的戀歌），「一切的紅花都是玫瑰，一切的玫瑰都不嬌美」（都是一樣）這些句字時，她是已經爲著日後個人詩風的轉變，奠下相當好的基石了。

雖然，早期曾有人用「閨秀詩人」這個名詞來稱呼過她，但她事實上是有別於「閨秀詩人」的——這在她的「青鳥」後記裏，表白的很清楚：

「然而作為一個苦難的中國老百姓，一個平常公務員的我，朝夕為了生活而工作，這些夢想的花朵，已一瓣瓣凋落在僵硬的現實石板路上了」「現實所給予我的，是人海無休的浪濤衝擊，善美人性的淪喪，物慾的囂張，我為此而感到窒息的痛苦與孤寂。腳底下又是不停的戰爭，驪別與流亡——這些流動的生活——感情或思想。這一份憧憬，一份抑鬱及憂憤，使我不自禁的要寫詩」。

她的時代感覺，生活感覺，與現實的感覺，使她壓根兒脫離了「閨秀詩人」的嫻細柔弱。也沒有那種「起來慵整纖纖手」的無聊心緒；也沒有傳統女詩人「鏡水獨自消瘦」的自怨自憐的愁意，因而她的筆底常常流出一股剛強的英氣：「我是一棵獨立的樹——不是藤蘿」（樹）這正是她早年的自我素描。

當然，今天他仍然以如此的姿態傲立著；只是更超脫了，也更認清了自己生命的面貌：

「維納麗沙
你不是一株喧嘩的樹
不需用彩帶裝飾自己」
「妳完成自己於無邊的寂靜之中」

當蓉子以「水的影子」一樣的年華與才華，詩貌與容貌，波動起詩壇和文壇激賞的漣漪以前，她已經不止一次領略過「創造的狂喜」了。

蓉子是三代基督徒。這種環境，註定了她早年與宗教詩文、與翻譯作品的姻緣——在文學上，她最早接觸的，就是古希伯來民族的詩歌。這在她「青鳥」時期的詩作中，可以尋出顯著的脈絡；而宗教詩的活潑旋律和音樂氣息，更是一直流動在蓉子的創作精神之中。她曾在談到「詩的語言」這一問題時，對我表示：「有時候，爲了表達某一心緒的動盪，我心中會首先響起一種應和的旋律，由這旋律發展下來就成了詩。有時就因爲一首詩的音樂性找不到了，我就停止了它的創作。我的詩必須有我的感覺和旋律。」

這也是蓉子寫詩的忠實面。她從不勉強自己，且一開始的年代，就已如此。

那些較早的年輕日子，蓉子每逢主日清晨會踏著露珠，到父親教堂的園子去剪花、插花、拉動鐘聲，以及後來充當唱詩班的風琴手；週復一週，這種自然的景色，教堂的鐘聲，風琴的雅樂，彩色玻璃的光澤，信仰的虔誠與肅穆……也就一一啓開了她在美感生活裏的視覺和聽覺層面。「教堂」這個意象，自自然然成爲了她對於「美」的第一個造型。

在四十一年的聖誕夜裏，蓉子曾寫過：「我仰望——教堂的尖頂上，有我昔日凝聚的愛，信仰與希望，今夜的鐘聲復使它們飛翔」；當她與羅門締結盟誓的日子，她也曾寫下過：「翠茂的園子，圍繞著這座肅穆的教堂，如海水簇擁著燈柱。我靜靜地來到裏面，盞盞乳白的燈，像我的夢在發光；還有那彩色的玻璃窗，直窺天國的奧秘。啊！每當我來到這裏；童年的回憶一再升起，多麼親切而滲和著憂情的愉快記憶啊！那是我父親的教堂，我們在其中長大」（夢裏的四月）。

這都深刻反映了：教堂在她早年的美感世界裏造型的經驗。

而當她長大到足夠能懂泰戈爾．冰心的詩和文章時，她就已初嚐了創造的快樂。對於這兩個人，她曾極度喜愛，當時她正就讀初中二年級。在一堂國文課上，她初次以一首新詩代替了作文。老師給她的評語是「『東西』很好；字不好」。這也夠了，小學時候想當作家的夢想，已經被這一句話疏導向寫詩之路了。初中畢業那年，同學們還給了蓉子一個綽號：「冰心第二」。

蓉子的中學階段在江陰和上海間渡過。就這樣她在一個「遙遠的不可知的心靈」召喚中，寫詩，寫自己創作的喜悅和遐想。沒有一個人指導她，她也不想拿給人家看，只是獨自摸索著，嘗試著；她把所有這一過程裏的歡笑和寂寞，統統揉擷到一本最好的簿子裏，當作自己心靈珍愛的秘密，小心收藏。

「蓉子」這個名字的初見報端，是在民國四十年左右。她已經來到臺灣了。

當時，自立晚報正爲詩人們開放了第一個美好的園林：新詩週刊。由李莎、覃子豪、紀弦主持。蓉子的〈爲什麼向我索取形象〉一詩就刊登在這個週刊的第四期上。

從那個時候開始，這位「出生於江北而長大於江南的女詩人」，就「從歌與絃合調的幸福中現身」了，就爲詩壇繪出了一片澄澈和新鮮；一片長久守望的燈火。

三、維納麗沙的超越

「倘若我無眞實的創作意欲，我就不勉強自己來發出聲響——即使那是不快樂和易引起誤估的」；蓉子，《七月的南方》後記。

《靑鳥》出版以後，蓉子突然異乎尋常的沉默了下來。尤其在她婚後，在她從「王蓉芷」變成「羅門夫人」而後，她的一連三年多的緘默，固執而深沉，使她的名字彷彿跌入風後的行雲裏了；她的聲音變成一種餘韻，她的晶瑩明澈，也似已成了一份婉轉的回憶。

這段期間，詩壇上同時湧動了一股前所未有的，徹底「現代化」的急流。浪潮捲來，許多人都躍入了其中。那個曾有「水仙花詩人」之稱的黃用，就在此時坦白說過，蓉子已經貢獻過了——然而，蓉子眞的已經貢獻完了嗎？

三年多的時間，蓉子負荷著內在和外在雙重的劇變，負荷著主婦的困惱與詩壇的風雲動盪；少女時代的夢幻遠了，寧靜安祥的日子遠了，那靑鳥時期「多夢心靈的偶然產物」也遠了。

不曾遠去的，卻是蓉子對於自我和藝術的忠誠，對於創作的變化愈發堅實的默省。也惟其因爲蓉子是一位忠於詩與自己的人，她才不致於這麼輕便的，就在那內、外雙重的劇變中求得妥協。她不是那種「隨聲附和」的人。一如她自己所說：「我願意更多地把握自己一些，而並不急於做一時的跳水英雄，去贏得片時的喝采；我願意更多顯露出自己的面貌，但必須先有靈魂和實質爲後盾」。或許正由於她的這份執著和誠懇吧，她才終於涉過了「這沉默得如此的深潭」，終於能「站立得足夠的久，去看褪去了雲的詭譎假面的，廬山眞貌」。

四十九年六月一日出版的「現代詩」上，刊出了蓉子的一首新作：「碎鏡」。她在一開始就寫下：「誰知我們能登陸明天——明天與明天，是叢生在我們航線上的，一些不知名的島羣……」這首詩，明顯的標示出她從現實中掙扎出來的痕跡，風格也極不同，而後不久，她又完成了另一首成功的詩作：〈白色的睡〉，那裏面的句子，曾一再被詩評人引用了好久，她的詩思正如「鳥聲滴滴如雨，濾過密葉」，繆思之於她，已進入「甚深的期待」。

該年十月，蓉子在藍星詩頁的女詩人專號上，發表了一首更形繁富、抽象而深刻的詩作：「亂夢」：這首詩的重要，不僅在於它曾牽動詩壇的驚訝，更由於它在蓉子個人的詩生命中，指出了一條更具體，更眞實的道路：

向現實生活裏，開發全新的感覺。

三年多的沉默，冷靜了她，充實了她；自此而後，蓉子的詩作，無論是形式或內容，質或量，都愈益廣博，豐饒，成熟了。她已經擊破了艱困的外殼，「以新的感覺面對世界，像一隻羽化的蛾」。

從民國四十九年到五十年，僅僅兩年間，蓉子的詩作豐收得令人側目，這使得詩人余光中選擇了自焚新生的「火鳳凰」來形容她。並在《文藝生活》和《婦友》上，兩次爲文介紹蓉子的詩和人，且試圖爲她畫像：「中國古典女子的嫻靜含蓄，職業婦女的繁忙，家庭主婦的責任感，加上日趨尖銳的現代詩的敏感，此四者加起來，形成了女詩人蓉子」。

那兩年，蓉子所煥發的熠熠光亮，替她贏來了較「青鳥」時期更多、更大的聲譽；而她眞正光榮時日的開始，就在五十年年底。那一個歲末，她爲自己的創作世界，劃下一道永遠的分界線：她出版了《七月的南方》。

這充滿光、影，繽紛的色彩和聲音的詩集。洋溢著一股新鮮而說不出的詩味，一種生命的感覺時時流動其間。這本詩集把她的知名度，大大的推廣了一番。詩人張健、劉國全、藍采、張秀亞……等人，都曾一再在各刊物上，撰文評介。她的堅忍和沉默不曾白費。她已正式親炙了「一樹欲融的春天和逐漸上升的燦美」。

集中，她曾以〈城市生活〉一詩，首次展開對現代都市文明的解剖和指責，爲她往後寫「憂鬱的都市組曲」打下頭陣。而〈七月的南方〉這首將近百行的長詩，更印證了蓉子氣度的渾厚，心智的壯闊，節奏處理的明快和想像的豐盈。在這首詩中，她意欲替「城市生活」的迷離混亂，尋訪一個出路——大自然的和諧與完整，壯麗與永恆。

這種對自然無限制的神往和痴情，匯入她以往強烈的宗教意識，再融和了如今日益高漲的、對於存在實況的全新感受，遂建築了她個人那座獨特豐美的「由聖經、自然與存在觀造成的三角塔」。

■

設若《青鳥》是一顆少女的心靈，對於整個世界和未知的最初觸探，最早的悸動與夢想，那麼，《七月的南方》便是一個成熟婦女對這一切漸進的反省與評價，瞭解與把握；直至《蓉子詩抄》出版，她對生命、對藝術的整個感受與認知，已達到了一個顚峯。她的創作層面前所未有的遼闊、交錯和深透，她的技巧內容也層層推進，層層更新，直窺入詩的「準確」和「完美」，「張力」和「密度」的更高陳義。

《蓉子詩抄》出版於五十四年文藝節，它為蓉子陳示出一個「花與果俱熟的季節」。內容分為〈我從季節走過〉、〈亭塔、層樓〉、〈海語〉、〈憂鬱的都市組曲〉、〈一種存在〉等五輯。其中，〈海語〉完成於五十一年初次隨「中國文協」赴馬祖訪問之際，對於「海」和「戰鬪」這些相當男性的物象，呈現了一種新的神奇與嫵媚；而「憂鬱的都市組曲」卻是她首次以如此整體的、深入的眼光與心情，寫下了她「從少年時代就無法建立起情感」的現代人生活重要場景：「都市」

「我們的城不再飛花，在三月，到處蹲踞著那龐然建築物的獸，沙漠中的司芬克斯，以嘲諷的眼神窺你」，「我常在無夢的夜原上寂坐，看夜底的都市，像一枚碩大無朋的水鑽扣花，正陳列在委託行的玻璃窗櫥裏，高價待估。」……她已征服了女性詩人的界限，征服了自己心靈的界限，鑄造了更具社會性和時代感的詩篇。

這本詩集佳句琳瑯，幾乎每一俯仰，都有令人喜悅，令人震動而激歎的詩句；詩人瘂弦曾對其作了相當高的評價，海外的一份光華日報，也曾刊登了一篇文章，指出她藝術的成就，「已是一種完成」。

倘若你偶然地閒步來此
你就聽見溫柔的風中正充滿
你名字的回音……

蓉子已經走到垂實成穗的一刻了，她的「看你名字的繁卉」一詩，正透露了她那一年代的眞情實境。

■

那一年，蓉子曾隨「婦協」的中國女作家三人訪問轉到了韓國，也曾赴菲講學了一個多月。生活面的擴大，時空的變換；韓國人對詩人的看重，菲律賓藝文界和華僑社會對她的推崇，無不使她得到了極大的鼓勵。

回國後，她開始寫下訪韓詩束，旅菲組曲，並在五十六年，與羅門一並獲得了國際桂冠詩人學會頒贈的「中國傑出文學伉儷獎」，以及菲律賓總統馬可仕的一項「金牌獎」，她十多年的努力獲得了初次的報償。

同一年，潘人木主持的「中華兒童叢書」，希望她爲我們的兒童們寫點詩作，使他們幼小的心靈也能享有一份美的感動，一份神秘的喜悅。於是一年以後，她的《童話城》詩集印行了，這雖然是是一本把握孩童心情而寫的清新美麗的詩作，但卻不失詩的語言與本質。——自從楊喚以後，在中國，這是我們贈給兒童的第一本童話詩集。

一年多以前，她再次出版了《維納麗沙組曲》，風格又是一次迴轉。前半部幾乎全部是她個人的寫照；後半部，卻是她「透過生活中深淺巨細不同的感受」，所表現的不同內容和形式的詩作。

在生活，工作，現實的牽扯和理想的追求間；在家務與職務的雙重壓力下，蓉子不斷證明自己的心靈；在時間的碎片中，竟一再創造了藝術的完整，這眞不是一件輕易可就的事！那說明了她生命的泉源仍未枯竭，仍在心神深處起伏波動，涓涓湧出……

「詩與藝術使生命產生耐度，在時間裏不朽」。蓉子的這一句話，也正爲她自己作了一番恆久的闡釋。

四、若我是翼我就是飛翔

時間的壓力，經常在蓉子的詩路上構成障礙，但蓉子每回都終於跨越過去，邁入更廣闊的原野。

如今，蓉子似乎進入了第二度的沉默期，她甚少有作品問世。對於這一事實，她不願意作過多解釋，她只是說：

「我需要重新考慮」

這種再思考意味著什麼呢？我們檢視她一年多前所寫的〈一朵青蓮〉，檢視她最近的〈十二月令圖〉詩作，它們是否也代表了一種詩意的宣言？

——回歸東方！

這不是臆測，在我訪問蓉子的過程中，她曾表示自己的氣質是較東方的。目前的沉默，可能正是這種走回東方的一項準備；雖然她也說：「將來我若需要大量寫詩，也許更該接近現代和「大我」，更該破除往日詩中對音樂性的要求」，但那並不能完全解釋作她將澈底的西化。

里爾克在奧斯之歌裏說過：「一切靜默，但在沉默中，進行著新的初始，含意，與變化」——當蓉子「通過崎嶇，通過自己，通過大寂寞」之後，她或將眞正進入她的「詩」中，成爲那：

「若我是翼我就是飛翔　是漣漪就是湖水
是波浪就是海洋
是連續的蹄痕就是路徑」。

——原載《幼獅文藝》第二〇八期，一九七一年四月

燈屋裏的繆斯

——蓉子女士訪問記

陳玲珍

蓉子，自由中國第一位女詩人。在詩壇上，由發芽、成長、茁壯，開出璀燦的花朵，而至轉變、成熟，建立其不朽的地位。蓉子已將她靈感的精華奉獻給詩，而詩也融入了她的生命當中。

典雅嫻淑的儀態，透著溫婉靈秀的韻致，是由蓉子對宗教的虔誠所散發出來的。自幼受宗教的洗禮，培養了一顆仁慈、富同情，以及關懷大自然的心。也因爲從小在教堂裏唱詩、彈琴，養成其優美的音律感。在年輕的、小小的心靈裏，已埋下了詩的種籽。

詩是生命的活力，是心泉湧動之源。

那個愛詩的小女孩，生長在詩意盎然的環境裏，嚮往著詩，憧憬詩的的高遠、優美的意境。然而那時怎麼也沒想到有一天自己能夠寫詩，進到詩的國度。

四、五十年前的大陸上，新詩還處在沉靜清冷的階段。寫詩的人本來不多，更何況是女詩人。當時，詩和詩人對蓉子而言，既高妙而又遙遠。她只能憑著自己的興趣，偶爾找些別人的詩來看，能看到的還是很少；學校裏的老師並不鼓勵她們寫詩，社會上亦缺少這股推動力。但詩的種籽並未在蓉子心田裏枯萎。那時，蓉子很喜愛徐志摩和冰心的詩；當詩心蠢動之時，也會抓住霎那間的靈感，塗寫幾句。可是，沒有師長的指導，又對自己是否能夠寫詩產生懷疑；苦悶的心情，一直困擾著她。

初二時，有一次上作文課，老師出了作文題目，按捺不住心中強烈的欲望，蓉子用那個題目做了首詩。詩交出去後，還深怕老師會責備她。結果，老師卻說：「王蓉芷，你的『東西』寫得不錯；不過，字要好好練一練。」

經老師這麼一誇讚，小小的心湖盪開了漣漪；只記得老師說她的詩不錯，根本忘了要好好練字這回事。苦悶的心終於受到鼓舞，也加重了蓉子對文學、對詩的愛好。

初三時，一位劉老師常在課堂講授文學方面的知識，使她的文學領域更爲開闊。雖然還在摸索著寫詩，卻已被同學們稱爲「冰心第二」。

學校畢業後，蓉子考上交通部國際電台；而後，調來臺北籌備處工作。初到臺灣時，對海島的氣候、椰子樹、熱帶的情調充滿了幻想。工作之餘，便可以盡情地寫寫詩、看看書。

民國三九年，蓉子開始發表詩作，然因爲不是在詩刊上，對自己還是缺乏信心。一個年輕人想在文學創作上有所表現，施展其才能，但卻沒有人指導。自己寫詩，寫了改，改了又改，又重抄，反反覆覆；那種輾轉鬱積的心情，至今，蓉子仍可在日記中尋出絲絲痕縷。

那年，紀弦、覃子豪、司徒衛在《自立晚報》主持《新詩週刊》，替喜愛寫詩的人開闢了新園地。蓉子懷著忐忑的心把詩拿給幾位前輩詩人看，只希望他們能給她指引，確立她寫詩的信心，並不敢期望在《新詩週刊》上發表。詩壇的老前輩葛賢寧先生看了她的詩後，稱讚她有寫詩的才情。受到這一鼓舞，蓉子已高興萬分。紀弦先生看後，更是倍加欣賞，急於將她的詩發表。於是，〈爲什麼向我索取形像〉就在《新詩週刊》第四期發表；接著，第五期又刊出〈青鳥〉。這對蓉子的創作，可說是無上的獎勵，不僅嘗到創作的喜悅，也獲得外界的肯定。以後，她的詩就經常出現在《新詩週刊》和《現代詩》等刊物上面。

在那兩年，蓉子的靈感如泉湧一般，一首首淳美的詩呈現在廣大讀者面前。四十二年十二月，《青鳥集》問世了。

《青鳥集》繼承了泰戈爾小詩的形式，流洩出一種聖潔而又寧謐的情調，爲詩壇繪出了澄澈而清朗的情境。

婚後的蓉子，忽然在詩壇上沉默了。一方面因家務的煩瑣、不適應，以及工作的繁重；另一方面，此時期詩壇發生轉變，詩的作風、表現方法和美學觀都和以往不同。蓉子除了大量吸收外國詩的風貌和技巧，並對自己的詩尋求突破。

蓉子寫詩，是絕對的「自我」。「今日新詩追求純粹與凝練，需要嚴密的思考和冷靜的觀照，詩是靈魂在清醒、透明、豐盈的時刻所完成的，它特別需要一間安靜、孤絕可供自由思想的「工作室」；然而環繞在我們四周的一切卻是如此動盪、紛紜、複雜而且缺少美感，在在削弱你的詩想，阻斷你的詩緒，攪亂你的詩心，正像風或主婦手上的掃帚不住地弄斷了蜘蛛吐出來的絲，影響牠結網的工作一樣……」。

在家務和職務的雙重壓力之下，蓉子只得將自己安排在兩條軌道上。白天上班時，儘量不去想家務事，專心處理工作；下了班，回到家，簡單地忙完了家事。在清靜的夜晚和清晨，就是她寫詩的時間。

年輕時，蓉子曾有個夢想，將來年紀大時，能夠住在山上、鄉村或市郊，享愛大自然的清幽，不受都市裏喧鬧的氣氛干擾。但爲了一些人爲因素，至今，那依然是個未實現的夢。

經過一段時間的沉默和蛻變，蓉子以《七月的南方》來展現她的突破。她接納了「現代藝術與現代存在精神的洗禮」，對現代都市文明予以剖析，並給予尖銳的批評，顯現出和《青鳥集》迥異的風格。《七月的南方》出版後，引起衆人的驚訝，和詩壇的震撼。

從此以後，蓉子的詩的路線就比較穩定下來，不再跳躍不定，已經匯入了整個詩的潮流。

■

蓉子的個性是內向而沉靜，不喜歡表露自己。她認爲，一個作者應以他的作品和讀者見面，而不是以他的人。多年前，在一場音樂會上，余光中先生曾說：「我很喜歡做音樂家；一場演奏下來，可以博得許多人的掌聲，很過癮。」而蓉子說：「我不願意做音樂家；我喜歡做作者。因爲作者是以作品和讀者見面，他本人並不一定要出現。這很有趣，也許讀者在欣賞或批評某一個作者時，並不知道他是誰；可能他就在身邊。」蓉子閃著慧黠的眼神說出這段往事，欣喜之情，溢於言表。

當年蓉子寫詩，是純爲寫詩而寫詩，未考慮其他的因素。她也認爲，「在我開始寫詩的時候，詩壇和社會環境都很單純；而現在新人想要出來比較不容易，他們必須超越前人的比我們多些，因爲前人已有相當水準的成就。但是，相對的，前人已經留下了某種成績、風貌，現在有志寫詩的年輕人可吸收的也較多。同時，今天詩在社會上不再是冷門的東西，報紙副刊、雜誌、學校刊物亦提供了許多可供發表的園地和機會。這對喜歡寫詩的人，是很有利的。」

「只是有一點，他們的心——希望成名的願望——可能較急切，壓力也大一些。現在一方面因心態的不同；再者，又有許多文藝獎、詩獎的設置，年輕人得了獎，很快的，名和利都來了。而我們當年寫詩，根本沒有利可言，如果有前輩或朋友喜歡你的詩，讚賞你的詩，那就是最好的鼓勵和報償」。

「至於開始寫詩，是否要注重理論？我並不特別強調理論；因爲在我開始寫詩時，完全根據自己的經驗，並沒有看理論，只是看些別人的詩作。但是因自己內心有一種慾望，很熱烈地要表現出來；像種子要發芽，不論它的環境如何，是否有人悉心照料，它就是要發芽。我覺得詩就好像生命的種籽一樣，你有這種感性的、要燃燒的火，它早晚是要探出頭來的。」

「文學創作，如果環境好，有人指導，是會比較快；省去許多摸索的時間。但是自己去摸索，就好像有個自然的趨向，像一棵花、樹，它會因著氣候、陽光，自然調整它底方向，去適應它。文學創作是個有生命體，它自己會發芽，會開花。」

「當然我也不否認若有師長、朋友的指導，會比較有效果。我自己雖曾摸索過一段相當長的時間，然而，若沒有那幾位前輩詩人的指導，勉勵，我也不容易有今天的成就。所以，理論只是輔助作用，不能拿來像塡公式一樣的塡詩；就如同老師也只能站在輔導地位，告訴你缺點所在，無法幫你改詩。因爲詩的語言是屬於作者自己的風格，老師也不能用他屬於自己風格的語言來改動。」

語言決定了詩的風格，成人詩的語言和兒童詩的語言是有所不同的。民國五十六年四月，蓉子出版了兒童詩集《童話城》。那是省政府教育廳和聯合國兒童基金會合作，要出一些兒童書籍，編輯潘人木先生邀請蓉子爲兒童們寫點詩，以豐富他們幼小的心靈。那時，蓉子還未曾寫過兒童詩，而她認清了：成人寫兒童詩，不能站在自己的本位上。要跳出成人的地位，站在兒童的立場來寫詩。「雖然我們不是兒童，但每個人都有童年時期，我們可以回憶童年的種種情形，去想：我以孩童的心情去體會對各種事物的感受。兒童詩即是在兒童的生活、思想範圍內，所可表達的事物，以他們天眞的眼睛來看這世界，以他們的耳朵來聽這世界，以他們的心來感受這世界，用他們常用的（而非絕對幼稚的）語言來寫。爲什麼詩人可以寫兒童詩？因爲詩人本該有童心，不是功利的，也不是完全理性的，他用直覺的美感、想像力來看、來寫。在日常生活的基礎上加上想像，才不會太落實、太平白，境界也較爲開闊。兒童極富想像力，他們的想像是很直覺的，所用的語言也是很直覺的，那就是兒童詩的語言。」

蓉子寫兒童詩，像曇花一現般，短暫而美麗。那是她擔心寫多了，會脫開成人的立場，對自己寫成人詩的心態造成影響。畢竟，新詩仍是她創作的重心。但是，蓉子尙未完全脫離兒童詩的天地，還保有一分關懷，偶爾在研習會或兒童研究班講兒童詩，也寫一點理論。

蓉子欣慰地說，現在已有許多熱心人士專心於兒童詩的灌溉和製作，學校裏的老們也努力去讓兒童表現他們的想像力，去創作；兒童詩的園地已是一片欣欣向榮。但是，她強調，除了量的大幅度增加外，更重要的是要求質的加強。

■

從小，蓉子的心裏就有兩個夢，一個寫詩，一個旅行。這兩個夢都已一一實現。

曾經，她的足跡踏過馬祖、韓國、菲律賓、美國；或訪問，或講學，或出席世界詩人大會，也藉此遊覽了當地的風景名勝。而歐洲，更是她夢想遊歷的目標。在一個難得機會之下，蓉子和一些藝術家組成的團體赴歐旅遊，宿願得償。在歐洲，蓉子被豐富的文物、古跡所吸引，所到之處，均詳細做了筆錄。回來後，久久不能忘懷，便一面找其他資料，對歐洲的文化背景、文物古跡的演變等詳加研究，再配合手抄的記錄，一篇篇遊記就串成了「歐遊手記」一書。

由其數量不太多的散文中，依然可看出蓉子輕盈細緻的筆調，散發著悠遠的情致。在一篇名爲〈童年〉文中蓉子寫她三歲時，父親抱著她過街的情景；那分喜悅，凡是有過童年的人，都不免會心地微笑。另一篇題名〈母親〉的文章裏，蓉子將母親那似模糊又鮮明的印像，描繪得深刻入微，令人低迴不已。

同樣一個抒情的題材，蓉子總視其心情，而決定以散文或詩的形式來表現。寫散文，是某種心情之突現，可以很快把握住那個情景寫下來。如果寫詩，則需要將其轉化之後才能寫，表現比較間接。

蓉子寫詩也會遭遇到困難，有時候雖有某些詩意存在，但不一定能寫下來，且明時可能失敗。由此，可體會出一首詩呈現在讀者面前，要經過詩人的苦心醞釀、經營，才能幽幽吐出馨香。

蓉子說：「我想我若做不成詩人，就會是個小說家。」

除了詩，蓉子最喜愛的就是小說。年輕的歲月裏，國內的小說和翻譯小說常是她的良伴，間或也寫一點小說。發表詩之前，蓉子就曾在《中國一周》上刊過一篇短篇小說。但後來，她感覺到小說是一個很大的建構，也需要時間慢慢去體驗人生，所以想等年紀大一點時再寫。然而，工作、家務、寫詩已經佔去了她大部分時間，「寫小說」漸漸變得很遙遠了。

一個偶然機會，瘂弦先生請蓉子以同一個題材，爲聯合報寫一篇小說。原來那篇小說是黃凡的〈雨夜〉，蓉子就寫了一篇〈「雨夜」的變調〉，很短，但發表後很受好評。對蓉子而言，那只是偶現的曙光，她依然是詩的忠實創作者，依然挺立於詩壇的大洪流中。

雖然已卸下工作的重擔，蓉子仍沒閒著。經常有文藝營邀請她去講演、評審，同學們都和她建立起良好的友誼；偶爾，造訪她寧靜的「燈屋」，喝茶、談天。女詩人的生活還是既忙碌又充實。

「燈屋」是蓉子和羅門精心設計的雅居，沒有豪華的陳設，卻散發出濃濃的藝術氣氛。那是她得以暫時避開塵市喧囂的小屋，寫詩、聽音樂，蓉子是燈屋裏快樂的女主人。

——原載《文學時代》雙月叢刊〈月桂冠〉號　一九八二年九月

懷念奠基者：「永遠的青鳥」——蓉子

鐘麗慧

或許，命中注定蓉子是位天生的作家，因爲她的生日是——五月四日，正是屬於作家的日子——文藝節。這位天生的作家曾經寫詩、散文和小說，她最鍾情的是詩，奉獻了三十餘年生命而不已，甚至創作力愈來愈盛。

自由中國第一位女詩人

蓉子是自由中國第一位出版個集的女詩人，她的第一本詩集《青鳥集》出版那一年，早在民國四十二年十一月，由詩人葛賢寧主持的中興文學出版社印行，距今已有三十二年之久了。其中有許多首詩的「詩齡」更老呢！有寫於民國三十九年的〈青鳥〉、〈爲什麼向我索取形象〉、〈我有一顆明珠〉；有作於民國四十年的〈日曆〉、〈水的影子〉、〈菊〉；有四十一年的作品：〈青春〉、〈三光〉、〈五月〉、〈樹〉……等。其中做爲書名的〈青鳥〉是這樣寫著：

從久遠的年代裏——
人類就追尋青鳥，
青鳥，你在那裏？
青年人說：
青鳥在邱比特的箭簇上。
中年人說：
青鳥伴隨著「瑪門」
老年人說：
別忘了，青鳥是有著一對
會飛的翅膀啊……

張道藩爲《青鳥集》作序指出：「第一、全集四十一首詩，差不多首首的形式都很美好，簡潔、明淨而完整，沒有枯瘠、偏畸、冗贅的毛病。第二、……詩中所表現的情感與境界，常常令人起莊嚴、虔敬的感覺。……第三、集中大部爲抒情詩，流露出女性的尊嚴，表現一種獨立不倚與沉默奮鬥的人生。……第四、作者的語言很別致，看似生澀，卻潛藏著冷峭與活潑的旋律。」

曾於民國四十年十一月主編《自立晚報·新詩週刊》的番草，以〈晶瑩的珠串〉爲題談他讀《青鳥集》的感想，文中說：「蓉子小姐的詩裏充滿著一種寧靜的寂寞與淺淡的悒鬱，這是李清照的氣質，也是白朗寧夫人的氣質，這是古今中外女詩人們傳統的氣質。讀她的詩，如像在寂寞的林間諦聽寒泉的琮琤，這是她智慧的光采。」

詩人覃子豪當年認爲《青鳥集》是：「作者將她的歎息、哀愁、希望和理想，眞摯地表現在詩裏，而成爲極感人的詩篇。」

目前我們看得到的《青鳥集》，已是爾雅出版社出版的新版了。「爾雅」版的《青鳥集》比原版多七首作品，共四十八首，全是蓉子在民國四十二年以前的作品。民國七十一年年底，蓉子回顧三十年前的大作說：「這集子裏的作品留下了我年輕時代不再的履痕，代表我昔日的夢想和追尋以及通過詩，對『生』的感受與認知。」

這位振翅而飛的詩國青鳥，卻直到民國五十年年底才出版第二本詩集。在這八年間，她的人生遭遇和詩觀、詩風都有重大的的轉變，諸如：民國四十四年四月十四日，和詩人羅門結婚，喜宴前有場別致的婚禮朗誦會。這對被譽爲「中國傑出文學伉儷」、「世界詩人大會第一文學伉儷」、「東亞傑出詩人伉儷」、「中國詩壇的白朗寧夫婦」等美譽的詩人夫妻，在今（七十四）年四月正值珍珠婚紀念。

蓉子的第二本詩集《七月的南方》，由藍星詩社印行，目前已經絕版了。全書收有二十四首詩作，是她身兼女詩人、詩人之妻和國際電信從業員三種身分以後的作品。她自稱：「風格較《青鳥集》時期有很大的變化」，她寫大自然、歎時序、哀城市，誠如她在後記所說：

〈七月的南方〉「『現代』將我推進一紊亂、不安與破碎的世界裏……」，因此，她又說：這首詩具有代表性，「代表我嚮往的靈魂成熟的季節——智慧、繁茂與陽光照耀下的豐美。」

當時她的心情想必就像〈序詩〉一般——「櫻花謝落／多彩的康乃馨不絕如縷／杜鵑如向榴花似火／更有深夢一般的茉莉。／但是——我底夢呢？／我的乃一束馨美的小白花朵／未在夏日繁花如星的枝頭開放！」

唯有詩與藝術不朽

民國五十四年的文藝節，蓉子送給自己的生日禮物，就是第三本詩集《蓉子詩抄》的誕生。全書收集了五十一年至五十三年間發表的詩作四十九首，共分為五輯：第一輯「我從季節走過」，有十四首，「均直接、間接與天然的季節或內心的氣候有關」，「絕非寫實主義的產品；而是帶有強度的主觀，內融於個人氣質的描寫。」第二輯「亭塔、層樓」，有十一首，「規模不大而且不表現一個中心的事物和意向。」第三輯「海語」，有七首，寫她隨「中國文藝協會」訪問馬祖的一些印象。第四輯「憂鬱的都市組曲」，「一組七首完全以都市生活為題材的作品。」「都市是憂鬱的，只是憂鬱的程度或深或淺而已。」第五輯「一種存在」，「更深刻地表現了我個人主觀的內心感受，表現的手法也稍呈交錯感。」

在《蓉子詩抄》這本書的扉頁上有句話：「詩與藝術使生命產生耐度，在時間裏不朽。」應該說這是她的藝術觀，是她的誓言，二十年後更可知那是她生活的指標。

《蓉子詩抄》中有幾首一直是被討論的詩作，如：〈我的妝鏡是一隻弓背的貓〉

我的妝鏡是一隻弓背的貓
不住地變換它底眼瞳
致令我的形象變異如水流

一隻弓背的貓　一隻無語的貓
一隻寂寞的貓　我底妝鏡
睜圓驚異的眼是一鏡不醒的夢
波動在其間的是
時間？是光輝？是憂愁？

我的妝鏡是一隻命運的貓
如限制的臉容　鎖我的豐美於
它底單調　我的靜淑
於它底粗糙　步態遂倦慵了
慵困如長夏！

捨棄它有韻律的步履　在此困居
我的妝鏡是一隻蹲居的貓
我的貓是一迷離的夢　無光　無影
也從未正確的反映我形象。

詩人林煥彰說：「這首詩，她不僅僅在靈活地描述她日夜臨照的妝鏡，而且更把她的整個生命溶入其中，使之映現出她的形體，由一個多變化的少女到一個步態倦慵的婦人底內在感受。」「這首詩雖只是以女性對於年華之消失而體悟出生命的眞諦，但在男性來說，有很多對於其命運、前途不懂得改變、創造，只一味的迷戀著他目前的小有成就，甚至於視其自我優越的心理作祟所蒙蔽的，不也同樣可以女性之過分寵愛妝鏡的自我毀棄來相提嗎？」「這首詩之對生命意義的探討，能使我們在欣賞詩——淨化心靈之外，又像獲得了什麼。」

年輕詩人林野說：「她以細膩深刻的筆觸，寫出主觀的感受。」

詩人羅青也說：「自從《七月的南方》出版後，她開始緩慢有節制的於作品中，注入現代機械文明下所產生的種種經驗，使溫柔純美的詩風裏，透露出些許苦澀及西化的傾向。她寫下了〈我的妝鏡是一隻弓背的貓〉等作品，語言、意象、內容都比過去成熟了許多。到了她出版《維納麗沙組曲》」時，她已經能夠收發自如的處理任何題材了。這一個時期的作品如〈公保門診之下午〉、〈未言之門〉及〈詩〉等，都顯示出她不再只是一個閨秀派詩人。

「維納麗沙組曲」風格蛻變

《維納麗沙組曲》出版於民國五十八年十二月，蓉子在後記說：「收集在此的三十四首詩共分上、下兩集：上集『維納麗沙組曲』本身是一組以維納麗沙爲中心的連貫的組曲；而分開來每一節仍是一首完整獨立的小詩，說它們像十二扇隨意開闔的門，無論何時，打開其中的任何一扇都能夠看到詩中主角維納麗沙部分的面影。……可是，對我自己，這十二首屬於組曲中的小詩就像十二顆小小的珠璣，也許琢磨得尚不夠光澤渾圓，但它們形成的過程確如蚌中之珠，是一個人的性靈在感受外界砂粒侵入的痛苦後於悠長的歲月中逐漸形成的，那是一個孤困的生命向完美作無盡的掙扎！……至於下集『奇蹟』則包括了〈雪是我底童年〉、〈奇蹟〉、〈月之初旅〉、〈菲律賓〉、〈公保門診之下午〉、〈詩〉等二十二首各別的詩篇，有內心世界的描繪，也有現實世界的場景。……我願意透過生活中深淺巨細不同的感受來表現不同的形式和內容——包括對自我或對非自我的各種感受！」

詩人林野認爲《維納麗沙組曲》中：「她在個人的寫照裏，充滿了對詩創作的樂觀，不移的自我肯定和不務虛華。」「在這本風格蛻變的詩集裏，我驚喜地發現女詩人對景物拍攝的角度，或對生活的剪影都有了更深邃、更突出的技巧。」

林野最喜歡〈公保門診之下午〉一詩——「我去那兒等待／一架待修護的機械／白菊花在病懨懨的長廊上／天使般地展翳／在如睡眠的空氣之上……她用華美的翅翼／拍動此間的

沉滯／——殘缺與破損堆積一室待修機體沉滯／殘缺與破損推積一室待修機體的沉滯／使這兒的下午更黃昏／唯那一盆昂然的葱翠／在此病懨懨的長廊／像南丁格爾的笑撫慰創傷！我在此／像等待簷滴般等待／無聊地嚼著魷魚的腳／——當高跟鞋擠痛我的腳／擁擠的人羣擠迫著我的心。擁擠著的人羣；衰弱的心／不完好的肺／割切了的胃與纏綿風濕病的腿／——遠不及機器更耐勞的身體／齊集此等待修護。」

林野喜愛這首生活詩，「因爲凝鍊而淺易的字裏行間，即將病容愁鬱的醫院氣氛，發揮得淋漓盡致，尤其候診室的擁擠雜沓，在冗長枯悶的下午，反襯出都市人的疲竭心態，相當值得今下高唱詩『生活化』、『口語化』，但詩味全失的泛泛作品之借鏡和檢討。」

四年後——民國六十三年元月，出版她的第六本詩集《橫笛與豎琴的晌午》，全書收有五十二首詩作。

蓉子在後記自述：「因內容而分爲四輯：首輯『舞鼓』含十二首，全係我五十四年間應邀訪問大韓民國歸來後的產物。……次輯：『一朵青蓮』也包含了十二首詩，發表的時間前後相差幾達十年之久，……第三輯：『禱』共收十四首詩，它們已不全是狹義的個人抒情而更涉及自我以外的人、物、事象所加諸一己的感受。……最後一輯『寶島風光組曲』共十四首，全是以寶島各處美麗風光爲題材。」

詩如其人，似青鳥如青蓮

其中以〈一朵青蓮〉最受矚目，甚至往後「青蓮」和「青鳥」一般成爲形容蓉子的代名詞。誠如詩評家蕭蕭說的：「詩如其人，就蓉子而言，……如果是青蓮，那是端莊的青蓮，如果是青鳥，青鳥的飛翔之姿也是優雅而端莊的。」

〈一朵青蓮〉是這樣寫著：「有一種低低的迴響也成過往／仰瞻／只有沉寒的星光／照亮天邊／有一朵青蓮／在水之田／在星月之下獨自思吟。可觀賞的是本體／可傳誦的是芬美／一朵青蓮／有一種月色的朦朧／有一種星沉荷池的古典／越過這兒那兒的潮濕和泥濘而如此馨美！幽思遼闊／面紗面紗／陌生而不能相望／影中有形／水中有影／一朵靜觀天宇而不事喧嚷的蓮。紫色向晚／向夕陽的長窗／儘管荷蓋上承滿了水珠／但你從不哭泣／仍舊有蓊鬱的青翠／仍舊有妍婉的紅燄／從澹澹的寒波／擎起。」

「寶島風光組曲」十四首，可說是一系列的臺灣風景素描。林野說：「所用的不是濃妝黏稠的油彩，而是輕淡淺透的水彩，讀來清新明麗，不減顏色。」

羅青曾說：「從《橫笛與豎琴的晌午》開始，蓉子已有回歸東方古典的自覺，因爲她從未劇烈的西化，故回歸的過程也就十分輕鬆自然而不著痕跡。在這段時期裏，她寫了許多歌頌寶島臺灣的詩篇，韓國的風物亦出現在她筆下。此外，佳作如〈一朵青蓮〉、〈一隻鳥飛過〉都頗能代表蓉子進入後期的成熟風貌。」

再隔三年──民國六十六年十二月，由道聲出版社出版詩集《天堂鳥》，全書收有四十九首詩作。

《天堂鳥》一書前四首詩作都與傘有關，〈傘〉、〈雖說傘是一庭花樹〉、〈傘的變奏〉和〈傘之逸〉，其中以〈傘〉最受好評。這首〈傘〉詩是這樣：「鳥翅初撲／幅幅相連／以蝙蝠弧形的雙翼／連成一個無懈可擊的圓。一把綠色小傘是一頂荷蓋／紅色朝暾／黑色晚雲／各種顏色的傘是載花的樹／而且能夠行走。一柄頂天／頂著豔陽／頂著雨／頂著單純兒歌的透明音符／自在自適的小小世界。一傘在握／開闔自如／闔則爲竿爲杖／開則爲花爲亭／亭中藏一個寧靜的我。」

詩人羅青曾寫了一篇長文「評析蓉子的〈傘〉」，他說：「全詩主旨在闡明詩人對傘的感情，並以新鮮的觀點，在日常生活的平凡事物裏，發現詩意及美感。然後再把『傘』提高到象徵的層次，來表達詩人的觀念及感受。」「讀罷全詩，我們可以發現：『傘』這個主題意象，已在詩人多方的比喻描繪、想像暗示之下，變成了詩或藝術世界的象徵。那是一個『開闔自如』的世界，只有在那個世界裏，我們才可以看到隱藏不爲人知的詩人自我——『寧靜』而『自在自適』。」

辛鬱引申爲對自己的寫照。

林野則認爲：「這首精緻的短詩以鳥翼的展開、蝙蝠的弧形，撐起一個線條圓渾的意象，然後又把充滿羅曼蒂克情調的情人花雨傘，造設成爲一個有情的世界，最後把傘比擬成爲一個寧謐安恬的庇蔭所，生動活潑的情趣躍然可感。」

六十七年，由乾隆圖書公司出版詩集《雪是我的童年》。這本詩集原爲《維納麗沙組曲》，重排更名出版。蓉子在前言中交代：「何以改集名爲《雪是我的童年》？是因自從這本詩集出版後，頻頻地被人問起命名『維納麗沙』」的緣由。爲了避免和那過分有名的『蒙娜麗莎』的不必要的糾葛和混淆，還是趁這再版的時刻改了吧！倘若《維納麗沙組曲》是刻畫一個人成長的諸般過程；那麼《雪是我的童年》正是她生命最早的感受，有她最初靈魂的畫像。

同年，由黎明文化事業公司出版《蓉子自選集》。

詩人之筆寫童詩、譯童話、記旅遊

除了現代詩創作外，蓉子還爲兒童寫詩、譯童話。已經出版的兒童詩集有「童話城」一書。全書分三輯：第一輯是一般常見的事物，如小頑皮、大母雞、小木馬、井、中秋節、傘和蕈；第二輯寫的是自然現象，如：太陽的節日、月、會變顏色的衣料、星、風的長裙子；第三輯是兩首故事詩——童話城和童話湖。其中「風的長裙子」和「童話湖」被林煥彰選入《童詩百首》一書。

在蓉子的著作中，還有一本散文集《歐遊手記》，民國七十一年四月，由德華出版社出版；後來於七十三年二月改由純文學出版社印行。

《歐遊手記》記的是民國六十六年，她隨「歐洲美術考察團」遨遊歐洲十餘國家，二十餘座城市的所見所聞、所思所感。

詩人羊令野曾說：「《歐遊手記》，雖說是遊記，可是以其詩心與詩眼去擁抱她所經驗的世界，則與一般流水遊記，迥然不同。從這個集子看她筆底的歐洲事物，可見其散文的表現，也最樸實無華，更具眞趣。」

蓉子的詩作早在五十七年，和其詩人夫婿羅門的作品，由榮之穎博士譯成英文詩選《日月集》，由美亞出版社出版。

巧合的是蓉子也曾從事翻譯工作，那是五十四年，應「國語日報」之邀，翻譯格林童話《四個旅行音樂家》。

其實，蓉子還有一隻寫小說的手，她早於民國四十年五月七日，在《中國一周》發表第一篇小說〈醒〉。近些年，也在「聯合副刊」主編瘂弦的邀請下，寫了一篇〈『雨夜』的變調〉。

既然寫小說，又寫散文的蓉子，何以執著於詩創作三十餘年呢？可能就是她堅信：「詩與藝術使生命產生耐度，在時間裏不朽。」然而，女詩人的心路歷程卻不坦順的呀！在她的詩作不難發現：「從鳥翼到鳥／從風到樹／從影至形——一顆種子從泥土出生的路徑與變化（〈詩〉）、「世人每羨我蓮座／不悉我常行走於荊叢／以沒有鞋子托住的跣足！」（〈夢的荒原〉）支撐她走過三十餘年詩路荊叢的應是如下的信念：「你不是一株喧嘩的樹／不需用彩帶裝飾自己，……因你不需在炫耀和烘托裏完成——你完成自己於無邊的寂靜之中。」（〈維納麗沙〉）

熱心推動詩運、詩教

打從民國六十四年退休，蓉子更僕僕風塵地參加各種詩社、文藝營的授課、演講活動，而且，她和羅門擁有的「燈屋」更是經常有論劍雅聚，她不僅僅「完成自己」，更默默地傳遞現代詩的薪火。

在忙碌的生活中，她的詩作反而愈來愈多。（七十五年底結集《這一站不到神話》，大地出版社印行）《七十三年詩選》的編者向明選了她的近作〈時間〉，加上的按語更是一針見血。向明說：「這一首感歎『時間』的詩，既對自身一切變成『湮遠的記憶』有所困惑，復對世事『濃密期盼的感覺很長，歡愉綻放的時刻眞短』有所感傷。最後不得不對時間的『健碩』折服，說他『永遠金牌在握』。蓉子常被尊爲詩壇『永遠的青鳥』。寫詩三十多年毫不倦怠。她雖感歎『時間』，時間對她似乎莫可奈何。」

——原載《文藝月刊》一九二期，一九八五年六月出刊
後收入《織錦的手》九歌出版社印行，一九八七年

和蓉子相遇

琴涵

和蓉子相遇於山青水碧的犂丁。

蓉子以抒情明淨的詩風享譽詩壇歷四十年而不衰。觀其人則溫婉可親，也如一首好詩。

喜歡詩的少年朋友很多，而蓉子的詩〈只要我們有根〉被選入國中國文教科書中，更廣爲大家所傳誦。一個詩人是怎樣誕生的呢？應該也是從「愛詩人」開始的吧？

蓉子在回顧自己的詩路歷程時說：

「在我童年的時候，我讀冰心的小詩，清新純潔，含有眞摯的愛，尤其是寫母親和孩子的部分，讓人感動。少年的時候，我喜歡徐志摩、何其芳和馮至的詩。徐志摩的詩感情豐富，熱情奔放，卻也浪漫抒情；何其芳的抒情詩極好，不只深刻且蘊含哲理。而馮至的詩呢？他引進了英國的十四行詩，擅長省思人生。至於青年以後，讀的詩就更多了。比如，美國惠特曼的草葉集，其間有寬闊的愛，走出了個人狹隘的圈子而熱切擁抱國家、民族和同胞；狄金蓀的詩平靜安詳，富哲學之思，才情洋溢，常從渺小微物中看出了世界的美好；英國的艾略特則屬深度高、理性強；華茨華斯喜歡大自然，是天生的詩人；湯默士重直覺的感受，有赤子之心，所以也寫出了很好的童詩。……」

而中國，自《詩經》以來，一直被認爲是詩的民族，其間也出了很多有名的詩人和膾炙人口的詩作，蓉子特別欣賞誰的詩呢？

「我喜歡陶淵明的自然恬淡，發揮了人性的本眞；王維的田園詩也寫得好，寧靜致遠。還有屈原，詞藻華麗卻不造作，對國家的情深無悔出自靈魂。」

蓉子彷彿沉浸在回憶裡，談起自己心儀的詩人和他們不同的詩風，臉上有動人的神采，令我的眼光久久無法移去。這些詩人的作品，必然也影響了蓉子寫詩的風格。細究來，他們的詩或眞誠、優雅，或含蓄、深刻，不也正是蓉子詩的特色嗎？

四十年前，蓉子以〈形像〉、〈青鳥〉等宛如珠玉般晶瑩的詩篇備受詩壇的矚目，曾贏得許多的推崇和傾慕。談起往事，蓉子笑稱：「只是因爲那時候女詩人太少的緣故。」

蓉子的謙和可見一斑，其實是她的詩充滿了靈性之美。

第一本詩作《青鳥集》問世後，贊美之聲不絕。番草認爲：「讀她的詩，如像在寂寞的林間諦聽寒泉的琮琤，這是她智慧的光彩。」也的確說出了許多讀者心中的想法。

四十年來，蓉子寫詩無數，從早年的《青鳥集》到後來的《這一站不到神話》，雖然她仍維持一貫淡雅的風格，但到底仍有不同，寫來更見圓融自然，也注入了深刻的哲理。

蓉子說：「我以爲，所有生活的歷鍊，也必定影響了作品的深度與廣度。」

如果一個人誠懇地學習，逐漸地成熟，那麼，在作品中也無可隱瞞。「詩如其人」，以此來相互印證，蓉子是婉約而可愛的。

散文和詩有別。拿散文來說，某些寫作技巧不能算是缺點，但在詩中卻是敗筆。例如：散文中，可用「開門見山」的直接手法，可是詩卻不能。少年朋友應該怎麼避免這樣的「陷阱」呢？

「詩重隱喻、象徵，要含蓄地寫，所以，有了詩的題材以後，一定要細加醞釀，不要因感情澎湃，就急急忙忙地寫出來。一罈好酒是愈陳年愈香，一首好詩當然也愈琢磨愈佳。」好詩也像藝術品，何妨出手遲？

臨別之際，蓉子以「你的翅膀有多健碩，你的宇宙有多寬廣！」作爲送給少年朋友的贈言。

年少值得祝福，有無垠的天地正待展翅翱翔。而蓉子一生執著於愛和美，讀她的詩宛如紅塵濁世中的清流蜿蜒，也讓我們對未來有更多的期盼和希望。

——原載《幼獅少年》第一七九期，一九九一年九月

枝繁葉茂因有根

文曉村

從三十八年〈我是海的女神〉，三十九年〈青鳥，你在哪裏？〉的少女情懷；經過〈七月的南方〉、〈維納麗沙組曲〉、〈橫笛與豎琴的晌午〉，〈天堂鳥〉、〈雪是我的童年〉等一連串天國與人間的吟唱；一直唱到七十五年〈歲月流水〉、〈時間列車〉，在〈這一站不到神話〉，卻暫時停車小憩的睿智。她是誰？她就是從三十八年開始寫詩，四十二年出版處女詩集《青鳥集》，七十五年九月出版第十一本詩集《這一站不到神話》，被譽爲「永恆的青鳥」的女詩人蓉子。

談到蓉子，不能不提羅門。這對夫婦檔的詩人，自從四十四年四月十四日，以婚禮朗誦會結爲夫婦之後，他們的作品便一直爲詩壇所矚目。

但兩人的詩風卻全然不同：羅門的詩強調現代結構的組織性、和豐繁意象的經營；蓉子卻一直走著抒情主義的，感性而睿智的道路，早期《青鳥集》中，「我是海的女神，我翱翔在海上，雲霞是我的長髮，星月是我髮際的裝飾。」(〈海的女神〉)，「生命如手搖紡紗車的輪子，不停地旋轉於日子底輪軸，有朝這輪子不再旋轉，人們將丈量你織就的布幅。」(〈生命〉)，固不待言；即使在三十多年後，本(七十五)年新出版的《這一站不到神話》

中，「曾經一切都在眼前　伸手可及／故鄉和童年並馳在綠蔭的夢裏／時間如潮水洶湧／奪去我親情和不解事的年少」（〈時間〉）；「倘若我心被攪亂／盛名和盛宴也全然無味」（〈心情〉）；「等走到山盡頭／撐起了水的簾子／隔絕了塵俗／啊！天更高　雲更瘦　涼風冽如酒」（〈獅頭山〉）；「倘若我底名字不再顯揚　已全然爲人們所遺忘／只要您　我祖國的名字遠揚／我寧願加倍地被人忘卻」（〈您的名字——獻給祖國的詩〉），所有的詩，仍建構於抒情的基調上，只是感性和睿智的程度，有所分別而已。

如果要尋覓蓉子和羅門的共同點，恐怕是對詩整體美感的經營了。試以一首較短的〈蟲的世界——蚱蜢的畫像〉爲例：

我在夏的枝頭獨坐
高高地蹺起我的腿　亦
南面王一個。

這刻是盛夏　而
我底王國極其繁昌
眞不願用我豐盈的綠色世界
去和人類污染了的世界交換！

他們——
常常要吃煤煙的廢氣　和
同類的悶氣；
我卻享有晶瑩的仙露
常和芬芳愉快的花朵爲伴。

詩人在這首詩中，藉蚱蜢「在夏的枝頭獨坐」，「亦南面王一個」開其端；進而表示他的王國極繁昌，眞不願用他「豐盈的綠色世界，去和人類污染了的世界交換」！最後，又以人類「常常要吃煤煙的廢氣，和同類的悶氣」，他卻「享有晶瑩的仙露，常和芬芳愉快的花朵爲伴」作結，達到萬物之靈的人類，竟然不如渺小昆蟲的效果，不能不說是一種諷刺。這種兩個世界對比安排和反諷的效果，以及詩語的簡潔，結構的完美性，也不能不說是詩人睿智的表現！

若再進一步探討，那「南面王」的蚱蜢，那「豐盈的綠色世界」，那「常和芬芳愉快的花朵爲伴」的喜悅，何嘗不是詩人夢寐以求的境界！這樣說來，〈蟲的世界〉，又不能不和抒情發生密切關係了。

《這一站不到神話》，包括〈時間列車〉、〈茶與同情〉、〈當我們走過煙雲〉、〈揮別長長的夏天〉、〈只要我們有根〉、〈香江海色〉、〈紫葡萄的死〉、〈倦旅〉、〈愛情是美麗的詠歎〉等九輯，共收詩六十四首（如果加上〈鄉愁外一章〉的〈心情〉，和〈一組夏天的詩〉）六首，〈秋詩六題〉，應爲七十五首），再加上以前出版的十本詩集，全部作品應該有好幾百首了。幾百首作品，對於一個寫作態度嚴謹的詩人來說，可算是枝繁葉茂果實纍纍十分豐碩了。若然，蓉子被稱爲「永恆的青鳥」，也是當之無愧了。

蓉子之所以擁有豐碩的成果，甚高的聲譽，固然是她三十多年來，在詩的國度裏，辛勤耕耘的結果；但如果我們能從詩人的作品中，作另一條線的追尋，也許不無新的意義吧？那麽，就讓我們來讀讀六十八年八月，在中美斷交的巨大震撼中，詩人在「聯副」發表，七十一年起被編入國中國文教科書中，擁有數百萬讀者的〈只要我們有根〉中的幾節，就不難有所發現了：

只要我們有根
縱然沒有一片葉子遮身
仍舊是一株頂天立地的樹
就讓我們調整那立姿
在風雨裏站得更穩
堅忍地度過這凛冽寒冬

是的，只要我們有根
明春　明春來詩
我們又會枝繁葉茂　宛如新生

從這些詩句中，我們可以斷然肯定，蓉子的詩正像一棵大樹，它之所以枝繁葉茂，宛如新生，乃是因爲它有自己的根。而這根，又因其植於歷五千年歷史文化而不衰的中國的大地，故有取之不盡的營養。

——原載《中央日報》，一九八七年一月十二日

看你名字的繁卉

——淺談蓉子

楊茲舉

蓉子是臺灣著名詩人羅門的夫人，是溫馨的「詩人燈屋」的另一半，但她又有一個與羅門截然不同的世界，一個神秘幽婉而又抽象的靈魂世界。「只是隔著藝術的絳帳／透露點滴星光」（〈邀〉），可正是這「點滴星光」卻引人逐步進到了她「極其繁昌」的「王國」，發現了與羅門相互輝映的她的靈魂的火焰。

說實話，我是先讀羅門，然后才讀蓉子的，是因爲羅門，我才「偶然地閑步來此」，走進她的詩歌世界。期料不及的是，「就聽見溫柔的風中正充滿」她的名字的回音，「叮噹的繁響　在晨與暮／以片片綠葉交互的窣窣／如此閃耀在露珠和星輝之間／如此地走過紫色的繁花！」（〈看你名字的繁卉〉），一幅幽渺卻富有鮮明個性的「雛菊」的肖像，「似有若無地金黃／浸溢在晨初醒的清流之中／沒有任何藻飾的原始的渾樸的雛菊」（〈肖像〉），楚楚動人地出現在我的視野。我訝異于她的非凡，「訝異于一粒幽渺落在泥土垂實成穗」（〈看你名字的繁卉〉）。她在靜怡中吟唱，飄飄如仙儀的形象，淡雅清麗的溫情語言，乖巧玲瓏地構築著一方精神風景區，帶著新鮮的氣息，安放在被現代環境的緊張空氣所壓迫的人們的心靈荒原。在一個塵囂強悍的現代社會，一個女子是需要多麼大的堅韌和智慧，才能神態從容在這種特定的環境中拓展著自己的精神領域啊！盡管她的詩歌宇宙沒有羅門的那般博大深沉，但她飄逸的淺唱低吟未嘗不能灼痛現代人敏感的神經。

羅門深入到生命存在的本質層面，並在現實生活的躁動體驗中揭示人間的生存狀態，以一種深刻的冷漠直面現代人生，其昭示和對抗都具有形而上的意味。蓉子不同，她以女性的溫婉和敏感感應世界，用遙想和追憶撩撥埋藏在中國人意識深處的古典精神。她的娟秀之筆廓開的卻是幽冷靜寂的天地：「陰氣漸重／露凝且白／風，觸膚涼的絲綢樣／月，高掛在藍寶石的天上」。「秋天是全無雜質的水晶構成／就象眞摯的淚水一般無顏色」（《白露》）；「霜寒露重／秋更蕭索了　對於／不慣于虛飾繁華的人　最宜于此時／返璞歸眞／秋原是隱逸者的國土／而從古銅色秋的明鏡裡／是這樣反映出靈魂的深」（《霜降》）。這些詩句令人回想起「返景入深林，復照青苔上」的境界。蓉子靜心體知著宇宙萬物，感悟自然的啓示。只有超脫了世俗的功利獲得心靈寧靜的人，才能眞正與大自然取得和諧。蓉子正因爲「不爲什麼地芬芳　不爲結果／不爲甚麼地叮叮噹噹」（〈看你名字的繁卉〉），她的詩才寫得「誠中形外，有觸即發，自然流出，毫不費力。」（朱庭珍《筱園詩話》）東方式的禪悟更多的是帶來一種空靈的美感，同時也表露一種情感態度，我在一種超脫、寧靜的意趣中觸摸到詩人那顆無瑕的本心了。

寫都市人的生存狀態和心理狀態，揭示都市生活的底蘊，就是揭示現代人，揭示現代文明的眞諦。在這點上，羅門是勇敢地直接切入，他的詩是帶著心跳和血氣的現代社會肌體的切片。而蓉子是退守，退守到作爲現代社會參照的「享有晶瑩仙露，／常和芬芳愉快的花朵爲伴」的「蟲的世界」（《蟲的世界——蚱蜢的畫像》）。這與其說是一種精神逃避，倒不如說是一種精神迂回，她採取的是有別于羅門硬性迎擊的軟性對抗。小小的「蟲的世界」不是詩人靈魂的地獄，而是高潔品性的宮殿。「身在憂思的小屋／心懷朗麗的夏季」（《惜夏》），這種典型的傳統精神和現代意識的交合，成爲她堅強的心理依托，靈魂的顫動傳達出豐富的情感信息，冷寂而不絕望，孤獨卻非悲觀。你看，同飲于一黑色琉璃的池沼的水仙、青松，以及卑微的羊齒草、嬌美的百合和玫瑰，「以高低不同的層次　欣然的生意／確定了美與秩序　傳達出動人的大和諧」（《一朵又美又眞的山水仙——花藝之八》），而「祖傳的珠寶一樣的「那古老的紅與綠」從厚厚的泥土被挖掘出來后，「靈魂深處便有一種美被喚醒……」（《紅男綠女——花藝之九》）在這點幻一幅奇化童話裡，虛擬的超現實的動人世界中，當然有對田園牧歌式傳統的眷戀，但同時也有對人類遠景的凝眸和思索。當詩人用又美又眞的山水仙構築起橙黃色隱隱的夢境時，我們不是有了一個可以從中得到撫慰，又獲得省思和憧憬的世界！在現實生活的反面展示人性的正面，消極對抗的形式下恰是一盞積極引導的燈火。

讀蓉子讀到這份上，便讀出了她和羅門的默契。

——原載《藍海洋》，一九九三年七月二十二日

一座華美的永恆—蓉子

莊秀美

大地裼觀音般躺著
只有遠天透露出朦朧的光

風是琴弦
沙痕是誰人走過的腳印無數？

聽，突然間琴音變奏
你熟稔的痕轍已換
於是風又轉調 同樣地
將前代的履痕都抹掉
——當眾生走過。

這是一九八二年六月的詩人節，蓉子在《自由日報》所發表的一首詩，如今已收錄於《

這一站不到神話》，變成其中最美麗的彩頁。

蓉子，這位絕美的女詩人，一直被詩壇所共認為「永遠的青鳥」，竟誕生於這樣一個光輝的日子——五月四日文藝節，而且是自由中國第一位出版個集的女詩人。

或許因為這個緣故，註定她終其一生不得不貢獻於詩。然而她的多才並不僅止於詩的創作，最早也寫過散文和小說的蓉子，只是最後仍回到詩的國度，努力紮根繁殖的土地！

這些年來，不僅是因為「詩是一種對生活現象的探索，對生命本質的體驗」，更由於「詩是一種良知的事業」，致使蓉子奉獻了三十餘年的生命而無悔，如今她的詩國枝繁葉茂，一片錦繡天地：她並為中國詩壇孕育了肥沃豐實的土壤，使得後起之秀有一條脈絡可循，說她是詩壇永恆的奠基者，實不為過！

時間列車

一九八七年初春，一個微寒的下午，傳說中的燈屋是城市裏淡淡的街景。

我與詩人蓉子席地而坐，座中各自一杯茶和咖啡。屋子很靜，很靜；幾乎可以聽得到彼此心跳的聲音，甚至窗外流動的景色。

然後詩人用她輕靈美妙的聲音娓娓細訴，彷彿有一部記憶列車，穿越時光隧道而來，引領我走入詩人青春的神話世界。

「小時候，我就喜歡讀詩，寫詩，經常一個人深夜裏把心中的感覺寫出來，最初並沒有什麼特殊的詩的語言，也從來不講究任何詩的技巧，祇一味憑感受去寫，用心去體會；那時候也沒有指點的啓蒙師，純粹在摸索，但那一段自我磨練的過程，確實在我青春少年的時光裏，變成一則則美麗的神話，雖然夢幻多於寫實，唯美佔絕大部份，然而那確實是我生命過程中最初的夢！」

蓉子的第一本詩集《青鳥集》出版那一年，是民國四十二年十一月，由當時的詩人葛賢寧主持的「中興文學出版社」印行，如今輾轉三十餘年，仍然歷久彌新。

其實收錄於《青鳥集》的許多首詩，其詩齡有的還更早，民國三十九年的〈青鳥〉、〈為什麼向我索取形象〉、〈我有一顆明珠〉；有作於民國四十年的〈日曆〉、〈水的影子〉、〈菊〉；有四十一年的作品：〈青春〉、〈三光〉、〈五月〉等等……。

這些美麗的詩篇正可以代表蓉子的年輕。

因爲年輕，所以不能辜負天眞和浪漫；因爲青春，所以不能沒有燦爛的容顏；因爲這一生最早的決定——衷心寫詩，使得蓉子飛躍詩的國度，開始她的豐富之旅。

詩人覃子豪曾給予《青鳥集》一個中肯的評價：「作者將她的嘆息、哀愁、希望和理想，眞摯地表現在詩裏，而成爲極感人的詩篇。」

除此之外，青鳥集充滿著寧靜的寂寞和淡淡的憂鬱，使人不禁聯想起女詩人李清照，因爲她那唯美純情的氣質，經靈中流露出剔透的智慧，是一般女詩人所難能可貴的。

七月的南方

《青鳥集》之後，整整隔了八年，蓉子才出版第二本詩集《七月的南方》（已絕版）。在這不算短的八年之間，詩人有了重大的轉變，包括人生的際遇、走入家庭，以及投入工作。當然，最重要的是與詩人羅門結爲夫婦。

「這一時期，我身兼許多任務，寫詩、工作，以及做一個妻子！我想：女人一旦結婚，不論在生理上、心理上，都會有極大的改變！所以詩觀和詩風一定會產生變化。」在《七月的南方》，我嚮往的是靈魂成熟的季節——智慧、繁茂與陽光照耀下的豐美。」

繼《七月的南方》之後，蓉子特地收集了五十一年至五十三年間發表的作品四十九首，定名爲《蓉子詩抄》，從此風格蛻變，不僅對景物拍攝的角度，已超越主觀的感受，並在轉化的過程中，融入突出刻劃的技巧；甚至在生活的剪裁方面，益顯細膩純熟、不露痕跡。

詩人羅青認爲蓉子自從《七月的南方》以後，開始緩慢地在作品中，注入現代機械文明下所產生的種種經驗，使溫柔純美的詩風裏，透露出些許苦澀及西化的傾向。尤其「維娜麗沙組曲」出版後，更顯示出蓉子不僅只是個閨秀派的女詩人，而是擁有世界觀、宇宙觀以及探索生命哲學的藝術工作者。

對於維納麗沙組曲，蓉子特別表示：

「收集在此的三十四首詩共分上、下兩集：上集十二首小詩就像十二顆小小的珠璣，也許琢磨得尚不夠渾圓，但它們形成的過程確如蚌中之珠，是一個人的性靈在感受外界砂粒侵入的痛苦後於悠長的歲月中逐漸形成的，那是一個孤困的生命向完美作無盡的掙扎！」

至於下集二十二首個別的詩篇，有內心世界的描繪、現實世界的場景……我期望透過生活中深淺巨細不同的感受來表現不同的形式和內容。」

誠如蓉子自己所說的：表現不同的形式和內容，於是更以詩心與詩眼去擁抱她所經驗的世界，在民國六十六年從歐洲美術巡禮回來，寫成一本《歐遊手記》，其所見所聞，所思所感，兼具散文和小說的特色，是最足以代表蓉子多才多藝的作品。

這一站不到神話

《這一站不到神話》，是蓉子的第十一本詩集，也是她足以代表中年一個心靈寫實的投影。全書共分九輯，從「時間列車」到「愛情是美麗的詠歎」，不論是題材的突破、層面的擴張、客觀的描繪等都有令人耳目一新的感動。她試圖利用壓縮的結晶方式來提煉詩的元素，把原本龐雜的結構化爲簡單平易的句型，不但沒有任何佶屈聱牙的痕跡，更充份表現出一份從容不迫，渾然天成的氣度來；更以其智慧的光采，化入字裏行間，把中國固有的悲憫情懷表達的盡致淋漓。

其中〈茶與同情〉是以週遭的人、事、物作橫切面的剖析與描述；然後注入人間冷暖的情態，使人感受到詩人「冷眼旁觀」與「熱情普渡」的精神。〈香江海色〉、〈倦旅〉係一輯海外遊蹤的抒情之作，除了抒情，也包容了對中國近代史的省思與關懷。「當我們走過煙雲」、「揮別長長的夏天」二輯，則全是自然景觀的感性記錄，詩人更企圖在表達節令時，更啓發所謂的「那流淚播種的，必歡呼收割」的人文精神。〈時間列車〉和〈紫葡萄之死〉算是最具哲思的力作。蓉子對時間的獨特詮釋，尤其發人深思！

如果時間也有冬天
逝水也會結冰
整個宇宙：花鳥　月亮星辰……
都突然停住　靜止於一點
如一座龐大透明的水晶球
……
愈來我們愈感到流水湍急
而僅能走在這段被約定的時間裏
快樂或憂愁　忍受或享受

前有不盡的古人　後有不斷的來者
卻無人能走離這嚴密的時間軌道

蓉子將歲月寫得如此剔透玲瓏，似乎已不祇是功力而已，更應有一份特殊的天賦！

〈只要我們有根〉是透過詩人的敏銳和同情，試圖開拓詩人的懷抱及其對鄉土濃厚的情感。最後一輯「愛情是美麗的詠歎」是全書一個最高潮，雖然只收集了三首詩，卻是首首菁華，字字珠璣；古今中外愛情幾乎是詩人醉心的題材，由於題材普遍，所以要寫好並不容易；蓉子卻能娓娓道來，在短短的詩篇中，告訴你一個盪氣迴腸的故事。例如英遜王溫莎公爵不平凡的情愛，幾乎是罕世的偉大戀史，經過蓉子的修飾剪裁，乃成一美麗的詩篇。

另一首〈意樓怨〉，長八十九行，可與溫莎公爵的偉大愛情互相輝映，意樓的眞實事蹟就發生在昔日的鹿港，描寫一傳統女子堅貞不移的愛情，讀來頗令人悽絕難耐，但逐漸品味之餘，眞爲蓉子的細膩而感動，這首「意樓怨」其意境之無窮，影響之深遠，頗有古詩「望夫石」的啓示和況味！

綜觀《這一站不到神話》全書，可以說是蓉子創作生命的一個高峯，不但更肯定她的詩壇地位，也從而邁向長青不朽的藝術殿堂。

飛向未來

有許多人問蓉子「這一站不到神話」，不然是往哪裏？她的回答，是誠懇而專注的。

「是走向眞實的人生！」就如她序裏所說的：告別「青鳥」時期的青春神話！每一個人在生命的渾沌之初，或曾有個奇麗的夢想；然而蓉子這一生，在每一個生命的段落都有夢，兒時的夢是走出孤絕走入信仰；少年的夢是埋首於寒夜中，作詩、寫故事；青年的夢是一個家，一個先生，和一枝永遠細膩而眞摯的詩筆；如今她已是中年，一個成熟的年紀，一個凝鍊的過程，她更有一個夢，把眞實人生寫出來給眞正喜歡生活的讀詩的人……

所以這一站，蓉子是帶領讀者進入一顆完美的心靈，而非神話的虛幻世界；她更深深盼望，這一站不是終點，因爲她還有無數個夢，要植基於遙遠的未來，無數個夢，在未來……。

——原載《大華晚報》，一九八七年四月九日。

「臺灣新詩發展史」中的蓉子

古繼堂

五十年代初期，一隻美麗的青鳥，在臺灣詩壇上起飛，三十多年以來，一直翱翔在臺灣詩壇的上空。她被臺灣著名詩人余光中譽爲：「臺灣詩壇上開放得最久的菊花」。這隻美麗的青鳥就是女詩人蓉子。

蓉子，本名王蓉芷。一九二八年五月出生於江蘇省一個教會家庭裏，一家三代都是虔誠的基督教徒。蓉子高小和初中都是在江蘇省江陰縣的教會學校裏就讀。後因戰爭關係，她曾轉入揚州中學讀過一個學期的初中，之後又轉入上海華東區基督教聯合中學讀到初中畢業，再升入高中部。但仍因戰爭關係學校解散，蓉子不得不又轉入金陵女子大學的附屬中學就讀。高中畢業後，考入一所農學院的森林系，只讀了一年，一九四九年二月便去了臺灣。

蓉子是臺灣詩壇上一九四九年以後出現的第一個女詩人。從一九五〇年起，她便開始了詩的生涯。早期的作品，大都發表在《新詩周刊》和《現代詩》詩刊上。她是以覃子豪爲首的藍星詩社的早期同仁。一九五三年她的處女詩集《青鳥集》在臺灣出版。成爲國民黨遷臺後臺灣第一本女詩人詩集。一九五五年她與羅門結婚，把羅門引進詩壇。在她的啓發和幫助下，羅門很快成了臺灣現代派的著名詩人。蓉子勤於創作，詩的產量在臺灣女詩人中居首位。

雖然是業餘創作，但三十多年以來她已出版了十多部詩集。例如：《青鳥集》、《七月的南方》、《蓉子詩抄》、《童話城》—〈兒童詩集〉、《日月集》、(與羅門合作，英譯選集)、《維納麗沙組曲》、《橫笛與豎琴的晌午》、《天堂鳥》、《蓉子自選集》、《雪是我的童年》等。此外，蓉子還出版了一些別的文集。蓉子一九七五年退休之前在臺北市「國際電訊局」工作，夫妻倆一天到晚忙的不可開交。因此蓉子和羅門在沒有到退休年齡以前，早就巴望著退休，好爲詩魂找一個安靜的場所，爲自己創作造一個恬適的環境。蓉子和羅門先後申請提前退休後，便在他們燦亮的燈屋，從事創作、聚客，過著頗爲安適的生活。

蓉子的處女詩集《青鳥集》，雖是一九五三年在臺灣出版，但蓉子嫁給詩神，並不是到臺灣以後的事。早在家鄉讀小學時，她就開始作「現代李清照」的夢。初二時，一次老師布置作文，別的同學都寫了作文交了，而蓉子卻大膽地寫了一首詩代替作文交了。詩交上之後，蓉子的心如十八個吊桶打水，七上八下，不知老師會怎樣發落。但等的結果卻出乎蓉子的意料，老師作的批語是「東西很好……字不好」。蓉子看到老師的批語高興極了，由此，她彷彿拿到了去往詩國的通行證，便下定了要做詩人的詩心。蓉子的幼年時代，非常喜歡冰心和泰戈爾的詩，她常模仿冰心的作品進行創作，因而同學們送她一個雅號「冰心第二」，蓉子以此爲榮。所以蓉子走進詩國的大門，啓蒙老師冰心是指路人。冰心五四時期那露水般清新、珍珠般玲瓏的詩風，明顯地凝結在蓉子的作品中。請看蓉子一九五二年發表的小詩《笑》：

最美的是
最眞
啊！
你聰明的
爲什麼編織你的笑？
笑是自然開放的小紅花
一經編織
便揉皺了

不管是詩的小巧的形式、清新優美的風格，還是詩的感情上和哲理上的蘊蓄，彷彿都有冰心的影子在晃動。五十年代初期，蓉子剛登上的詩壇，努力學習前輩詩人，借鑑他們的表達藝術，學習中有獨創，獨創中有借鑑，這是一種良好風尚。這是任何一個新起步的詩人都不可超越的必經之路。

蓉子出生在一個三代基督教徒的家庭裏，少年時代，每逢「禮拜天」，便幫父親布置教堂，拉動鐘繩，撞響鐘聲。後來，她還當上了基督教唱詩班的風琴手，她還閱讀過不少希伯萊民族的詩歌，因而那些宗教詩從蓉子在搖籃裏聽家人哼唱的聲音裏，便播進了她幼小的心靈。特別是日後擔任司琴時，希伯萊雅樂對她的薰陶，幾乎成了她詩胎孕育的一種方式。蓉子在詩集《七月的南方》後記中說：「有爲爲了表達某一心緒的動蕩，我心中首先會響起一種應和的旋律，由這旋律發展下去就成了詩。有時就因爲一首詩的音樂性找不到了，我就停止了它的創作。我的詩必須有我的感覺和旋律。」蓉子這種孕育詩的方式，說明了她十分注意自己詩中的音樂性。她的詩是和音樂的節奏、旋律共一個生命的，是不可分割的，沒有音樂便沒有詩。沒有音樂的感動，就談不上詩的萌芽。但是假如我們深入研究一下，蓉子的這種孕育詩的獨特方式，這種詩與音樂相結合的奇妙程度，這種特別敏銳的音樂感知等，是怎麼形成的呢？又是怎麼成爲一種特別的感知世界和接受外界的一種方式，以致影響了她的一生？這恐怕和她從小就受宗教音樂的薰陶有關。她的對宗教音樂的特殊感情，甚至成了她信仰中的組成部分，所以才對她產生了那麼大的魔力。因此，蓉子的詩歌創作也受到宗教觀念的嚴重影響。希伯萊民族的詩歌，爲蓉子的創作提供了豐富的營養。蓉子的作品《維納麗沙組曲》，就鮮明地打上了這種影響的烙印。請看這組詩的第一首《維納麗沙》：

維納麗沙

你不是一株喧嘩的樹
不需用彩帶裝飾自己。
你靜靜地走著
讓浮動的眼神將你遺落

因你不需在炫耀和烘托裏完成
——你完成自己於無邊的寂靜之中

維納麗沙是繪畫大師達芬奇的名畫，這是一幅帶有宗教般神秘色彩的作品，畫面上是一個充滿異域色彩的美女。這個形象貫穿於全組十二首詩中，成爲這組詩的主角；這個形象是詩人理想的化身，外表上雖然充滿異域色彩，但感情上卻流動著中國婦女的血液，因此維納麗沙實際上是詩人蓉子的投影。蓉子在談到這組詩時說：「這組詩是自我世界的描繪，自我靈魂的畫像，一股孤獨堅定的徐徐足音，當她走過山巔平原，發山一些眞實的回音……。」維納麗沙這個形象的中西結合、內外雜陳的情況，正和蓉子想像。因而蓉子創造出這樣的作品，塑造出這樣的形象，是順理成章的。此外，這作品的旋律和節奏的靜穆氣氛，彷彿將讀者帶進了莊嚴肅穆的教堂一般。蓉子作品中呈現出的「靜美」和「冷凝」，不僅僅表現在〈維納麗沙組曲〉中，而是蓉子作品整個風格的一種體現。請看她的〈傘〉：

鳥翅初撲
幅幅相連　以蝙蝠弧型的雙翼
連成一個無懈可擊的圓
一把綠色小傘是一頂荷蓋

紅色朝暾　黑色晚雲
各種顏色的傘是載花的樹
而且能行走……

一柄頂天
頂著艷陽　頂著雨
頂著單純兒歌的透明音符
自在自適的小小世界

一傘在握　開闔自如
闔則爲竿爲杖　開則爲花爲亭
亭中藏一個寧靜的我

詩人在詩中描寫的傘本來是一個動的世界，但詩人卻又讓它動中有靜，以動襯靜。在動的世界裏表現出了一個「亭中藏著一個寧靜的我」，這樣一個安適寧靜的靜美世界和自由自主的小小王國。一個人的藝術感受往往和他的生活習慣、體驗，和他感知外界事物的第一印象，有著極大的關係。如果一個人常常生活在十分熱烈的環境中，養成一種狂熱的性格，那他就一定對熱烈的場面非常敏感。反之，叫在教堂裏的肅穆氣氛中生活慣了的蓉子，去感知那熱烈的場面，從而創作出熱烈的作品，那等於趕著鴨子上架。因此，我們在蓉子的作品中很少看到感情熱烈、氣勢磅礴的頌歌。

蓉子詩作的另一個特色，就是學習和繼承了中國古詩的傳統，創造了自己作品的濃鬱的古典美的韻緻。這種古典美不是某一種因素構成的，而是多種因子相聚集、相融合的結果。如題材的選擇、語言的運用、氣氛的營造等。余光中所說的臺灣詩壇上新古典主義流派如果成立的話，我想至少也不應忘記蓉子。例如她的〈一朵青蓮〉，這首詩的素材本身就帶著中國傳統的色彩。然而更主要的是它的古典美還表現在詩的內容和氛圍上。這朵在星月下獨自沉吟、靜觀天宇、不事喧嘩的青蓮，站在荷塘畔，在朦朧的月色中散發著一種芬芳的清香，看上去仿如籠罩在輕紗薄霧中，似眞似假，如夢似幻的一個美女。那蓊鬱青翠、艷麗的色彩，彷彿帶著一片紅焰從寒波中慢慢地升起，這形象，這氣氛，都透露出一種令人陶醉的古典美。我想這也可能是詩人自我生活感受和自我形象的一種寫照。蓉子作爲一個女詩人，她自身就具有一種古典美的追求，她和丈夫羅門構築的那個別緻的「燈屋」，恐怕也是這種追求的表現之一吧！

蓉子熱愛祖國悠久的歷史，熱愛中國古老的文化傳統，熱愛偉大的中華民族。但是由於祖國分裂，海峽阻隔，她卻不能到故宮、長城、黃帝陵、祖宗廟宇中去憑弔，去朝拜，去祭奠。她從臺灣到漢城去眺望北國，去遠望漢家陵闕寫下的《古典留我》之作，實在令人酸鼻。

蓉子一九六五年參加臺灣女作家三人代表團，訪問南朝鮮時，觸景生情的寫下了這首思國懷古之作，寄托了她深深的思念。這首詩的寫法很別緻，詩人近寫漢城，實寫祖國；身在漢城，心在祖國；用眼前之景勾起遼遠的相思和回憶。所以詩的標題就十分別緻，既不叫漢城留我，也不叫漢城懷古，也不叫漢城抒情，而叫「古典留我」。這標題裏把視線透過漢城射向了祖國，伸入了唐宋。詩的第一段點題，第二段通過對眼前景物的描寫，十分自然而微妙地作了過渡。鳥聲像雨點滴落在鬼面瓦上，這詩句不僅貼切，而且飽含著激情把死景都寫活了。尤為精彩的是「一處處都是迴響……」這既是眼前景又是轉入回憶的一種過渡，接下去就是望江南，夢北國……。詩的第三段插入了一個有趣的情節，漢城街頭出現了一個老漁翁，他靜釣於千年前的湖泊，表現了詩人對今日戰爭的厭倦和對和平的嚮往。最後一段寫詩人透過眼前景看到了期盼中的唐宋。唐宋實際上是中國的代名詞。蓉子這種散發著古典美的作品很多，因而它構成了蓉子作品的一個重要特色。

在蓉子的作品中，靜美、古典美和凄愁連在一起，形成一種輕盈的形式中表現出深沉的內容。她的〈晚秋的鄉愁〉一詩，是這方面的代表作。

蓉子在詩集《七月的南方》後記中說：「倘若我無眞實的創作意欲，我就不勉強自己來發出聲響……我願意更多地把握自己一些，而並不急於做一時的跳水英雄，去贏得片時的喝采；我願意更多顯露出自己的面貌，此必須先有靈魂和實質為後盾。」在現代派詩人一片追求虛無的聲音中，蓉子公開地宣布沒有創作意欲就不發出聲響，並以靈魂和實質作後盾，這不能說不是一種勇氣和可貴的追求。在〈晚秋的鄉愁〉一詩中，詩人以象徵的手法，寫一棵插在古典花瓶中的、生長在異鄉而接觸不到泥土的瓶菊。她的思念如輕風，似淡雲，像流水越過山山水水，落在了故鄉昔日的家屋。但這一切不過是一種意念，而實際上那瓶中如深潭之水，而十月的生長期，都寄托著詩人那種可觸及到的悲涼。詩中的「每回西風走過／總踩痛我思鄉的弦」，詩句既深沉而又強烈。

蓉子還爲孩子們寫詩。她的兒童詩集《童話城》等，乃是獻給兒童們的禮物。作爲一個女詩人，蓉子的創作無論在臺灣和整個中國當代詩壇，都是難得的。

——選自《臺灣新詩發展史》第九章第五節，一九八九年七月，臺灣「文史哲出版社」出版

永遠的青鳥

——談蓉子的詩

陝曉明

在台灣詩壇，蓉子有「首席女詩人」、「詩壇永遠的青鳥」、「開得最久的菊花」等稱譽。

稱之爲「首席女詩人」，是因爲蓉子創下了台灣詩壇的兩個第一：她是台灣詩壇上出現的第一位女詩人，一九五一年左右就開始在當時台灣最早的詩園地《自立晚報．新詩周刊》以及《現代詩》上發表作品，而成爲衆所矚目的女詩人，一九五三年，她的處女詩集《青鳥集》又成爲台灣詩史上第一本女詩人專集。

而蓉子作爲一只美麗的青鳥起飛之後，三十多年來，一直翺翔在詩國的上空。她以她的愛情，激發了青年羅門的詩情。作爲藍星詩社的主將，她們夫婦的努力又爲藍星詩社中期的發展創下了無可代替的功勞。而蓉子個人的創作又長期地保持著，《青鳥集》之後，她出版的詩集有《七月的南方》（一九六一）、《蓉子詩抄》（一九六五）、《童話城》（一九六七）、《維納麗沙組曲》（一九六九）、《橫笛與豎琴的晌午》（一九七四）、《天堂鳥》

（一九七七）、《蓉子自選集》（一九七八）、《雪是我的童年》（一九七八）、《這一站不到神話》（一九八六）、《羅門蓉子短詩精選》（一九八八）、《只要我們有根》（一九八九）等。一九八七年榮獲「國家文藝獎」。因此，稱之為「詩壇永遠的青鳥」、「開得最久的菊花」，蓉子當之無愧。

如對蓉子創作歷程作整體考察，則可發現：蓉子最先是以一只活潑輕靈的「青鳥」形象出現於詩壇的，經過「七月的南方」那片充滿迷離繁複的聲、光、色的繽紛世界，以及現代的「夢的荒原」之後，她化為一朵沈靜綽約的「青蓮」，有著古典的風致與誘人的馨美。如她自己所言，《青鳥集》是她「多夢的心靈偶然的產物」（《維納麗沙組曲》後記），代表著青春期的蓉子。她正以一隻青鳥，以其特有的輕靈明快撲簌簌地飛進人們的視野。她唱《晨的戀歌》：「不知道夜鶯何事收斂起它的歌聲／晨星何時退隱——／你輕捷的腳步為何不繫帶銅鈴？／好將我早早從沈睡中喚醒／」「猛記起你有千百種美麗／想仔細看一看你的容顏／——日已近午／何處再追尋你的蹤影吏」，唱「寂寞的歌」：「濛濛的黃沙打濕我衣袂／駱駝的腳步是那樣緩慢啊／我的心因悽涼鳥顫慄」「讓我點起一支寂寞的歌／將無垠的沙漠劃破」，歌聲中充滿了驕矜與悵惘，正如她所咏過的「水的影子」。她說「歡笑是我的容貌，寂寞是我的影子，白雪是我的蹤跡」（《為什麼向我索取形像》），正道盡了她這時期的心理狀況，而作為主體特徵的則是矜持，少女特有的矜持，她稱「我寧願擁抱大理石的柱石」，即因為「它冷冷的嚴峻的光輝」使她心折。

這時期的詩作格調清新，意象單純，音韻晶瑩明澈，從中我們可以見到影響了蓉子創作的兩大基因：宗教與冰心。

蓉子一九二八年五月出生於江蘇省一個教會家庭，父母三代均爲虔誠的基督徒。蓉子的童年就是在她父親的教堂裡度過的，她所受的教育也主要來自江蘇以及上海的幾所教會學校。她充當過教堂唱詩班的風琴手，而她最早接觸的文學作品，就是古希伯來民族的詩歌。到台灣後，教堂即成爲她充滿親切回憶與寄托的地方，因爲「教堂的尖頂上，有我昔日凝聚的愛、信仰和希望」，她和羅門的婚禮即在教堂舉行，在四月四日她們結婚的紀念日，蓉子深情地寫下：「我靜靜地來到這裡／盞盞乳白色的燈／像我的夢在發光／還有那彩色的玻璃窗／直窺天國的奧秘」、「啊，每當我來到這裡／童年的回憶一再升起／多麼親切而摻和著憂情的／愉快記憶啊／那是我父親的教堂／我們在其中長大」（《夢裡的四月》），童年和宗教交融在一起的溫馨感染著她。而由此，宗教詩歌的活潑旋律與音樂節奏，一直流盪在蓉子的詩創作之中。因此，蓉子的詩總是充滿了音樂性，清朗而婉約。

在中學時代，她的習作就得到過「冰心第二」的稱譽，可以說，冰心是給了她巨大影響的現代詩人，她的不少詩，如《笑》、《三光》、《生命》等，無論從體制的短小，節奏的明快、哲理的意蘊還是語氣、句型上，都隱約可見冰心小詩的影子。冰心之外，《爲尋找一顆星》等詩又流蕩著「新月」詩人的餘韻；而稍後的《七月的南方》又彷彿有何其芳《預言》的韻致。現代文學的滋養豐富了蓉子。

《青鳥集》之後，蓉子由少女變爲少婦，有過長達三年的沉默。在對現實的痛苦掙扎中，她感到：「南方喚我／以一種澄澈的音響／以華美無比的金陽／以青青的豐澤和／它多彩情的名字（《七月的南方》）。這隻美麗的青鳥終於飛進了「七月的南方」那片充滿了迷離的光波，續紛的色彩與繁複的音響的世界中，如《白色的睡》：

儘管鳥聲喧噪　滴瀝如雨　滴落
也喚不醒那睡意
冷冷的時間埋葬了歡美
冷冷的靜睡不再記起陽光的顏彩
鳥聲滴滴如雨　濾過密葉
密葉灑落很多影子
很多影子　很多萎謝　很多喧嚷
我柔和的心難以承當！

有淡淡的悵惘，而更多甜美的溫馨。

而更明顯的變化則是現代主義色彩的沉鬱存在主義讓她有某種程度的傾心，她力圖在詩中表現事物內在的眞實性。用知性的內涵取代甜美的抒情。這種表現時有可觀，如《我的妝鏡是一隻弓背的貓》、《看你名字的繁卉》、《碎鏡》、《一種存在》以及被收入《七十年代詩選》的《夢的荒原》等，都有一定的深度與密度，意象的捕捉，技巧的變異都頗有讓人玩味處。同時蓉子也注意到「城市」這一新的生存空間，而欲以展現都市生活的面影，《城市生活》、《我們的城不再飛花》、《白日在騷動》等詩都有一種新鮮的城市觀照。但知性的思考並非蓉子所長，所以在表現上就遠沒有羅門同類詩主題的深刻。如「我們的城不再飛花，在三月／到處蹲踞著龐然建築物的獸／——沙漠中的司芬克斯，以嘲諷的眼神窺你／而市虎成群地呼嘯／自晨迄暮」，與其說是知性的思考，倒不如說是一種直覺的感悟，蓉子畢竟是一位感性的女詩人。

　　而對存在主義的喜好使蓉子更多地審視了她自己。《維納麗沙組曲》基本上可說是蓉子在和自己的心靈對話，十二首詩從各個方面變幻出蓉子的立體形象。用蓉子自己的話說：「這是一組自我世界的描繪，自我靈魂的畫像，一組孤獨堅定的徐徐跫音，當她走過山嶺平原所發出的一些眞實回音。（《維納麗沙組曲》後記），這是一位堅定的沉靜者的形象。以其固有的執著輝映著詩壇，她不事喧嘩，在孤獨寂寞中不斷超越時間空間以及種種物欲的束縛，而「完成自己於無邊的寂靜之中」，「在過去與未來間緩緩地形成自己」。這種形象在稍後的《一朵青蓮》裡表現得尤爲明朗：

有一種低低的回響也成過往　仰瞻

只有沉寒的星光　照亮天邊
有一朵青蓮　在水之田
在星月之下獨自思吟

可觀賞的是本體
可傳誦的是芬美　一朵青蓮
有一種月色的朦朧　有一種星沉荷池的古典
越過這兒那兒的潮濕和泥濘而如此馨美！

幽思遼闊，面紗面紗
陌生而不能相望
影中有形　水中有影
一朵靜觀天宇而不事喧嚷的蓮

紫色向晚　向夕陽的長窗
儘管荷蓋上承滿了水珠　但你從不哭泣
仍舊有翁鬱的青翠　仍舊有妍婉的紅燄

這是咏蓮，也是咏她自己，她正是這個「一朵靜觀天宇而不事喧嚷的蓮」，於沉靜中散發出馨美。而她的詩歌藝術，也正「有一種月色的朦朧，有一種星沉荷池的古典」，內蘊著古典式的婉約的風致。在他的詩裡，舞鼓「落下一串溫和的雨的節奏」（《舞鼓》），而橫笛與豎笛的響午，又有「悠悠遠遠的音波」，「回響那沉穩的明麗　沁人的古典，撩人的哀愁和蒼涼的寂靜」（《橫笛與豎琴的響午》），她的詩裡總有這麼一種「清朗而明悅」的感覺，正如她在詩裡所感嘆的「古典留我」一樣，古典留住了蓉子，她人的寧靜，詩的溫馨都沉浸在一種古典式婉約的氛圍裡。

在題材上，對予自然的熱愛與對予時間的敏感是她詩內含的兩大部類，大量的歌咏自然的詩與更大量的咏嘆時間的詩交融在一起，構成了蓉子詩世界的主體。

山水田園，花草樹木在蓉子筆下總是明麗動人，他的不少旅遊詩更是集中地描繪出大自然的美，訪菲、訪韓、訪問歐洲以及香港，她都留下了不少傑作，而「寶島風光組曲」對台灣風光的傳寫入神也讓人悠然心會。同時他的咏物詩也往往別緻地表現出她對大自然的鍾情。如《蟲的世界》：「我在夏的枝頭獨坐／高高地翹起我的腿，亦／南面王一個」，「這刻是盛夏／而／我底王國極其繁昌／眞不願用我豐盈的綠色世界／去和人類污染了的世界交換」，以擬人化的口吻，表現其對大自然熱愛以及對環境污染的微諷，並不以深刻勝，卻足以感人。

而她咏《傘》：

鳥翅初撲
幅幅相連　以蝙蝠弧形的雙翼
連成一個無懈可擊的圓
一把綠色小傘是一頂荷蓋
紅色朝暾　黑色晚雲
各種顏色的傘是載花的樹
而且能夠行走……
一柄頂天
頂著艷陽　頂著雨
頂著單純兒歌的透明音符
自在自適的小小世界
一傘在握　開闔自如

闔則爲竿爲杖　開則爲花爲亭
亭中藏一個寧靜的我

以精巧的比喻性描繪，將物、自然、人連成一體，那現代而又古典，深得中國傳統咏物詩的三昧。

對於時間的咏嘆，蓉子早年創作略有表現，而以中年後爲甚。她有大量的以春、夏、秋、冬及十二月份爲題的詩，如《夏，在雨中》、《晚秋的鄉愁》、《冬日遐想》、《三月》、《七月的南方》、《十月》等，對於季節所代表的時間的推移以及時間裡內蘊的情緒的變化有特別的敏感，這是不是女性普遍的心態呢？而直接以「時間」爲題的詩亦復不少，她從中總力圖推衍出生命的軌迹，這在近著《這一站不到神話》集裡尤爲突出。詩中各輯都隱隱有「時間」的意味在。而以第一輯「時間列車」爲最集中，單就詩題：時間的旋律、一種季節的推移、歲月流水、時間、時間列車、當衆生走過……等，我們就可以領略到她對時間特有的情思，而詩的表現也頗有讓人心儀處。《一種季節的推移》輕盈明快。音韻琤琮；而《當衆生走過》，則於輕盈之中又有一種沉穩的深度，引人遐思：

大地褐觀音般躺著
只有遠天透露出朦朧的光

風是琴弦
沙痕是誰人走過的腳印無數？
聽 突然間琴音變奏
你熟稔的痕轍已換
於是風又轉調 同樣地
將前代的履痕都抹掉
——當眾生走過

——一九九四年海南大學「羅門・蓉子文學世界」學術研討會論文

蓉子作品評論索引

一、評論篇目

作者	篇名	發表刊物	年月
番　草	晶瑩的珠串	《中央日報》副刊	一九五三年十二月一日
覃子豪	評青鳥集	《新生報》南部版	一九五四年三月十二日
紀　弦	蓉子其人及其作品	《現代詩》六期	一九五四年五月
司徒衛	蓉子的青鳥集	《臺灣新生報》	一九五四年三月十四日
余光中	女詩人蓉子	《文藝生活》二期	一九六一年十月
余光中	女詩人蓉子	《婦友》月刊八三期	一九六二年
張　健	評七月的南方	《現代文學》	一九六二年一月二十日
葉日松	女詩人蓉子	《東台日報》	一九六二年一月廿一日
藍　菱	蓉子的七月的南方	菲·《大中華日報》	一九六三年四月五日
白雁子	詩的大路和遠景	菲·《大中華日報》	一九六二年五月廿一日
季　薇	青鳥，飛向七月的南方	菲·《文藝新地》四三九期	一九六二年五月廿一日

劉國全	評七月的南方	香港·《文壇》二〇八期	一九六三年
藍　采	試評七月的南方	《作家》一卷三期	一九六四年十二月廿五日
瘂　弦	新詩品	《新文藝》一一三期	一九六五年八月一日
唐山人	蓉子詩抄	菲·《大中華日報》	一九六五年八月八、九日
林寒澗	小論蓉子詩抄	《光華日報》	一九六五年十月十一日
李　莎	讀蓉子詩抄	《創作》月刊五六期	一九六七年三月
帆　影	最具內在潛力的蓉子	《自由青年》	一九六七年六月一日
衣　凡	由聖經自然與存在觀造成的三角塔	《星座》季刊十二期	一九六七年七月一日
周伯乃	我的妝鏡是一隻弓背的貓	《新文藝》一四二期	一九六八年一月一日
菩　提	一朵青蓮讀了後	《新文藝》一四八期	一九六八年七月一日
彭邦楨	蓉子的溫泉小鎮	《青年戰士報》	一九六九年二月一日
辛　鬱	自我的塑造	《文藝月刊》一期	一九六九年七月七日
周伯乃	蓉子·一朵青蓮	《文藝月刊》一期	一九六九年七月七日
高上秦	千曲無聲—蓉子	《幼獅文藝》二〇八期	一九七一年四月
周伯乃	淺論蓉子的詩	《自由青年》五〇七期	一九七一年十一月
林煥彰	欣賞蓉子的詩	《台塑月刊》	一九七二年
柳文哲	笠下影：蓉子	《笠》詩刊	一九七三年二月十五日

珩　珩	蓉子的世外桃源	《國語日報》	一九七三年十月十四日
辛　鬱	蓉子的傘	《青年戰士報》	一九七六年十一月二十二日
季　薇	彩筆巨畫─蓉子的〈寫不成的春天〉（散文名作欣賞）	《婦友》月刊二八五期	一九七八年六月
辛　鬱	評蓉子自選集	《青年戰士報》	一九七九年一月二十二日
向　明	開得最久的菊花	《臺灣新聞報》	一九七九年四月十一日
羅　青	蓉子的傘	《大華晚報》	一九七九年四月十五日
涂靜怡	蓉子與詩	《秋水詩刊》廿二期	一九七九年四月
張漢良	現代詩導讀：一朵青蓮	〈現代詩導讀〉	一九七九年十一月
蕭　蕭	我的妝鏡是一隻弓背的貓	〈現代詩導讀〉	一九七九年十一月
蕭　蕭	一朵不凋的青蓮─蓉子	《中學白話詩選》	一九八〇年四月十五日
文曉村	評析：到南方澳去	《新詩評析一〇〇首》	一九八〇年四月三十日
琦　君	不薄今人愛古人	《中華日報》	一九八〇年九月五日
南　之	蓉子的天堂鳥	《陽光小集》	一九八一年夏
陳　煌	蓉子的詩情世界	《陽光小集》	一九八一年夏
王　灝	解說只要我們有根	（大成國中教材）	一九八二年十一月
陳　煌	喜見青鳥	《中央日報》	一九八二年十一月二十四日

陳寧貴	祈禱的詩境	《臺灣新聞報》	一九八二年十二月十日
羊令野	女詩人蓉子的歐遊手記	《臺灣日報》	一九八三年二月六日
陳寧貴	讀介歐遊手記	《書鄉》	
林　野	永遠的青鳥	《陽光小集》十一期	一九八三年夏
向　明	永遠的青鳥	《文訊》月刊	一九八三年九月
鍾麗慧	永遠的青鳥—蓉子	《青年戰士報》	一九八三年十月廿六日
鍾麗慧	永遠的青鳥—蓉子	《文藝月刊》一九二期	一九八五年六月
鄭明娳	這一站到那裡？	《大華晚報》	一九八六年十一月十三日
向　明	大化滿詩情—讀這一站不到神話	《中華日報》	一九八六年十二月十八日
陳寧貴	玉壘浮雲變古今	《大華晚報》	一九八六年十二月十九日
林燿德	我讀蓉子	《大華晚報》	一九八七年一月八、九日
文曉村	枝繁葉茂因有根	《中央日報》	一九八七年一月十二日
莊秀美	一座華美的永恆—蓉子	《大華晚報》	一九八七年四月九日
鄭明娳	青蓮的聯想	《大華晚報》	一九八八年三月十一日
丁　平	走向眞實人生的詩人	《中國現代作家論》	一九八八年
鍾　玲	都市女性與大地之母：論蓉子的詩歌	《中外文學》	一九八八年八月一日
蕭　蕭	現代詩注：只要我們有根	《文藝月刊》二三四期	一九八八年十二月

古繼堂	蓉子	《臺灣新詩發展史》	一九八九年七月
潘亞暾	求眞、從善、揚美	《國文天地》五卷二期	一九八九年八月
潘亞暾	再談蓉子詩	《藍星詩刊》二三號	一九九〇年四月
郭玉文	青鳥之歌變奏	《自立晚報》	一九九〇年四月九日
古遠清	聲諧而句警—蓉子詩三首賞析	《文訊》雜誌五八期	一九九〇年八月
唐玲玲	希望青鳥飛來	海南島·《海南日報》	一九九〇年八月二十七日
鮑曉暉	細聽泉聲	《中央日報》	一九九一年一月廿九、卅日
林燿德	強烈又純粹的感動	《青年日報》	一九九一年二月二十日
周偉民 唐玲玲	日月的雙軌	《文史哲出版社》	一九九一年二月
郭 妙	現代詩仙古典情懷	《臺灣日報》	一九九一年五月十六日
上官予	詩國之旅的卓識與創見	《臺灣新生報》	一九九一年五月十六日
琴 涵	和蓉子相遇	《幼獅少年》一七九期	一九九一年九月一日
陳寧貴	新詩開門—讀蓉子《青少年詩國之旅》	《國語日報》	一九九一年九月二十一日
鄭明娳	評千泉之聲	《文訊》雜誌七三期	一九九一年十一月
古遠清	我的妝鏡是一隻弓背的貓	《海峽兩岸朦朧詩品賞》	一九九一年十一月

郭玉文　反射心靈的明鏡　《中國語文》　一九九二年一月

李經藝　析蓉子〈我的妝鏡是一隻弓背的貓〉泰、新中原報　一九九二年一月廿五日

楊茲舉　看你名字的繁卉—淺談蓉子　大陸〈藍海洋〉　一九九三年七月廿二日

劉　菲　寧靜典雅的蓉子　《世界論壇報》　一九九四年六月十二日

（以下論文見《羅門、蓉子文學世界學術研討會論文集》文史哲出版社出版　一九九四年四月十四日）

林　綠　女性意識與女性自覺—論蓉子的詩

王一桃　從蓉子詩看其詩觀

王振科、姜龍飛　飄泊者的歌哭——試論蓉子詩的鄉愁意識

公　劉　詩國日月潭

古繼堂　自然和靈魂的堅強衛士——論羅門、蓉子的詩

杜麗秋、陳賢茂　蓉子羅門詩歌之比較

胡時珍　生命的禮讚，進取的人生——讀蓉子小詩精品有感

陝曉明　永遠的青鳥——談蓉子的詩

陳素琰　從青鳥到弓背的貓

陳寧貴　追蹤內心的無邊視野——讀介蓉子的詩

唐玲玲　蓉子詩歌的藝術風格

馮瑞龍　愛神、情聖與愛情象微——蓉子的愛情詩分析

黃孟文　談蓉子的童話城

潘亞暾　羅門蓉子伉儷詩

劉登翰　日月的行蹤——羅門、蓉子論札

二、專訪篇目

作者	篇名	發表刊物	年月
東流	用詩歌頌讚上帝——訪女詩人蓉子小姐	《基督教論壇》	一九六六年八月七日
夏祖麗	燈屋裡的女詩人蓉子	《婦女雜誌》	一九七二年元月
柳文哲	笠下影：蓉子	《笠》詩季刊	一九七三年二月十五日
連水淼	關於蓉子	《暴風雨》詩刊第十三期	一九七三年七月
宋毓英	蓉子「榮獲國際優秀婦女桂冠獎」	《新生報》	一九七五年十二月一日
雨萍	歲晚燈節與水仙	香港《星島日報》	一九七七年二月八日
許麗卿	與女詩人蓉子一夕談	《政大文藝》創刊號	一九七八年六月
劉枋	一朵青蓮天堂鳥——訪蓉子	《快樂家庭》九六期	一九八一年十二月
施秀霞（張錦郎指導）	喜見青鳥——自由中國第一位女詩人蓉子		一九八二年一月三十日
曾月麗	菊花未凋詩未老——印象中的蓉子	《星洲日報》	一九八三年一月十四日

吳俊剛 把寫詩喻爲釣魚的蓉子……（同日 《星洲日報》 一九八三年一月十七日
吳啓基聯訪 訪蕭乾、施穎州、方北方、劉大任、彥火）
敏 瑜 走進蓉子的世界 《星洲日報》 一九八三年一月二十日
曾月麗 一片山水一片柔—訪蓉子 《星洲日報》 一九八三年一月二十日
小豆子 詩心和童心相連 《星洲少年》 一九八三年一月二十二日
文 符 菊香 《南洋商報》 一九八三年一月卅日
潘淑娟 蓉子、詩壇長青樹 《星洲少年》 一九八三年一月二十四日
賴永愷等訪燈屋的詩人蓉子 《介壽》四十六期 一九八三年六月二十五日
柯慶昌 燈屋的春天—女詩人蓉子訪問記 《心臟》詩刊四期 一九八三年十二月一日
管慶甯 試探裙裾情，睹得翰墨香 《文化一周》 一九八三年十二月廿四日
—燈屋裡的蓉子
新 榕 永遠的青鳥—女詩人蓉子 《民族晚報》 一九八四年一月八日
華曉玫 燈屋裡的女詩人 《快樂家庭》一三一期 一九八四年十一月
鍾雲如 蓉子訪問專輯（封面人物、簡介、 《鍾山》詩刊 一九八五年三月
（封面人物、簡介、策劃 詩人手札、作品及評論）
沙 笛 一朵又眞又美的山水仙 《國文天地》十五期 一九八六年八月
林月絲 蓉子賦詩四十年—年少爲文迷冰心 馬華 《中國報精品副刊》 一九八九年九月十一日

心蕊策劃 馬溫妮文　一朵不凋的青蓮—女詩人蓉子　《婦聯畫刊》十八期（巾幗英傑專欄）　一九八九年十二月三十日

劉　菲　燈屋的青鳥、詩壇的芬芳——詩人蓉子訪問記　《新詩學報》第三期　一九九〇年七月一日

袁惠娟　作家這一行（訪問蓉子、陳幸惠、簡媜三人）　《第一家庭》六三期　一九九一年九月

章義龍 趙　燕　蓉子詩作鑑賞　《臺灣新詩鑑賞辭典》（北岳文藝出版社）　一九九一年十二月

潘麗珠 黃思維　新詩的守護神和永遠的青鳥—訪燈屋裡的羅門與蓉子　《國文天地》九卷三期　一九九三年八月一日

（其它同時訪問羅門、蓉子兩人的篇章，恕不備載）

蓉子著作書目

書名	類別	出版者	出版年月
①青鳥集	詩集	中興文學出版社	民國42年11月（一九五三）
		爾雅出版社	民國71年11月（一九八二）重版
②七月的南方	詩集	藍星詩社	民國50年12月（一九六一）
③蓉子詩抄	詩集	藍星詩社	民國54年5月（一九六五）
④四個旅行音樂家	童話翻譯	國語日報社	民國54年12月（一九六五）
⑤童話城	兒童詩集	臺灣書店	民國56年4月（一九六七）
⑥日月集	英譯羅門蓉子詩集	美亞出版社	民國57年8月（一九六八）
⑦維納麗沙組曲	詩集	純文學出版社	民國58年11月（一九六九）
⑧橫笛與豎琴的晌午	詩集	三民書局	民國63年1月（一九七四）
⑨天堂鳥	詩集	道聲出版社	民國66年12月（一九七七）
⑪蓉子自選集	詩選集	黎明文化公司	民國67年5月（一九七八）
⑩雪是我的童年	詩集	乾隆圖書公司	民國67年9月（一九七八）

⑫歐遊手記　散文集　德華出版社　民國71年4月（一九八二）
⑬這一站不到神話　詩集　純文學出版社　民國73年2月（一九八四）重版
大地出版社　民國75年9月（一九八六）
⑭羅門、蓉子短詩精選　殿堂出版社　民國77年9月（一九八八）
⑮只要我們有根　詩選集　文經出版社　民國78年9月（一九八九）
⑯青少年詩國之旅　論評集　業強出版社　民國79年10月（一九九〇）
⑰千泉之聲　散文集　師大書苑有限公司　民國80年1月（一九九一）
⑱太陽與月亮　羅門蓉子詩選集　廣州花城出版社　民國81年3月（一九九二）
⑲蓉子詩選　詩選集　北京中國友誼出版公司　民國82年7月（一九九三）

蓉子寫作年表

民國十七年（一九二八）

五月四日生　籍貫：江蘇

民國廿三—卅六年（一九三四—一九四七）

就讀於江陰輔實女中附小、輔實女中、省立楊中、上海華東區基督教聯合中學、南京金女大服務部實驗科、建村農學院等。

民國卅六—卅七年（一九四七—一九四八）

擔任一教會小學六年級級任導師兼中、高年級音樂教師。做過家庭教師。

民國卅八年（一九四九）

年前考入南京國際電臺，二月奉調來臺北籌備處工作，初次接觸到亞熱帶情調的海灘和椰子樹，令我有一種全然新鮮的感受。

民國卅九年（一九五〇）

是我寫詩的自我摸索時期，雖這時手中已寫出了數十首作品，其中包括我於次年十一月「新詩週刊」創刊後才發表的「青鳥」和「形像」等詩，但更多是未成熟的作品。

民國四十年（一九五一）

五月七日　生平所寫的第一篇小說〈醒〉，在當時《中國一週》刊出。

十一月廿六日〈形像〉——原名〈爲什麼向我索取形像〉首度在自立晚報「新詩週刊」第四期刊出，接著第五期又刊出了我後來用做第一本書名的〈青鳥〉一詩，從此闖進自幼心中視爲高遠神秘的「詩的國度」，開始了我詩途的長征。一時創作和發表均豐收。

民國四十二年（一九五三）

本年十一月　處女詩集《青鳥集》由中興文學出版社出版

民國四十三年（一九五四）

作品分別收進臧啓芳主編的《百家文》和文協主編而由正中書局出版的《自由中國文藝創作集》。

民國四十四年（一九五五）

四月十四日與羅門結婚，喜筵前並舉行別致的婚禮朗誦會

民國四十五年（一九五六）

作品收進由創世紀詩社出版的《中國新詩選輯》。

民國四十六年（一九五七）

作品分別收入由墨人、彭邦楨主編而由大業書店印行的《中國詩選》和由中國青年寫作協會編選、復興書局印行的《詩創作集》內。

民國四十八年（一九五九）

作品收入由「文光圖書公司」印行的《當代中國名作家選集》。

應聘爲「中國詩人聯誼會」會務委員兼資料組組長。

民國四十九年（一九六〇）

作品收入由上官予主編，明華書局印行的《十年詩選》和由余光中英譯的《中國新詩集錦》New Chinese Poetry（Heritage Press出版）。

民國五十年（一九六一）

十二月第二本詩集《七月的南方》由藍星詩社出版，風格較青鳥集時期有很大的變化。

民國五十一年（一九六二）

初次隨「中國文藝協會外島訪問團」赴馬祖訪問，印象深刻。回來後，陸續寫了一系列有關海洋的詩。

有詩收進由胡品清編譯的《中國當代詩選》（La Poesie Chinoise Contemporaine）法文版。

十二月廿八日主持「中國婦女寫作協會」在自由之家歡迎胡品清教授回國執教的茶會。

民國五十二年（一九六三）

九月六日參加「國際婦女崇她社」（Zonta International）飛金門訪問。

民國五十三年（一九六四）

六月（詩人節）與羅門創辦大型詩刊「藍星一九六四」；主持本年詩人節慶祝大會「全國詩人專題座談會」並接受臺灣電視公司爲慶祝詩人節的特別訪問。

民國五十四年（一九六五）

五月四日　正好是作者生日那天，由「藍星詩社」印行了第三本詩集《蓉子詩抄》。

五月十日至廿日　應韓國文化出版界之邀，以中華民國女作家三人（另兩位爲謝冰瑩教授和潘琦君女士）代表團代表身份，赴大韓民國作了一次全國性的訪問。　六月一日在臺視胡有瑞主持的「藝文夜談」中談訪韓觀感。

六月初　應聘赴菲，在菲華「文教新聞研習會」中擔任文藝組講座。旅菲期間多次爲僑報及菲英文刊物Free Press 所介紹。

六月廿日　作品及簡歷收進韓國尹永春教授用韓文著述的「中國文學史」內。

八月　擔任「中國文藝協會」詩歌創作委員會副主任委員及紀念國父百年誕辰文藝創作集編委。

十二月　翻譯格林童話《四個旅行音樂家》，由「國語日報社」出版。

資料收入本年十二月由臺灣省婦女寫作協會出版的《廿年來的臺灣婦女》一書中。

民國五十五年（一九六六）

五月三日　爲紀念五四文藝節，應邀赴民防電臺作專題講演。

六月廿日　爲慶祝詩人節，接受臺灣電視公司之訪問。

本年十二月　和羅門被譽爲「中國傑出文學伉儷」，獲頒菲總統馬可仕金牌獎。

民國五十六年（一九六七）

四月　應省教育廳「兒童讀物編輯小組」之請，專爲小讀者寫了一本兒童詩集——《童話城》，由臺灣書店印行。

民國五十七年（一九六八）

三月　擔任「噴泉詩社」假師大樂群堂舉行的一次大型的「新詩朗誦比賽」評判之一。

八月　與羅門兩人的英譯詩選《日月集》（榮之穎博士英譯）由美亞出版社出版。

八月　應聘爲省立臺北師專「心潮詩社」指導老師。

十一月　應邀赴臺南成功大學演講。

民國五十八年（一九六九）

元月　當選「中國青年寫作協會」常務監事。

二月一日　主持由「幼獅文藝」、「新文藝」、「作品」三家雜誌社假當時的「作家咖啡屋」燈樓所聯合舉辦的「青年與文藝」座談會。

三月十一日　是晚和羅門兩人應淡江文理學院「英語寫作協會」、「英語學會」和「淡江出版社」聯合爲我們所舉辦的「詩人之夜」的邀請，講詩並誦詩。

六月廿七日　由「中華民國筆會」邀請爲會員。

八月廿五至卅日　和羅門一同出席在馬尼拉召開的第一屆「世界詩人大會」，被譽爲「大會第一文學伉儷」，獲馬可仕總統大綬勳章。

十二月　詩集《維納麗沙組曲》由純文學出版社出版。

民國五十九年（一九七〇）

三月八日（婦女節） 應國立歷史博物館之邀請，參加「中國近代婦女藝術文物展覽」。

三月廿九日（青年節） 應臺北女青年會邀請，和一位神學家、一位心理學教授，在她們的「海德公園」中座談感情問題。

四月八日 下午應邀到「天主教主教總署」對修女們講了兩小時新詩。

五月 獲英國國際學院頒榮譽人文碩士學位。

六月十五至廿一日 參加在臺北召開的第三屆「亞洲作家會議」並宣讀有關詩的論文（英文）

六月廿七日 應聘擔任五十九年暑期青年「復興文藝營」詩歌組主任，負責詩組教務工作並授課。

十一月 作品選入日譯詩選《華麗島詩集》。

本年起列名在倫敦出版的《世界詩人辭典》。

民國六十年（一九七一）

元月 當選中國青年寫作協會常務理事。

四月 應聘爲「文復會臺北市分會」文藝研究促進委員會委員。

四月十九至廿四日 參加六十年作家環島巡迴訪問座談。從新竹一直到屏東訪問了十餘所大專院校。

九月 作品選譯入韓國李昌培與尹永春教授譯編的《廿世紀詩選》（韓國乙酉文化社發行）

民國六十一年（一九七二）

元月 作品選入由巨人出版社出版的《中國現代文學大系》

六月 〈青鳥〉和〈我的妝鏡是一隻弓背的貓〉二詩，選入韓國同和出版公司印行，許世旭博士翻譯的世界文學全集中的《中國詩選》。

九月 作品收入榮之穎教授譯編，由美國加州大學出版社出版的《臺灣新詩選》（Modern Verse from Taiwan）。

作品收入由美國人王紅公（Kenneth Rexroth）與女詩人鍾玲合譯的「中國女詩人」——《蘭舟》（The Orchid Boat），該書爲美國McGraw-Hill Book Company出版。

民國六十二年（一九七三）

元月 獲巴西聖保羅哲學榮譽學位。

二月十二日 擔任中國文協所主辦的第廿六次「文學創作經驗專題講座」主講人。

二月十九日 在文復會臺北分會主辦的「兒童文學創作研究會」講兒童詩。

四月 作品及資料收入「正中書局」出版的《六十年詩歌選》。

十一月十一至十七日 出席由我國主辦的「第二屆世界詩人大會」。

作品收入於本月內出版，高準主編、由中華學術院編輯，華岡出版部出版的《中國古今名詩三百首》。

十二月 作品收入在美國紐約出版的英文文學選集：《現代亞洲之聲》Voice of Modern Asia 由Dorothy Blair Chimer主編（其中中國詩部分係由我已故學者許芥昱教授所譯介），該選集收有中、日、韓、泰、越南、印度、巴基斯坦等亞洲國家的短篇小說、散文和詩。

民國六十三年（一九七四）

元月　《橫笛與豎琴的晌午》詩集，由三民書局出版。

二月　擔任首屆「中國現代詩獎」（吳望堯基金會）評審委員。

六月廿四日　獲印度「世界詩學會」頒給「東亞傑出詩人伉儷」榮銜。

七月　應聘爲「洪建全教育文化基金會」兒童文學創作獎評審委員。

七月十日　作品及簡介收入韓國慶熙大學尹永春教授所著《現代中國文學史》（瑞文堂出版）

八月　作品刊載在盧森堡發行的《新歐洲》（New Europe）文學季刊。

十一月　應臺北市教育局之聘，擔任北市公私立國民小學「兒童文學教師研習會講師」。

民國六十四年（一九七五）

四月　榮獲「一九七五年國際婦女年」國際婦女獎。

七月　作品選入國立編譯館編譯的《中國現代文學選集》。

七月起　應聘擔任中山學術文化基金會文藝創作獎評審委員。

九月四日起　開始在青年戰士報副刊每日連載有關詩創作理論的文章。至十月十六日爲期約一個半月。

九月八日　在文復會主辦的第一期「中國文學研究班」講詩。

九月廿九日　參加由中國文藝協會與中國新詩學會聯合舉辦的「詩人蓉子之夜」。

十月　應銷路逾五百萬份之「抉擇月刊」（有中、英、日、德、法、西等版本）所主辦的寫作班之邀，擔任特約講師。

十一月廿二日　出席洪建全教育文化基金會文學獎評審會議。

十一月廿七日　應邀到輔仁大學演講。

十二月廿六至廿八日　參加第一屆「中國基督徒作家研討會」。

民國六十五年（一九七六）

二月　作品收入由許世旭翻譯，漢城乙酉文化社出版之《中國現代詩選》。

四月廿五到五月二日　應邀參加在臺北召開的第四屆「國際筆會亞洲作家會議」。

五月廿一日　應臺北醫學院「北極星詩社」之邀前往講詩。

六月廿三至廿七日　應大會主席卜納德博士之特別邀請，和羅門一同出席爲慶祝美國建國兩百週年在馬利蘭州召開的第三屆世界詩人大會。會中和羅門分別獲得「大會傑出詩人獎」及「國際男女桂冠獎」。會後並在華盛頓我駐美大使館接受「美國之音」記者專訪。

十一月六日　出席「洪氏教育文化基金會」第三屆兒童文學獎評審會議。

十一月十五—十二月十八日　擔任北市公私立國民小學教師65學年度兒童文學研習會講師。

民國六十六年（一九七七）

元月廿六日　赴板橋臺灣省國民學校教師研習會講課。

三月廿二—廿三日　應成功大學文藝社團之邀，與羅門聯袂前去做了兩場演講。當時高雄師院「風燈詩社」社員，在詩人江聰平教授的領導下，曾從高雄趕來助陣——作團體詩朗誦。

五月廿四日　應藝評家顧獻樑教授之邀和羅門前往清華大學講課。

八月　參加「全國第二次文藝會談」。

九月　應中視節目部邀請和趙友培、彭歌、鄧國昌三位先生在螢光幕上，就此次「文藝會談」發表感想。

十二月　詩集《天堂鳥》由道聲出版社出版。

民國六十七年（一九七八）

元月廿八日　下午於「燈屋」舉行一個輕鬆的女詩人聚會，介紹女詩人們和由美回國做研究工作的榮之穎女士見面。那天到會的有沉思、敻虹、胡品清、陳秀喜、涂靜怡、雪柔、方娥貞等共十位。

五月九日　應淡江文理學院「兒童文學研究會」之邀，前往講兒童詩。

五月　《蓉子自選集》由黎明文化公司出版。

六月十日　應「聯合副刊」邀約，一行廿人，參加在溪頭舉行的「中國詩人的道路」座談會。

九月　詩集《雪是我的童年》由「乾隆圖書公司」出版。

九月十四—十八日　「青夢湖」歌曲參加李泰祥主持的「傳統與展望」新歌發表會。

民國六十八年（一九七九）

元月五日和五月廿九日分別赴板橋國校教師研習會二〇九期和二一四期授課。

二月四日—五日　應邀赴臺中市冬令自強活動「幼獅文藝營」講課。

六月十日　應救國團「高雄學苑」之邀，和羅門前往舉行「青年文藝講座」。

七月二日至七日　以中華民國代表及代表團「國際關係組組長」身分，出席在漢城召開的「第四屆世界詩人大會」。

九月五日和七日應聘在中華文化大樓講「兒童詩的創作和欣賞」。

十二月卅一日─元月四日（六十九年）　應邀赴「道聲出版社」主辦的「基督教兒童文學編、寫、譯講習班」講兒童詩。

民國六十九年（一九八〇）

十月　再度應聘爲文復會臺北分會「文藝研究促進委員會」委員。

民國七十年（一九八一）

三月　簡介收入馬來西亞大學中文系系主任吳天才所編著的「臺灣當代詩人簡介」。

六月六日　作品收進由爾雅出版社策劃，張默主編的自由中國第一本女詩人選集《剪成碧玉葉層層》。

六月十五日　應邀赴北市「一女中」週會上演講。

六月　應聘爲高雄市文化基金會文藝獎評審委員。

八月　擔任七十年「大專學生復興文藝營」和「中小學教師復興文藝營」講座。

十月〈漫談兒童詩創作〉論文，收入文復會臺北分會編印之《青年文藝創作論叢》一書中。

十一月二至三日　應邀參加第一屆「中韓作家會議」。

十二月十二至十三日　參加「全國第三次文藝會談」。

十二月十六至廿一日 參加「亞洲華文作家會議」。

民國七十一年（一九八二）

元月〈只要我們有根〉一詩，選入本年度國中國文教科書。

元月十五日 參加「中、日、韓現代詩人會議」。

二月一日至三日 應澎湖冬令自強活動「文藝研習營」之聘，和羅門聯袂前去講課。

二月廿七日至廿八日 隨同散文研究會同仁一行赴中南部訪問。

四月十二日至十六日 應邀擔任中國青年寫作協會「七十一年巡迴文藝座談」東部地區主持人。

四月 散文《歐遊手記》由德華出版社出版。

五月三十 應救國團「高雄學苑」之邀前往演講。

五月四日至五日 應聘爲臺南成功大學第十屆「鳳凰樹文學獎」現代詩評審。

五月六日 應東海大學「東風社」等四個社團聯合邀請羅門、蓉子兩人演講。

七月十三日 赴基隆暑期「幼獅文藝營」講課。

七月廿五日 赴淡水「大專復興文藝營」講詩。

九月初 由文化大學出版部出版的「文學時代雙月叢刊」第九期《月桂冠》號，曾爲蓉子做了一次厚達七十頁的「專輯」，內容包括自剖、訪問記、詩評、座談紀錄。個人作品部分，則選刊了她共十四首詩、兩篇散文、遊記一篇。還有一篇小說，另附作品年表。似可一窺蓉子寫作生活的全貌。

十一月 《青鳥集》由爾雅出版社重新印行。

民國七十二年（一九八三）

本年初與詩人吳宏一和創世紀詩人洛夫，應新加坡政府機構、星洲日報、新加坡大學、新加坡文藝協會及新加坡寫作人協會五機構聯合舉辦的首屆「國際華文文藝營」的邀請，前往參加一爲期十二天的會議。

自五月份起，蓉子應國語日報主編之邀，以青少年讀者爲對象，在該報開闢了一個「少年繆斯」專欄，訂於每星期天和青少年談詩。

仲夏時節，蓉子曾分別應「臺北西區扶輪社」、救國團臺北縣「暑期青年復興文藝營」以及省教育廳板橋「教師研習營」之邀，作了三次有關詩的演講。其中以在扶輪社的那場，時間最短，反應最好。

作品選入齊邦媛主編的《中國現代文學選集》（爾雅出版社出版）。

詩人林野在「陽光小集」雜誌第十期（冬、春季號）以〈永遠的青鳥〉一篇長文，有系統地介紹了女詩人蓉子，從年輕時開始一直到現在的寫作過程，文中並配有珍貴的照片多幀，值得研究現代詩史的人注意。

民國七十三年（一九八四）

蓉子自本年年初擔任行政院文建會委託東海大學辨理的文藝班詩組主任。

十一月間 蓉子曾應香港大學黃德偉教授之邀，前往該校訪問，除提供「馮平山圖書館」個人的「詩人專櫃」資料外，並應女詩人鍾玲教授之請，在她的「現代文學」班上作了一次詩的朗誦。又應該校「文社」之邀，以「詩中的情感」為題，作公開演講。

民國七十四年（一九八五）

應聘為文建會與國立高雄師範學院主辦的文學研習班詩組講座。

擔任臺北市立圖書館文藝班詩組講座。

三月份出版的第五期「鍾山詩刊」係以本社女詩人蓉子為封面人物，刊有蓉子共八首詩，並有詩人手札、簡介、語錄及評論（評論為陳寧貴執筆）。

應邀赴「耕莘寫作會」和師大「噴泉詩社」上課和談詩。

四月份　應邀赴國防醫學院講詩。

五四文藝節當天　蓉子曾和季紅、楊昌年、趙淑敏、季季一行五人遠赴高雄，在高市文化中心舉行一場文藝座談會。

以「作協」詩研究委員會主任委員身份，蓉子負責策劃了一項定名「遙遠的鼓聲」的抗戰詩歌朗誦晚會，於七月七日抗戰勝利四十周年的當天，假耕莘文教院舉行，由「中國青年寫作協會」與「耕莘寫作會」聯名主辦，引起了一份感人的回響。

蓉子被列入林明暉教授在美出版的英文版《中國當代詩評論集》（Essays on Contemporary Chinese Poetry）內，此為第一本英文版中國當代詩人的評論集，其中評論共九位當今重要詩人。

十一月中旬　蓉子曾和一群基督徒完成了他們的「中東朝聖之旅」，此行除足跡遍及以色列全國外，並參觀了古埃及的金字塔與獅身人面像、希臘的雅典及科林斯、義大利的羅馬，收穫至為豐碩。

十二月十二日 蓉子應東吳大學中文系邀請，在該系作了一場有關現代詩的演講。

民國七十五年（一九八六）

三月中旬 和羅門聯袂赴臺中，在東海大學與臺中文化中心聯合舉辦的「文學週」演講。

三月廿二日至廿三日 蓉子參加由行政院文建會策劃，中國婦女寫作協會主辦的文藝巡迴座談，廿二日在高市文化中心，廿三日在楠梓加工區分別舉行。同行的爲邱七七、趙淑敏和嚴友梅四位女作家。

五月下旬 曾應邀在「高雄市勞工育樂中心」對勞工朋友作了兩小時演講。

蓉子應高雄市立社會教育館之聘，擔任該館本年度文藝系列講座主講人。曾於九月八日晚在教育館六樓講「兒童文學欣賞」。

九月 詩集《這一站不到神話》由大地出版社出版。

十一月六日 蓉子應聘赴高雄，在文建會與高雄師院合辦的「文藝創作研習班」第二期上課。

十一月十五日 蓉子應「金石文化廣場」之邀，與雜文家趙寧，小說家張大春一同擔任「十一月份文學類新書品評會」主講人。

十一月十八日 應救國團北市團委會邀請，在「臺北學苑」以「詩與散文」爲題，作了兩小時演講。

十二月廿七日前往參加在印度馬德拉斯召開的第九屆世界詩人大會，並在大會中獲頒「世界文化學院榮譽文學博士」學位。

民國七十六年（一九八七）

作品選入《臺灣現代詩選》Modern Chinese Poetry From Taiwan（張錯博士編譯）。

作品選入「中國現代代表詩人五人選」（《湖西文學》特輯，韓國湖西文學會編選）。

作品選入《中國現代海洋詩選》（號角出版社）。

五月中旬參加由「中國婦女寫作協會」與「中國青年寫作協會」聯合舉辦的「文藝巡迴講座」，在中部地區的彰化、雲林和南投各講一場，同行的有兒童文學作家嚴友梅和小說家白慈飄；廿二日又遠赴高雄，會合余光中、女詩人鍾玲爲高雄師範學院所舉辦的「中國文學獎」現代詩組作公開的評審。

九月份　蓉子曾應邀擔任由文建會主辦的「青年文藝作品研討會」講評人。

本學期蓉子亦應邀參與由行政院文建會委託國立師範大學承辦的「文藝創作研習班」講課。

十二月一日　蓉子應邀前往新營，在文建會假臺南縣立文化中心所舉辦的「文藝創作研習班」講詩。

民國七十七年（一九八八）

元月廿二日至廿六日　羅門、蓉子應菲華文協邀請，前往馬尼拉作了共四場有關詩的演講，並接受文藝界和詩人們熱情的款待。

二月十一日　蓉子應文建會之邀，在南投縣立文化中心講詩。

本年蓉子獲頒七十六年度國家文藝獎。

五月十六日　蓉子應邀參加由國語日報語文中心主辦的「兒童文學教學研討會」，擔任童詩教學課程。

五月十八日　蓉子應民生報邀，參加該報兒童文學徵文決審會議（童詩組）。

五月廿四日　蓉子應臺視「空中圖書館」邀請，在該節目中接受訪問，談《這一站不到神話》的書名和內容以及今年春天獲頒國家文藝獎的喜訊。

殿堂出版社將在九月初出版羅門、蓉子具紀念性的短詩選集——《羅門．蓉子短詩精選》。

蓉子最近自大陸探親回來，此行除了看到闊別近四十年家鄉的生活狀況外，更享受了一極難得的輕鬆平凡的假期，朝夕和家人團聚，既不必忙家務，也不須趕稿或開會，充分感受了親情之美！

八月一日出版的《中外文學》第十七卷第三期，載有女詩人鍾玲所寫一篇題爲〈都市女性與大地之母：論蓉子的詩歌〉的長文，針對蓉子多年來的創作，做全面性的批評，是一篇有別於一般男性詩評家，內容豐富的評論。

十月廿三日　蓉子曾應「高青文粹」月刊和「心臟詩社」聯合邀請，專程前往高雄，擔任本屆「青年文學獎」與「心臟詩獎」的頒獎人。

十一月十三日　應聘參加東吳大學第九屆「雙溪現代文學獎」現代詩組決審會議，另兩位爲瘂弦和蔣勳。

十一月十四日　主持由「中國婦女寫作協會」假「新聞局」會議廳舉行的秋季聯誼座談會。會中首先由邵玉銘局長作專題演講，繼由與會的女作家們對我們轉型期的種種社會現象以及當前作家們的處境，踴躍發言討論，情況熱烈。

十二月廿二日　蓉子、李瑞騰、向陽應邀爲菲華「王國棟文藝獎」擔任決審委員。

民國七十八年（一九八九）

元月十八日晚　蓉子應邀擔任「中國青年寫作協會」假中華路時報廣場舉辦的「文學芳華，任君採擷」系列講座之三，講題爲「有情天地——詩的境界與創作」。

二月十五日下午　蓉子應邀參與行政院文建會舉辦的第二屆「青年文藝作品研討會」，和林明德、陳義芝一同擔任講評。

仲春時刻，一項定命爲「春天的列車」的巡迴文藝講座，分別在北、中兩地展開。按這一系列的文藝講座由蓉子總策劃，「中國婦女寫作協會」主辦。

四月十五日　蓉子應邀參加由光復書局與耕莘青年寫作會合辦的「春暉文藝季系列講座」——邁向二十一世紀的靈動第一場演講，其講題爲「文明故鄉」。按此系列講座的第二場爲梁丹丰的「走向自然」和第三場曾昭旭的「心歸何處」。

五月四日　蓉子和羅門應高雄市社教館之邀，參加在該館舉行的「詩人座談會」，由蓉子主持。

五月五日　羅門和蓉子則應「中國青年寫作協會」之請，在鳳山高雄縣團委會講了兩小時的「詩」和「散文」理論。

由大陸女詩人陳敬容主編的「中外現代抒情名詩鑑賞辭典」已在北京出版，臺灣詩人作品入選的有余光中、羅門、蓉子、洛夫、瘂弦、向明、張默、辛鬱、管管等多家。

六月十八日至廿一日　中國婦女寫作協會假來來大飯店舉辦首次「亞洲華文女作家文藝交流會」，

由蓉子擔任大會主席，文建會主委郭爲藩、婦工會主任李鍾桂均蒞會致詞。作家鍾玲以「臺灣女作家在文學史上的地位」在會中作專題演講，並由來自菲、馬、泰、港各地與會的華文女作家分別報告各地區的華文女作家現況。

蓉子新詩選《只要我們有根》，列入「中國現代文選系列」，含詩八十二首，九月由「文經出版社」推出。

十二月出版的《婦聯畫刊》第十八期，主編在該刊〈巾幗英傑〉一欄內，用了兩頁圖片，兩頁文字介紹詩人蓉子，並另在〈藝文專欄〉內，以兩頁篇幅刊出蓉子的詩；按同一期被推介的另外兩位有成就的女性，一位是婦工會主委兼青年救國團主任李鍾桂博士，另一位是國畫家徐令儀女士。

民國七十九年（一九九〇）

二月份出版的《光華雜誌》爲紀念臺北市一家最具歷史背景和文化沙龍氣息的咖啡館之消逝，曾闢了專題——「難忘的咖啡屋」，特邀白先勇、蓉子、羅門三人以文或詩一抒舊事。

四月廿八日（周六）下午　蓉子曾應邀參加中央日報社所舉辦的「婦女國是座談」，並在會中發言，與會者有作家、教授、女立法委員和國大代表等共數十位，談「婦女對國是會議的期望」。

六月十七日至十九日　蓉子參加國家文藝基金會所主辦的「歷屆國家文藝獎獲獎人文化建設參觀聯誼座談會」。除了參觀中部各地文化中心、美術館，鹿谷一帶的文物外，更假溪頭舉行一場文藝座談會，分兩組座談，分別由鄭明娳教授和蓉子主持。

蓉子應太平洋文化基金會的邀約，參加「中華民國作家、學人蘇聯東歐文化訪問團」，於七月廿五日至八月十一日赴莫斯科、列寧格勒、東西柏林、華沙、布拉格、布達佩斯、波斯多納、維也納等各大城市訪問共十八天。

十月　由蓉子精心編著的「青少年詩國之旅」由業強出版社出版，列爲「青少年圖書館」系列專書，按該書爲蓉子前在國語日報上連載數年的、向青少年介紹新詩的專欄的結集。

十月十六日　蓉子以詩人身分應邀參加由中央日報與中華民國自強協會所主辦的「蘇聯、東歐暨中國大陸見聞錄」座談會，參加此次座談會的有中央日報社長石永貴、臺大人類學教授尹建中、聯合報副總編輯高惠宇、政論家張麟徵以及文大俄文系教授明驥等。

民國八十年（一九九一）

元月十五日　蓉子的散文集《千泉之聲》，爲蓉子《歐遊手記》外的另一本散文結集，全書上下兩冊，由師大書苑有限公司印行。

「日月的雙軌」——羅門、蓉子創作世界評介論著，由文史哲出版社於三月初版，該書由海南大學文學院院長周偉民與其夫人唐玲玲教授合著，對羅門、蓉子三十多年的創作生涯，做了相當周詳的評介，全書近五百頁。

三月二日　蓉子應基隆市文化中心之邀赴該中心假「金山活動中心」所舉辦的「海闊天空話文藝」文藝營，作專題演講。

英文版「一九九一世界詩選」已於今年四月在印度出版，臺灣入選的詩人有鍾鼎文、羅門、蓉子、向明、席慕容、羅青等。

四月十一日　蓉子應邀參加假臺北市立美術館舉行的某重要文藝獎審議會議。

五月下旬　蓉子、瘂弦和楊昌年共同爲本年度「大馬文學獎」作評審。

五月廿二至廿四日　以歷屆國家文藝獎獲獎人之一的身分，應文建會與文藝基金會之邀，蓉子曾隨團赴金門訪問，並赴金門高中演講。

五月卅一日　應李瑞騰教授之邀請，蓉子、羅門聯袂赴淡江大學中文系現身說法，舉行了一次有關作品與生活的座談會，情況熱烈。

八月三日　蓉子應邀赴省立臺中圖書館作了一場有關新詩的演講，從下午兩點半到五點，對象爲一般社會人士，是該館近期每逢周末和星期天所舉辦的專題演講座談活動之一。

八月廿六日　又應汐止「文殊院」寫作營之請，講了一百分鐘的課。

由大陸詩人柳易冰、趙國泰、谷未黃編選的「港澳臺獲獎詩人作品大觀」，最近在「長江詩報」第一—二期合刊上，首先介紹了羅門的「流浪人」和蓉子的「爲什麼向我索取形像」。

九月上旬　赴土耳其伊斯坦堡參加第十二屆世界詩人大會。

九月份出版的「繽紛」雜誌第二期，刊有蓉子一篇近五千字的遊記「白夜之都——列寧格勒傳奇」。

一本首度由南斯拉夫女詩人 Ajsa Zahirovic 主編，命名爲「環球女詩人之聲」的詩選集，於一九九一年秋在南國出版，厚五百餘頁，收有英、美、德、義、蘇聯、波蘭、丹麥、瑞士、墨西哥、波多黎各、日本、敍利亞、印度、紐、澳以及非洲的塞內加爾、奈及利亞、埃及等五十個國家共八十餘位女性作者的詩。按我國女詩人入選的有蓉子和杜潘芳格兩位。

十月廿一日　蓉子應邀赴復興中學朝會上講話。

十一月份出版的「文訊」（總號第七十三期），刊出一篇文學評論家鄭明娳針對蓉子的散文集「千泉之聲」所寫之書評。

十一月廿九至卅日　「中央日報」副刊，刊出女作家鮑曉暉的「細聽泉聲」，亦係對蓉子散文集的析評。

十二月十七日　蓉子和羅門同時應邀到新竹交通大學演講，由該校劉龍勳教授接待，演講分上下午兩場進行：上午十時起在大禮堂、首先蓉子以「什麼是詩？」爲題，羅門則講「詩能給人什麼？」；下午的另一場，蓉子講題爲「旅遊中的詩情」，羅門的題目係「談一首與上帝對話的詩——麥堅利堡」。

民國八十一年（一九九二）

元月廿五日　蓉子應臺北市立圖書館之邀，擔任該館「每月一書系列講座」元月份講員。

三月　大陸花城出版社以《太陽與月亮》出版羅門、蓉子的詩選合集。

五月　在曼谷成立的「泰華文藝作家協會」，是第一個被泰國政府正式批准、合法公開成立的華僑文藝社團。羅門、蓉子雙雙應大會之邀專程前往作專題演講，並以貴賓身分參加當晚的聯歡餐會，到有會員與來賓近兩百人，情況十分熱烈。

五月出刊的第八十四期《國文天地》所設計的「千古一知己」專輯中，蓉子應邀以〈隱逸的芬芳〉爲題來闡述她所心儀的古代作家陶淵明。

《雨中的紫丁香》爲廣州花城出版社所出的一本臺灣抒情散文集，其中收了蓉子一篇散文〈雨天的魅力〉。

六月十九日　由文建會贊助，中華民國新詩學會主辦的新詩研討會，本次邀請女詩人蓉子擔任主講人，講題爲「詩中的情感」。

一九九二年秋　蓉子、羅門應邀赴美參加愛荷華大學舉辦的二十多個國家的國際作家寫作計畫（International Writing Program）活動，曾擔任論文主講人；參加作品發表會，接受電視訪問。蓉子個人並到俄亥俄大學與亞特蘭大大學讀詩與講詩，後又和羅門一同往水牛城紐約州立大學讀詩談詩，參觀農場工廠，以及尼亞加拉瀑布、拉斯維加斯賭城、大峽谷、密西西比河、芝加哥現代美術館與世界收藏名詩與手稿較多的水牛城詩圖書館。尙接受「美中國建會」IOWA州分會邀請在新舊會長選舉的盛大晚宴上，發表三十分鐘的演講，是一次相當愉快與有收穫的文藝之旅，並獲得IOWA大學頒贈IWP榮譽研究員證書。

蓉子的詩「傘」，選入一九九二年「國際文學奧林匹亞」詩選，按此選集在美出版，共選入來自六十六個國家詩人的作品。大陸入選的有北島、舒婷等三人；臺灣則尙有夏宇和張香華。

十二月　蓉子與散文家徐鍾珮女士分別以詩和散文獲頒中國青年寫作協會第一屆「金鑰獎文學成就獎」，頒獎典禮於本年十二月廿五日上午十時「當代臺灣女性文學研討會」開幕式中舉行。

民國八十二年（一九九三）

六月　應聘爲中華民國「南風學會」顧問。

七月　「蓉子詩選」由北京「中國友誼出版公司」出版，被列入由北京大學中國新詩研究中心策劃的「臺灣詩歌名家叢書」中。

八月間　海南大學舉辦「羅門、蓉子文學世界」學術研討會（八月五日—八月十一日），來自美國、臺灣、香港、星馬及大陸北京、上海、南京、廣州、廈門、武漢、安徽、河南等地學者作家共五十餘人，提出研究羅門、蓉子的論文有三十多篇，爲大陸舉辦海外作家研討會最具規模的一次。

八月十九日　參加《聯合文學》假臺南成功大學所舉辦的「巡迴文藝營」授課。

應聘擔任聯合報第十五屆小說獎附設新詩獎決審委員。

民國八十三年（一九九四）

四月　《羅門、蓉子文學世界學術研討會》論文集，已由臺北「文史哲出版社」出版。

六月下旬在北京應大會主持人劉夢溪教授之邀，參加由中國藝術研究院「中國文化研究所」主辦的「中印文學傳統研討會」。會後並由名女作家陳祖芬陪同拜訪前輩作家謝冰心先生。

六月廿九日飛西安，應「國際文化交流學院」之邀，在西北大學文學院與羅門各作了一場演講並參觀西安歷史博物館和有價值的名勝古蹟。

七月四日飛成都，參加由四川省作家協會，四川大學、四川文藝出版社和四川企業文化促進會所聯合舉辦的「四川海峽兩岸詩人交流會」並慶祝朱徽教授所著《羅門詩精選百首賞析》的出版，使得兩岸詩人有彼此砌磋詩藝的機會，氣氛熱烈。會後並參觀「杜甫草堂」等名勝。

七月七日赴抗戰時的陪都重慶，次日盤桓了一整天，接受當地詩人文友的熱情招待並座談，於當晚上重慶長江輪船公司的「江海客輪」經長江三峽直抵上海後飛回臺北。